U0104975

# 古典文獻研究輯刊

三二編

潘美月・杜潔祥 主編

## 第11冊

# 清代西藏方志考論

柳　森 著

國家圖書館出版品預行編目資料

清代西藏方志考論／柳森 著 -- 初版 -- 新北市：花木蘭文化事業有限公司，2021〔民 110〕

目 4+270 面；19×26 公分

（古典文獻研究輯刊 三二編；第 11 冊）

ISBN 978-986-518-392-9（精裝）

1. 方志 2. 考據學 3. 清代 4. 西藏自治區

011.08　110000577

古典文獻研究輯刊

三二編　第十一冊　ISBN：978-986-518-392-9

# 清代西藏方志考論

作　　者　柳　森

主　　編　潘美月、杜潔祥

總 編 輯　杜潔祥

副總編輯　楊嘉樂

編　　輯　許郁翎、張雅淋　美術編輯　陳逸婷

出　　版　花木蘭文化事業有限公司

發 行 人　高小娟

聯絡地址　235 新北市中和區中安街七二號十三樓

　　　　　電話：02-2923-1455／傳真：02-2923-1452

網　　址　http://www.huamulan.tw 信箱 service@huamulans.com

印　　刷　普羅文化出版廣告事業

初　　版　2021 年 3 月

全書字數　248082 字

定　　價　三二編 47 冊（精裝）台幣 120,000 元

# 清代西藏方志考論

柳森 著

## 作者簡介

柳森，男，漢族，1980 年生，黑龍江七臺河人，博士，副研究館員，現就職於中國國家圖書館，主要從事藏文文獻整理與研究工作。本科畢業於蘭州大學世界歷史專業，獲得歷史學學士學位（2003）。研究生畢業於中央民族大學中國少數民族史專業（藏學方向），先後獲得法學碩士學位（2008）、法學博士學位（2012）。已在《宗教學研究》、《中國藏學》、《民族文學研究》、《中國邊疆史地研究》等核心期刊發表論文 35 篇。

## 提　　要

本書以清代西藏方志為研究中心，在論述清代西藏方志產生與發展之背景、概況與特徵的基礎上，將雍正朝視為清代西藏方志發端期，而乾嘉時期為其勃興與繁盛期，道光朝至清末則是其式微與轉型期。由此，本書以各志成書時間為序，針對《藏紀概》、雍正《四川通志·西域》、乾隆《雅州府志·西域》、《西域全書》、《西藏志》、《西藏記述》、《西藏見聞錄》、乾隆《西寧府新志·武備志·西藏》、《西域遺聞》、《衛藏圖識》、《西藏賦》、《衛藏通志》、《西藏圖說》、嘉慶《四川通志·西域志》、《西藏紀聞》、《西藏圖考》、《巴塘鹽井鄉土志》、《西藏新志》等 18 種清代西藏方志，圍繞其作者生平、成書時間、成書背景、版本源流、篇目內容、史料來源、文獻價值、不足之處等進行全方位、綜合性研究。本書採用考證與論述結合的方法，突破專史單一視角的史學研究範式，開展融合歷史學、藏學、文獻學、方志學、邊疆學的跨學科交叉性研究，以期對前人成果予以修正與完善，並在最大限度內填補學術空白，將清代西藏方志研究推向縱深。

# 目次

# 導　論

## 一、研究內容

本書討論的「方志」是指：以一個地域為記述對象的地方歷史文獻。方志，也稱地方志、地志、地方志乘。方志之名發端於《周禮》:「誦訓，掌道方志，以詔觀事。」〔註1〕國學大師梁啟超認為:「最古之史，實為方志，如孟子所稱『晉《乘》、楚《檮杌》、魯《春秋》』，墨子所稱『周之《春秋》，宋之《春秋》，燕之《春秋》』；莊子所稱『百二十國寶書』，比附今著，則一府州縣志而已。」〔註2〕由此，方志與方志學源遠流長，在中國至少已有兩千多年的發展歷史，是中華文化特有的文化遺產。

對於方志的定義，歷來眾說紛紜。在清代，最具代表性的方志定義是中國古代方志學奠基人章學誠所言「方志乃一方之全史也」。〔註3〕在當代，筆者認為較有代表性的方志定義有以下兩種，一是倉修良先生認為「方志是一種記載某一地區歷史、地理、社會風俗、物產資源、經濟文化等方面的綜合性著作。」〔註4〕二是陸振岳先生認為「方志是我國傳統文化典籍中的一個類

---

〔註1〕（漢）鄭玄注，（唐）陸德明音義：《周禮》卷四，張元濟等輯：《四部叢刊．初編》，民國八年（1919）上海商務印書館影印十八年（1929）重印本。

〔註2〕梁啟超著：《中國近三百年學術史》，北京：東方出版社，2004年，第324～325頁。

〔註3〕（清）章學誠撰：《丁巳歲暮書懷投贈賓谷轉運因以誌別》，（清）章學誠撰：《章氏遺書》卷二十八，清道光十二至十三年（1832～1833）會稽章華紱刻本。

〔註4〕倉修良著：《方志學通論》（增訂本），上海：華東師範大學出版社，2014年，第6頁。

屬的總稱，它是記敘一個特定地方歷史的載籍，在漫長的歷史長河中不斷地發展：由起先的泛記社會政治史事，演進而為對自然和社會的種種現象作全面的記述，被稱為『一方之全史』」。〔註 5〕對於方志的名稱，在不同歷史時期其名稱各不相同，概括來講有以下之說：圖經、圖說、圖記、攬要、記、紀、志、乘、錄、考、覽、輯、譜、編、簿、傳、略、鑒、書、系、典、掌故、文獻、採訪冊、攬要等。對於方志的分類，按照目前學術界公認的標準，可分為綜合性方志和專類性方志。綜合性方志包括：總志、郡志、州志、府志、路志、軍志、監志、省志、道志、縣志、衛志、所志、廳志、旗志、土司志、鹽井志、關志、島志、鄉村志、市志等。專類性方志包括：山志、河志、湖志、泉志、方物志、風土志、寺觀志、金石志、名勝志、園林志、第宅志、人物志、藝文志、經籍志、書院志、闕里志、陵墓志等。

本書討論的「清代」是指：公元 1644 年至 1911 年中國專制集權社會發展時期。

本書討論的「西藏」是指：成立於 1965 年 9 月的中華人民共和國西藏自治區。因此，從行政區劃角度出發，甘肅、青海、四川、雲南等省域內的藏族聚居區的相關清代方志不在本書討論範圍之內。

需要指出的是，囿於文化差異，從嚴格意義上講，在中華人民共和國成立之前，藏語文中沒有與漢語文「方志」相對應的專門詞彙，藏文古籍中也沒有漢文語境中的方志作品。但不可否認的是，藏文古籍中存有《紅史》、《雅隆尊者教法史》、《西藏王統記》、《新紅史》等接近漢文方志內涵的史學作品。因此，在中華人民共和國成立之後，一部分清代藏文宗教類作品在譯為漢文過程中，也被秉承文化融合論的譯者們命名為「志」，例如，第悉．桑結嘉措著《五世達賴喇嘛靈塔志》、章嘉．若必多吉著《清涼山志》、阿莽班智達貢卻堅贊著《拉撲楞寺志》、土觀．洛桑卻吉尼瑪著《祐寧寺志》、欽則旺布．貢嘎丹白堅贊著《衛藏道場勝蹟志》等，由此，這些作品也被部分學者歸類為清代藏文方志。實際上，從中國古代方志的內容與體例上看，這類宗教作品基本均為僧侶朝覲聖地後撰寫的行程指南，即其性質應屬遊記之類或應歸類於準方志。因此，本書對清代藏文準方志作品暫不作討論。

綜上，本書討論的「清代西藏方志」是指：成書於清代的以西藏為記述

〔註 5〕陸振岳著：《方志學研究》，濟南：齊魯書社，2013 年，第 1 頁。

中心的漢文方志古籍文獻。同時，此類方志古籍並非以刊刻於清代為要，即其版本年代不囿於清代，下限可延至民國三十八年（1949）。

本書第一章討論清代西藏方志（筆者注：以下亦簡稱「藏志」）的發展、梗概與特徵，分別論述清代西藏方志產生與發展的背景、清代西藏方志的概況、清代西藏方志的特徵。其中，本書認為《大清一統志》纂修活動是清代西藏方志產生的政策前提，而清中央政府治藏力度的變化是清代西藏方志產生與發展的歷史背景。根據《中國地方志聯合目錄》所示現存清代西藏方志 17 種，但伴隨近年來方志古籍整理事業的發展，筆者認為現存清代西藏方志至少有 23 種。清代西藏方志是中國漢藏文化交流史的重要歷史文本，具有因軍事而出、私纂為主、平目體為多、紀實為主與獵奇為輔、民族性與邊疆性並存等諸多特點。

同時，伴隨清中央政府國力強盛，入藏平亂頻率與力度逐步加大，由此，雍正時期是清代西藏方志的發端時期，而乾隆至嘉慶初期為其由勃興至繁盛時期。伴隨清中央政府實力衰微、無暇西顧、治藏力度漸弱，則清代西藏方志在道光、咸豐、同治及光緒初期，僅有一種摘編型作品產出。直至光緒中期，受英人侵擾之西藏邊疆危機出現，繼而又激起秉承憂患意識與救世精神的少部分儒家士人編纂出三種藏志作品。以此作為清代西藏方志之發展脈絡，本書第二至第六章以成書時間為序，針對《藏紀概》、雍正《四川通志．西域》、乾隆《雅州府志．西域》、《西域全書》、《西藏志》、《西藏記述》、《西藏見聞錄》、乾隆《西寧府新志．武備志．西藏》、《西域遺聞》、《衛藏圖識》、《西藏賦》、《衛藏通志》、《西藏圖說》、嘉慶《四川通志．西域志》、《西藏紀聞》、《西藏圖考》、《巴塘鹽井鄉土志》、《西藏新志》等 18 種方志開展專題討論。

需要指出的是，因《西藏志考》、《西藏考》、《西藏記》等 3 種藏志在體例、篇目、內容方面與《西藏志》非常接近，而《西藏志》又是學術界公認的、目前可見的清代第一部以「志」命名的類似省域通志的西藏方志，因此，本書將重點討論相對最具代表性的《西藏志》及其與《西域全書》的關係，而對《西藏志考》、《西藏考》、《西藏記》等 3 種藏志不做專題研究。同時，筆者對（清）鄭光祖輯《西藏紀聞》、（清）管庭芬輯佚名《西藏紀聞》從體例、內容方面進行了辨別，結論為：前者是篇幅較小的史料摘編，幾無文獻價值可言，而後者為千餘字的內容荒誕的獵奇行記。由此，本書不對（清）鄭光祖輯《西藏紀聞》展開討論，但將詳細考證（清）管庭芬輯佚名《西藏紀聞》之史料來源，並闡述其並非方志的具體理由。此外，（清）李夢皋纂修《拉薩廳志》已被學術界證實為偽作且屬公論，筆者亦贊同這一結論，因此，本書不再贅述。

## 二、研究方法

清代西藏方志研究是一個涉及歷史學、藏學、文獻學、方志學、邊疆學等多學科交叉性論題，因此，必須突破專史單一視角的史學範式，開展跨學科綜合性研究。本書以方志學的編纂體例為判斷標準，堅持孤證不立、論由史出的史學研究基本原則，集合歷史文獻學研究視域下的版本比勘方法，採用藏學研究視域下的漢藏文化交流史作為落腳點，採取史實考證與論述分析相結合的研究方法，對書中所涉每一種清代西藏方志的作者生平、成書時間、成書背景、版本源流、篇目內容、史料來源、文獻價值、不足之處等進行全方位、綜合性研究。同時，為了保證徵引注釋文字的準確性，本書力爭做到所參考文獻均取自紙本文獻原文。另外，若無特殊標注，則書中所參古籍文獻、現代書刊、電子文本等均來自中國國家圖書館館藏資源。

人是歷史的創造者，而作者則是文史著作的主角與靈魂。因此，筆者首先從本書所涉每一種清代西藏方志的作者問題入手。一方面，對於作者問題有爭議者如佚名纂修問題予以考證或澄清，另一方面，對於作者及責任方式已明確者，則對其作者生平尤其是為官履歷等予以詳細考證，以此輔助分析成書背景與創作動機。此外，本書還注意發掘隱藏在卷端題名與纂修姓氏名單背後的「幕後英雄」，即考證出相關清代西藏方志的實際纂修者，其乃被官本位制度文化所長期埋沒的真正作者，他們理應通過後世有心者或有緣人的學術考證而走上前臺。例如，筆者考證出嘉慶《四川通志．西域志》的真正纂修者為汪仲洋，而位列該纂修姓氏名單首位的是時任四川總督常明，由此，後世均把該志作者視為或著錄為常明等督撫大員。實際上，類似作者問題正是兩千多年來中國專制集權制度對文化創作始終加以鉗制的一個縮影，而這種無孔不入的官本位文化對文人著作權的肆意掠奪，以及對中下層文人主觀創造力和積極性的壓榨與打擊，正是包括方志在內的官修作品重複率居高不下、抄襲大行其道、水平長期低下的重要原因。

筆者在對作者生平詳細考證的基礎上，論述各種清代西藏方志的成書時間與成書背景，其中既包括時代歷史背景，也注重分析作者創作的主觀動機。同時，筆者對清代西藏方志中版本情況簡明清晰者直接揭示，並對類似《西藏圖考》等再版頻繁者考證其版本源流與播布情況。以此為基礎，筆者選擇其中最佳版本作為論述中心，對其篇目內容予以概述性介紹。再者，重點考證每種清代西藏方志的史料來源，從而釐清它們之間的內容沿襲甚至抄襲問題。例如，筆者經過對比研究，發現乾隆《雅州府志．西域》即全盤抄襲自雍正《四川通志．西域》，同時，筆者認為對於類似前者的方志，便毫無必要去鋪陳其所謂的文獻價值。最後，筆者重點揭示每種清代西藏方志的文獻價值與不足之處。針對前人已經分析的文獻價值，筆者力求採用新史料與新角度對其深度挖掘，並大力揭示前人未予注意的新的文獻參考價值，不做空言套話式發揮，更不做小題大做式發微，由此做到全面具體、實事求是。此外，不同於前人在研究清代西藏方志時所秉承的以誇讚溢美為主旋律的評論角度，本書對於所涉每種清代西藏方志的不足之處均予以明確闡釋，力爭做到既不視而不見，亦不掩耳盜鈴。筆者始終認為，不僅限於學術研究領域，追求客觀、實話實說，才是社會進步真正需要的最大的正能量。

## 三、整理現狀

目錄整理與彙編再版具有文獻整理和資料發掘之功用，從而為學術界開展相關清代西藏方志研究提供了版本相對更多、內容更全的參考資料，並且在編製目錄與版本選擇過程中，編者也已涉及到了初步的版本比勘，書志提要亦是一種概況揭示，因此，此項工作雖屬於資料整理的基礎性工作，但亦具有重要的奠基意義與導引價值。

### （一）目錄整理成果

民國時期，在朱士嘉《中國地方志綜錄》（上海：商務印書館，1935 年）中收錄了清代西藏方志 15 種。吳玉年（筆者注：即吳豐培）在《禹貢》發表過《西藏圖籍錄》〔註 6〕，文中簡要介紹了 13 種〔註 7〕清代西藏方志，其又

〔註 6〕吳玉年：《西藏圖籍錄》，《禹貢》（半月刊）第四卷第二期，民國二十四年（1935），第 53～63 頁。

〔註 7〕分別為《西藏志》（舊抄本、雍正刊本殘本、乾隆四十三年抄本等 3 種版本，東方文化委員會藏）、《西藏記》（《龍威秘書》本）、《西藏考》（《仰視千七百二十九鶴齋叢書》本）、《衛藏圖識》（原刊本）、《西藏紀述》（《振綺堂叢書》本）、《西藏見聞錄》（東方文化委員會藏清乾隆刊本）、《衛藏通志》（石印本）、

在《「西藏圖籍錄」拾遺》中提及北平圖書館藏（清）管庭芬輯《花近樓叢書》本《西藏紀聞》〔註 8〕。中國人民共和國成立尤其是改革開放以後，藏學研究取得了長足進步。吳豐培《藏族史料書目舉要（漢文一）》〔註 9〕列舉了《西藏圖說》等 16 種〔註 10〕清代西藏方志。中國科學院北京天文臺編《中國地方志聯合目錄》（北京：中華書局，1985 年）輯錄了 17 種。

### （二）提要撰寫與題跋整理成果

何金文編著《西藏志書述略》（長春：吉林省地方志編纂委員會，1985 年）類似於史話普及型讀物，其文字內容較少、涵蓋面狹窄，並且未涉及版本比勘及文獻價值揭示等專業研究內容。陳光貽編《稀見地方志提要》（濟南：齊魯書社，1987 年）收錄了 2 種題跋，分別為《西藏志》（上海圖書館藏清乾隆間刻本）、《衛藏通志》（上海圖書館藏舊抄本）。范秀傳主編《中國邊疆史地古籍題解》（烏魯木齊：新疆人民出版社，1995 年）收錄了 10 種提要〔註 11〕，金恩輝、胡述兆編《中國地方志總目提要》（臺北：漢美圖書有限公司，1996 年）收錄了 19 種〔註 12〕提要，吳豐培著《吳豐培邊事題跋集》

---

《西藏圖考》（坊刊本）、《西域遺聞》（傅增湘藏清抄本）、《西藏圖說》（《鎮撫事宜》本）、《西藏新志》（清宣統三年鉛印本）、《西藏賦》、《西藏紀略》。

〔註 8〕吳玉年：《「西藏圖籍錄」拾遺》，《禹貢》（半月刊）第六卷第十二期，民國二十六年（1937），第 107 頁。

〔註 9〕吳豐培：《藏族史料書目舉要（漢文一）》，《西藏研究》1981 年創刊號。

〔註 10〕分別為《西藏圖說》（清嘉慶道光間《鎮撫事宜》本）、《藏紀概》（民國二十九年油印本、1978 年中央民族學院圖書館謄印本）、《西藏見聞錄》（1978 年中央民族學院圖書館謄印本）、《西藏志》（清乾隆五十七年刻本及清抄本、1978 年中央民族學院圖書館謄印本）、《西藏志考》（舊抄本）、《西藏記》（清刻本、清乾隆五十九年《龍威秘書》本、民國三十年長沙商務印書館鉛印本）、《衛藏圖識》（清刻本）、《衛藏通志》（清光緒二十二年漸西村舍刊本）、《西域遺聞》（民國二十五年禹貢學會排印本）、《西藏紀述》（清刻本）、《西藏紀聞》（清道光二十三年《舟車所至》本）、《西藏考》（清《仰視千七百二十九鶴齋叢書》本）、《西藏圖考》（清光緒二十二年朱印本）、《西藏紀略》（清光緒十七年《小方壺齋輿地叢抄》本）、《西藏新志》（清宣統三年上海自治編輯社鉛印本）、《拉薩廳志》（1959 年中國書店據吳豐培氏藏舊抄本油印本）、《鹽井鄉土志》（傳抄本、1979 年中央民院圖書館油印本）、《西藏賦》（清嘉慶二年抄本）。

〔註 11〕分別為《衛藏圖識》（書中目錄與正文部分均將書名誤為《衛藏圖考》）、《衛藏通志》、《西藏志》、《西藏賦》、《西招圖略》、《西藏圖考》、《西藏圖說》、《西藏新志》、《西藏見聞錄》、《藏紀概》。

〔註 12〕分別為《藏程紀略》、《定藏記程》、《藏行紀程》、《藏爐總記》、《西征記》、

（烏魯木齊：新疆人民出版社，1998 年）有其本人 9 種〔註 13〕題跋，陳自仁主編《珍貴方志提要》（蘭州：甘肅人民美術出版社，2010 年）收錄了《衛藏圖識》、《衛藏通志》的內容提要。

### （三）彙編再版成果

民國時期，商務印書館曾兩次以排印形式整理出版了 3 種清代西藏方志。1931 年出版的《萬有文庫》收錄了《衛藏通志》，1935 年開始陸續出版的《叢書集成初編》收錄了《西藏記》、《衛藏通志》、《西藏考》。1936 年，禹貢學會選擇 6 種有關邊疆邊事類未刊古籍輯為《邊疆叢書甲集》並以排印方式出版，其中包括清代西藏方志《西域遺聞》，其底本即為著名藏書家傅增湘藏清抄本，現藏中國國家圖書館。

伴隨圖書印刷技術的發展，保留古籍原貌的「影印」成為清代西藏方志整理出版的主要形式。不過，值得注意的是，此部分影印出版物多為大而全式叢書，同時，近年來並未有新版本清代西藏方志古籍影印面世，因此，此類五花八門的叢書雖不斷惠及學林，但重複率居高不下。《中國邊疆叢書．第二輯》（臺北：文海出版社，1966 年）影印出版了《西藏志》（清乾隆五十七年和寧刻本）、乾隆《西寧府新志》（清乾隆間刻本）、《西藏圖說》（清道光間刻本）。《中國方志叢書》（臺北：成文出版社，1968 年）影印出版了《西藏志》、乾隆《雅州府志》、《西藏紀述》。《中國民族史地資料叢刊》（北京：中央民族學院圖書館，1978 年）以油印本的方式出版發行，該叢書由吳豐培整理、校訂，其中收錄了《藏紀概》、《西藏見聞錄》、《西藏志》、《巴塘鹽井鄉土志》。《西藏學漢文文獻匯刻》（鄭州：中州古籍出版社，1985 年）影印了《西藏圖說》。《西藏學文獻叢書別輯》（北京：中國藏學出版社，1995 年）以鉛印或影印形式收錄了 9 種〔註 14〕。《中國地方志集成．西藏府縣志

---

《進藏紀程》、《藏紀概》、雍正《四川通志．西域志》、《西藏考》、《西藏記述》、《西藏見聞錄》、《西藏志》、《衛藏圖識》、《西域遺聞》、《衛藏通志》、《西藏圖說》、嘉慶《四川通志．西域志》、《西藏圖考》、《西藏新志》。

〔註 13〕分別為《西藏見聞錄》、《藏紀概》、《西招圖略》、《衛藏通志》、《衛藏圖識》、《西藏志》、《西域遺聞》、《拉薩廳志》、《鹽井鄉土志》。

〔註 14〕分別為《藏紀概》（據清雍正間稿本影印）、《西藏紀述》（據清振綺堂叢書本影印）、《西藏見聞錄》（據乾隆間刻本標點排印）、《西域遺聞》（據民國二十五年邊疆叢書本影印）、《衛藏圖識》（據清乾隆五十七年刻本影印）、《西藏紀聞》（據清舟車所至本影印）、《西藏圖考》（據清光緒十二年刻本影印）、

輯》（成都：巴蜀書社，1995 年）影印了《拉薩廳志》、《巴塘鹽井鄉土志》。《中國西南文獻叢書·西南稀見地方志文獻》（蘭州：蘭州大學出版社，2003 年）影印了《西藏志》〔註 15〕、乾隆《雅州府志·西域》、《拉薩廳志》、《衛藏通志》。《中國邊疆史志集成·西藏史志》（北京：全國圖書館文獻縮微複製中心，2003 年）影印了《西藏記》等 12 種〔註 16〕。《中國西藏及甘青川滇藏區方志彙編》（北京：學苑出版社，2003 年）影印了《衛藏通志》等 12 種〔註 17〕。《中國邊境史料通編（秦—清）》（香港：蝠池書院出版有限公司，2008 年），以影印形式收錄了《西藏考》、《西藏記》。《唐宋元明清藏事史料彙編（第十輯·藏區方志補遺）》（北京：學苑出版社，2009 年）影印了《西藏志考》。《中國邊疆民族地區抄稿本方志叢刊》（北京：中央民族大學出版社，2010 年）影印了吳文藻、冰心夫婦藏清抄本《西藏志考》。《中國邊疆研究資料文庫（邊疆方志文獻初編·西南邊疆）》（北京：知識產權出版社，2011 年），影印了嘉慶《大清一統志·西藏》、《西藏考》、《衛藏通志》。《中國邊疆研究資料文庫（邊疆行政建制初編·綜合）》（北京：知識產權出版社，2011 年），影印了乾隆《西寧府新志·武備志·西藏》。《中國邊疆研究資料文庫（邊疆史地文獻初編·西南邊疆·第一輯）》（北京：中央編譯出版社，2011 年），影印了《衛藏通志》等 6 種〔註 18〕。《中國地方志集成（省志輯·新疆青海西藏）》（南京：鳳凰出版社，2012 年），收錄了《西藏志》、《衛藏通志》。《北京大學圖書館藏地方志珍本叢刊》（北京：國家圖書館出版社，2013 年）影印了清抄本《衛藏通志》。《西藏舊方志》（香港：蝠池書院出版有限公司，2016 年）又影印了《西藏志》等 11 種〔註 19〕。

---

《西藏志》（據清乾隆五十七年刻本影印）、嘉慶《大清一統志·西藏》（據大清一統志本影印）。

〔註 15〕編者誤將《西藏志》作者著錄為「（清）焦應旂撰」。

〔註 16〕分別為《西藏記》、《西藏紀述》、《西藏見聞錄》、《拉薩廳志》、《西藏圖考》、《西藏賦》、《衛藏通志》、《西藏考》、《西藏新志》、《西藏紀略》、《衛藏圖識》、《西域遺聞》。

〔註 17〕分別為《衛藏通志》、《衛藏圖識》、《西藏志》、《西藏見聞錄》、雍正《四川通志·西域》、《西招圖略》、《西藏圖考》、《西藏新志》、《拉薩廳志》、《鹽井鄉土志》、乾隆《西寧府新志·武備志·西藏》、乾隆《雅州府志·西域》。

〔註 18〕分別為《衛藏通志》、《衛藏圖識》、《西藏志》、《西藏考》、《西藏紀述》、《西藏紀略》。

〔註 19〕分別為《西藏志》、《西藏新志》、《西藏賦》、《衛藏通志》、《西藏圖考》、《西域遺聞》、《西藏紀述》、《西藏考》、《拉薩廳志》、《鹽井鄉土志》、《衛藏圖識》。

## （四）點校整理成果

點校是古籍整理工作的基本形式，標點與校勘不僅可以使古籍原文愈加清晰、層次分明，而且可以展現不同版本之優劣並審訂正誤。截至目前，在清代西藏方志的點校整理方面，僅有 3 種成果問世：1.《西藏研究》編輯部編《西藏志・衛藏通志（合刊）》（拉薩：西藏人民出版社，1982 年），該書由吳豐培組織整理，由劉國龍、郭毅標點，惜未注釋。其中，《西藏志》以清乾隆五十七年（1792）和寧刻本為底本，以《西藏記》和《宗教源流考》為參校，《前言》中附吳豐培對《西藏志》作者的考證，其認為該書應「不著撰人」，書末附有（清）焦應旂《藏程紀略》。而《衛藏通志》則以清光緒二十一年（1895）桐廬袁昶刻《漸西村舍匯刻》本為底本。書末附吳豐培《〈衛藏通志〉著者考》一文，其結論為該書作者為駐藏大臣松筠。2.《西藏研究》編輯部編《西招圖略・西藏圖考（合刊）》（拉薩：西藏人民出版社，1982 年），其中，《西藏圖考》由李宏年、李文江點校，以清光緒十二年（1886）滇南李培榮刻本為底本，惜未注釋。3. 池萬興、嚴寅春校注《〈西藏賦〉校注》（濟南：齊魯書社，2013 年），點校者以清嘉慶二年（1797）刻本為底本，參以清嘉慶二十一年（1816）刻《四川通志》本、清同治間張丙炎刻《榕園叢書》本、清光緒八至九年（1882～1883）刻《元尚居匯刻三賦》本、清光緒十二年（1886）刻《西藏圖考》本、清光緒二十七年（1901）刻《八旗文經》本、民國二年（1913）刻《榕園叢書》真州張允顗重修本。值得一提的是，《西藏賦》是一部兼具文學與史學雙重性質的方志作品，既需要點校者具備賦學功底，又應具備一些西藏歷史與文化知識，同時，該書點校者還對《西藏賦》相關內容加以注釋，雖不免有一些錯誤，但此注釋不僅有利於讀者閱讀理解，也進一步揭示了《西藏賦》的文獻價值。

## （五）古籍數字化資源庫成果

目前，各類古籍數字化資源庫建設漸成如火如荼之勢。其中與清代西藏方志關聯較多的代表性古籍數字化資源庫有：1. 中國國家圖書館「中華古籍資源庫」之「數字古籍」、「數字方志」庫，將除了南京圖書館藏《西域全書》、北京大學圖書館藏《三藏志略》之外的清代西藏方志全部收錄，且選取版本多樣，均免費開放獲取並可遠程訪問；2. 愛如生公司研發的「中國方志庫」、「中國基本古籍庫」，其目前收錄了雍正《四川通志・西域》、乾隆

《雅州府志・西域》、《西藏志》、《西藏考》、《衛藏通志》、《西藏圖考》等6種清代西藏方志。

## 四、研究綜述

早在民國期間，學術界即已開展了對幾種具有代表性的清代西藏方志的專題研究，雖呈現出分散性且缺乏整體性與系統性的研究特點，但卻開創了研究先河，為後世打下了良好基礎。中華人民共和國成立尤其是改革開放之後，藏學研究取得了較大進展，對清代西藏方志的研究也取得了較大進步。截至目前，國內外學術界僅有一種清代西藏方志研究專著問世，即趙心愚著《清代西藏方志研究》(北京：商務印書館，2016年)〔註20〕，由此可見，還有諸多研究空白等待學者們去揭示。現將學術界關於清代西藏方志研究的基本情況綜述如下：

### （一）1949年前之研究成果

《衛藏通志》與《西藏志》是這一時期學術界研究的焦點，學者們對二者的版本、作者問題予以初步考證和論述。吳豐培《〈衛藏通志〉著者考》(北平研究院編《史學集刊》1936年第1期)，作者通過將《衛藏通志》與其發現的作者署名「松筠」的清抄本《西陲紀事初稿》等文獻相比對，再考證和琳、松筠出任駐藏大臣的任職時間等問題，認為《衛藏通志》作者是松筠。吳豐培《〈西藏志〉版本異同考》(《中德學誌》第5卷第4期，1943年)，文中分別就作者當時所見的清乾隆五十七年（1792）和寧刻本與兩種清抄本等三個版本《西藏志》的內容異同做了考證，作者認為此書著者並非果親王允禮，應視為未著撰人。

### （二）1949年後之研究成果

1. 承襲民國間研究成果，《西藏志》與《衛藏通志》仍是學術界的研究熱點，學者們針對作者、成書時間和版本差異等進行了相關考證。張羽新《〈西藏志〉即蕭騰麟所著〈西藏見聞錄〉考》(《文獻》1986年第1期)、趙伍《〈西藏志〉著者辯》(《西南民族學院學報》1998年第3期)、謝暉《乾隆〈西藏志〉作者小考》(《中央民族大學學報》2000年第1期)、鄧銳齡《讀〈西藏志〉箚記》(《中國藏學》2005年第2期）等4篇文章，先後在《西

〔註20〕因該書為作者此前發表論文之合集，因此，筆者在此綜述中僅介紹其相關論文。

藏志》的作者與成書時間等方面做了詳細討論。其中，張羽新認為《西藏志》即《西藏見聞錄》、二者實為一書，但此觀點漏洞較大，已被學術界推翻。趙伍認為果親王為此書最初著者或囑其隨從編撰是可能的，但此觀點更不足信，因為果親王於雍正十二年（1734）奉命護送七世達賴喇嘛返藏，但其並未入藏且次年即返京，並於乾隆三年（1738）去世，而《西藏志》卻明確記錄了乾隆六年（1741）六世班禪坐床之事。謝暉則別出心裁地提出，《西藏志》的作者是乾隆十年（1745）進士湖北人徐天球，此文十分短小，僅根據光緒十年（1884）《黃州府志》卷之三十三《藝文志・史部・國朝》條載：「《西藏志》四卷，廣濟徐天球撰」，此屬「孤證單行」，亦未見其他論述文字，因此亦不足信。鄧銳齡以中國國家圖書館藏清抄本《西藏志》為中心，認為其為駐藏大臣衙門中某一名或數名官員編撰而成。此外，趙心愚對《西藏志》亦展開了專項研究，其對該志作者的論述過程及觀點均與趙伍一致，篇幅較大但並無新意。趙心愚《從〈西藏志〉看確立之初的駐藏大臣制度》（《中國邊疆史地研究》2009 年第 1 期），則從《西藏志》成書時間下限出發，論證了駐藏大臣制度在西藏地方的建立與初期運行情況。張羽新《〈衛藏通志〉的著者是和寧》（《西藏研究》1985 年第 4 期）、曹彪林《〈衛藏通志〉作者辨析》（《西藏研究》2009 年第 4 期），則集中對其作者問題給予了解讀，其中，張羽新認為該書作者是時任駐藏幫辦大臣和寧，曹彪林則認為該書應為駐藏大臣集體完成。

2. 對於目前所知的成書時間最早的清代西藏方志《藏紀概》，已有學者加以初步研究。筆者曾撰文《〈藏紀概〉成書背景與文獻價值》（《文津學誌》第五輯，北京：國家圖書館出版社，2012 年），文中闡述了清中央政府對西藏地方控制力不斷強化及作者的個人努力是《藏紀概》成書的主要背景因素，同時，書中所載內容可與雍正《四川通志・西域》、乾隆《雅州府志・西域》、《西藏志》及《衛藏通志》等進行比對，以追溯相關史料的來源與可信性，此外，該書在編纂體例尤其是篇目設置方面的相關創新，更為之後清代西藏方志的編纂工作提供了重要借鑒。另外，趙心愚《〈藏紀概〉現流傳版本中的兩個問題》（《中央民族大學學報》2014 年第 4 期）認為，「卷之初」中「行軍紀程」本應為「卷之次」的內容，「卷之尾」中「附國」目後半部分內容本應為同卷「土則」目的部分內容，而之所以出現這兩個問題，可能與此書的改輯有關，更可能與輾轉傳抄有關。

3. 和寧《西藏賦》是中國古代文學史上唯一一篇以西藏為題材的賦作，近年來也受到學者關注。對此，池萬興《和寧及其〈西藏賦〉》（《濟南大學學報》社會科學版，2008 年第 4 期），該文對和寧生平及《西藏賦》內容進行了概況性梳理。此外，《西藏民族學院學報（哲學社會科學版）》曾於 2011 年第 1 期開闢專欄約稿 4 篇：趙逵夫《論〈西藏賦〉在賦史上的地位——〈西藏賦〉校注・序》、池萬興《賦海奇葩西藏方志——論〈西藏賦〉的文獻價值》、嚴寅春《煌煌巨製・賦中珍品——論〈西藏賦〉的文學價值》、孫福海《〈西藏賦〉版本考》。同時，李軍《〈三邊賦〉之〈西藏賦〉論略》（《船山學刊》2012 年第 4 期）、《〈西藏賦〉民俗述考》（《青海民族大學學報》社會科學版，2012 年第 4 期）、《〈三邊賦〉之〈西藏賦〉的史料價值》（《西藏民族學院學報》哲學社會科學版，2013 年第 4 期），分別針對《西藏賦》的作者、版本、內容、特色與價值進行了詳細論述。此外，已有 2 篇碩士學位論文以《西藏賦》為研究主題，其一，烏日罕《清代西藏社會的百科全書——評和瑛〈西藏賦〉》（內蒙古民族大學碩士學位論文，2006 年），該文分析了《西藏賦》的文體特徵及其社會價值與文學價值。其二，孫福海《衛藏方志、雪域奇葩——〈西藏賦〉研究》（西藏民族學院碩士學位論文，2009 年），該文列舉了《西藏賦》的現存版本，結合和寧生平及其詩文作品論述了《西藏賦》的文獻價值。

4. 對於《西域遺聞》，趙心愚給予了一定關注。其《乾隆〈西域遺聞〉資料的編撰即其缺陷、價值》（《西南民族大學學報（人文社會科學版）2012 年第 11 期》），認為其成書於在陳克繩任嘉定府知府期間，並大量利用當時新刊行的《明史》資料，反映了清代西藏方志的發展。此外，其《乾隆〈西域遺聞〉資料的三個主要來源》（《民族研究》2013 年第 1 期）指出此書資料主要來源有：史籍文獻、已有清代西藏方志、編撰者在藏區的親歷。

5. 對於偽作《拉薩廳志》，因清中央政府從未在西藏地方設置過「廳」這一地方行政機構，因此，這一書名的硬傷即引起一些學者對該書真偽的探討。對此，房建昌《偽造的吳豐培先生所藏〈道光拉薩廳志〉手抄本》（《西藏研究》2010 年第 6 期），首次提出該書為偽作的結論。此後，趙心愚《道光〈拉薩廳志・雜記〉的有關問題及作偽證據》（《西藏大學學報（社會科學版）》2014 年第 1 期），進一步指出該書「雜記」所載內容多抄襲自《西藏圖考》。

6. 對於清代西藏方志中成書時間較晚的《巴塘鹽井鄉土志》和《西藏新

志》，趙心愚進行了初步討論。其《宣統〈鹽井鄉土志〉的「圖」及其繪製特點與價值》（《民族學刊》2014 年第 1 期），對書中「鹽井全圖」的重要價值展開了論述。其《宣統〈西藏新志〉「地理部・驛站」的主要資料來源考》（《西藏大學學報（社會科學版）》2015 年第 1 期），認為該書「地理部・驛站」的資料來源是日本學者山縣初男編著的《西藏通覽》。

7. 對於北京大學圖書館藏清抄本《三藏志略》，學術界關注極少。該書成書於乾隆六十年（1795）並於道光中期增補。《中國地方志聯合目錄》等方志目錄均未收錄該書，且因其深藏高校圖書館而較難借閱，故學術界尚未對此書開展相關研究。僅有張永江《〈三藏志略〉及其史料價值》（《西藏研究》1989 年第 2 期）對該書做了內容提要式介紹。

8. 對於清代西藏方志中幾種內容相似方志的關係，學術界展開了詳細論述。圍繞《西藏志》、《西藏記》、《西藏考》、《西藏志考》等 4 種方志的相互關係，趙心愚以《西藏志》為中心，從作者、成書時間及文獻價值的角度，對《西藏記》、《西藏考》、《西藏志考》進行了鋪陳對比式研究。通過其《〈西藏志考〉成書時間及著者考》（《西南民族大學學報（人文社會科學版）》2011 年第 12 期）、《〈西藏考〉與〈西藏志〉、〈西藏志考〉的關係》（《西藏大學學報（社會科學版）》2012 年第 1 期）、《〈西藏記〉〈西藏志〉關係考》（《西藏民族學院學報（哲學社會科學版）》2013 年第 1 期），趙心愚認為：首先，《西藏記》與《西藏志》關係更為密切，其刻本最早基礎當為《西藏志》的某種抄本；其次，《西藏考》不是《西藏志》的衍生書，其材料取自於或抄錄於《西藏志考》，《西藏志考》成書應在前，《西藏志》是在《西藏志考》基礎上調整、修改而成的，而《西藏志考》應是《西藏考》、《西藏志》兩書共有之「祖本」。但是，劉鳳強《〈西域全書〉考——兼論〈西藏志考〉、〈西藏志〉的編纂問題》（《史學史研究》2014 年第 4 期）則推翻了趙心愚等學者的所有結論，其以南京圖書館藏清抄本《西域全書》為依託，通過篇目內容對比提出了令人信服的新結論：成書於清乾隆元年（1736）的《西域全書》是清代最早的較為成熟的西藏方志，其修補本約成書於清乾隆七年（1742）之際，通過對比修補本《西域全書》與《西藏志考》、《西藏志》，目前所見《西藏志》及兩種《西藏志考》均抄錄自《西域全書》。

9. 對於清代西藏方志的綜合性研究，目前可見成果較少。陳崇凱《西藏歷代方志編纂及要籍選介》（《西藏研究》1998 年第 2 期），涉及《西藏考》、

《西藏見聞錄》、《衛藏圖考》、《西藏志》、《西藏賦》、《衛藏通志》、《西藏圖考》、《西藏新志》等 8 種清代西藏方志的內容提要。張莉紅《西藏地方文獻考略》(《中華文化論壇》2005 年第 3 期)，涉及《西藏志》、《衛藏通志》、《西藏圖考》等 3 種清代西藏方志的內容提要。彭升紅《清代民國西藏方志研究》(四川師範大學碩士學位論文，2008 年) 獨具開創性，不僅概況了清代民國間三批西藏方志的歷史背景、特徵、價值及影響，還分別考述了《藏紀概》和《西藏志》的著者、成書時間、成書地點等問題。肖幼林等《我國首批西藏方志產生的原因及其特點》(《中國藏學》2009 年第 4 期)，認為清中央政府治藏力度增強、重視修志事業、入藏官兵撰寫遊記是首批清代西藏方志產生的原因，同時，民族地域性、可信度高、與內地文化比較、均為略志、以通志為主是這批方志的特點。趙心愚《〈中國地方志聯合目錄〉西藏地區清代方志的著錄問題》(《西南民族大學學報（人文社會科學版）》2013 年第 4 期)，指出了《中國地方志聯合目錄》在清代西藏方志的著者、責任方式等方面存在瑕疵，還認為《西藏志考》、《三藏志略》、《西藏賦》、《乍丫圖說》、《門空圖說》等應予以收錄。趙心愚《清代西藏地方志序、跋的史料價值——讀幾部清代西藏地方志的序、跋》(《西南民族大學學報（人文社會科學版）》2014 年第 1 期)，該文以《藏紀概》、《西藏見聞錄》、《西藏志》、《西招圖略》、《拉薩廳志》、《西藏圖考》及《巴塘鹽井鄉土志》的序跋為例，逐一介紹內容並指出了清代西藏地方志序、跋的特點及在清代西藏方志研究中的資料價值。吉正芬、韓連啟《西藏地區方志研究綜述》(《西藏大學學報（社會科學版）》2015 年第 2 期)，該文從清代以來西藏地區方志的編修及整理、具體志書研究、方志編修工作等三個方面展開回顧與總結，但該文對相關研究成果收集不全、綜述角度單一。

綜上所述，相對於清代西藏方志的規模與價值來講，目前學術界的研究還不夠充分，仍有較大的研究空間，具體表現在：

1. 研究視域有待拓寬。長期以來，學術界對《西藏志》、《衛藏通志》、《西藏賦》的研究較為集中，而對於其他清代西藏方志的關注仍顯不足。例如，對於《西藏記述》、嘉慶《四川通志・西域志》、《西藏圖說》、《西藏圖考》以及中國國家圖書館藏（清）管庭芬輯佚名《西藏紀聞》(清道光間《花近樓叢書》稿本)，學術界尚未展開專題研究。對於雍正《四川通志・西域》、乾隆《雅州府志・西域》、《西藏見聞錄》、乾隆《西寧府新志・武備志・西藏》、

《西域遺聞》、《衛藏圖識》、《西藏新志》、《巴塘鹽井鄉土志》等，學術界現有研究成果較為稀少，並且在論據與結論方面仍有許多有待商榷之處，同時，這些成果仍處於淺嘗輒止或集中於某一視角的專論階段，十分欠缺針對各種藏志的綜合性研究。

2. 相關古籍版本學研究亟待深入。清代西藏方志的版本比較豐富，其中許多藏志既有抄本又有刻本，並且其抄本或刻本又有不同版本，因此，針對一種或幾種藏志的古籍版本學研究尤其是不同版本的比勘研究仍有較大空間，但遺憾的是，因版本複雜且庋藏分散，因而，此方面研究成果仍十分缺乏。

3. 相關方志的文獻價值尤其是史料價值仍待全面揭示和深度挖掘。因方志是有關一個地域的歷史、地理、政治、經濟、文化、語言、風俗等地情的綜合性作品，由此，不僅可以利用清代西藏方志中有關清代西藏歷史、軍事、政治等史料開展歷史學研究，而且可以利用其中疆域、山川、天時等記載助力相關清代西藏地理研究，亦可利用其中物產、歲節、紀年、風俗、衣冠、飲食、婚嫁、夫婦、生育、喪葬、醫藥、占卜、禮儀、宴會、市肆、房舍等篇目內容進行相關清代西藏民俗文化研究。此外，糧臺、臺站等篇目所載也可為清代漢藏交流史、西藏交通史研究提供一手史料。

4. 針對清代西藏方志的古籍整理成果尤其是點校成果仍十分欠缺。目前可見的藏志古籍整理成果仍以人為干預最低的「原汁原味」的影印出版為主，且因其分別產生於不同出版項目之中，因此已出現較多的版本重複問題。遺憾的是，這種影印出版的形式雖然省時省力、手段討巧，但始終屬於古籍整理的最初級階段，並且其中幾乎沒有研究元素參與其中。因此，對清代西藏方志開展比較專業的標點校勘工作已迫在眉睫。

5. 針對清代西藏方志的整體綜合性研究成果仍然非常罕少。目前僅有一種以清代西藏方志為研究對象的論著問世，這與清代西藏方志的數量、規模、影響是極不相稱的。之前成果基本是以清代西藏方志為參考資料而進行的歷史研究，或是書目提要類和介紹普及型的資料彙編。清代西藏方志不僅是清代西藏「百科全書」型史料，更是清代中國邊疆史研究、清代西藏地方史研究、清中央政府與西藏地方關係史研究以及漢藏文化交流史研究的重要參考，因此，針對清代西藏方志的整體性特徵與綜合性價值的研究刻不容緩。

## 五、本書創新之處

由上可知，學術界對清代西藏方志的研究還不夠深入。清代西藏方志是一個跨文化、多學科知識融合的交叉型研究對象，需要研究者具備多學科知識素養，既要具備文獻學知識背景，又需掌握史學與方志學研究手段，還需擁有藏學尤其是藏族史知識儲備。在這一相對複雜、頭緒交融的研究過程中，前者用來辨別版本優劣，中者提供理論框架與研究方法，而後者則是提升研究高度的認知背景。由此，本書力爭在以下四個方面有所創新：

### （一）研究範圍相對廣泛

本書為目前所見學術界研究成果中範圍最大、對象最為集中者。目前，學術界已有成果或為集中討論一、二種著名的清代西藏方志，或為粗淺重複的提要簡介，即學術界有關於清代西藏方志的綜合性研究成果依然不足。本書以 18 種清代西藏方志為專題研究對象，研究範圍覆蓋國內外所見幾乎全部清代西藏方志。

### （二）研究視域相對全面

學術界之前成果多專注於文字校勘、版本源流及幾種相似方志間的沿襲關係。實際上，方志是一種具備存史、資政、教化三大功能的紀實性文獻，研究者常常忽略了其作者本身就是敘事場景和所記史實的一個重要組成部分，進而使得方志中蘊藏的意識形態效果和詮釋的歷史發展脈絡均在一定程度上被隱瞞或掩蓋。因此，本書選取作者生平、成書時間、成書背景、版本情況、篇目內容、史料來源、文獻價值、不足之處等八個方面作為研究框架。

### （三）研究角度相對客觀

目前學術界可見成果多褒揚甚至誇大清代西藏方志的文獻價值，而極少論及其不足之處，這與公正、客觀、全面、辯證的學術研究基本原則相悖，因此，本書將不足之處亦作為專題研究的一個有機組成部分。

### （四）研究結論有所創新

第一，對每種清代西藏方志的作者予以釐清，並對作者生平予以最大限度的考證與揭示。例如，本書考證出嘉慶《四川通志・西域志》出自汪仲洋之手；乾隆《雅州府志・西域》存在兩任知府的著作權之爭；馬揭、盛繩祖合輯《衛藏圖識》在流傳過程中出現學者與藏書家們對二者著作權有不同認知等。同時，對於《西域遺聞》、《西藏圖考》、《西藏新志》等作者生平資料罕少者，本書亦利用清宮檔案、家譜等史料予以揭示和補充。第二，對學術界尚未涉及的《西藏記述》、嘉慶《四川通志・西域志》、《西藏圖考》、《西藏圖說》以及中國國家圖書館藏稿本（清）管庭芬輯佚名《西藏紀聞》進行了開創性研究。例如，本書考證出此佚名《西藏紀聞》之版本祖本為（清）于學質《異域紀聞》等。第三，對學術界極少涉及的雍正《四川通志・西域》、乾隆《雅州府志・西域》、乾隆《西寧府新志・武備志・西藏》、《衛藏圖識》、《巴塘鹽井鄉土志》、《西藏新志》等開展專題研究並得出了新結論。例如，首次揭示了部分清代西藏方志在史地、文化、語言、風俗等方面的文獻價值；揭示乾隆《雅州府志・西域》係全盤抄襲自雍正《四川通志・西域》，因此毫無文獻價值可言；《衛藏圖識》亦被稱作《衛藏圖志》；在顯露出近現代化氣息的《巴塘鹽井鄉土志》中，其《鹽井全圖》繪製者並非作者段鵬瑞，而是時任鹽井知縣王會同；《西藏新志》作為向近現代方志轉型之作，整體性質上屬於對日本學者山縣初男《西藏通覽》的抄襲之作等。第四，針對學術界集中研究的《西藏志》、《衛藏通志》、《西藏賦》等進行了綜合性研究，得出了更為全面的結論。第五，對清代西藏方志特徵的探討與結論亦屬創新之處。

# 第一章　清代西藏方志之發展、梗概與特徵

中國方志學是中國古代各族民眾共同締造與推動發展的，其時空範圍理應包括中國古代邊疆地區，清代西藏方志即是中國古代方志學發展史中的一朵雪域蓮花。清代西藏方志既是中國古代方志纂修規模與水平發展至鼎盛階段的時代產物，又是中國近代方志纂修事業開端的重要標誌之一。其不僅為拓展中國古代方志研究的時空與族群範圍提供了諸多助力，而且對於「西藏自古以來就是中國的一部分」這一史實與政治論斷，提供了更多地理學、邊疆學、歷史學、文化學等方面的堅實論據。此外，清代西藏方志的空間屬性雖歸類於中國西南邊疆，但包括這些藏志在內的晚清方志編纂體例與方法的新變化，也為民國時期西藏方志的編纂提供了必要的理論嘗試與實踐基礎，對於進一步證明中國方志學的族群多元性與空間延展性亦提供了生動案例。

清代是中國古代方志纂修的鼎盛時期。清中央政府為了掌握各地實情、強化中央集權、樹立文化權威、維護並昭示天下一統政局，非常重視各地方志與《大清一統志》的纂修活動。由於各級政府的大力推動，各省、府、州、縣志的編纂持續不斷，成果十分豐富。據 1985 年出版的《中國地方志聯合目錄》統計，國內存世的編纂於 1949 年之前的方志有 8264 種之多，其中清代方志有 5685 種，約占 69%左右。清代方志在數量與整體質量上均超越前代。在省志方面，由於清中央政府的高度重視而佳作較多，如：賈漢復修、沈荃纂順治《河南通志》首開通志先河，並長期被奉為各省通志編纂之範本，李鴻章等修、黃彭年等纂同治《畿輔通志》亦倍受後世推崇。在府、州、縣

志方面，自乾隆朝起，伴隨考據學不斷興盛，諸如章學誠、戴震、洪亮吉、孫星衍等知名學者受聘參與到府、州、縣志的纂修活動中，他們在編纂體例、考據史實方面做了諸多有益工作，由此極大地提升了清代方志的整體學術水平，如：周震榮修、章學誠纂乾隆《永清縣志》，孫和相修、戴震纂乾隆《汾州府志》，李德淦修、洪亮吉纂《涇縣志》等，均屬上乘之作。以上這些均為清代西藏方志產生與發展提供了良好的時代背景與創作環境。

# 第一節　清代西藏方志產生與發展之背景

## 一、《大清一統志》纂修是其產生之政策背景

首先，清中央政府始終重視《大清一統志》的纂修活動。康熙十一年（1672），保和殿大學士衛周祚上疏，請頒令各省依照河南、陝西兩省通志樣式纂修通志，成書後交翰林院備纂《大清一統志》之用。康熙帝採納了這一建議，命直省各督撫聘集夙儒名賢，接古續今，纂輯通志。康熙二十二年（1683），清廷平定「三藩之亂」、收復臺灣，進一步鞏固了專制集權統治，遂再命禮部檄催天下修志，各省通志限三個月成書。由此，各省府高度重視，纂修通志之風興起，不僅大力搜求舊志，同時加快編纂新志，自康熙十年至五十九年（1671～1720），清廷所轄直隸及十五省陸續開展通志編纂工作。以此為基礎，雍正六年（1728）十一月甲戌，諭曰：

> 《一統志》總裁大學士蔣廷錫等奏言，本朝名宦人物，各省志書既多缺略，即有採錄，又不無冒濫，必得詳查確核，採其行義事蹟，卓然可傳者，方足以勵俗維風，信今傳後。請諭各該督撫，將本省名宦、鄉賢、孝子、節婦一應事實，詳細查核，無缺無濫，於一年內保送到館，以便細加核實，詳慎增載，得旨。朕惟志書與史傳相表裏，其登載一代名宦人物，較之山川風土，尤為緊要，必詳細確查，慎重採錄，至公至當，使偉績懿行，逾久彌光，乃稱不朽盛事。今若以一年為期，恐時日太促，或不免草率從事。著各省督撫，將本省通志重加修輯，務期考據詳明，摭採精當，既無闕略，亦無冒濫，以成完善之書。如一年未能竣事，或寬至二、三年內纂成具奏。如所纂之書果能精詳公當而又速成，著將督撫等官，俱交部議敘。倘時日既延，而所纂之書又草率濫略，亦即從重處分。至

> 於書中各項分類條目，仍照例排纂，其本朝人物一項，著照所請。將各省所有名宦、鄉賢、孝子、節婦一應事實，即詳查確核，先行匯送《一統志》館，以便增輯成書。〔註1〕

由此可知，一方面，之前康熙帝要求各省通志限三個月成書的政策效果並不理想，其時間過於倉促，即使以一年為限，仍不免出現某些地方在通志纂修方面草率了事而致使省志質量不佳的情況，因此，雍正帝將各省通志纂修時限予以適時調整，寬延至三年；另一方面，雍正帝進一步明確，要對未按時完成纂修任務的各省督撫從重處分，同時，「本朝人物（名宦、鄉賢、孝子、節婦）」一項應作為省志的必要組成部分，且應將相關材料先行報送《一統志》館，以便將此部分彙編為《大清一統志》的相關部分，而此「本朝人物」部分的重要意義在於「勵俗維風，信今傳後」，這正是方志的基本功能之一即「教化」作用。值得注意的是，清代西藏方志中除嘉慶《四川通志．西域志》之外，很少設置「本朝人物」這一門目，甚至對達賴喇嘛、班禪額爾德尼等系統介紹也不多，因此，從這一角度講，清代西藏方志的教化功能嚴重不足。

不過，伴隨地方省府對這一詔令的貫徹落實，第一批清代西藏方志應運而生。在康熙六十年（1721）至雍正五年（1727）間成書的《藏紀概》即已言及：「中外悉歸皇輿，紀載宜補未備。」〔註2〕楊應琚在乾隆《西寧府新志》中也說道：「國家升平百年，偉德殊功，咸未紀載。今廣為採輯，嚴加考訂，另成新志。」〔註3〕在清中央政府的相關政令督促下，各省為了纂修通志，遂下令各府、州、縣纂修志書。在此氛圍與環境下，《衛藏圖識》、《衛藏通志》等第二批清代西藏方志即陸續問世。嘉慶間，清中央政府再次下令纂修《大清一統志》，於是，體量最大的清代西藏方志嘉慶《四川通志．西域志》便隨之問世。清晚期，各地纂修方志又出現一個高潮，由此，《西藏圖考》、《巴塘鹽井鄉土志》、《西藏新志》等相繼成書。

其次，清中央政府為了保證《大清一統志》纂修活動的順利推進，提供了一系列組織與政策保障。一方面，清廷在中央專門建立了《一統志》館，而

〔註1〕《清世宗實錄》卷七十五，清雍正六年（1728）十一月甲戌。

〔註2〕（清）李鳳彩纂修：《藏紀概．原由》，民國二十六年（1937）國立北平圖書館抄本。

〔註3〕（清）楊應琚纂修：《西寧府新志．凡例》，清乾隆二十七年（1762）增刻本。

各省、府也大多組建了志局、志館，由省、府大員領銜主修，並聘請當地學士名流主纂或參編。康熙二十五年（1686）三月，清廷設立了《一統志》館，設總裁 7 人，副總裁 6 人，纂修官 20 人，由陳廷敬、徐乾學負責纂修組織工作。雍正十一年（1733）八月，方苞被任命為《一統志》館總裁，陳德華為副總裁。由此，《大清一統志》纂修活動正式啟動。另一方面，清廷根據《大清一統志》纂修活動的進行情況，陸續頒布了一些極具針對性的政令。

康熙二十九年（1690），河南巡撫閻邦興為統一所屬府、州、縣志體例，專門向所轄地方頒發了「修志牌照」，具列凡例 23 條，對志書的斷限、取材、類目、敘次等均有規定，分別對總圖、沿革、天文、四至、建置、河防、鄉村（集鎮）、公署、橋樑、倉庫（社學）、街巷（坊第）、山川、古蹟、風俗、土產、陵墓、寺觀、賦稅、職官、人物（聖賢、忠貞）、流寓（孝義、烈女、隱逸、方技）、藝文、災祥等 23 個類目提出了詳細要求。之所以如此，「是由於在當時，下級修志的最主要目的是為上級修志提供基礎資料。府州縣志修成，要報送省垣，以供纂修通志之要刪；通志修成，則要報送《一統志》館，以備編修《一統志》之採擇。這種做法對於保證省志和一統志的順利編纂、推動基層修志的開展，特別是對於方志體例的嚴謹和規範化起到十分重要的作用。」〔註 4〕雍正年間，清廷規定州、縣志書每六十年一修，這也成為此後清代方志纂修的年限慣例。這些均為清代西藏方志的產生與發展提供了纂修方面的制度環境與理論參考。

乾隆八年（1743），自康熙朝即已啟動的《大清一統志》終於纂修完成。全書共 342 卷，於乾隆九年（1744）正式頒行，其體例為：「每省皆先立統部，冠以圖表。首分野，次建置沿革，次形勢，次職官，次戶口，次田賦，次名宦，皆統括一省者也。其諸府及直隸州又各立一表，所屬諸縣繫焉。皆首分野，次建置沿革，次形勢，次風俗，次城池，次學校，次戶口、次田賦，次山川，次古蹟，次關隘，次津梁，次堤堰，次陵墓，次寺觀，次名宦，次人物，次流寓，次列女，次仙釋，次土產。各分二十一門。而外藩即朝貢諸國，別附錄焉。」〔註 5〕這一體例隨即成為此後清代西藏方志尤其是官修藏志在體例方面的根本標準，對此可在《西藏志》、《衛藏通志》的篇目設置中

〔註 4〕劉緯毅等著：《中國方志史》，太原：三晉出版社，2010 年，第 228 頁。

〔註 5〕（清）紀昀等纂修：《欽定四庫全書總目》卷六十八《史部．地理一》，清乾隆間武英殿刻本。

得到明確驗證。

值得注意的是，《西藏志》約成書於乾隆七年（1742），書中記事時間下限亦止於該年，這一時間與清代首部《大清一統志》的成書時間乾隆八年（1743）十分接近，筆者由此認為：《西藏志》正是當時駐藏大臣為《大清一統志》的纂修而準備提交給理藩院的有關西藏的「省志」稿件，這一點在《西藏志》中即有明證：「乾隆二年，造送理藩院，入《一統志》，內開：達賴喇嘛在布達拉、白勒蚌廟內居住，郡王頗羅鼐管轄衛、藏、達格布、工布、卡木、阿里、西拉果爾等處共大城池六十八處，共百姓一十二萬一千四百三十八戶，寺廟三千一百五十座，共喇嘛三十萬二千五百六十眾。班禪額爾德尼在札什隆布寺內居住，管寺廟三百二十七座，共喇嘛一萬三千六百七十一眾，境內大城池十一三處，共百姓六千七百五十二戶，仍歸郡王統屬……」。〔註6〕以上便是駐藏大臣上報給理藩院的有關西藏地方戶口、城池等基本情況。這也證明，《西藏志》是伴隨清中央政府編纂《大清一統志》而產生並為其提供基礎材料的，亦屬於《大清一統志》的政策性產物之一。

乾隆二十年（1755）之後，清中央政府通過一系列針對邊疆地區的征伐與平亂活動，使邊疆諸部陸續內附並歸入清中央政府治下版圖，而乾隆八年（1743）成書的《大清一統志》已不能如實反映其時疆域變動情況，即「聖明之世，昄章日擴，故編摩亦不得不日增。今志距詔修舊志之時僅數十載，而職方所隸已非舊志所能該。威德遐宣，響從景附，茲其明驗矣。虞舜益地之圖，僅區九州島為十二，亦何足與昭代比隆哉！」〔註7〕因此，乾隆二十九年（1764），乾隆帝下令續修《大清一統志》，以反映國家變化實情、滿足其時統治需要。續修《大清一統志》不僅需要測繪青海、西藏、新疆等地輿圖，而且需要動員各省官員收集、整理、上交纂修《大清一統志》所需的各地方志資料，因此，此工程亦十分浩大，直至乾隆四十九年（1784），總量共500卷的與前志體例相同的續修《大清一統志》方告完成。

此後，為了昭示乾隆四十九年（1784）至嘉慶間的國情變化，嘉慶十七年（1812），嘉慶帝下令重修《大清一統志》。這次重修歷經30年，直至道光二十二年（1842），共560卷的《嘉慶重修一統志》最終成書。其中，外藩各

〔註6〕（清）佚名纂修：《西藏志・附錄》，龔自珍跋清抄本。

〔註7〕（清）紀昀等纂修：《欽定四庫全書總目》卷六十八《史部・地理一》，清乾隆間武英殿刻本。

部自內札薩克、察哈爾至喀爾喀、青海、西藏諸境，俱詳覈其山水、形勢之跡，及封爵、旗分添設移改，並世襲傳次之數，照理藩院冊籍登記。這兩次續修《大清一統志》屬於全國性官方修志活動，必然給有識之士纂修西藏方志帶來政策引導與制度維護，這也進一步促使西藏方志纂修在數量與質量上均得到明顯提升，而清代西藏方志在乾嘉時期迎來繁盛期，其數量相對最多、質量相對最高即是實物證明。

值得注意的是，出於維護專制集權統治穩定局面的政治需要，清廷再次祭出文化為政治服務的傳統統馭之法。為了製造統一的歷史記憶，清廷統治者在大力倡導方志纂修活動的同時，還極力控制私人纂修方志，以防出現與官方不一致的歷史敘事，進而破壞官方的文宣統一口徑與文化表達權威。乾隆三十一年（1766），浙江巡撫熊學鵬上疏乾隆帝，針對府、州、縣志多由地方官委人私修，進而出現所謂的「是非顛倒」、「錯誤失實」、「偏差遺漏」等問題，要求朝廷嚴禁民間私修方志，加強對地方志書纂修的統一管理，以正視聽。

> 浙江巡撫臣熊學鵬謹奏，為請嚴私修志書之例，以昭信實事。
>
> 竊照志書與史鑒體例，雖有不同，而皆記事之書，將以傳信後世。惟是志書中，有省志、有府志、有州縣志，大小各別。查各省所纂通志，俱經進呈，惟府縣志多有地方官私自修輯刊布，在好名之地方官，名為捐資辦理，暗中不無向紳士派費，而該地紳士藉以行私地方官，徇其所囑，任意編纂。其考核既不切實，且或別存愛憎，將鄙俚不經之談，率行開載，將私心偏厚之人，謬加讚揚，至實應紀載之事，轉有遺漏。刊布而日久，以訛傳訛，所關於政治人心者，甚為重大。昨據任滿學政錢維城稱，遂安縣毛一鷺，本四明之黨，天啟間以附璫與太監李寔同致周順昌於死後罹逆案，而邑志有傳，侈陳其政績。又嘉興虞廷陛抨擊正人，薦引邪黨卒罹逆案，而《嘉興府志》有傳，不書其附黨，而反稱其忤黨。又《蕭山縣志》載，嘉靖間，學使陳大綬貪酷無兩，又偏不喜青衿凡士，與民訟無不責辱士，而獎借民者，一月之內，不黜數名秀才，則食不下嚥。是年，太史言天狗食文昌，文人多殃，故浙場大水，而士受學使之辱。按，陳大綬為萬曆進士，由部曹出督浙江學政，清節慈惠最著，蓋在萬曆，而志稱嘉靖，乃指為貪酷無兩，且謂天變，因之是非顛

倒，即飭州除等因到臣。臣查毛一鷺、虞廷陛二人，名列「逆黨」，現載在《欽定明史》內，而邑乘反侈陳其美，實為是非倒置，臣已飭地方官刪除。至陳大綬一人，臣未能深悉其居官如何，果否清節慈惠最著，容臣與新任浙江學臣李宗文另行查考，核實辦理。但即以毛一鷺、虞廷陛、陳大綬三人而論，可見府州縣私修志書內之褒貶失實者，尚難悉舉。

臣查督撫、學臣、藩臬，蒞任各府州縣，未嘗不有志書呈送，然一省之中，數十州縣志書，加以各府志書卷帙浩繁，不過備存查考，其實未能逐篇逐字細心校閱。夫事無專責，則彼此因循。在督撫、藩臬辦理地方政務，尚多惟學臣專司考核，事較簡少，其按臨各郡，考案發後，或在公館、或在舟次，就近將該處志書與該地方官論辨考核，隨時辦理卷帙，既不甚多，更屬易辦。臣請敕下各省學臣，於按臨各郡時，即將該處舊存府州縣志，與該地方官考核，所有開載不實不經之處，飭今地方官悉行刪除。歲底將刪除條目若干，諮明督撫，會同奏聞。其地方府州縣官，有因舊志漫漶，欲行改造重修，或舊無志書，欲行添造者，悉今預為詳報，仍將所修志書申送學臣，會同督撫核明具奏，俟旨發回，然後准其刊布，不許地方官任意私造。再，纂修志書向係地方官自行捐資辦理，更不得藉端派費，有累士民。如此，庶書歸信守，而不經失實之語，不致貽惑將來矣。〔註 8〕

為了控制文化、消除異端進而維護統治，乾隆帝批准了這一建議，加之雍正、乾隆、嘉慶朝之際本就文網甚密、史獄橫行，因此，這一文化鉗制政策的頒行對私人纂修方志帶來極大限制，文人們紛紛採取實修方志而避用「志」名的創作方式予以應對。例如，師範於嘉慶十三年（1808）纂成的《滇系》實為雲南通志，而劉寶楠於道光三年（1823）纂成的《寶應圖經》實則江蘇寶應縣志。當然，該政策亦不可避免地對清代西藏方志纂修產生了較大影響。本來此前的清代西藏方志即以私人纂修為主而官修方志極少，而在此政策頒布之後問世的清代西藏方志，除了官修的《衛藏通志》、嘉慶《四川通志・西域志》，及清亡之際、統治崩潰之時的《巴塘鹽井鄉土志》、《西藏

〔註 8〕（清）佚名編：《皇清奏議》卷五十七，民國間影印本。

新志》之外，其他大部分藏志如《衛藏圖識》、《西藏賦》、《西藏圖說》、《西藏圖考》等，其題名均未再冠以「志」名。

## 二、清中央政府治藏力度變化乃其發展之歷史背景

第一，康熙五十六年（1717）至乾隆十五年（1750），是清中央政府在西藏用兵平亂並由此最終確立對西藏行政管轄時期。其間，大批中原地區武官及其幕僚陸續進藏，由此，來自親身踏查的關於西藏情況的第一手材料以遊記、紀程等方式不斷湧現，以此為基礎，數種清代西藏方志應運而生。

康熙帝統治中後期，西藏政局動盪不安，清中央政府對西藏的管轄尚未完全確立。康熙五十六年（1717），蒙古準噶爾部汗王策妄阿拉布坦派策零敦多布率軍 6000 餘人由和田出發自西路入藏，一舉擊敗當時武力統治西藏的和碩特部汗王拉藏汗，並在全藏建立了統治，致使西藏社會動亂進一步加劇。康熙五十七年（1718），清中央政府第一次用兵西藏失利。次年，清廷以胤禵為大將軍統領各軍，第二次用兵西藏。當年十月，策零敦多布敗逃，清廷由此建立了對西藏的直接統治，藏局亦暫時趨穩。雍正元年（1723），青海蒙古和碩特部首領羅布藏丹津發動叛亂，清廷第三次用兵青藏平亂。雍正五年（1727），西藏地方政府領導人員內部出現內訌，噶倫阿爾布巴、隆布鼐、札爾鼐等在拉薩大昭寺，利用寧瑪派信徒的不滿和前後藏不同教派的矛盾殺害了噶倫康濟鼐，並派兵到後藏追殺頗羅鼐。頗羅鼐率後藏及阿里精兵數千人與阿爾布巴等人宣戰，史稱「衛藏戰爭」。清中央政府再次派兵入藏平亂，待藏局穩定後，順勢在西藏設置了駐藏大臣，同頗羅鼐共同管理藏政。乾隆十五年（1750），頗羅鼐次子珠爾默特那木札勒叛亂，駐藏大臣傅清、拉布敦迫於情勢，誘殺了珠爾默特那木札勒，但隨後被其黨羽殺害，藏地再次陷入亂局。七世達賴喇嘛格桑嘉措迅速將殺害駐藏大臣的兇手擒獲，平息了這場動亂，同時奏報清廷。當年十一月，乾隆帝委派四川總督策楞、提督岳鍾琪領兵入藏處理善後，即清中央政府第五次用兵西藏。至此，西藏的長期亂局才逐漸穩定下來。

在清中央政府五次用兵西藏的過程中，李鳳彩、張海、蕭騰麟等參與其中。以張海為例，雍正九年（1731），其受命赴口外協辦總理糧務兼運軍餉而赴西藏，次年，復解藏餉。雍正十三年（1735），張海受果親王允禮委派，參與到護送七世達賴喇嘛返藏的官方隊伍之中並抵達拉薩。這段寶貴的入藏經

歷為張海撰寫《西藏記述》中有關當時西藏政治、邊防、風俗、物產、飲食、貿易等內容提供了第一手資料。

第二，乾隆五十三年（1788）至宣統三年（1911），是清廷治下中國的「康乾盛世」接近尾聲、內憂外患不斷湧現、國力逐步走向衰微的歷史時期。在此期間，清中央政府對西藏地方的行政管轄力度由強轉弱，同時，廓爾喀侵藏、英國殖民主義者侵藏所導致的邊疆危機相繼出現，由此，清中央政府再次出兵西藏，與西藏軍民共禦外侮。此間，個別駐藏大臣及中原地區有識之士從總結治藏經驗、關注西藏危局與西南邊疆安全的角度出發，不斷建言、積極修志，以此為基礎，又有多種清代西藏方志陸續問世。

成書於乾隆五十六年（1791）十二月的《衛藏圖識》在卷首即已言及：「辛亥之秋，廓爾喀滋擾藏界。」〔註 9〕乾隆五十三年（1788），以貿易與邊界糾紛為由，廓爾喀出兵侵擾後藏的聶拉木、濟嚨等地，清中央政府立即調兵進剿。次年，駐藏大臣及噶廈官員私自與廓爾喀議和，許諾向廓爾喀償銀贖地並向朝廷謊報已收復失地。乾隆五十五年（1790），廓爾喀派人入藏討要贖地錢財，噶廈官員藉故不予。次年夏，廓爾喀以藏官爽約為由，再次入侵後藏並連克聶拉木、濟嚨、定日、日喀則等地，並洗劫了班禪活佛駐錫地札什倫布寺。對此，松筠《西招圖略》記載：「今之所謂敵者，廓爾喀也。」〔註 10〕之後，乾隆帝立即派福康安、海蘭察等領兵馳援入藏。乾隆五十七年（1792）五月，清軍收復濟嚨，隨後攻入廓爾喀境內，七月，清軍逼近廓爾喀都城陽布（筆者注：今尼泊爾首都加德滿都），廓爾喀遣使求和。八月，福康安准許廓爾喀歸降並啟程返藏。此廓爾喀之役即乾隆帝「十全武功」中最後一役「平定廓爾喀」。此役之後，「刻下，廓番復肆鴟張，王師進剿，釜底遊魂，詰朝澌滅，直易易事耳。」〔註 11〕最後，廓爾喀遣使赴京朝覲，成為中國藩屬。同時，清中央政府再次借機調整了治藏策略，福康安為整飭藏政奏請頒行《欽定藏內善後章程二十九條》，其中設立了影響深遠的「金瓶掣簽」制度來規範活佛轉世事宜，並重新規定了駐藏大臣和達賴喇嘛、班禪額爾德尼等人的職權與地位，強化藏兵組織與駐軍防務，選派熟悉藏情的官

〔註 9〕（清）馬揭、盛繩祖輯：《衛藏圖識・例言》，清乾隆五十七年（1792）刻巾箱本。

〔註 10〕（清）松筠撰：《西招圖略・量敵》，清道光二十七年（1847）王師道刻本。

〔註 11〕（清）魯華祝撰：《衛藏圖識序》，（清）馬揭、盛繩祖輯：《衛藏圖識》，清乾隆五十七年（1792）刻巾箱本。

員如松筠、和寧等擔任駐藏大臣，更推行一些減輕賦役、限制濫派烏拉等經濟措施，由此確立了此後一百餘年間西藏政治、軍事、賦稅等基本制度框架。

此間，馬揭、盛繩祖合輯《衛藏圖識》，駐藏大臣和寧撰《西藏賦》，駐藏大臣衙署編纂《衛藏通志》，駐藏大臣松筠撰《西藏圖說》，汪仲洋纂修嘉慶《四川通志．西域志》，鄭光祖輯《西藏紀聞》，管庭芬輯佚名《西藏紀聞》，以上藏志均是在清中央政府平定廓爾喀之役、積極改革藏政這一歷史背景下產生的。

鴉片戰爭爆發以後，伴隨帝國主義侵華的不斷加劇與清廷的日漸衰朽，接壤英國東印度公司控制下印度的中國西藏，也遭到英國殖民主義者的武裝侵擾。光緒二年（1876），李鴻章被迫與英國公使威妥瑪簽訂了《煙臺條約》，由此，英人獲得了深入西藏的特權。光緒十年（1884），英人派一支約 300 人的武裝隊伍闖入西藏，在幹壩地方被藏民阻擋。光緒十四年（1888）三月，英軍悍然向駐守隆吐山的藏軍發動進攻。其間，清廷將支持抗英的駐藏大臣文碩革職。藏軍雖拼死抵抗，但因裝備落後、指揮失當，隆吐山之戰以失敗告終，英軍深入亞東仁青崗、春丕等地。至此，英國第一次侵藏戰爭結束。光緒十六年（1890）和十九年（1893），清廷與英國先後簽訂了《藏印條約》、《藏印續約》，承認錫金歸英國保護，開放亞東為商埠，英國在亞東享有治外法權以及進口貨物五年不納稅等特權。

欲壑難填的英國殖民主義者妄圖將西藏變為其殖民地，悍然發動了第二次侵藏戰爭。光緒二十九年（1903）七月，英國派榮赫鵬上校和駐錫金行政專員懷特率英軍再次入侵西藏，並於次年八月佔領拉薩。九月，西藏地方政府被迫與英方簽訂了《拉薩條約》。條款中隱藏了排斥中國對西藏的主權，建立英國對西藏的保護關係等陰謀。光緒三十二年（1906）四月，清廷與英國簽訂了《中英續訂藏印條約》，重申了清中央政府對西藏的主權。不過，內外交困的清廷已無力同英國抗衡，而其在西藏抗英鬥爭中的妥協表現，致使西藏地方政府對清中央政府的信任度不斷下降，同時，在英國殖民主義者的挑撥下，清中央政府不僅對西藏的行政管轄力度大不如前，而且也使得二者關係出現了裂痕，這也為此後產生影響至今的「西藏問題」做了鋪墊。

此間，伴隨清末中國邊疆危機日益加深尤其是英人侵藏步伐不斷加快，秉承中國傳統儒家憂患意識與救世精神的中原地區有識之士紛紛將目光投向西藏，為西藏抗英鬥爭獻計獻策。由此，具有「資治」、「存史」功能的方志，自然也對這段歷史做了詳實記錄。其中，黃沛翹輯《西藏圖考》成書於光緒十二年（1886）五月，該書在第一次英國侵藏戰爭爆發之前，便對英國侵藏的野心及西藏對中國西南邊疆安全的重要意義做出明確闡釋：「夫印度地在海內，水土肥美，人之所爭，其意有在。故規印度所以衛西藏，衛西藏所以固蜀都。設西藏有警，蜀能安枕乎？履霜之思，又豈僅在蜀。今印度既淪海外，則經營西藏尤為急務。然必竭全蜀之力經之營之，安內攘外，庶幾固此藩籬，輔車相依，有備無患，斯不易之言也。」〔註 12〕此後，龔柴著《西藏紀略》也在清末刊行，許光世、蔡晉成合編《西藏新志》是第一部由傳統向近現代轉型的藏志著作，也衍生於這一歷史背景之下。成書於宣統元年（1909）的段鵬瑞編纂的《巴塘鹽井鄉土志》，則是清代唯一有關西藏的鄉土志，該書中明確提出「愛國、愛鄉之觀念，或賴以不熄乎。」〔註 13〕這種以愛國為思想核心的清代西藏方志編纂理念，正是對其時西藏危局的即時回應與現實關切。

## 第二節　清代西藏方志之梗概

據《中國地方志聯合目錄》統計，現存 1949 年以前的西藏方志 44 種，其中，清代西藏方志 17 種。以成書時間為序，該書中所載現存清代西藏方志的具體情況如下表：

| 序號 | 書　名 | 作　者 |
|---|---|---|
| 1 | 《藏紀概》三卷 | （清）李鳳彩 |
| 2 | 《西藏志》不分卷 | |
| 3 | 《西藏考》一卷 | |
| 4 | 《西藏記》二卷 | |
| 5 | 《西藏記述》一卷 | （清）張海 |
| 6 | 《西藏見聞錄》二卷 | （清）蕭騰麟 |
| 7 | 《西域遺聞》一卷 | （清）陳克繩 |
| 8 | 《衛藏圖識》四卷附《蠻語》一卷 | （清）馬揭、盛繩祖 |
| 9 | 《衛藏通志》十六卷首一卷 | |

〔註 12〕（清）黃錫燾撰：《西藏圖考序》，（清）黃沛翹輯：《西藏圖考》卷首，清光緒二十三年（1897）刻本。

〔註 13〕（清）段鵬瑞編纂：《巴塘鹽井鄉土志・沿革》，清宣統三年（1911）鉛印本。

| 10 | 《西藏圖說》一卷 | （清）松筠 |
|---|---|---|
| 11 | 《西藏紀聞》 | （清）鄭光祖 |
| 12 | 《西藏紀聞》 | （清）管庭芬 |
| 13 | 《西藏圖考》八卷首一卷 | （清）黃沛翹 |
| 14 | 《西藏記略》 | （清）龔柴 |
| 15 | 《巴塘鹽井鄉土志》 | 段鵬瑞 |
| 16 | 《西藏新志》三卷 | （清）許光世、蔡晉成 |
| 17 | 《拉薩廳志》二卷 | （清）李夢皋 |

需要指出的是，囿於時代侷限，《中國地方志聯合目錄》因編纂時間較早而存在一定的遺漏，如《西藏賦》、《西藏志考》、北京大學圖書館藏《三藏志略》、南京圖書館藏《西域全書》等重要藏志均未被收錄其中。同時，經筆者考證，（清）管庭芬輯佚名《西藏紀聞》與（清）龔柴著《西藏記略》均篇幅較小、不足千字，且其內容均散亂無章，前者為道聽途說的入藏紀程行記，後者為參考他書而成的介紹性短文，從性質、體例、內容等方面判斷，二者均不屬於方志。因此，筆者在此加以適當調整與補充，進而認為國內現存清代西藏方志共 23 種，具體情況如下表：

| 序號 | 書　名 | 作　者 | 成　書　時　間 |
|---|---|---|---|
| 1 | 《藏紀概》三卷 | （清）李鳳彩纂修 | 清康熙六十年（1721）至雍正五年（1727） |
| 2 | 雍正《四川通志・西域》 | （清）黃廷桂等修，（清）張晉生等纂 | 清雍正十一年（1733） |
| 3 | 《西域全書》不分卷 | （清）子銘撰輯 | 清乾隆元年（1736） |
| 4 | 乾隆《雅州府志・西域》 | （清）曹掄彬纂修 | 清乾隆四年（1739） |
| 5 | 《西藏志考》不分卷 | | 清乾隆七年（1742） |
| 6 | 《西藏志》不分卷 | | 清乾隆七年（1742） |
| 7 | 《西藏考》不分卷 | | 清乾隆七年（1742） |
| 8 | 《西藏記》二卷 | | 清乾隆七年（1742） |
| 9 | 《西藏記述》不分卷 | （清）張海撰 | 清乾隆六年至十一年（1741～1746） |
| 10 | 《西藏見聞錄》二卷 | （清）蕭騰麟著 | 清乾隆十一年（1746） |
| 11 | 乾隆《西寧府新志・武備志・西藏》 | （清）楊應琚纂修 | 清乾隆十二年（1747） |
| 12 | 《西域遺聞》不分卷 | （清）陳克繩纂輯 | 清乾隆十八年（1753） |

| | | | |
|---|---|---|---|
| 13 | 《衛藏圖識》四卷附《蠻語》一卷 | （清）馬揭、盛繩祖輯 | 清乾隆五十六年（1791）十二月 |
| 14 | 《三藏志略》二卷 | （清）沈宗衍撰 | 清乾隆六十年（1795） |
| 15 | 《西藏賦》不分卷 | （清）和寧撰 | 清嘉慶二年（1797） |
| 16 | 《衛藏通志》十六卷首一卷 | （清）和琳、松筠、和寧等纂修 | 清嘉慶二年（1797） |
| 17 | 《西藏圖說》一卷 | （清）松筠撰 | 清嘉慶三年（1798） |
| 18 | 嘉慶《四川通志·西域志》 | （清）汪仲洋纂修 | 清嘉慶二十一年（1816） |
| 19 | 《西藏紀聞》一卷 | （清）鄭光祖輯 | 清道光間 |
| 20 | 《西藏圖考》八卷首一卷 | （清）黃沛翹輯 | 清光緒十二年（1886）五月 |
| 21 | 《巴塘鹽井鄉土志》二卷 | （清）段鵬瑞編纂 | 清宣統元年（1909） |
| 22 | 《西藏新志》三卷 | （清）許光世、蔡晉成編 | 清宣統三年（1911） |
| 23 | 《拉薩廳志》二卷 | （清）李夢皋纂修 | 清道光二十五年（1845）（偽作） |

需要指出的是，表中《衛藏通志》、嘉慶《四川通志·西域志》之作者與責任方式為筆者考證之結論，其餘則取自各志卷一之卷端所題。從總體上看，清代西藏方志之大部分皆為通志，其中，《藏紀概》是目前所知成書時間最早的清代西藏方志，亦即清代首部西藏方志。《西藏志》則是西藏方志歷史上具有劃時代意義的著作，其是首次以「西藏」命名的「省志」，且體例與內容皆為後世所廣泛參考。《衛藏圖識》是清代西藏方志中第一部圖志。《衛藏通志》則是藏志中第一部具有典範意義的、體例與內容皆完備的通志作品。《巴塘鹽井鄉土志》是清代西藏唯一一部鄉土志。《西藏新志》則是清代最後一部藏志，同時也是藏志中第一部由傳統向近現代轉型的方志。最後，值得注意的是，《拉薩廳志》最為特殊，因在清代之際，清中央政府從未在西藏設置「廳」類行政單位，同時，檢閱書中章節與內容之大概即可知，其為後世拼湊、抄襲而成的「偽書」。

## 第三節　清代西藏方志之特徵

一、在成書背景方面，清代西藏方志大多具有軍事背景，即與清中央政府用兵西藏平亂直接相關，進而呈現出「藏亂起，藏志出」的顯著特點。這些藏志多出自西藏的多事之秋即西藏面臨「內憂外患」之際，這與中原地區

「盛世修志」的傳統型成書背景形成鮮明反差。上文已述及，首批清代西藏方志即產生於康熙末期至乾隆初期（1717～1750），在此期間，西藏引起了由中原地區入藏的文武官員尤其是武官及其幕僚的極大關注，他們多以入藏踏查所得資料或所在衙署之檔冊資料為主要史料，從而纂修了《藏紀概》、《西域全書》、《西藏記述》等藏志。待乾隆十五年（1750）西藏政局趨於穩定之後，則有關西藏的方志即很少問世。在乾隆五十三年（1788）至宣統三年（1911）間，西藏方志又伴隨廓爾喀、英人的侵藏外患而再次湧現。不過，值得注意的是，在這兩次外患之間的一段時期即道光、咸豐、同治及光緒朝初期，在此約 60 年時間之內，除了鄭光祖摘編的幾乎沒有任何文獻價值的微型藏志《西藏紀聞》之外，再無西藏方志問世。這一時期，恰恰是清中央政府治下西藏的穩定發展時期，因此，清代西藏方志可被視為清中央政府全力治藏的時代產物，更是西藏地方政局風雲變幻的歷史見證。

二、在纂修作者方面，以私人纂修為主，官修藏志中亦較少設置「纂修銜名」一節，而作者「佚名」情況時有發生。同時，作者主體為旅藏官員，其中文筆平庸的武官居多，且相關藏志多為其返回漢地或返鄉後回憶之作。此外，作者組成中沒有藏族民眾或西藏本地土著人士。

第一，以私纂為主。有清一代，府、州、縣方志纂修多為「設局修志」，即以官修為主，絕大多數都是官督紳辦和官督學修。但是，清代西藏方志纂修很少經歷「設局開館」過程，而是以私人編纂為主。例如，李鳳彩《藏紀概》、子銘《西域全書》、張海《西藏記述》、蕭騰麟《西藏見聞錄》、陳克繩《西域遺聞》、馬揭與盛繩祖《衛藏圖識》、沈宗衍《三藏志略》、和寧《西藏賦》、松筠《西藏圖說》、鄭光祖《西藏紀聞》、黃沛翹《西藏圖考》、段鵬瑞《巴塘鹽井鄉土志》、許光世與蔡晉成《西藏新志》等，均為私人編纂。另外，雍正《四川通志・西域》、乾隆《雅州府志・西域》、乾隆《西寧府新志・武備志・西藏》、嘉慶《四川通志・西域志》，亦屬官修藏志，卻是寄存在省志或府志之下的「寄合志」。值得一提的是，藏志中纂修者「佚名」情況時有發生。目前所知，在藏志中影響最大者當屬《西藏志》、《衛藏通志》，二者均是冠以「志」名的「省志」。對此，筆者認為，二者均係清代駐藏大臣衙署內官員集體編修、增纂遞補、相繼完成的官修方志，其中，《西藏志》對《西域全書》的借鑒尤多，而衙署作者們利用前人所修西藏方志、官方檔冊與文牘、加之實地考察所得資料等而纂修成書，所以，其呈現出「前人累積，後人編定」的顯著特點，因此，書中均未署作者名號。此外，諸如《西藏志考》、《西藏考》、《西藏記》等亦未署名，此應與相關抄本流傳播布時傳抄者刻意隱瞞原著者直接相關。

第二，作者主體為旅藏官員，且以文筆平庸、負責押運糧餉的武官為多。康熙、雍正、乾隆三朝時期，清軍入藏頻繁，結合隨之展開的軍事善後、強化管理等過程，隨軍赴藏的文官武將及其幕僚們，多觀察藏情、留心藏事、記錄藏俗，由此，以駐藏、旅藏官員為主體的作者們，不僅撰出一些遊記、紀程類等初具方志雛形的涉藏作品，而且後來者們以此為基礎進而編纂出相對成熟的藏志。例如，《藏紀概》作者李鳳彩於康熙五十九年（1720）隨軍入藏並駐紮拉薩六月有餘，其間，其「姑就目擊耳受者述之。」〔註 14〕《衛藏通志》是駐藏大臣衙署內官員根據實地探訪所得，並結合衙署內所存檔冊集體纂修而成。但是，這一以李鳳彩、張海、蕭騰麟、楊應琚、馬揭、盛繩祖等武舉或武官為主體的作者群體，其文學水平相對低下的弊端也是顯而易見的，這直接影響了清代西藏方志的整體水平。

第三，作者組成中沒有藏族民眾或西藏本地土著人士，即缺乏民族主體性，同時，僅有《西域全書》在藏編纂的可能性較大，其他清代西藏方志皆於西藏之外所作，即缺乏創作在地性，這是清代西藏方志纂修的一大缺陷。在中原地區方志纂修過程中，組織者均會積極吸收本地飽學之士參加其中，但在清代西藏方志編纂過程中，卻未見有藏族或西藏本地土著參與其中。這主要是由漢藏民族文化差異造成的。一方面，藏族並無修志傳統，其文獻以宗教文獻為主，史學類文獻著作數量相對較少。另一方面，有清一代，西藏地方行政管理體制與中原地區有較大差異，清中央政府秉承因俗而治的原則，始終未在西藏建省設廳，在藏施行科舉制更是無從談起，藏族等少數民族人士更不可能跨地區參與科舉，在各種藏志纂修過程中，絕不可能出現如漢地修志一般的大量生員參與其中的情形。同時，旅居西藏的漢族民眾較少，其中既熟悉儒家傳統文化又精通藏語文等少數民族語言者更屬鳳毛麟角。因此，西藏在制度與文化層面本身就缺少修志之客觀環境。因藏傳佛教的特殊性，其時藏傳佛教僧侶多為藏族民眾中文化水平相對較高者，他們並未參與到類似《衛藏通志》等藏志的纂修活動之中，因此，這種纂修作者結構方面

---

〔註 14〕（清）李鳳彩纂修：《藏紀概・原由》，民國二十六年（1937）國立北平圖書館抄本。

的明顯缺陷，必然導致一些清代西藏方志中出現與藏族及西藏實情不符的情況。此外，因缺少藏族人士參與其中，從而使得清代西藏方志在纂修主體方面缺乏應有的民族主體性，因此，這些藏志的文字表述僅限於漢文，這也致使清代西藏方志只能在漢文化圈流傳與播布，而未能成為其時漢藏文化交流的重要文化媒介。

三、在纂修體例方面，清代西藏方志呈現出「平目體為主、綱目體為輔」的特點。民國時期著名方志學家李泰棻認為：「體例之於方志，如棟樑之於房屋，棟樑倒置，房屋安得穩固？」〔註 15〕可見，體例直接關係到方志的層次與布局是否合理，對於方志編纂尤為重要。中國古代方志的纂修體例，發展至南宋時期，即已形成了平目體、綱目體、紀傳體這三類典型體例形式。綜觀清代西藏方志，其體例多為平目體，即平行排列篇目、門類，這種纂修體例的優點是在篇目設置方面一目了然、平等多元，但其不足在於列目過多、分類瑣碎。以影響較大的《西藏志》為例，該書即採用平目體，36 個門目分別為：事蹟、疆圉、山川、寺廟、天時、物產、歲節、紀年、風俗、衣冠、飲食、婚嫁、夫婦、生育、喪葬、醫藥、占卜、禮儀、宴會、市肆、房舍、刑法、封爵、頭目、兵制、邊防、徵調、賦役、朝貢、外番、碑文、唐碑、糧臺、臺站、附錄、程站。由此可見，該書門目豐富多彩，內容包羅萬象，為外界瞭解和認知西藏情況提供了較為全面的參考資料。同時，《西域全書》、《西藏志考》、《西藏考》、《西藏記》、《西藏見聞錄》、《西藏圖考》等均採用平目體。綱目體則是對平目體的集約型改造，即在大門類之下設置篇目，以綱統目，類例較平目體更為明晰。以清乾隆五十七年（1792）刻本《衛藏圖識》為例，該書分為《圖考》二卷、《識略》二卷、《蠻語》一卷，《圖考》中有《衛藏全圖》1 幅、《程站圖》8 幅、《拉薩佛境圖》1 幅、《番民種類圖》18 幅。《識略》部分包括：源流考、疆域考、封爵、朝貢、紀年、歲節、兵制、刑法、賦役、徵調、喪葬、醫藥、卜筮、市肆、工匠、山川、古蹟、寺廟、物產等 20 個門類。書末所附一卷《蠻語》又分以下 19 門：天文門、地理門、時令門、人物門、身體門、宮室門、器用門、飲食門、衣服門、聲色門、釋教門、文史門、方隅門、花木門、鳥獸門、珍寶門、香藥門、數目門、人事門。此外，北京大學圖書館藏清抄本《衛藏通志》與目前所見該書刻本所採用的平目體不同，其纂修體例為綱目體，書中分為方輿、僧俗、鎮撫、

〔註 15〕李泰棻著：《方志學》，上海：商務印書館，民國二十四年（1935），第 31 頁。

紀略、外部、藝文六門。其中，方輿門分 4 目（考證、疆域、山川、程站），僧俗門分 6 目（喇嘛、寺廟、番族、番官、番兵、戶口），鎮撫門分 5 目（職掌、錢法、貿易、營伍、章程），紀略門分 3 目（康熙、雍正、乾隆），外部門分 3 目（達木、蒙古三十九族、四方外番），藝文門分 3 目（御製碑記、詩文、賦）。

四、在纂修風格方面，清代西藏方志呈現出「紀實為主，獵奇為輔」的特點。從中國古代方志普遍具有的資治、存史、教化三大功用角度看，儘管存在漢藏文化差異，但絕大多數藏志纂修者通過入藏踏查或借鑒文獻，基本做到了如實記載、實事求是、只述不評，由此，「紀實為主」成為清代西藏方志的主要纂修風格。同時，不應忽視的是，恰恰源於漢藏文化之間的較大差異，以傳統漢文化為文化認知本位、受傳統華夷觀念影響的漢族官吏及僚屬們，對藏文化這種異族與異域文化中的任何組成要素均表現出文化新鮮感，在聽聞、接觸、探察、記錄、討論、思考等一系列文化認知過程中，難免會出現強烈的「獵奇心理」，而他們將個體的疑惑感或群體的新奇感作為一種文化新發現而訴諸筆端，必然會使清代西藏方志具有「獵奇為輔」的纂修風格。藏志的獵奇性文字描述雖在一定程度上具有向中原漢地介紹和展示藏文化的文化傳播功能，但因纂修者難以擺脫對藏文化的先入為主的「刻板印象」，加之纂修者本身對藏文化認知水平有限，因此，在這些獵奇性文字記載中，難免帶有輕蔑或貶低傾向，這不僅在向中原漢地的文化傳播過程中歪曲了藏文化的本來面目，而且也在一定程度上加深了漢藏民眾之間的文化隔閡。

例如，在《西域遺聞》的「佛氏篇」中，有一段關於達賴喇嘛「法力神奇」的記載：「董都閫率道為言，雍正十三年，護送達賴至藏，其對藏水奔流洶湧，達賴以佛手遙指，狂流頓息，縈回逾時。」〔註 16〕此事歷史背景為：為防止蒙古準噶爾部再次擾亂藏政，雍正六年（1728），清中央政府決定將七世達賴喇嘛格桑嘉措（1708～1757）移往四川裏塘，後又將其遷往新建的泰寧惠遠廟駐錫。雍正十三年（1735），果親王允禮奉旨在惠遠廟為七世達賴喇嘛返回拉薩餞行。不過，《西域遺聞》中這段有關七世達賴喇嘛的靈異描述，則是脫離事實的獵奇性記載。這一記載不僅反映了《西域遺聞》中部分記載源於道聽途說的「野史」，故而嚴重降低了該書的文獻價值尤其是史

〔註 16〕（清）陳克繩纂輯：《西域遺聞・佛氏》，清抄本。

料參考價值，而且也體現了少部分儒學士人長期以來對藏族、西藏、藏傳佛教等基本情況，幾近無知或以訛傳訛的文化認知狀況。

五、在纂修水平方面，清代西藏方志的整體水平相對不高。因私纂藏志較多，如《藏紀概》、《西藏記述》、《西域見聞錄》等在篇目設置與文字表述方面，均不可避免地存在失當情形。從作者組成上看，出身進士者僅有曹掄彬、陳克繩、和寧，其餘多為武舉出身的武官或僚屬，亦有俗吏陋儒，卻無知名學者，這意味著該作者群體的整體文化素養不高。雖然其中也有和寧《西藏賦》這一文采優美、考證詳實的非典型方志，但從整體上看，清代西藏方志的整體纂修水平與志書質量與中原地區方志相比還有一定差距。

同時，中國古代方志整體水平本就不高，恰如梁啟超所云：「方志中什之八九，皆由地方官奉行故事，開局眾修，位置冗員，鈔撮陳案，殊不足以語於著作之林。」〔註 17〕而對於中國古代官修方志的整體水平，梁啟超更是一針見血地評論道：「方志地位，雖亞於國史，然編纂之形式，率沿唐後官局分修之舊，故得良著甚難，而省志尤甚。必如謝蘊山、阮芸臺之流，以學者而任封圻，又當承平之秋，史事稀簡，門生故吏通學者多，對於修志事自身有興味，手定義例，妙選人才分任而自總其成，故成績斐然也。」〔註 18〕對此，雍正《四川通志・西域》、乾隆《雅州府志・西域》均屬官修省、府志，各門由不同人員採編完成，同時，纂修人員龐雜，更無謝啟昆、章學誠、阮元等碩學鴻儒，因此，其水平可想而知。而經筆者考證，雍正《四川通志・西域》大面積借鑒《藏紀概》、乾隆《雅州府志・西域》全盤抄襲自雍正《四川通志・西域》，中下層文人許光世、蔡晉成於清亡之際編成《西藏新志》，看似新穎、博人關注，卻是大面積抄襲自日本學者山縣初男編著的《西藏通覽》。由此，雖然清代西藏方志具有非常重要的文獻參考價值，但筆者毫不諱言，其整體纂修水平相較其時中原地區方志來講還是有一定差距的。

六、在方志性質方面，清代西藏方志呈現出「民族性與邊疆性並舉」的特點。因方志是反映特定地域的歷史、地理、風俗、政治、經濟、文化等情況的綜合性文獻，因此，作為記錄其時西藏地方「全史」的清代西藏方志，也就具有反映藏族歷史文化特色的民族性。同時，因為地緣原因，西藏是中國西南邊疆重鎮，與印度、尼泊爾、不丹、緬甸等國家和地區接壤，因此，

〔註 17〕梁啟超著：《中國近三百年學術史》，北京：東方出版社，2004 年，第 326 頁。
〔註 18〕梁啟超著：《中國近三百年學術史》，北京：東方出版社，2004 年，第 335 頁。

清代西藏方志自然就具有邊疆性。例如：目前所知的第一部清代西藏方志《藏紀概》，就設置了「藏天異」、「藏土則」、「附國」等集中反映清代藏族文化和周邊國家及地區情況的特色篇目。官修《衛藏通志》也設置了「程站」、「喇嘛」、「經典」等與藏族文化相關的特色篇目。嘉慶《四川通志・西域》則設有「國朝駐藏大臣題名」、「西域職官政績」、「西域番酋」等獨具民族特色的篇目。《西藏見聞錄》開創性地中設置了「方語」篇目，並收納了藏語詞彙 454 個，此後，《衛藏圖識・蠻語》、《西藏圖考・蠻語附》亦收錄了藏語詞彙。此外，《西藏圖考》對於西藏周邊國家及地區的關注最為顯著，其中《西藏沿邊圖》以圖文並茂的形式，詳細標注了俄羅斯、廓爾喀、印度、哲孟雄、孟加拉、布魯克巴、緬甸、越南等國家及地區名稱，由此，將清代西藏方志對邊疆的關切與記錄較為全面地展現出來。

綜上所述，清代西藏方志多產生於清中央政府派兵入藏平亂之際，以旅藏或涉藏官員私纂為主，並無藏族或西藏本地土著人士參與纂修，體例多為平目體，其整體纂修水平相對不高，同時，其風格為紀實為主、獵奇為輔，並且民族性與邊疆性特色突出。從總體上看，清代西藏方志呈現出內容廣博、經世致用之優點，但也存在構架不嚴、體例不善、資料不詳、考訂不精等缺憾。同時，從中國古代方志的傳統功用來講，清代西藏方志在資治、存史方面功能顯著，即具有詳正史之略、補正史之缺、糾正史之誤的重要價值，但在教化功能方面存在明顯不足。

# 第二章　清代西藏方志之濫觴

## 第一節　藏志最早之本——《藏紀概》

（清）李鳳彩纂修的《藏紀概》，是目前可見的成書時間最早的西藏方志。《藏紀概》全文共一萬餘字，分三卷，「卷之初」抄錄《邸抄》所載《聖祖仁皇帝御製論地理水源文》，並記作者隨軍由青海西寧進入西藏拉薩的行軍過程；「卷之次」記自四川成都府城至烏斯藏路程、自雲南省由劍川州出口至烏斯藏路程，同時對沿途草場、人家、氣候、距離均有記錄；「卷之尾」則為「藏天異」、「藏土則」、「附國」、「西藏種類」、「產作（穀屬、蔬屬、獸屬、禽屬、花果屬、藏香、金、玉、玻璃、絲織品、刀槍、碉房、碗）」、「招跡」，分別記載西藏的天文、地理、人種、物產、風俗等。此外，卷首有拉薩地圖一幅。

目前該志可見版本有：一為民國二十六年（1937）國立北平圖書館抄本，二為民國二十九年（1940）吳豐培油印本，三為中央民族學院圖書館 1978 年油印本。在此，筆者以中國國家圖書館藏民國二十六年（1937）國立北平圖書館抄本為中心展開論述。著名民族史學家吳豐培先生對《藏紀概》頗有研究，並給是書以下評價：「迄乎清代，入藏者夥，始有方志紀程之作，然大都成書於雍乾以後，……此書之成，遠在雍正五年以前，較早之作，更足珍視，故列於藏地志乘之首，以為藏志最早之本。」〔註 1〕由此，《藏紀概》在西藏

〔註 1〕吳豐培撰：《藏紀概．附記》，（清）李鳳彩纂修：《藏紀概》，中央民族學院圖書館 1978 年油印本。

方志史上的重要地位可見一斑。與此同時，《藏紀概》具有極其重要的文獻價值。該書中的相關文字記載，可與雍正《四川通志・西域》、乾隆《雅州府志・西域》、《西藏志》及《衛藏通志》等進行校勘、比對，以追溯相關史料的來源與可信性。同時，該書在編纂體例尤其是篇目設置方面的相關創新，更為之後清代西藏方志的編纂工作提供了重要借鑒。因學術界對《藏紀概》關注不多〔註2〕，因此，確有深入研究之必要。

## 一、成書時間與成書背景探析

### （一）成書時間

關於《藏紀概》的成書時間，學術界大多認為是在雍正五年（1727）之前。吳豐培先生認為，「而是書之成，遠在雍正五年以前，」〔註3〕趙心愚先生認為：「從目前的研究來看，成書時間明確早於《雅州府志》的藏志著作僅有《藏紀概》一書。……《雅州府志》成書時間要晚於《藏紀概》十多年，」〔註4〕因乾隆《雅州府志》成書於乾隆四年（1739），因此，其即認為《藏紀概》成書於雍正七年（1729）之前。此外，《中國地方志聯合目錄》將是書成書時間定為「清雍正間」〔註5〕。此外，還應結合書中所載史事的時間下限，如：書中述及康熙五十九年（1720）清中央政府派兵入藏平定準噶爾擾藏之事，而「卷之初」抄錄康熙六十年（1721）《聖祖仁皇帝御製論地理水源文》，此文中還提及康熙六十年（1721）二月初四日撫遠大將軍胤

〔註2〕在何金文編著《西藏志書述略》（長春：吉林省地方志編纂委員會，1985年）中並未提及《藏紀概》，而趙心愚先生在其《乾隆〈雅州府志〉中的西藏篇目及其資料來源》中，論及乾隆《雅州府志》卷十二《西域》的篇目設置與史料取自《藏紀概》，具體參見《中央民族大學學報》（哲學社會科學版）2006年第6期。另，趙先生還撰寫了《〈藏紀概〉現流傳版本中的兩個問題》，文中對《藏紀概》篇章設置混亂問題進行了論述，參見《中央民族大學學報（哲學社會科學版）》2014年第4期，此文亦被收入趙心愚著：《清代西藏方志研究》，北京：商務印書館，2016年，第225～232頁。此外，劉鳳強亦對此有所論述，參見劉鳳強著：《清代藏學歷史文獻研究》，北京：人民出版社，2015年，第129～136頁。

〔註3〕吳豐培撰：《藏紀概跋》，（清）李鳳彩纂修：《藏紀概》，民國二十九年（1940）吳豐培油印本。

〔註4〕趙心愚：《乾隆〈雅州府志〉中的西藏篇目及其資料來源》，《中央民族大學學報》（哲學社會科學版）2006年第6期。

〔註5〕中國科學院北京天文臺主編：《中國地方志聯合目錄》，北京：中華書局，1985年，第849頁。

禋奏摺。同時，在中國國家圖書館藏民國二十六年（1937）國立北平圖書館抄本中，卷首有清人唐肇《藏紀概敘》，此敘落款為：「時雍正五年夏至前，唐肇撰。」〔註6〕由此，筆者初步判斷：《藏紀概》的成書時間為康熙六十年（1721）至雍正五年（1727）之間。

值得一提的是，該書《卷之尾・招跡》中有一句：「大寶法王等已經明史列入列傳，其文字繁多，不復補載。」〔註7〕李鳳彩在此句中提及《明史》，非常引人注意，這對確定《藏紀概》的成書時間有所干擾，對此，前人尚未論及。眾所周知，自順治二年（1645）御史趙繼鼎奏請纂修《明史》，至乾隆四年（1739）張廷玉將《明史》定稿進呈刊行，其成書過程可謂曠日持久。其間，《明史》迭經尤侗、萬斯同、王鴻緒、張廷玉等四個纂修階段。目前所知，康熙二十一年（1682）尤侗初編《明史》之際，將與西藏有關的「西番」置於《明史》卷六《外國傳》之內。此後，康熙二十九年（1690）萬斯同版《明史》完成，其將「西番」置於《明史》卷四百十五《外蕃傳三》之中。直至康熙五十三年（1714）王鴻緒進呈《明史稿》，該版方將「西番」內容擴充一倍以上，並置於該版卷第二百四《西域三》之中。此後，乾隆四年（1739）張廷玉版《明史》刊行，該版沿襲了王鴻緒版有關西藏的篇目設置與文字內容。那麼，李鳳彩參看的《明史》是哪個版本呢？對此，筆者查閱了中國國家圖書館藏萬斯同編《明史》抄本，各卷卷端均題「明史」，該版《西番》文字內容在尤侗版基礎上適當增加，但其中對大寶法王的文字描述極其罕少，僅有「永樂元年，賜番酋及國師金幣。四年，迎番僧尚師哈立麻至京，封『大寶法王』，王宴賜甚厚。」〔註8〕這種對大寶法王的寥寥數語的描述，與李鳳彩所言「其文字繁多」相差甚遠。

因在康熙五十三年（1714）王鴻緒《明史稿》中，才將大寶法王單獨列傳而且文字頗多，同時，乾隆四年（1739）張廷玉版《明史》對王鴻緒版幾乎未作改動，因此，筆者認為李鳳彩參看《明史》有三種可能：第一，李鳳彩參看了王鴻緒《明史稿》所載大寶法王列傳，且此時間距康熙五十九年（1720）其隨軍入藏不遠。同時，有研究者認為「在長期的纂修過程中，未

〔註6〕（清）唐肇撰：《藏紀概敘》，（清）李鳳彩纂修：《藏紀概》，民國二十六年（1937）國立北平圖書館抄本。

〔註7〕（清）李鳳彩纂修：《藏紀概・卷之尾・招跡》，民國二十六年（1937）國立北平圖書館抄本。

〔註8〕（清）萬斯同編：《明史》卷四百十五《外蕃傳三・西番》，清抄本。

定史稿常常被人傳鈔，流出史館。萬斯同的兒子萬世標即記載說，陳實齋、許時庵、蔡瞻岷三家有『先君子明史原稿』鈔本。清末王仁堪也曾於廠肆間購得『萬季野明史稿本』。」〔註9〕目前，中國國家圖書館不僅藏有康熙末年王鴻緒敬慎堂抄本《明史稿》殘本，而且還藏有康熙末年王鴻緒敬慎堂刻本《明史稿》全本，因此，李鳳彩是有可能在當時參看到王鴻緒版《明史稿．大寶法王傳》的。第二，李鳳彩參看的是乾隆四年（1739）張廷玉版《明史．大寶法王傳》，但此時間與《藏紀概》所載史事下限相差 18 年之久，這顯然不合常理。第三，此為後世抄手尤其是逐利書賈作偽之紕漏，但仔細分析，若為故意作偽，則其盡可以將《藏紀概》版本時間提前，大可不必費此周章。同時，《藏紀概》還被成書於雍正十一年（1733）的雍正《四川通志．西域》從篇目設置到文字內容全盤借鑒。因此，這種涉及作偽的可能性也應予以排除。

綜上，筆者認為：李鳳彩參看或聽聞王鴻緒《明史稿》所載大寶法王列傳的可能性最大，同時，《藏紀概》成書於康熙六十年（1721）至雍正五年（1727）之間。結合這一時間節點與作者李鳳彩的個人經歷可知，《藏紀概》成書與當時清中央政府治藏力度不斷強化，以及李鳳彩留心記錄在藏見聞密切相關。

### （二）成書背景

#### 1. 清中央政府治藏力度不斷強化

書中有關由西寧、四川、雲南等地進入西藏的行軍程途內容在文中佔有較大比例，而有關西藏經濟、文化、風俗等方面內容所佔比例則明顯偏小，由此觀之，作者對與有關西藏軍事、政治方面情況的重視尤為突出，而此筆墨分配原則必然與其時的形勢發展息息相關。可以說，《藏紀概》是清中央政府平定藏亂、對西藏控制力度不斷強化的產物。十八世紀初期，在清中央政府統治者的政治視野中，西藏已處於重要地位，其對西藏的治理力度也隨之不斷強化，同時，西藏政教格局也正處於頻繁調整期，而《藏紀概》正是產生於這一歷史背景之下。

第一，清中央政府對西藏地方的重視程度逐步提升，對其控制力度也不

〔註9〕黃愛平：《〈明史〉稿本考略》，北京圖書館《文獻》叢刊編輯部編：《文獻》（第 18 輯），北京：書目文獻出版社，1983 年，第 99 頁。

斷強化。這就引導當時部分有識之士將目光投向西藏並力圖置身藏地而觀其究竟，進而成為民間私人編纂西藏志書的政策基礎。清中央政府統治者對西藏非常重視，原因在於：在其政治視野中，關於蒙古和西藏的地位，出於歷史與地緣方面原因，蒙古的重要性是第一位的，西藏因宗教原因而成為其撫綏蒙古各部的第二陣地。一方面，明後期以來，伴隨藏傳佛教在蒙古地區的傳播，喇嘛作為一個脫離社會物質生產的特權階級日漸形成，藏傳佛教信仰逐漸成為蒙古各部中占統治地位的社會意識形態，而以達賴喇嘛、班禪額爾德尼為代表的藏傳佛教領袖逐漸成為蒙古各部的尊崇對象，而與藏傳佛教領袖建立相對牢固或親密的關係，能在很大程度上強化蒙古各部首領統治權力的合法性與穩固性。由此，蒙藏雙方因藏傳佛教而交往日盛並密不可分。

另一方面，清中央政府統治者也深知在滿族勢力崛起及其擊敗明軍入主中原過程中，蒙古勢力的作用不言而喻，而蒙古王公更是清朝中央政權的重要支柱之一，由此，充分利用藏傳佛教在蒙古地區的影響，可以起到穩固其時中國邊疆的重要作用。對此，對康熙帝、雍正帝的治邊政策多有傳承的乾隆帝深諳此道，其在《御製雙忠祠詩》中寫道：「衛藏西南夷極邊，入我王化百餘年。始猶羈縻後執驢，置兵為守防呼韓。蒙古習俗尚黃教，得失視此為轉旋。」〔註 10〕因此，利用藏傳佛教在蒙古地區的影響，可以起到穩定當時中國北部邊疆的作用。這也正如乾隆帝所說：「蓋中外黃教，總司以此二人（筆者注：指達賴與班禪）。各部蒙古，一心歸之。興黃教，即所以安眾蒙古，所繫非小，故不可不保護之，而非若元朝之曲庇諂敬番僧也。……以為懷柔之道而已。」〔註 11〕

清朝開國不久，順治帝即遣使赴藏，敦請五世達賴喇嘛來京會晤，二人會晤後，始定「達賴喇嘛」封號，並為其在北京駐錫修建了黃寺。同時，在晚年之際佛教信仰傾向愈加明顯的康熙帝、雍正帝，均對西藏及藏傳佛教重視有加。其中，康熙五十二年（1713），康熙帝冊封五世班禪洛桑益西為「班禪額爾得尼」。據《清實錄》載：「諭理藩院：『班禪呼圖克圖，為人安靜，熟諳經典，勤修貢職，初終不倦，甚屬可嘉。著照封達賴喇嘛之例，給

〔註 10〕（清）愛新覺羅・弘曆撰：《御製雙忠祠詩碑》，北京圖書館金石組編：《北京圖書館藏中國歷代石刻拓本彙編》第 70 冊《清・十》，鄭州：中州古籍出版社，1997 年，第 166 頁。

〔註 11〕（清）愛新覺羅・弘曆撰：《御製喇嘛說》，中國國家圖書館藏拓片，SBCNV／北京 214。

以印、冊，封為班禪額爾得尼』。」〔註 12〕此舉是從防止「一極獨大」的目的出發，通過提高班禪系統在西藏社會的政治地位，以制衡達賴喇嘛的勢力，牽制西藏上層世俗貴族，進而保持西藏政局穩定。由此，清中央政府對西藏的重視程度便逐步提升。

值得注意的是，作者李鳳彩也對清中央政府對藏傳佛教的重視有所體會。其在《藏紀概・原由》中寫道：「明嗣，京師立有番經廠，其徒隸食大官者三百年，暨本朝主臨天下，撫有萬邦，西僧之名號『喇嘛』，擇其道行高者，廪結居於京城旃檀白塔寺，以攝察諸喇嘛。自黑龍江鎮南抵廣東粵門，沿邊諸口俱不禁阻。喇嘛中掌教嬗修者，代奉一人，成為活佛，居藏中，數十年來，貢使不絕。」〔註 13〕以上這種較為粗淺的認知與興趣，也為其編纂《藏紀概》奠定了知識基礎。

第二，其時西藏的政教格局也正處於頻繁調整期，具體表現為西藏政治權力受到蒙古準噶爾部勢力操控，這無疑是不利於清中央政府順利推進邊疆治理進程的。明末清初，厄魯特蒙古四部之一的準噶爾部迅速崛起。康熙十二年（1673）準噶爾部發生內亂，在西藏學佛的噶爾丹自立為汗。不久，其吞併了厄魯特諸部落而佔據南疆，在對抗清中央政府的同時，還覬覦西藏的統治權。為此，康熙帝三次御駕親征，終於康熙三十六年（1697）擊敗噶爾丹。不過，康熙五十六年（1717），準噶爾部首領策妄阿拉布坦再次發動叛亂，其派遣臺吉策零敦多布帶兵突襲拉薩，殺死了此前控西藏的蒙古和碩特部汗王拉藏汗，並大肆摧毀藏傳佛教。他還任命原與拉藏汗不和的達孜巴為「第巴」，作為準噶爾部在西藏的代理人來管理西藏政務。對此，原屬拉藏汗的官員在康濟鼐、頗羅鼐的領導下，自西藏阿里、日喀則一線向拉薩進攻，另一名官員阿爾布巴也在拉薩以東的工布地區起兵，分別打擊準噶爾軍。

清中央政府為維護國家統一、恢復西藏政局穩定，於康熙五十八年（1719）再次用兵西藏，皇十四子胤禵坐鎮西寧，派軍配合頗羅鼐、阿爾布巴等部內外夾擊，結果重創了準噶爾軍。同時，將居住在西寧塔爾寺的達賴喇嘛「呼畢勒罕」格桑嘉措冊封為第七世達賴喇嘛，並賜金冊、金印，隨青海蒙古王公等由清軍護送入藏，並於是年九月在布達拉宮舉行隆重的坐床典

〔註 12〕《清聖祖實錄》卷二百五十三，清康熙五十二年（1713）正月戊申。

〔註 13〕（清）李鳳彩纂修：《藏紀概・原由》，民國二十六年（1937）國立北平圖書館抄本。

禮，此舉受到蒙藏僧俗的熱烈擁護。此後，清中央政府嚴辭拒絕了羅布藏丹津提出的恢復和碩特部在藏權力的要求，從而徹底結束了蒙古和碩特部對西藏長達七十餘年的統治。同時，清中央政府還下令廢除了獨攬藏政大權的第巴職務，建立了僧俗貴族掌政的四噶倫制，任命康濟鼐為首席噶倫，阿爾布巴、隆布鼐、札爾鼐為噶倫，旨在通過他們四人聯合掌政而更好地貫徹清中央政府管理西藏的政令。不料，雍正元年（1723），羅布藏丹津叛亂，次年，清中央政府出兵予以平定。雍正四年（1726），清中央政府議准設立駐藏大臣二人。次年正月，正式派遣僧格、馬臘為駐藏大臣，並設立了駐藏大臣衙門。由此，西藏地方的政教格局趨於穩定，而清中央政府對西藏地方的主權管理也進入了一個新階段。

值得一提的是，李鳳彩正是康熙五十九年（1720）奉命入藏打擊準噶爾部亂藏的清軍陣營中的一員，其在書中詳述了其隨軍自當年四月二十二日由西寧起程，至九月十四日抵達拉薩的具體行軍過程，其時，「彩，書生從戎，以山東額外守備領標兵，隸總兵李公（筆者注：山東總兵李麟），參幕中事。」〔註 14〕因此，李鳳彩對當時清中央政府治藏政策的執行與調整過程，以及西藏政教格局的動盪之勢必然會有直觀感受。

2. 李鳳彩的個人努力

早期西藏方志絕大多數為私人編纂，這不同於中原地區方志均為政府組織修纂即「官督紳辦」的情形。這種情況的出現與清中央政府奉行「因俗而治」的治邊策略密切相關，即以維持現狀、保持穩定為終極目標，而極少對邊疆地區開展主動型改革，因此，西藏在中原地區知識分子群體中的關注度極低，而儒學士人們也對西藏知之甚少。但是，伴隨清中央政府對西藏的關注程度與治理力度不斷提升，同時，官兵、商賈、學者等入藏頻率不斷增加及其相關見聞的不斷傳播，對異文化較為敏感的中原地區知識分子，必然會對西藏、藏族文化產生一定程度的認知興趣。因此，李鳳彩的個人興趣與相關努力，也是其纂成《藏紀概》的重要背景因素。

首先，李鳳彩的文化本位是以儒家文化為核心的中原漢文化，其在知識儲備與運用方面受儒家經世致用思想的直接影響。李鳳彩，字圖南，號鐵船、鐵船居士，江西建昌人，廩生。奉康熙間文武互科例，中康熙五十三年

〔註 14〕（清）李鳳彩纂修：《藏紀概・卷之初》，民國二十六年（1937）國立北平圖書館抄本。

（1714）甲午鄉試武舉〔註 15〕。從軍西藏，以功升守備。雍正三年至七年（1725～1729），任平涼城守營游擊〔註 16〕。「著有《西藏行軍紀略》二卷。督辦陝甘全身軍需，戟帷所駐，必獎拔士類，號稱『得人』。工詩書，法頡頏蘇米，筆跡所遺，咸弆為寶。人稱『鐵船將軍』，又稱『李夫子』。」〔註 17〕可見，李鳳彩是典型的儒家士人，其秉承傳統的以華夷之辨為中心的民族文化觀，其始終以中華文化為本位，這一點可在《藏紀概》記述西藏風俗文化之際，處處以之與中華文化比較得到證明。例如，該書卷末最後一句為：「大都外國多以得婚中華為榮，觀此當是唐古忒之託言，切莫以訛傳訛，當正之。」〔註 18〕

李鳳彩在敘述編纂《藏紀概》的原因時自言：「中外悉歸皇輿，紀載宜補未備。」〔註 19〕由此，其在從軍入藏之際，便開始收集相關史料，以期成書後為朝廷治國所用。康熙五十九年（1720），清廷用兵西藏之際，李鳳彩遂主動請纓，投筆從戎，隨軍由青海西寧直抵西藏拉薩，不僅在解決軍隊糧草補給方面提出了合理化建議並被採納，而且積極留心訪求沿途及拉薩當地自然、文化、民俗等地情。因此，正是李鳳彩個人的有心而為，成就了這部目前可見的西藏方志的開山之作《藏紀概》。

其次，李鳳彩心思細膩、注意觀察訪問。他通過實地考察，收集了大量相關的一手資料，這為其編纂工作提供了堅實的材料儲備。例如，李鳳彩在敘述西藏花果時寫道：「花果屬：至藏詢，云亦產樹、草、花，但駐營五、六閱月，僅見菊花，色有黃白，即中華之所謂『西番菊』也。」〔註 20〕對此，時人唐肇受邀作序時言及：「修江李公讀書饒，志節，成孝廉後，即遇朝廷用師，固請纓，效力行間，身歷艱險凍餒，佐軍門，建捄兵裕糧之上計，遂

〔註 15〕（清）劉坤一等修，（清）趙之謙纂：光緒《江西通志》卷三十九《選舉表二十・武舉人》，清光緒七年（1881）刻本。

〔註 16〕（清）許容等修，（清）李迪等纂：乾隆《甘肅通志》卷二十九《皇清武備職官制》，清乾隆元年（1736）刻本。

〔註 17〕（清）馬璿圖修，（清）郭祚熾纂：道光《建昌縣志》卷九《人物・武功》，清道光元年（1821）刻本。

〔註 18〕（清）李鳳彩纂修：《藏紀概・卷之尾・招跡》，民國二十六年（1937）國立北平圖書館抄本。

〔註 19〕（清）李鳳彩纂修：《藏紀概・原由》，民國二十六年（1937）國立北平圖書館抄本。

〔註 20〕（清）李鳳彩纂修：《藏紀概・卷之尾・產作》，民國二十六年（1937）國立北平圖書館抄本。

直抵烏斯藏，驅賊安良立功。邀敘，授職專城，肇共相談論，聽其感仗勢天威，恪宣軍令，駐招六閱月，諮訪老練，記注殊異，於彼中所謂天象、地勢、人類、物事，點墨收之，奚囊若干條，俾編輯之。」〔註21〕同時，奎峰主人也對李鳳彩評價道：「鐵船本孝廉，效力行間，進履其地，不但降彝安藏，功績居多，而且留心風土，採訪番情，以備一朝之記載，供緯劃之考稽，歸來述其見聞如此。」〔註22〕基於此，《藏紀概》的編纂完成也正反映出其時諸如李鳳彩等少數中原地區知識分子對西藏的認知興趣不斷高漲，同時，其相關認知水平也伴隨親歷性實地調查而逐步提高。

值得一提的是，《藏紀概》每卷卷端下均題修江鐵船居士、吳陵奎峰山人。其中，卷首《藏紀概・原由》題「修江鐵船居士自述」，卷之初題「修江鐵船居士紀次，吳陵奎峰山人讀輯」，卷之次題「修江鐵船居士輯編，吳陵奎峰山人輯訂」，卷之尾題「修江鐵船居士述編，吳陵奎峰山人輯訂」。結合上文所述李鳳彩生平時言及，其「戟帷所駐，必獎拔士類，號稱得人。」即其重視招募飽學儒士入幕並與之唱酬交流。另外，光緒《江西通志》也稱李鳳彩「喜接見儒者，上下其議論，幕中號『得人』，尤善書，人爭乞之，所至稱『鐵船將軍』。」〔註23〕因此，雖然學術界尚對奎峰山人生平無考，但可以肯定此人應是李鳳彩幕賓之一。同時，該書中有多處「奎峰曰」式論析文字，例如，書中論及「藏天異」時，奎峰曰：「泰西耶蘇地，又越烏斯藏極西，且隔大海，今其人供事欽天監，司職占測。未知其圖有無斗杓，若知元象關係綦重，茲言尚未可流覽置之也。」〔註24〕可知其對當時世界地理有一些粗淺認知，且知識面較廣。此外，截止目前，李鳳彩《西藏行軍紀略》是否存世仍不得而知，而且尚未有學者徵引或聲稱見過該書，所以，不能進行類似《藏紀概》「卷之次」與「卷之尾」即《西藏行軍紀略》二卷的主觀臆斷。但可推知，《藏紀概》是李鳳彩將個人在藏見聞與所輯資料，以口述與文稿相結合的方式，交予奎峰山人閱讀、編輯、校訂而成。

〔註21〕（清）唐肇撰：《藏紀概敘》，（清）李鳳彩纂修：《藏紀概》，民國二十六年（1937）國立北平圖書館抄本。

〔註22〕（清）李鳳彩纂修：《藏紀概・原由》，民國二十六年（1937）國立北平圖書館抄本。

〔註23〕（清）劉坤一等修，（清）趙之謙纂：光緒《江西通志》卷一百六十四《列傳三十一》，清光緒七年（1881）刻本。

〔註24〕（清）李鳳彩纂修：《藏紀概・卷之尾・藏天異》，民國二十六年（1937）國立北平圖書館抄本。

## 二、文獻價值述評

### （一）為後世開創了西藏方志編纂新模式

第一，作者在篇目設置方面獨樹一幟。其結合西藏地方實際，創立了獨具西藏地方文化特色的篇目名稱。其中，最具代表性的就是「藏天異」、「藏土則」、「附國」、「招跡」等篇目名稱。這在同時期及其後的中原地區方志中是難得一見的。具體來講，「藏天異」主要敘述西藏的天文與氣候狀況，「藏土則」重點記述拉薩地區的疆域、城郭、山水、田地、村落等情形，「附國」則分別記載後套、後藏、拉薩以西及以北地區的相關情況。

第二，該書開創了「程站」記載模式。這種有關入藏程途、路線的篇目及編寫模式，被其後的《西域全書》、《西藏志》、《衛藏通志》等幾乎所有清代西藏方志大力倣仿和沿襲，也為從交通角度記錄和研究漢藏文化交流提供了重要參考。

第三，該書編纂視野宏闊。文中不僅主要介紹了西藏的山川、地理、疆域、津梁、交通及關隘等基本情況，同時，也簡單涉及了西藏的民族、宗教、僧侶、寺廟、衣冠、飲食、宴會、生育、占卜、醫藥、喪葬、商業、娼妓、婚嫁、禮儀等諸多內容。值得注意的是，關於民俗文化，作者的立足點在於記錄並比較藏文化與中原地區漢文化的不同之處。這不僅為後世留下了有關藏族與西藏文化的珍貴資料，而這一內容多元、視野宏闊的編纂模式，也被後世西藏方志纂修者們所廣泛繼承與弘揚。

### （二）篇目名稱與文字記載廣為他志所鑒

在此僅以雍正《四川通志·西域》為例，其成書於雍正十一年（1733），後於雍正十三年（1735）刊行，並於乾隆元年（1736）增刻。該通志卷二十一為「西域」，此處所謂「西域」乃沿古代稱謂，在該志中實指廣大藏區，是書對《藏紀概》新創篇目名稱及其內容進行了大量借鑒，具體情況如下表：

| 《藏紀概》 | | 雍正《四川通志·西域》 | |
|---|---|---|---|
| 藏天異 | 日月明晦，雷電震作，較中華無異。晴霽，多雨多霏，微少滂沛。夜亦見露。秋季終有薄雪，不厚積。秋末春初俱有薄雪冰雹，平時稀見。 | 天異 | 日月明晦，雷電震作，較中華無異。少晴霽，多陰雨，夜亦有露，秋冬有薄霜。 |

| 藏土則 | 烏斯藏地田有水旱，土地平衍。現在活佛及藏王所都：活佛立床之處為布達拉，藏王所居為招。南北袤長將四十里，東西延廣四五百里。陸可馳馬，中間包貫於河，水流東去，亦駃急。清波漣漪，澄徹見底。招內夾河兩聚落皆臨河岸，並無城郭，就聚落居人。所住碉樓相聯，以為捍禦，似中華一大村鎮。崇山圍繞，隘口險峻，誠有「一夫當關，萬夫莫開」之固。 | 土則 | 烏斯藏田有水旱，土地平衍。現在活佛及藏王所都：活佛之床處為布達拉，藏王所居為詔。南北袤長將四十里，東西延廣四五百里。陸可馳馬，中貫河道。水流東南，不甚快急。清波漣漪，澄澈見底。招內夾河兩聚落皆臨白水江，為藏地之中央，番夷僧俗，商賈雜處，其地廣二里許。詔中樓殿衙署，街道馬市，井井可觀。四周無城郭，就居人所住，碉樓環繞，相聯以為藩籬，似中華一大村鎮。其餘村莊星羅棋佈。外則崇山圍繞，隘口險峻，誠有「一夫當關，萬夫莫開」之勢。 |
|---|---|---|---|
| 西藏種類 | 農，遇春和水至，耕耘鋤耨，水田旱地，各乘時力作。較中華農事不大殊異。隻牛微小，有牛五隻作一具者。工，各色皆有。匠作丹青，累尤屬巧異。木石匠亦玲瓏奇巧。 | 人事 | 農，遇春和水至，耕耘鋤耨，水田旱地，各乘時力作。……工匠各色皆有。木石工玲瓏細膩，丹青，累絲尤屬奇巧。 |

## （三）史料參考價值較高

因書中絕大部分內容來自於李鳳彩的親身經歷和實地踏查，因此，該書所載的諸多史事尤其是有關當時西藏政教格局發展變化的記載可信度較高，可為相關研究提供重要的史料參考。對此，正如吳豐培先生所言：「首卷附平藏之事，當時進兵情形，均身歷目擊之談，尤可據為信史也。」〔註 25〕

首先，「卷之初」所載的清軍由西寧入藏的行軍征程，對清軍行軍入藏路途中所經歷的諸如糧草短缺等困難及其相應的決策過程記載得十分明晰。如「（筆者注：康熙五十九年）時六月二十日，越數日，各路大兵到齊，在路經行兩月風、雪、瘴，歷天寒草短，馬皆疲瘠，糧運在後，住營牧馬。待至半月，糧尚未到斗米百金，人有饑色。又數日，糧始陸續運到。然，途次駝隻倒斃過半，糧亦僅存十之三四，較之原估藏糧尚不敷滿漢官兵裹帶。是時已七月中旬，兵勢倉皇，糧少馬缺，不能前進。」〔註 26〕這些第一手史料，對於後世更為詳細地瞭解康熙五十九年（1720）清軍由西寧進兵拉薩、平定

〔註 25〕吳豐培撰：《藏紀概跋》，（清）李鳳彩纂修：《藏紀概》，民國二十六年（1937）國立北平圖書館抄本。

〔註 26〕（清）李鳳彩纂修：《藏紀概．卷之初》，民國二十六年（1937）國立北平圖書館抄本。

策零敦多布侵擾西藏一事大有裨益，同時也可補《清實錄》、《西藏志》、《衛藏通志》以及同時期其他一些行軍紀程記載之不足。

其次，書中記載了清軍在進兵過程中曾遭遇慘痛失利的負面史實。李鳳彩寫道：「九月初二日，渡哈喇烏素，山險河急，一望淒涼，即故將軍額倫忒戰沒處。河之南北岸，故壘猶存，白骨山積。將軍駐營，下令率兵掩埋遺骨，陰風慘淡，鬼哭神啼，見者莫不傷心。」〔註 27〕此類較為負面的文字描述在《清實錄》等官方文獻中是難覓其跡的，亦可補相關史料之闕如。

再次，書中有關由四川、雲南等地入藏路線的記載尤為珍貴。其中，關於川藏路線的記載和較早的《定藏紀程》、《藏程紀略》等相關記載不盡相同，而有關滇藏路線的記載與較早的《藏行紀程》也並不完全一致。值得一提的是，因李鳳彩並未由滇藏路線入藏，因此，該部分內容應為借鑒他書之果，由此亦可推測，《藏紀概》入藏路線的史料來源或為官方檔冊，抑或時間較早的其他行軍紀程或個人遊記類文獻。此外，該書還生動記錄了其時西藏婦女從事商業貿易活動的情形：「商亦有本地人，西則大洋各處人，北則纏頭、鄂羅克、勤素回回各色目人，俱運貨輻輳交易，街中列貨為市，女人充牙儈，經紀其間。」〔註 28〕

值得一提的是，該書卷首附有一幅手繪拉薩地圖，這是目前所知西藏方志中最早的西藏輿圖。該圖略顯粗略，風格與漢地方志中手繪地圖類似，但該圖方位標注混亂，即圖之左上標北、右上標西，圖之左下標東、右下標南。該圖由上至下、由左至右共標注地點 57 處，分別是：龍壩橋、趕扁寺、塞喇嘴寺、九莊人塔、得龍地方、窯寺、若群莊、喇呂莊、找石出舒寺、出桑寺、然巴莊、白寺、�莊、孫則莊、鴉立莊、龍噶莊、人進來莊、喇東莊、中邁一個莊、錄崗水亭、寧嗎寺、偏東莊、腰打莊、甲里必督寺、金塔寺、新等噶莊、二莊、布嗒喇山佛所居、中有康乃藏主所居、塞喇莊、石嘴寺、招木龍寺、小莊、白水江、葛喇巴莊、狼喇莊、甲象莊、狼入莊、龍鴉莊、達水山寺、孤莊、陳莊、本得龍惕莊、碧莊、息莊、空二南莊、菜子寺、加立莊、爭噶木莊、上莊、寺莊、笆立莊、西番王子住處、樹莊、甲喇寺、達

〔註 27〕（清）李鳳彩纂修：《藏紀概・卷之初》，民國二十六年（1937）國立北平圖書館抄本。

〔註 28〕（清）李鳳彩纂修：《藏紀概・卷之尾・西招種類》，民國二十六年（1937）國立北平圖書館抄本。

子莊、札石中寺。其中，作者仍以中原地區漢文化視域下的「莊」來命名西藏地名，這再次凸顯了作者以儒家文化為核心的中原漢文化為文化本位，來認知和記錄其對藏文化的觀感。同時，圖中標注「布嗒喇」，但該書正文將此地點標注為「布打喇」、「布打拉」，此外，正文敘述拉薩城中有河流穿行但未提及名稱，而圖中卻清晰標注為「白水江」。顯然，該圖與正文內容匹配度不高，是否為後人如逐利書賈等補配仍不得而知。

## 三、不足之處舉隅

首先，書中存在諸多史實記述簡略或缺失等情況，這與作者文學素養不高、知識儲備不足有較大關係，但書中除了出現「喇嘛」、「喇麻」混用等情況，還出現關於「西藏」稱謂前後不一甚至混亂不清的問題，如：烏斯藏、圖白特、西藏、唐古忒、土白忒。這直接反映出作者編校水平不高，同時也在一定程度上反映出「西藏」這一自乾隆中後期起中原地區對西藏的通用稱謂，起碼在作者編纂及成書之際，尚未完全成為中原地區的社會認知共識，其根本原因在於：當時，清中央政府對西藏的管控力度正處於逐步提高階段，同時，中原地區知識分子入藏頻率仍然不高，致使介紹西藏基本情況的作品十分稀少，於是出現了稱謂混亂的情況。同時，書中對於西藏歷史沿革並未提及，說明不管是在藏因公駐留六個月的李鳳彩，還是並未入藏的奎峰山人，均對西藏及其歷史知之甚少。

其次，該書亦有布局謀篇混亂、條理不清之處。最為明顯之處在於：該書將「招中」情形置於「附國」部分，在中國國家圖書館藏兩種抄本、中央民族學院圖書館1978年油印本中均如此。此「招」即大昭寺的「昭」，即代指拉薩。現在看來，該書這種將西藏情況置於「附國」之中的編排是十分不合理的。這與李鳳彩對西藏的認識不夠深入有關，畢竟其僅在西藏拉薩駐留六個月，當然也可能是後世在傳抄過程中出現紕漏所致。不過，如上文所言，直至康熙五十三年（1714）王鴻緒版《明史稿》中，西藏相關內容才正式脫離之前的《外國傳》、《外番傳》，而被列入《西域傳》，「再如烏斯藏地區八王與董卜韓胡宣慰司等類目的設置及記述，使當時烏斯藏的基本情況以及明朝採取的管理一覽無餘，也使明代及清前期西域概念的變化展現了出來。」〔註29〕因此，上述這種對西藏的不全面認知及隨之而來的不合理

〔註29〕郭朝輝：《〈明史·西域傳〉編纂考述》，《中國典籍與文化》2016年第3期。

編排，也是當時中原地區儒學士人對西藏整體認知水平的直接體現。

同時，「卷之初」內容由兩部分組成，一為恭錄《邸鈔》所載康熙帝《論地理水源文》，一為作者李鳳彩所記「行軍紀程」。這種編排存在一定問題，即與當時方志編纂體例不符。在明清時期方志編纂過程中，將皇帝言論作為「皇言」、「宸章」、「宸翰」等作為開篇卷首、單獨成卷是一種基本的體例要求，但《藏紀概》卻把作者所記的「行軍紀程」綴於康熙帝《論地理水源文》之後，二者組合成「卷之初」，這明顯是一種失當行為。對此問題，有學者認為其與後世對該書的傳抄、改輯過程中出現失誤有關〔註 30〕。但筆者認為，在此書流傳過程中，不管是關注西藏情形者還是逐利書賈，在抄錄過程中出現漏字、錯字在所難免，但既然選擇傳抄此書，必然對當時的方志編纂體例有所瞭解，而對於原書的篇章布局，應不致於失誤如此。若為改輯，也理應改訂至通行規範之標準，何以改訂至如此失準？值得注意的是，此後的清代西藏方志並未出現此問題。因此，筆者認為，一方面，本書不存在後人改輯的可能，應為後人客觀抄錄、保持原貌之果，另一方面，作者本身並未言明《藏紀概》為方志作品，而由書中語言文字運用情況可知，作者廩生出身，其文學素養並不高超，其對方志編纂體例亦不甚明晰，同時其可資參考的資料也不多，因此，就編纂出這一體例並不規範、又類似行軍遊記的、並不成熟的清代西藏方志。

綜上，作為目前可知成書時間最早的西藏方志，《藏紀概》不僅產生於清中央政府治藏力度不斷強化的歷史背景之下，而且在篇目設置方面具有非常突出的地域特徵與民族特色，同時，所載絕大部分內容為作者在拉薩徵詢之果，故具有較高的文獻價值，對其後西藏方志編纂影響至深。眾所周知，方志具有「補史之缺、參史之錯、詳史之略、續史之無」的存史價值，因此，具備方志雛形的《藏紀概》可被視為瞭解和認識十八世紀初期西藏經濟、政治、地理、軍事、文化、民俗的最珍貴史料之一。

## 第二節　第一部官修藏志——雍正《四川通志・西域》

有清一代，四川省志共纂修三次。成書於康熙十二年（1673）的《四川

〔註 30〕趙心愚：《〈藏紀概〉現流傳版本中的兩個問題》，《中央民族大學學報（哲學社會科學版）》2014 年第 4 期。

總志》仍沿襲明代之名，稱「總志」而非「通志」。稱「通志」的《四川通志》於雍正與嘉慶年間兩次纂修，而雍正《四川通志》則是其中最早者。該志於雍正七年（1729）開始纂修，雍正十一年（1733）成書，於雍正十三年（1735）刊行，後於乾隆元年（1736）增刻。目前可見的雍正《四川通志》版本有：1. 清雍正十三年（1735）刻本；2. 清乾隆元年（1736）增刻本；3. 清文淵閣《四庫全書》本；4. 清抄本。其中，前兩種版本行款均為半葉九行二十一字小字雙行同白口四周雙邊單魚尾。

該志四十七卷首一卷，約一百六十萬字，由（清）黃廷桂等修、（清）張晉生等纂。該志內容豐富、體例合宜，分圖考、星野、建置沿革、形勢、城池、關隘、戶口、田賦、學校、祀典、名宦等四十九目，其中，圖考包括全省輿圖、都江堰圖、都江灌溉圖、下屬九府、九直隸州、西藏輿圖等三十二幅。值得一提的是，該志卷二十一《西域》詳細記載了打箭爐、里塘、西藏等藏族聚居區的風俗、山川、地理、名勝、宗教等基本情況，其中又以記載西藏地情相關內容相對最詳細且篇目設置更完整，所載西藏史事時間下限至雍正十年（1732），加之《圖考》的一幅西藏輿圖，因此，將此圖文合一，即可視為一部「西藏簡志」。由此，雍正《四川通志．西域》即成為清代西藏方志中第一部「寄合志」，也是清代西藏方志中第一部官修方志，更是目前所知成書時間第二早的清代西藏方志，可見，其體例開創意義不容小覷，其文獻價值亦不容忽視。在此，筆者以清乾隆元年（1736）增刻本雍正《四川通志．西域》為中心，對其作者生平、越境而書地收錄西藏內容的原因、史料來源與文獻價值等展開論述。

## 一、作者生平簡述

因雍正《四川通志》為官修省志，根據中國方志編纂尤其是省志纂修均以所在地總督、巡撫領銜的傳統，因此，雍正《四川通志》的第一責任者應為其時四川總督黃廷桂，同時，該志「修志姓氏」中「總纂」所列銜名中第一位者為張晉生，因此，根據中國傳統方志著錄規則，雍正《四川通志》的作者是：（清）黃廷桂等修，（清）張晉生等纂。

黃廷桂（1691～1759），字丹崖，號前黃，奉天人，隸屬漢軍鑲紅旗，監生出身，福建巡撫黃秉中之子，初襲曾祖黃憲章之拖沙喇哈番世職。康熙五十二年（1713），授三等侍衛，遷升參領。雍正三年（1725），由參領遷直隸宣化總兵。雍正五年（1727），擢四川提督。雍正九年（1731），分設四川總督，由黃廷桂擔任，仍兼任四川提督。乾隆元年（1736）十二月，召詣京師。乾隆五年（1740），遷甘肅巡撫。乾隆十二年（1747），署陝甘總督。次年，授兩江總督。乾隆十五年（1750），授太子少保。次年，調陝甘總督。乾隆十八年（1753），任四川總督，後兼吏部尚書，留總督任。乾隆二十年（1755），授武英殿大學士，仍領總督事。同年六月，時值清中央政府驅逐準噶爾，授陝甘總督負責軍需供應，不加賦內地而將大批駝馬、糧食妥善運送前線，因此軍功自騎都尉進三等忠勤伯。乾隆二十四年（1759）正月，病卒於涼州（今甘肅武威），諡「文襄」，入賢良祠。

不過，身為公務繁忙、應酬不斷的地方大員，黃廷桂參與具體修志的可能性不大。對於此類現象，《四庫全書總目提要》曾直言不諱地指出：「通志皆以總督、巡撫董其事，然非所纂錄，與總裁官之領修者有別。故今不題某撰，而題某監修，從其實也。監修每閱數官，惟題經進一人，唐宋以來之舊例也。」〔註31〕此外還有一個例證，乾隆時期考據學家王鳴盛在其《十七史商榷》之《通鑒史氏釋文》中曾提及：「張晉生等《四川通志》第九卷眉州人物，無史氏三卿。」〔註32〕因此，根據以上傳統認知可知，真正總領雍正《四川通志》纂修工作的應為張晉生等人。

但是，目前可見的張晉生的生平資料十分稀少，僅有雍正《四川通志》「修志姓氏」中「總纂」注明：「原任河南南陽府鎮平縣知縣，臣張晉生，四川金堂縣，壬午科（筆者注：清康熙四十一年，1702）舉人。」〔註33〕同時，由此「修志姓氏」所列銜名可知，張晉生還參與了該志的校刊工作。根據雍正《河南通志》「鎮平縣知縣」載：「張晉生，四川金堂人，舉人，康熙六十一年任；張澄，直隸景州人，進士，雍正三年任。」〔註34〕可見，張晉生自康熙六十一年（1722）至雍正三年（1725）任河南鎮平縣知縣。此外，張晉生其他生平資料尚無考。

---

〔註31〕（清）紀昀等纂修：《四庫全書總目提要》《史部．地理類一》「《畿輔通志》」條，清內府抄本。

〔註32〕（清）王鳴盛撰：《十七史商榷》卷一百《綴言二》，清乾隆五十二年（1787）洞涇草堂刻本。

〔註33〕（清）黃廷桂等修，（清）張晉生等纂：雍正《四川通志．修志姓氏》，清乾隆元年（1736）增刻本。

〔註34〕（清）田文靜等修，（清）孫灝等纂：雍正《河南通志》卷三十七《職官八》，清雍正十三年（1735）刻本。

## 二、收錄西藏內容之原因

自康熙朝起即已大力推行的《大清一統志》纂修工作，直至雍正帝執政之初仍未完成。由此，雍正帝詔令各省加快方志編纂工作。雍正六年（1728）十一月，雍正帝諭曰：「今若以一年為期，恐時日太促，或不免草率從事。著各省督撫將本省通志重加修輯，務期考據詳明，摭採精當，既無闕略，亦無冒濫，以成完善之書。如一年未能竣事，或寬至二三年內，纂成具奏。」〔註35〕此後，全國各省紛紛應聲而動，積極開展修志工作，進而契合了「盛世修志」的中國專制集權社會官修方志的纂修傳統。對此，時任四川巡撫憲德說道：「己酉（筆者注：雍正七年，1729）之歲，我皇上特命儒臣纂修《大清一統志》，詔天下各修省志，無闕無濫，以成一統無外之書。」〔註36〕黃廷桂在雍正《四川通志》自序言及：「舊志修於康熙十二年，前督臣蔡毓榮、撫臣張德地實總理之，顧掇拾於兵火之餘，書冊散佚，雖搜輯成編而魯魚訛舛，掛一漏百，實慮無以信今而傳後。乃蒙我皇上勅下直省纂修通志，蜀西南奧區，道京師萬里而遙，披文相質，其與齊魯吳越固不相侔。臣自蒙恩擢居制府，與撫臣申飭所司，廣延通經食古之士，博採遺書，即舊志所載重加校訂，補其遺逸，刪其繁複，至新設城郭營堡、增長戶口、田賦鹽茶、錢榷驛傳、水利、兵制、邊夷等條關於民生國計者，必嚴加考核，絲分縷析，俾垂之可久。而數十年來，鄉賢耆德，忠孝節烈及官斯土者雲起霞蔚，可用以勸為善者，必敬謹備列，勿敢遺缺。外至番蠻部落，言語不通，梯航重譯，以求內附職貢者，亦復次厥編輯。」〔註37〕可見，在客觀方面，所謂「舊志」即康熙十二年（1673）《四川總志》已散佚無徵，而在主觀方面，黃廷桂也必須奉敕修志並留名青史，因此，雍正《四川通志》應運而生。但從方志創作動機方面看，該志纂修者仍未脫離傳統官修方志的通行慣例。值得注意的是，雍正《四川通志》作為官修四川省志卻收錄了西藏內容，這種違反方志纂修體例的越境而書的原因何在？

第一，在中國歷史上，為權貴開展的政治宣傳不斷壓制並逐步取代文化自由，同時，政治正確即是最大的合理與正義，而處於史書末流的官修方志，

〔註35〕《清世宗實錄》卷七十五，清雍正六年（1728）十一月甲戌。

〔註36〕（清）憲德撰：《四川通志序》，（清）黃廷桂等修，（清）張晉生等纂：雍正《四川通志》，清乾隆元年（1736）增刻本。

〔註37〕（清）黃廷桂撰：《四川通志序》，（清）黃廷桂等修，（清）張晉生等纂：雍正《四川通志》，清乾隆元年（1736）增刻本。

必然是以宣傳與表功為主旨的專制集權政治產物。清中央政府對西藏與西藏地理的重視不斷增強，並以諭旨形式加以公開引導，從而契合併宣示其時中國大一統的政治格局，這是雍正《四川通志》收錄西藏內容的主要背景。

首先，康熙五十九年（1720），清中央政府派兵擊敗策妄阿拉布坦，進而成功驅逐此前佔據西藏的準噶爾勢力，此後，「西藏」在清中央政府官方文書中的出現頻繁不斷增加，當然，最高統治者對西藏的政治聚焦也勢必引起各級官吏對西藏的關注與重視。由此，在雍正《四川通志・凡例》中，作者專門解釋了收錄西藏內容的原因：「前藏、後藏，去京師將二萬里，非獨邊塞，且屬絕徼。我皇上德威四訖，無遠弗屆，是以前後藏均隸職方，咸遵正朔，今於西藏一類，疆域、形勢、戶口、貢賦之屬，各條詳載，而一統無外之模，於茲見已。」〔註 38〕由此可見，響應清中央政府號召，宣揚皇威、昭示一統，即成為該志卷二十一《西域》收錄西藏內容的主要原因。

其次，康熙帝受西學影響而十分重視輿圖繪製，在其詔令測繪《皇輿全覽圖》過程中，即已明確表示出對西藏地理的關注。在康熙帝派兵入藏平亂過程中，確有隨軍人員繪製了西藏輿圖，但因採用中國傳統山水繪圖方法致使圖中無經緯度標記，無法與之前採用西法完成測繪的內地輿圖對接。於是，康熙帝又派曾在暢春園學習過西方數學和測量的喇嘛赴西寧、拉薩等地，並於康熙五十六年（1717）完成西藏及附近輿圖的實地測繪，次年，《皇輿全覽圖》編繪完畢。康熙五十九年（1720）十一月，康熙帝諭曰：「諭大學士、學士、九卿等，朕於地理、從幼留心。凡古今山川名號，無論邊徼遐荒，必詳考圖籍，廣詢方言，務得其正。故遣使臣至崑崙、西番諸處，凡大江、黃河、黑水、金沙、瀾滄諸水發源之地，皆目擊詳求，載入輿圖。今大兵得藏，邊外諸番悉歸化，三藏阿里之地，俱入版圖，其山川名號，番漢異同，當於時考證明核，庶可傳信於後。……舊注以三危為山名，而不能知其所在。朕今始考其實。三危者，猶中國之三省也。打箭爐西南，達賴喇嘛所屬為危地。拉里城東南為喀木地。班禪額爾德尼所屬為藏地。合三地為三危耳。哈拉烏蘇由其地入海。故曰導黑水至於三危，入於南海也。至於諸番名號，雖與史傳不同，而亦有可據者。今之土伯特，即唐之突厥。唐太宗時，以公主下降。公主供佛像於廟。今番人名招，招者，譯言如來也。其地猶有

〔註 38〕（清）黃廷桂等修，（清）張晉生等纂：雍正《四川通志・凡例》，清乾隆元年（1736）增刻本。

唐時中國載去佛像。明成化中，烏斯藏大寶法王來朝辭歸時，以半駕鹵簿送之，遣內監護行。內監至四川邊境，即不能前進而返，留其儀仗於佛廟。至今往來之人，多有見之。此載於明實錄者。爾等將山川地名，詳細考明具奏。」〔註 39〕其中，康熙帝不僅對各級官吏提出了考察奏報有關西藏地理山川情況的要求，同時還提出了自己對西藏地理的初步認知，更明確提及與西藏交界的四川邊境。因此，在康熙帝的直接推動下，與西藏毗鄰或相關的省、府、州、縣等逐步重視西藏，並在方志纂修過程中將西藏內容收錄其中便順理成章且不足為奇了。畢竟，上有所好，下必甚焉，而在聖上旨意面前，那些所謂的傳統方志編纂體例不僅無足輕重且蒼白無力，而且越境而書更屬合理合法且開拓創新。

第二，因地緣因素，西藏在四川軍事邊防戰略方面處於重要位置，因此，雍正《四川通志》出於存史與資治目的而將西藏內容收入其中，亦具有現實合理性。四川與西藏接壤，清中央政府用兵西藏多以四川為戰略大本營，四川在交通運輸、兵源輸出、物質供給方面具有不可替代的重要地位。不過，儘管清中央政府在西藏實施了以噶倫聯合執政為核心的行政體制改革，但在雍正五年（1727），西藏政府內部卻發生了噶倫內訌殘殺事件。清軍平亂之後，頗羅鼐在清中央政府支持下掌控了西藏政局。同時，清中央政府也做出了與四川相關的建置變革，即巴塘、里塘改隸四川，並設宣撫司治之。雍正六年（1728），清中央政府下令將七世達賴喇嘛遷至四川里塘，直至雍正十三年（1735）才返回拉薩。從其時實際形勢來看，西藏局勢仍不明朗，而準噶爾勢力也仍有反撲可能。由此，雍正七年（1729），四川總督黃廷桂在開始奉敕組織重修《四川通志》之後，勢必會因勢利導地將西藏內容收錄書中。因此，雍正《四川通志》中《圖考》即包括當時七世達賴喇嘛駐錫所在的惠遠廟圖和里塘輿圖。同時，書中還專門收錄有一幅西藏輿圖。對此，該志《凡例》解釋道：「輿圖，所以考職方、稽形勢也。蜀幅廣遠，直通西藏，繪事可不詳乎？茲於總圖之外，各府與直隸州各繪一圖，西藏另繪一圖，以觀帶礪之盛，庶幾瞭如指掌。」〔註 40〕

〔註 39〕《清聖祖實錄》卷二百九十，清康熙五十九年（1720）十一月辛巳。

〔註 40〕（清）黃廷桂等修，（清）張晉生等纂：雍正《四川通志・凡例》，清乾隆元年（1736）增刻本。

## 三、史料來源與文獻價值述評

首先，雍正《四川通志．西域》中占全篇字數較多的天異、土則、附國、種類、喇嘛、人事等有關西藏史地的篇目設置與文字內容均借鑒自《藏紀概》。對此，筆者在前文討論《藏紀概》的史料價值時已作說明。其次，需要指出的是，該志中貢賦、戶口、塘鋪、新設塘鋪、山川、古蹟、寺廟、管轄地方頭人等內容，尤其是戶口、管轄地方頭人這兩部分文字內容，應是作者借鑒官方檔冊所作。該志屬於官方組織俗吏編修的職務作品，即其史料來源中並沒有有關西藏史地的第一手調查資料。不過，因該志開創了清代西藏方志纂修中，借鑒官方、私人兩部分史料的編修形式，因此，其具有較為重要的文獻價值。

第一，雍正《四川通志．西域》開創了官修方志收錄西藏內容的先河，其在清代西藏方志中的體例開創意義十分重大，由此，其成為清代西藏方志中第一部「寄合志」，也成為清代西藏方志中第一部官修方志。在雍正《四川通志》中，西藏與打箭爐、里塘、巴塘、乍丫、察木多、類烏齊、洛隆宗、碩板多、達隆宗、拉里、工布江達一起，並列於卷二十一《西域》之中，但此西藏部分內容在該卷中字數最多、記載最詳。之後，在官修清代西藏方志中，楊應琚纂修的乾隆《西寧府新志》和曹掄彬纂修的乾隆《雅州府志》等，在篇目設置和文字內容方面均對雍正《四川通志．西域》進行了全方位借鑒甚至大面積抄襲。對此，筆者將在下文論及以上兩志時詳細論述。

第二，雍正《四川通志．西域》在篇目設置方面，相較《藏紀概》更加豐富、清晰、合理，更符合官修方志的體例標準。此志中西藏部分包括：沿革、疆域、形勢、關隘、貢賦、戶口、塘鋪、新設塘鋪、山川、古蹟、寺廟、風俗、管轄地方頭人、物產、天異、土則、附國、種類、喇嘛、人事、自成都府至西藏路程、康熙皇帝御製論地理水源文、御製碑文，共二十三個篇目。作者將西藏的山川、古蹟、寺廟、風俗等內容分類設置、單獨表述，修正了《藏紀概》將這些內容全部雜糅在「招跡」篇目的分類粗略的情況。同時，作者因地制宜、因時而動，在《藏紀概》基礎上新增了一些篇目與內容。例如，設置了塘鋪、新設塘鋪等篇目，而新設塘鋪顯然是反映當時官方驛站交通形勢新變化的，雖然字數不多但意義較大。一方面，這體現了方志的資政功能，為當時及隨後中原地區進藏人士尤其是軍旅官兵提供了重要的交通參考。另一方面，其也體現了方志的存史功能，塘鋪的設置反映出清中央政府對西藏的行政治理與實際軍事控制是一種事實存在，而新設塘鋪則切實反映了這種治理力度與控制能力的動態強化情況。當然，以上這類篇目設置與文字表述方面的改進，也是中國傳統儒家所秉承的經世致用思想在方志纂修過程中的具體實現。此外，雍正《四川通志·西域》中戶口、管轄地方頭人等內容，例如，「雍正十年，分歸西藏管轄番民共四十族，計四千八百八十五戶，一萬七千六百九十八口」〔註 41〕不僅是《藏紀概》所未載，而且因其來自當時的官方檔冊，所載人口數據記至雍正十年（1732），與該志成書時間雍正十一年（1733）相近，故而具有較高的史料參考價值。

當然，該志亦存在明顯不足。因雍正《四川通志》是官修省志，各門由不同人員採集、編寫完成，同時，纂修人員龐雜，因此，難免出現行文失當與風格不一等情況，具體到該志中《西域》一門則更是如此。一方面，該志對《藏紀概》進行了大量抄錄，但不加審視進而出現內容失當。其中最為明顯的失當是，該志記載「今王師定藏，其方目詣按軍門服降導路，始知其地包聯藏招，」〔註 42〕此係一字不差地抄錄自《藏紀概》，但李鳳彩所言「今王師定藏」乃康熙五十九年（1720）清軍入藏擊敗準噶爾叛軍一事，距離黃廷桂組織纂修雍正《四川通志》已相隔數年，所以這段文字顯然不合時宜。另一方面，該志不同篇目的表述方式與詳略程度不一。因該志借鑒《藏紀概》較多，所以在天異、土則、附國、種類、喇嘛、人事等篇目敘述較為詳細，但在形勢篇目僅有一句「山高水秀，宛然福地洞天。」〔註 43〕同時，該志並未記載西藏婚俗、禮節、葬俗等風俗內容。這不僅直接影響了篇目之間的基本平衡，更進一步透露出作者對西藏基本情況幾近無知的認知水平。顯然，這也是作者並未親身前往西藏踏查，從而並不掌握第一手資料的必然之果。

## 第三節　全盤抄襲之作——乾隆《雅州府志·西域》

乾隆《雅州府志》成書於乾隆四年（1739），由時任雅州府知府曹掄彬

〔註 41〕（清）黃廷桂等修，（清）張晉生等纂：雍正《四川通志》卷二十一《西域》，清乾隆元年（1736）增刻本。

〔註 42〕（清）黃廷桂等修，（清）張晉生等纂：雍正《四川通志》卷二十一《西域》，清乾隆元年（1736）增刻本。

〔註 43〕（清）黃廷桂等修，（清）張晉生等纂：雍正《四川通志》卷二十一《西域》，清乾隆元年（1736）增刻本。

纂修完成。目前可見版本有三：一為清乾隆四年（1739）刻本，二為清嘉慶十六年（1811）補刻本，三為清光緒十三年（1887）補刻本，三者行款均為半葉九行二十一字小字雙行同白口四周雙邊單魚尾。在此，筆者以清乾隆四年（1739）刻本為中心展開論述。乾隆《雅州府志》共十六卷，其中，卷一包括西藏輿圖一幅，卷十二《西域》中「西藏」記載了西藏各方面情況，卷十三《夷律・西域路程》涉及入藏「程途」內容，卷十四《藝文上》亦涉及西藏內容，因此，乾隆《雅州府志・西域》可被視為一部官修的「西藏簡志」。其篇目設有疆域、形勝、風俗、塘鋪、新設鋪站、戶口、貢賦、管轄地方頭人、寺廟、古蹟、山川、關隘、土產、藏天異、藏土則、藏附國〔註44〕、藏種類、藏喇嘛、藏人事、自成都至西藏路程附、碑文、奏疏等二十二目，同時，卷首有乾隆四年（1739）張植序、曹掄彬序。筆者通讀這兩篇序文發現，其中呈現了張植與曹掄彬對於該志的著作權之爭，同時，經筆者考證，乾隆《雅州府志・西域》的篇目設置與文字內容，均全盤抄襲自成書於雍正十一年（1733）的雍正《四川通志・西域》。

## 一、雅州兩任知府著作權之爭

在該志《修志姓氏》開篇即題「纂修：四川雅州府知府曹掄彬。」但從卷首張植、曹掄彬序言可知，二人對乾隆《雅州府志》著作權持有不同觀點，這是該志的一個「小插曲」，也是亟待釐清的重要問題，對此，筆者認為：作為官修方志、職務作品，前任雅州知州馬秉慧有倡修之功，後任知州楊文采亦有資料搜求之勞，相較馬、楊二者，雅州府首任知府張植開展了更多的資料彙集工作，但正式籌資設局、實際纂修並完成者應為其繼任者曹掄彬。

一方面，張植始終強調自己對乾隆《雅州府志》纂修的功勞和著作權。張植在其序中稱：「而於《西域》一則，尤為身親邛籠氈毯之區，舉目之所見，證耳之所聞，不憚多方採錄。即雅州內地，當兵燹之餘，文獻鮮徵，亦必就所見聞，參互考證，不遺餘力。幾歷寒暑，而卷帙將成，旋奉簡命晉秩監司，匆匆就道，舉前此窮日夜以追者，至此又置高庋矣。幸戊午春，黃平曹君以中秘清班繼余來守。甫下車，拯民疾苦，培養士氣，澄敘官方，芟鋤豪暴，起弊

〔註44〕乾隆《雅州府志》現存各版本中均刻印為「藏附圖」，參看此部分文字的史料來源《藏紀概》中「附國」部分可知，此「藏附圖」內容均來自「附國」，因此，此志中「藏附圖」應為「藏附國」之誤。

扶衰。政暇出其龍樓鳳閣之菁英，發而為清廟明堂之著作，日治官書，夜燃膏火，將余輯而未成之編大加釐訂，壽之梨棗。屬序於余，因思事無創始，每難其為終，苟鮮克有終，亦何貴乎有始也。餘兩人先後接踵，幸有同心，以此樹之風聲即以迪茲彝教。……餘兩人亦可告無媿於吾雅矣。至若擬蘭臺竹殿之美，媲金匱石室之藏，與國典相映發，史乘相表裏，是在後之君子踵事增華，廣我兩人之未備，則幸甚矣。」〔註 45〕此中「兩人」即指張植與其繼任者曹掄彬，由此看出，張植認為該志屬其「輯而未成之編」，因此其對該志纂修是功不可沒的，同時，其致力於將自己與曹掄彬「捆綁」並列，認為自己起碼應屬合纂者之一。

另一方面，曹掄彬卻未持此觀點。顯而易見，曹掄彬對張植的序言看在眼中，但最後實際承擔本志纂修工作的曹掄彬對此卻未予承認，直接證據即其在該志「修志姓氏」中並未提及張植，毋論馬秉慧、楊文采。曹掄彬在其序中僅三處提及張植。一次是「惟前守南巢張公滴滴苦心，纂輯抄稿，緣秩晉監司，未及成帙，屬余卒業焉。」第二次是「馬、楊二君歷在最久，既纂不成，南巢張公亦將成而中輟。」最後一次在序言末尾，即「以不負南巢張公之諄屬已耳，是為序。」〔註 46〕由此，曹掄彬並未明確指出張植在修志過程中有開創之功和合纂之用，而是承認其僅僅參與了前期資料準備工作及離任前客套囑託而已。

由以上二者關於此志著作權的不同意見可知：即便在該志成書之際，邀請前任知府張植作序，但曹掄彬仍未承認張植對該志成書具有關鍵作用，不僅在序言中而且在「修志姓氏」中，均未對張植所謂的功績予以體現。此外，值得一提的是，曹掄彬為了證明自己是該志的實際纂修者而且是獨立承擔者，專門在其序與凡例之間撰寫了《徵文獻啟》一文，詳述自己收集資料之艱辛，其中對其前任張植更是隻字未提。對此，曹掄彬寫道：「歷代名賢幾經蒞郡，豈無纂修雅意，究未匯輯成書。本府邊鄙樗材，瀛洲竽品，一麾出守，褰帷虛度，隻九五馬，遙臨叱馭，心懷九折，既觀風而問俗，應補缺以拾遺。志切修明，力肩勞瘁，徧是薰香摘豔，慚無司馬長才。……凡屬可傳，

〔註 45〕（清）張植撰：《雅州府志序》，（清）曹掄彬纂修：乾隆《雅州府志》，清乾隆四年（1739）刻本。

〔註 46〕（清）曹掄彬撰：《雅州府志序》，（清）曹掄彬纂修：乾隆《雅州府志》，清乾隆四年（1739）刻本。

均宜備採，希依欵而造冊，統申送以彙編。雖挈領提綱，固不辭。夫獨任而分門別類，是所望於群公，從此壽諸梨棗，居然成一郡之書。」〔註47〕由此可見，曹掄彬強調其為修志的資料收集工作付出了大量心血，且自言「夫獨任而分門別類」，因此其理直氣壯地宣布著作權並無視張植之言。

關於曹掄彬生平，據嘉慶《黃平州志》載：「曹掄彬，字文明，號炳菴，父維寧，……中康熙戊子舉人，己丑成進士，選庶吉士，以檢討充癸巳會試同考官。……上特簡授浙江湖州知府，有政聲，移知處州，勸農興學，修郡志。……丁母憂，服闋補四川雅州，謹邊防，勘要隘，雅屬打箭爐為通西藏要道，詳請添兵，郡民安業，倡麗澤文會，以興人才，請廣學額，修郡志。內遷戶部湖廣司員外郎，移疾歸。歷任內外四十餘年，三典大郡，不名一錢，……年七十七卒。著述甚富，有詩文集及州志，手自抄錄，僅存什一，皆惜之。」〔註48〕據乾隆《貴州通志》「選舉」條載：「（康熙）戊子科：……曹掄彬，黃平人，己丑進士。」〔註49〕在「列女」條中亦提及：「高恒裕妻權氏：黃平州人，年十五歲，恒裕家素貧窶，恒裕幾廢儒業，氏勸之學，願竭十指以資膏火，由此，食餼於庠，後恒裕客死京師。訃至，幾不欲生。翰林曹掄彬送其喪歸。」〔註50〕可見，曹掄彬於康熙四十八年（1709，己丑）中進士後，入翰林院為官。據《清述秘聞》載：「康熙五十二年癸巳恩科順天鄉試闕，康熙五十二年癸巳恩科會試：檢討曹掄彬，字炳庵，貴州黃平人，己丑進士。」〔註51〕由此可知，曹掄彬以翰林院檢討身份，充當了康熙五十二年（1713）順天會試考官。據雍正《浙江通志》「湖州府知府」條載：「曹掄彬，字炳菴，貴州黃平人，康熙己丑進士，雍正二年任。楊夢琰，字玉行，江南丹徒人，康熙辛丑進士，雍正四年任。」〔註52〕可見，曹掄彬

〔註47〕（清）曹掄彬撰：《徵文獻啟》，（清）曹掄彬纂修：乾隆《雅州府志》，清乾隆四年（1739）刻本。

〔註48〕（清）李臺修，（清）王孚鏞纂：嘉慶《黃平州志》卷七《人物志．宦跡》，1965年貴州省圖書館據清嘉慶五年（1800）刻道光十三年（1833）增補本複製本。

〔註49〕（清）鄂爾泰、張廣泗修，（清）靖道謨、杜詮纂：乾隆《貴州通志》卷二十七《人物．選舉》，清乾隆六年（1741）刻本。

〔註50〕（清）鄂爾泰、張廣泗修，（清）靖道謨、杜詮纂：乾隆《貴州通志》卷三十一《人物．列女》，清乾隆六年（1741）刻本。

〔註51〕（清）法式善撰：《清秘述聞》卷十四《同考官類二》，清嘉慶四年（1799）刻本。

〔註52〕（清）嵇曾筠、傅王露纂修：雍正《浙江通志》卷一百二十二《職官．十二》，

於雍正二年至四年（1724～1726）任湖州知府。在「處州府知府」條中載：「曹掄彬，見前，雍正七年補任。陳沆，雲南石屏人，進士，雍正十三年任。」〔註 53〕可知，曹掄彬於雍正七年至十三年（1729～1735）任處州知府。據嘉慶《四川通志》載：「雍正七年升州為雅州府，知府：……曹掄彬（貴州黃平，進士，乾隆三年任），唐進賢（安徽含山，進士，乾隆八年任）。」〔註 54〕由此可知，曹掄彬於乾隆八年（1743）離任雅州。

綜上，曹掄彬生平可概述為：曹掄彬，字文明，號炳菴，貴州黃平人，康熙四十七年（1708，戊子）舉人，康熙四十八年（己丑，1709）進士，選庶吉士，康熙五十二年（1713，癸巳）以翰林院檢討充順天會試考官。雍正二年至四年（1724～1726）任湖州知府，雍正七年至十三年（1729～1735）任處州知府，後丁母憂。乾隆三年至八年（1738～1743）任雅州知府，後遷戶部湖廣司員外郎。纂修雍正《處州府志》、乾隆《雅州府志》等。

## 二、曹掄彬之方志觀與《西域》篇目之設置

纂修方志尤其是治下轄地方志，是出仕為官的儒家知識分子彪炳千秋、留名青史、求取事功的傳統之舉。因此，曹掄彬重視纂修方志，是乾隆《雅州府志》亦即《雅州府志．西域》成書的主觀原因。早在擔任處州知府期間，曹掄彬即組織纂修了雍正《處州府志》。首先，曹掄彬認為纂修方志對地方發展十分重要。曹掄彬的「方志觀」是：「郡邑之有志，不徒藉以考疆域之廣隘，山川之名勝，與夫鴻文巨筆載於簡冊者，足以供學士之流連諷詠、誇多鬥靡也。蓋語形勢或昔險而今平，則守禦因之知緩急，稽戶口或始衰而近盛，則政治由之考得失，且忠孝節烈時不乏人，後人將於是觀感焉，而物產地宜又因時變易，則亦資守土者之區畫也。故有志而歷數十餘年不加纂輯者，與無志等。」〔註 55〕同時，其在乾隆《雅州府志序》中繼續闡發了個人「方志觀」：「志，史之資也。脫無志，雖史遷，再世不能秉筆蘭臺。劉向復

---

清乾隆元年（1736）刻本。

〔註 53〕（清）嵇曾筠、傅王露纂修：雍正《浙江通志》卷一百二十二《職官．十二》，清乾隆元年（1736）刻本。

〔註 54〕（清）常明等修，（清）楊芳燦、譚光祜等纂：嘉慶《四川通志》卷一百五《職官．題名．雅州府一．知府》，清嘉慶二十一年（1816）刻本。

〔註 55〕（清）曹掄彬撰：《處州府志序》，（清）曹掄彬修，（清）朱肇濟等纂：雍正《處州府志》，清雍正十一年（1733）刻本。

生，何由校讎天祿？是無志，則無史也。志顧不重乎哉？」〔註 56〕由此可見，曹掄彬的方志觀仍然未出存史、資治的傳統認知。

其次，雍正帝欲完成康熙帝未竟之業即編纂完成《大清一統志》，於是下令各省加快方志纂修進程。在此政策背景下，曹掄彬僅用十個月時間即組織纂修完成了雍正《處州府志》。雍正十一年（1733），「今年春，幸政有餘閒，屬十邑之令、長、博士各編次其邑之所宜載者而以總輯，任之教授朱肇濟、訓導周雯、徐長泰，余復加綜覈之，閱十月而書成。……今天子方命辭臣纂修一統志，又諭直省各輯其志，兩浙亦既有成書矣。余復為是續輯者，良以省志貴於簡，核郡志不厭精，詳譬之經以載其綱，而傳以述其目，則余之是志，殆首為全浙志之傳云爾。時雍正十一年歲次癸丑桂月中浣，賜同進士出身、知處州府事，黃平曹掄彬炳菴，甫書於栝蒼公署。」〔註 57〕由此，這次快速修志經歷為其纂修乾隆《雅州府志》提供了實踐經驗。值得注意的是，上文述及曹掄彬生平時提及其曾抄錄「州志」即「黃平州志」。據嘉慶《黃平州志》卷首載康熙元年（1662）李占春《黃平州志序》〔註 58〕可知，李占春曾纂成康熙《黃平州志》待刊稿本，同時，結合曹掄彬年七十七卒之情況亦可推定：曹掄彬抄錄之「州志」並非嘉慶《黃平州志》，應為李占春纂輯之康熙《黃平州志》，可惜已散佚不存。但曹掄彬手錄康熙《黃平州志》這一記載，亦可證明其對方志重視有加。

乾隆三年（1738），曹掄彬在到任雅州知府伊始，即在前任知府張植已開展修志準備工作的基礎上正式設局修志，僅用六個月時間便修成乾隆《雅州府志》。至於成書過程，曹掄彬在自序中詳述如下：「戊午春，余奉命來守是邦，叱馭馳驅，閱兩月始抵郡，視事除弊興利，鋤暴安良，而外思欲酌古準今，仿古人善政善教以式我典型，無如考典章，茫無借鏡。訪郡志，片紙無存，僅得前牧馬、楊二君抄本，殘篇斷簡，漫漶不可卒讀。惟前守南巢張公滴滴苦心，纂輯抄稿，緣秩晉監司，未及成帙，屬余卒業焉。掄彬閱其規

〔註 56〕（清）曹掄彬撰：《雅州府志序》，（清）曹掄彬纂修：乾隆《雅州府志》，清乾隆四年（1739）刻本。

〔註 57〕（清）曹掄彬撰：《處州府志序》，（清）曹掄彬修，（清）朱肇濟等纂：雍正《處州府志》，清雍正十一年（1733）刻本。

〔註 58〕（清）李占春撰：《黃平州志序》，（清）李臺修，（清）王孚鏞纂：嘉慶《黃平州志》卷首，1965 年貴州省圖書館據清嘉慶五年（1800）刻道光十三年（1833）增補本複製本。

制，校馬、楊大備，而紀事書言未免才大，而綜覈稍疏。於是，檄各縣學及各土司徵取事實，再移協營，諭諸紳士廣匯博採，陸續呈送，坐擁紛拏，足供掇拾。欲聘名宿共襄編校，奈況清囊澀，困於力綿，不得已頓忘弇鄙，妄自搽觚。會家六弟明經掄翰自黔來，遂留館焉。相與互訂，以匡余不逮。始事於三年之小春，每簿書稍暇，輒拈毫匯纂，芟其繁蕪，補其缺略，綱舉目張，條分縷晰。凡例一本於一統志，紀事必覈其實，選言必扼其要，不使有纖毫之畸戾，以成一方信史，共得卷一十有六。稿成付梓，其工費浩繁。幸同城司馬張君泰國，別駕裘君日發，游府劉君應標，守戎張君祺化，林總戎宋君宗璋，岳君鍾璜，雅安尹董君元會，名山尹高君第，蘆山尹吳君班，榮經尹署篆吳君一璜，清溪尹楊君重光，各捐清俸若干，共佐盛舉。閱今清和月而工竣。籲今而知作志之難也。馬、楊二君歷在最久，既纂不成，南巢張公亦將成而中輟。薄劣如余，以鹵莽之布當下車未久，遽邀成功者，豈余一人所能致哉？語云：『有開必先，而因以善其後。』則諸公創垂，諸同事勷贊之功，余何敢沒？由是，雅之山川、景物、戶口、賦稅、聲名、文物，開卷瞭如指掌。從此因地制宜，隨時通變吏治，其或有資乎？敢遽謂與常之『華陽志』、趙之『古今集』、英之『檮杌編』、求之『圖經葺』、李之『成都記』同類並觀哉？撫膺自問，實對炳靈、相如、君平、王褒、子雲、青蓮、長公、玉壘、方洲諸名流而深自恧也，亦聊以存一方之故，實以備職方之採拾，以不負南巢張公之諄屬已耳，是為序。旹乾隆四年歲在屠維協洽之榴月既望，雅州郡守黃平曹掄彬炳庵氏，書於留月齋。」〔註 59〕

由此序可知，第一，曹掄彬纂修乾隆《雅州府志》的目的在於「資治」、「以存一方之故，實以備職方之採拾」，亦即「仿古人善政善教以式我典型」。不過，其自認現實狀況卻是無所借鑒，即「無如考典章，茫無借鏡。訪郡志，片紙無存，僅得前牧馬、楊二君抄本，殘篇斷簡，漫漶不可卒讀。」因此，曹掄彬以張植所輯抄稿為基礎開始了修志工作。第二，曹掄彬指出乾隆《雅州府志》的史料來源較為廣泛，不僅有雅州府所轄各縣所提供的資料，而且還有各土司、協營提供的藏族等少數民族聚居區域的資料。此外，值得注意的是，還有所轄各地紳士們提供的民間資料，即「諭諸紳士廣匯博採」。第三，修志過程中始終面臨資金匱乏問題。因資金匱乏，無法請人開展修志工

〔註 59〕（清）曹掄彬撰：《雅州府志序》，（清）曹掄彬纂修：乾隆《雅州府志》，清乾隆四年（1739）刻本。

作，而在成書付梓之際，因刻印工費浩繁，故而又由雅州府所轄各地方官員資助完成。第四，乾隆《雅州府志》的纂修時間為「始事於三年之小春」、「閱今清和月而工竣。」其中，「小春」指「小陽春」，即農曆十一月，「清和月」指農曆四月，因此，本志纂修時間僅耗時約六個月，即乾隆三年（1738）十月至乾隆四年（1739）四月。這種推斷與曹掄彬在《凡例》中自述相符：「雅州舊刻州志屢經兵燹，漫漶無存，余未見焉。今改州為府，規模較廓，自不得因陋就簡，無所考鏡。是役始事於三年之仲冬，落成於四年之孟夏，閱六月而工竣，食時而成。」〔註 60〕同時，本書刻印時間應為「乾隆四年歲在屠維協洽之榴月既望」，即乾隆四年（1739）五月。第五，本志體例乃參照《大清一統志》，即「凡例一本於一統志，紀事必覈其實，選言必扼其要，不使有纖毫之觭戾，以成一方信史」。第六，曹掄彬闡明乾隆《雅州府志》著作權應屬於其本人。困於資金不足，因此，曹掄彬獨立組織纂修，同時，其弟曹掄翰參與了輔助參訂工作。即序中所言「欲聘名宿共襄編校，奈況清囊澀，困於力綿，不得已頓忘弇鄙，妄自捺觚。會家六弟明經掄翰自黔來，遂留館焉。相與互訂，以匡余不逮。始事於三年之小春，每簿書稍暇，輒拈毫匯纂，芟其繁蕪，補其缺略，綱舉目張，條分縷晰。」因此，該志「修志姓氏」中明確寫道：纂修曹掄彬，編輯曹掄翰。

如其所言，儘管此志纂修經歷了資料不多、時間緊張、經費不足等不利狀況，但曹掄彬卻在乾隆《雅州府志》中專門設置了收錄西藏相關內容的卷十二《西域》，而其初衷仍是出於個人方志觀中的「存史」、「資治」之現實考量，當然，其重視涉藏邊防也是其作為邊吏的職責所在。實際上，越境而書是不符合中國古代方志編纂體例的，因乾隆《雅州府志》並非《四川通志》等省志作品，同時，曹掄彬乃進士出身，且此前已組織纂修了雍正《處州府志》，因此其必然對方志纂修體例、原則、流程等了然於胸，但其仍越境而書，在乾隆《雅州府志》專設「西域」，具體原因在於：

首先，當時清中央政府治藏政策的調整，使得雅州府的戰略地位得以提升，因此，必須及時修志以記錄雅州變遷，而將本不屬於雅州府轄地的西藏相關內容作為專篇列入，亦屬順勢完成方志的「存史」、「資治」現實功用之舉。在「凡例」中，曹掄彬對此做了直接說明：「西域，分前藏、後藏，非獨邊塞且屬絕徼。我朝德威遠播，四夷歸心，是以前、後藏均隸職方，咸遵

〔註 60〕（清）曹掄彬纂修：《雅州府志・凡例》，清乾隆四年（1739）刻本。

正朔，故亦另列一類，詳載疆域、形勢、戶口、貢賦，以昭一統無外之模。」〔註 61〕

雅州，隋仁壽四年（604）置，因境內雅安山得名。治始陽縣（筆者注：在今四川省雅安市西，後相繼改名為蒙山縣、嚴道縣）。唐武德元年（618）復為州，治嚴道縣，領五縣並及五十七個羈縻州，約當今雅安、名山、天全、蘆山、寶興、滎經、小金等地。宋屬成都府路。元屬吐蕃等處宣慰司。明屬四川布政使司。清屬四川省。因地處川藏交通咽喉，故而其戰略地位在清中央政府治藏尤其是派兵入藏平叛過程中愈發顯要。為防止西藏上層僧俗官員與準噶爾勢力結盟，康熙四十八年（1709）清中央政府以派侍郎赫壽前往西藏，以協同和碩特部拉藏汗辦理西藏事務為名，開始加強了對西藏的直接管理，亦創了清中央政府直接派官管理西藏之先河。此後，由川入藏途經雅州的官兵絡繹不絕。在西藏政局趨於安定之後，清中央政府在治藏策略方面又進行了一系列改革，其中，涉及四川地區行政區劃調整：將打箭爐、里塘、巴塘等地劃歸四川，將中甸、阿墩子、維西等地劃歸雲南，從南稱巴彥等處七十九族中劃出四十族歸西寧辦事大臣管轄。由此，屬於川藏交通樞紐的雅州，其戰略地位不斷提升。

鑒此，雍正七年（1729）雅州升為府，以其地增置雅安縣，改天全土司為天全州，改長河西魚通安遠宣慰司為打箭爐廳。次年，改黎大所為清溪縣，均屬雅州府，同年，設分駐打箭爐雅州府同知。至此，雅州府轄一州五縣一廳：天全州、雅安縣、名山縣、滎經縣、蘆山縣、清溪縣、打箭爐廳。由此，雅州正式成為毗鄰里塘、巴塘藏區並聯通西藏的戰略要地。對此，正如曹掄彬所言：「夫雅，古氐羌地，開闢於漢，集盛於今，昔制為州，今易為郡，以州例郡，其規模固迥然不同，統屬六邑，兼轄口內外土司一百五十餘員，幅員所至，東接邛嘉，西拊後藏，南襟六詔，北控諸羌，蓋儼然西南一都會也。」〔註 62〕因雅州府為入藏必經之路且轄區連接西藏，而清中央政府又重視對西藏的治理，因此，曹掄彬因勢利導，在編纂乾隆《雅州府志》專設《西域》等西藏篇目。

其次，曹掄彬重視涉藏邊防。邊吏曹掄彬當然知曉邊防在治邊過程中的

〔註 61〕（清）曹掄彬纂修：《雅州府志．凡例》，清乾隆四年（1739）刻本。

〔註 62〕（清）曹掄彬撰：《雅州府志序》，（清）曹掄彬纂修：乾隆《雅州府志》，清乾隆四年（1739）刻本。

重要性。其在到任不久，即下令所轄州縣檢查所在地的城池及兵員情況並及時上報以固邊防。其在《飭州縣條陳修城添兵議》中說：「為飭議修葺城池、慎固邊防，以安民生事，照得民安物阜，盛世之徵，思患預防，守土之責，誠以安不忘危，綢繆未雨，盛朝所不廢。查，雅州一府，界在邊陲，正當西藏往來大道，為成都正南門戶，寅關緊要。歷來邊警，雅府首當其鋒。方今聖君賢相岳牧大人廟堂之所經理，郊圻之所，申畫無不至周至當，何敢妄參？末議，獨是太平日，人法制易弛。即如城池，所以資捍禦衛人民，防奸宄，堵寇盜，所關綦重。本府到任，閱城見其倒塌傾頹，人畜踰牆如履平地。細訪里民，皆云，洪武初千戶餘子正修築之後，閱今三百餘年從未修葺，以至於今，若再遲延，恐一旦有警，縱城內多兵，曠無把守，何以捍禦？此城池之不可不急請修葺也。至於兵制，當因地制宜，相其緩急而增減之。查成都西南綿亙數千里，歷來烽煙不熄，風鶴時聞。松潘、建昌、雅州皆屬邊地，而雅州尤當西藏之衝，松潘、建昌皆設重鎮，獨雅州僅設一營，叩其兵數，黎雅營制兵五百名，除分汛六州縣駐防外，在城百二十名，誠為汛廣兵單矣。況打箭爐、天全、清溪俱經新設，地雜，土蠻不時虞警。查，天全、清溪各設兵五十名，以兩千總率之，各塘分汛在城，亦不滿三十名，打箭爐雖設有都闆，然兵僅三百，實不濟事，萬一不虞，欲固守則兵少，城頹望聲援，則鞭長不及，不幾拱手授命乎？此兵制之不可不急請增添也。本府邊鄙迂儒，謬叨師帥，甫任無幾，諸凡未諳然，略觀大概，已覺臥不安枕，食不下嚥。知諸君久任邊疆，其於地方情形自有卓見，吉凶同患，諒無異心，合行飭義。為此，仰州縣官吏，文到速查該州縣城池有無頹塌，作何補修，兵數果否足供，防禦地方險隘可否添設汛防，以斷匪徑。逐細條陳，俾得藉手上獻，不惟地方永固無虞，上以抒聖君賢相岳牧大人南顧之憂，亦即此覘諸君經濟，幸不予棄竚切敷陳。」〔註 63〕

由上可知，曹掄彬在這一飭令中明確提出，雅州不僅是「正當西藏往來大道」，而且「尤當西藏之衝」，故其戰略地位十分重要，希望引起下級官吏對修城池、添軍兵等事項的一致重視。鑒於曹掄彬對於涉藏邊防的重視，加之此前清中央政府曾派兵經由四川雅州前往西藏地方平叛，因此，西藏在曹掄彬的邊防觀念中即佔有重要位置，因此，其在乾隆《雅州府志》中設置西

〔註 63〕（清）曹掄彬撰：《飭州縣條陳修城添兵議》，（清）曹掄彬纂修：乾隆《雅州府志》卷十五《藝文中》，清乾隆四年（1739）刻本。

藏篇目內容亦屬順理成章。由此，曹掄彬在卷一《圖考》中即設置了《西藏輿圖》，其在《凡例》中說道：「志必先列圖，所以上觀天文以驗災詳，下察地理而知險易，雅幅廣遠，直通西藏，繪圖可不詳乎？茲先繪星圖，次列總圖，府州縣各繪一圖，口內土司各列一圖。」〔註 64〕之後，卷二《星野》也充分考慮了西藏因素，即「星野各有專主，占驗莫詳乎？甘石諸書，劍南為井鬼之分，而雅獨佔參宿。今西藏悉歸版圖，則次度數自較往時恢廓，特詳為考訂，以備占驗。」〔註 65〕此外，在卷五《郵政》也涉及西藏因素，「驛站、鋪遞，皆關地方切務，昔年西藏用兵，羽檄烽火刻無留停，故多設塘鋪以司傳遞，今事平兵撤，不過公文往來仍復舊設。」〔註 66〕

## 三、乾隆《雅州府志·西域》全盤抄襲自雍正《四川通志·西域》

關於乾隆《雅州府志·西域》的史料來源，趙心愚先生在《乾隆〈雅州府志〉中的西藏篇目及其資料來源》〔註 67〕一文中進行了討論，其認為該志史料來源主要是已有的藏志及其他有關著作、有關檔冊、在西藏進行考察所得等三個部分。實際上，趙先生此判斷屬於對中國古代方志史料來源的常識性認知，貌似既萬能又合理，同時，也與張植、曹掄彬序言所言完全一致。不過，經筆者考證，乾隆《雅州府志·西域》從篇目設置到文字內容，均全盤抄襲自成書於雍正十一年（1733）的雍正《四川通志·西域》。

若僅依據曹掄彬序言而按圖索驥，則乾隆《雅州府志·西域》中相關西藏內容的史料來源應有以下三個方面：1. 官方資料、檔冊，即曹掄彬「檄各縣學及各土司徵取事實，再移協營」所得各地檔冊資料；2. 民間資料，即曹掄彬「諭諸紳士廣匯博採」所得；3. 前任雅州知府張植實地探查所得。值得注意的是，張植序言也進一步為曹掄彬所言相關西藏內容的史料來源「加持」，即張植歷數其親身入藏地考察之功：「歲己酉（筆者注：雍正七年，1729），餘首膺茲郡，即以釐剔振興為兢兢。又嘗車驅羊腸，道徼外，入詔地，數四矣。為熟察其規模之善，經制之詳，其間山川、風物、政事、人文，實有日新月異而歲不同者，將籍而記之，以勒成一書。適奉檄修直省

〔註 64〕（清）曹掄彬纂修：《雅州府志·凡例》，清乾隆四年（1739）刻本。

〔註 65〕（清）曹掄彬纂修：《雅州府志》卷二《星野》，清乾隆四年（1739）刻本。

〔註 66〕（清）曹掄彬纂修：《雅州府志》卷五《郵政》，清乾隆四年（1739）刻本。

〔註 67〕趙心愚：《乾隆〈雅州府志〉中的西藏篇目及其資料來源》，《中央民族大學學報》（哲學社會科學版）2006 年第 6 期。

通志，爰益訪傳聞、探碑碣、搜羅往牒，得前牧馬君、楊君所存志稿，僅得其崖略而編未就，予遂自忘固陋，更立名例，分類編摩，酌繁簡，剖疑難，補遺正訛。而於《西域》一則，尤為身親邛籠氈毯之區，舉目之所見，證耳之所聞，不憚多方採錄。即雅州內地當兵燹之餘，文獻鮮徵，亦必就所見聞，參互考證，不遺餘力。」若如張植所言，乾隆《雅州府志・西域》內容應為其本人深入「詔地」即藏地考察所得，實際上，此說法實乃欺罔之辭。同時，更不是纂修者曹掄彬赴藏考察所得，否則，其又怎會不在序言中大書特書，而放棄沽名釣譽的機會呢？

對此史料來源，筆者在前文討論《藏紀概》時，即已論述了雍正《四川通志・西域》對《藏紀概》中「藏天異」、「藏土則」、「附國」、「西藏種類」、「喇嘛」、「人事」等內容的直接引用。因此，筆者想到了與乾隆《雅州府志・西域》成書時間較近的、成書於雍正十一年（1733）的雍正《四川通志・西域》。筆者經過詳細比對發現，成書於乾隆《雅州府志・西域》的篇目設置與文字內容均取自雍正《四川通志・西域》，且僅有隻字差別，因此可視為全盤抄襲。

首先，在篇目設置方面，二者細目如下表：

| 序號 | 雍正《四川通志・西域》 | 乾隆《雅州府志・西域》 |
|---|---|---|
| 1 | 疆域 | 疆域 |
| 2 | 形勢 | 形勝 |
| 3 | 關隘 | 風俗 |
| 4 | 貢賦 | 塘鋪 |
| 5 | 戶口 | 新設鋪站 |
| 6 | 塘鋪 | 戶口 |
| 7 | 新設鋪站 | 貢賦 |
| 8 | 山川 | 管轄地方頭人 |
| 9 | 古蹟 | 寺廟 |
| 10 | 寺廟 | 古蹟 |
| 11 | 風俗 | 山川 |
| 12 | 管轄地方頭人 | 關隘 |
| 13 | 物產 | 土產 |
| 14 | 天異 | 藏天異 |

| 15 | 土則 | 藏土則 |
|---|---|---|
| 16 | 附國 | 藏附圖 |
| 17 | 種類 | 藏種類 |
| 18 | 喇嘛 | 藏喇嘛 |
| 19 | 人事 | 藏人事 |
| 20 | 自成都至西藏路程附 | 自成都至西藏路程附 |

由此可知，二者細目數量一致且名稱也基本一致，僅後者將「形勢」改為「形勝」、將「物產」改為「土產」，並在「天異」、「土則」、「附國」、「種類」、「喇嘛」、「人事」前加了「藏」字，同時，此部分篇目內容亦多取自《藏紀概》。此外，後者還故意對前者的篇目順序加以調換以掩人耳目。

其次，在文字內容方面，除了個別文字差別且多為後者錯漏以外，二者幾乎完全一致。在此，僅以開篇引言、疆域、形勝、塘鋪、新設鋪站、戶口、貢賦的文字表述為例，二者差別如下表：

| 序號 | 雍正《四川通志．西域》 | 乾隆《雅州府志．西域》 |
|---|---|---|
| 1 | 叉木多 | 察木多 |
| 2 | 甥舅聯姻碑 | 舅姑聯姻碑 |
| 3 | 等處崇祀之至尊 | 等崇祀之至尊 |
| 4 | 聖朝 | 國朝 |
| 5 | 纂文 | 纂法 |
| 6 | 詔地 | 招地 |
| 7 | 坐牀 | 坐床 |
| 8 | 臺吉 | 臺吉 |
| 9 | 普通日赤拉坦喇達賴喇嘛 | 普通日赤拉擔喇達賴喇嘛 |
| 10 | 札什朗結 | 札什郎結 |
| 11 | 委放 | 委防 |

可見，二者文字內容差別極小，均為個別文字之異。二者主要差別在於：在「風俗」部分，前者全部內容為「信佛崇僧，生子半為喇嘛，至於死喪，或付鷹犬，或投水火，其習俗也。」而後者在抄錄前者之外，加了一句「寂寞之教固然，今既向化日久，自當革薄從忠。」這句話極具個人評論意味，因為官修方志照例應遵循「述而不評」的基本原則，同時，此評論為官階較低的具體執筆者所為的可能性不大，因此，筆者推斷此句為時任知府曹掄彬將個人

觀點利用纂修之便而有意添加於上，這也佐證了乾隆《雅州府志》應為曹掄彬獨立纂修。

綜上，因乾隆《雅州府志·西域》並非原創，而是全盤抄襲自雍正《四川通志·西域》，因此，若如某些學者一般而堆砌大段空言套話來討論其文獻價值即毫無意義。同時，值得注意的是，曹掄彬雖然比較重視西藏對於雅州府的重要戰略意義，因而在纂修乾隆《雅州府志》時全盤照搬了相關西藏內容，但其並未添加任何新材料，例如：「戶口」篇目所載仍抄襲雍正《四川通志·西域》所引雍正十年（1732）官方統計之西藏人口數據，即曹掄彬並未做到與時俱進地瞭解並記錄西藏情況的變動與發展，當然這對其來講並不容易，但其並未實事求是地予以闡明，這使得該志在清代西藏方志史上處於可有可無之地位，資料重複率高、可替代性強，因此，其史料參考價值較低。究其原因，一方面，曹掄彬個人對西藏缺乏瞭解、認識不足；另一方面，該志性質是官修方志，即曹掄彬的職務作品，難免出現急功近利、敷衍了事而無深究之情形，其只用六個月時間倉促纂修完畢即是明證。當然，從另一角度分析可知，這也反映出當時處於川藏交通要道上的雅州府知府也逐步放鬆了對西藏用兵的軍事警惕，這也正是清中央政府對西藏有效管轄逐步深入的有力證明。此外，在方志編纂領域，對於資料收集的類似「周歷村坊、博採輿論」等自我表功式語句，早已成為一種序言必備範式，這也提醒後人在探究方志的史料來源時，不應流連於目錄、駐足於序跋，甚至過分誇大那些本為應酬之作的名人序跋的價值功用，而應平心靜氣地深入閱讀正文所載，同時也應拓展視野，加強對相關方志的詳細比勘。

# 第三章　清代西藏方志之勃興

## 第一節　脫胎於《西域全書》之官修省志——《西藏志》

提及清代西藏方志，人們首先想到的便是《西藏志》。其不僅是目前所知第一部以「志」冠名的通志類西藏方志，而且也是具有完備編纂體例的官修「省」志。因此，《西藏志》自問世尤其是乾隆五十七年（1792）和寧刻本刊行之後，便成為清代西藏方志甚至現存西藏方志中影響最大者，不僅被《中國地方志聯合目錄》等各類方志目錄收錄，而且受到學術界最密切關注，其文獻價值不言而喻。相較於其他清代西藏方志，學術界對於《西藏志》的研究啟動最早，同時所取得的研究成果也最多，如筆者在上文研究綜述中所言，自民國間吳豐培先生開始至今，學者們對該志作者及史料來源的爭論莫衷一是，但主要有兩種觀點：一為吳豐培、鄧銳齡先生認為《西藏志》並非果親王所撰，而是駐藏大臣衙署內一名或數名官員編纂；二為趙伍、趙心愚先生認為《西藏志》應為果親王或其隨行人員所撰，同時，趙心愚先生認為該志或抄錄自《西藏志考》，進而認為《西藏志考》為《西藏志》、《西藏考》的祖本。但是，史學研究是一個以史料發掘與整理為基礎的動態過程，新史料的發現使得諸多學術爭論獲得暫時性平息。劉鳳強先生利用南京圖書館藏乾隆初抄本《西域全書》得出令人信服的結論：《西域全書》應是西藏第一部成熟的漢文志書，其後的志書都是在此書基礎上編纂而成，由此可澄清《西域全書》、《西藏志考》、《西藏志》、《西藏記》、《西藏考》等書的關係〔註 1〕。筆者贊同劉鳳強先生此結論，認為《西藏志》脫胎於《西域全書》。在此，筆者以中國國家圖書館藏龔自珍跋清抄本《西藏志》為中心，圍繞《西藏志》對《西域全書》之借鑒及《西藏志》之版本、編者、文獻價值等問題展開討論。

## 一、《西域全書》之作者與史料來源

對於《西域全書》，目前僅見慕壽祺《甘寧青山水調查紀》描述西藏大川時提及：「酈道元著《水經》時，已視西藏為甌脫，雖欲記其水道，苦於無從調查。《四庫全書書目》內有《西藏記》二卷，求其書不得，後於蔡燕師處借閱《西域全書》。此書專記西藏之事，著者錦城玉沙道人號子銘者，於乾隆元年從戎西藏時所纂也。首載拉撒康衛全圖及戍城、人物各圖形。次載歷代事實，多缺略不詳。又次則疆域、山川形勢、寺廟、時令、物產、風俗、刑法律例。又次則封爵、官制、兵防、徵調、差科、貢賦、碑碣、臺站諸制度。又次則入藏道路里數。文筆雖欠雅馴，而西域形勝事實開卷瞭然，亦可以備地志之不備，而水所發源之處及流域之遠近，獨付闕如。是時西藏已通中國，撰著者僅記大川之名而已，況責之二千年前身所未經、耳所未聞之書生，未免過於刻也。」〔註 2〕

雖然尚不能確定慕壽祺所見《西域全書》是否即現今南京圖書館藏清抄本，但由慕壽祺所述《西域全書》提要已可知該書之梗概。該書由清人子銘於乾隆元年（1736）從戎西藏時編纂，同時，該書優劣明顯，一方面，書中篇目基本總括西藏史地，另一方面，在敘述西藏歷史沿革與山川方面粗陋較多且通篇文筆平庸，但從總體上看，應屬一部價值較大的清代西藏方志。以此為基礎，再結合該書卷首所載作者子銘自序，即可對該書作者簡況、成書背景、成書時間、史料來源等取得基本認知。子銘自序曰：

> 西藏一國，雖蠻狢之邦，彝類雜繁，乃番回戎達之聚藪，諸鑒多不之載。閱皇明輿圖中，止及西域貢獻之國，並內番天竺等國名，旁若他書所載，西吐蕃、西戎一筆略過，概不得其詳。予棄學入幕，

---

〔註 1〕參見劉鳳強：《〈西域全書〉考——兼論〈西藏志考〉、〈西藏志〉的編纂問題》，《史學史研究》2014 年第 4 期，該文亦收於劉鳳強著：《清代藏學歷史文獻研究》，北京：人民出版社，2015 年，第 149～166 頁。

〔註 2〕慕壽祺輯著：《甘寧青史略副編》卷二《甘寧青山水調查紀·下編·西藏大川》，慕壽祺輯著：《甘寧青史略》（十），臺北：廣文書局，1972 年，第 42 頁。

> 壬子歲從軍，身履其地，目擊其人，乃知別是一天世界。爰是於公暇無寥之際，採察彝風，摭拾前跡，勉學效顰，將山川形勢、疆圉廣闊、地土之生產、天道之寒暑、人民之美惡，臚列成冊。第搜羅易富，考核難詳，繪圖紀里亦恐不能悉其三之二。然於風俗好尚，固形容未盡周細，而其大要不敢俱違其實。至達賴喇嘛六世之傳、三朝之封，皆考其印冊而詳者。番夷回達人物之形、衣冠之制，係瞷其影度而輯者。其於疾病、死喪、婚姻、禮節、兵革、差徭、界址、寺廟、時令、刑律，靡不確較，群採諮諏，纖微錄之。聊以記其所歷，敢云能資撫楫之一助耶。
>
> 乾隆元年暮春月之朔錦城玉沙道子銘氏撰輯。〔註3〕

由上可知，作者子銘，四川錦城人，號玉沙道人，早年入幕，雍正十年（1732，壬子）隨軍入藏，其間採察搜羅，於公暇著成《西域全書》。首先，子銘自言棄學入幕，其應為秉承中國傳統儒學價值觀的中下級文人，故其文筆欠雅。其次，在客觀歷史背景方面，該書成書與其時清中央政府治藏力度漸強、派兵輪駐西藏直接相關，而在主觀創作動機方面，子銘對藏文化等異域文化充滿了好奇並留心記錄，以期此書發揮「資撫楫之一助」即為官方有識之士治藏而發揮資政功用。再次，該書成書於乾隆元年（1736）三月。最後，該書史料來源由子銘實地踏查所得一手資料與其所參用的官方印冊共同組成。

值得注意的是，如今所見南京圖書館藏《西域全書》乃增補本。該抄本卷首花冊繫序曰：「丙辰之夏，余散遊於幕府書舍，見書案頭著作林立，不及誦談，順撚一冊，乃《西域全書》。」〔註4〕由此可知，此序作於乾隆元年（1736，丙辰）夏，其時《西域全書》已於三月撰成。同時，該書記事時間下限為其所載乾隆七年（1742，壬戌）駐藏大臣索拜碑文。因此，《西域全書》於乾隆元年（1736）三月成書後，便已開始在一些衙署內流傳，從而衍生出《西藏志》、《西藏志考》、《西藏考》、《西藏記》等清代西藏方志，而此中體例最完備、內容最豐富、文獻價值最高者當屬駐藏大臣衙署內官員纂修的官修「省」志——《西藏志》。

---

〔註3〕（清）子銘撰輯：《西域全書・序》，清抄本，南京圖書館藏。

〔註4〕（清）花冊繫撰：《西域全書序》，（清）子銘撰輯：《西域全書》，清抄本，南京圖書館藏。

## 二、《西藏志》對《西域全書》之借鑒

至於《西藏志》的成書時間，雖書中並未提及，但學術界均以書中所載史事的時間下限為依據而達成共識，即認為該書成書於乾隆七年（1742）。其根據為，書中記事下限止於「寺廟」篇中言及的第四世班禪喇嘛（筆者注：實為六世班禪）於乾隆六年（1741）坐床一事，此外，「朝貢」篇還言及西藏朝覲年班制度，「今達賴喇嘛頗羅鼐為一班，班禪喇嘛為一班，各間年一次，差額爾沁進貢。」〔註 5〕因該朝覲年班制度確定於乾隆七年（1742），故而認定該書應成於是年。值得注意的是，《西藏志》「附錄」篇在敘述達賴、班禪、郡王頗羅鼐的轄地屬民時載：「乾隆二年造送理藩院，入《一統志》，內開：達賴喇嘛在布達拉、白勒蚌廟內居住，郡王頗羅鼎管轄衛藏、達格布、工布、卡木、阿里、西拉、果爾等處，」〔註 6〕可見此書乃駐藏大臣呈報給理藩院供清中央政府編纂《大清一統志》參考備用。因此，因有清一代清中央政府並未在西藏建省，但從其編纂者、篇目、內容來看，《西藏志》的性質應是第一部西藏官修「省」志。

同時，在《西域全書》增補本「附錄」篇亦載：「造送理藩院文，取衛藏四至、接壤管屬、人民戶口、喇嘛廟宇、城堡數目，乾隆二年送。」〔註 7〕因《西域全書》僅涵蓋西藏地情，而並未越境而書地涉及回疆等清中央政府治下其他西部地域的史志內容，因此，駐藏大臣呈報給理藩院的絕不可能是《西域全書》及其增補本，否則即觸發文不對題的常識性錯誤。由此，筆者認為，駐藏大臣呈報給理藩院的應是《西藏志》，其不僅直接言明「入《一統志》」，而且此《西藏志》之方志題名亦符合清中央政府的有關各地首先修志，繼而上報供《一統志》館纂修《大清一統志》備用的具體要求。當然，這也顯示出《西藏志》對《西域全書》或其增補本的借鑒與沿襲。

第一，最直觀的證據即《西藏志》在篇目方面對《西域全書》或其增補本的直接抄錄和簡單修改。二者篇目對比情況，見下表：

| 序號 | 《西域全書》（增補本）篇目 | 《西藏志》篇目 |
|---|---|---|
| 1 | 拉撒康衛全圖 | 事蹟 |
| 2 | 拉撒輿圖 | 疆圉 |

〔註 5〕（清）佚名纂修：《西藏志・朝貢》，龔自珍跋清抄本。
〔註 6〕（清）佚名纂修：《西藏志・附錄》，龔自珍跋清抄本。
〔註 7〕（清）子銘撰輯：《西域全書・略筆雜敘・附錄》，清抄本，南京圖書館藏。

| | | |
|---|---|---|
| 3 | 戎城全圖 | 山川 |
| 4 | 人物圖形 | 寺廟 |
| 5 | 歷代事實 | 天時 |
| 6 | 四至疆圉 | 物產 |
| 7 | 山川形勢 | 歲節 |
| 8 | 寺廟名色 | 紀年 |
| 9 | 天時寒暑 | 風俗 |
| 10 | 土地畜產 | 衣冠 |
| 11 | 年節時令 | 飲食 |
| 12 | 屬相紀年 | 婚嫁 |
| 13 | 風俗好尚 | 夫婦 |
| 14 | 衣冠飲食 | 生育 |
| 15 | 婚姻嫁娶 | 喪葬 |
| 16 | 夫婦配偶 | 醫藥 |
| 17 | 生產養育 | 占卜 |
| 18 | 死喪孝服 | 禮儀 |
| 19 | 疾病醫藥 | 宴會 |
| 20 | 占卜吉凶 | 市肆 |
| 21 | 交接禮儀 | 房舍 |
| 22 | 生易經營 | 刑法 |
| 23 | 居住房屋 | 封爵 |
| 24 | 刑法律例 | 頭目 |
| 25 | 封爵職銜 | 兵制 |
| 26 | 設委碟巴 | 邊防 |
| 27 | 兵防甲胄 | 徵調 |
| 28 | 設隘防邊 | 賦役 |
| 29 | 文書徵調 | 朝貢 |
| 30 | 催科差徭 | 外番 |
| 31 | 表章貢賦 | 碑文 |
| 32 | 招徠土地 | 唐碑 |
| 33 | 歷代碑記 | 臺站 |
| 34 | 臺站糧務 | 糧臺 |
| 35 | 略筆雜敘 | 附錄 |
| 36 | 考遺 | 程站 |
| 37 | 道途全載 | |

由此表可知，《西藏志》共設36個篇目，僅比《西域全書》少1個，而且《西藏志》缺少「拉撒康衛全圖」、「拉撒輿圖」、「戎城全圖」、「人物圖形」，但《西藏志》的篇目名稱均取材自《西域全書》。此外，從體例上看，《西藏志》屬於典型的平目體，不分卷亦無目錄，可見，該志編纂者在體例方面對《西域全書》並未做任何改造，而是直接予以抄錄沿襲。

第二，在文字內容方面，《西藏志》對《西域全書》或其增補本進行了十分明顯的大面積抄錄。劉鳳強先生經過文字內容鋪陳式對比指出：「兩部《西藏志考》（筆者注：中國國家圖書館藏抄本、中央民族大學圖書館藏抄本）係由不同人抄錄乾隆元年《西域全書》而來，南圖藏《西域全書》則是在乾隆元年《西域全書》基礎上修補而成。那麼，兩部《西藏志考》內容相同卻與南圖藏《西域全書》相異的地方，或南圖藏《西域全書》較之兩種《西藏志考》多出內容，必是後人對乾隆元年《西域全書》的修補，而這些修補內容有些直接被抄入《西藏志》，有些則經修改後編入《西藏志》，」〔註8〕對此，筆者深以為是。隨手檢閱對比此二書，即可發現《西藏志》對《西域全書》增補本的大面積抄錄。在此，筆者舉例如下表：

| 序號 | 《西域全書》（增補本） | 《西藏志》 |
| --- | --- | --- |
| 1 | 西藏一隅，諸鑒多未及載。考其地，即西吐蕃也。唐曰烏斯國，明曰烏斯藏，今曰圖伯特，又曰唐古忒。居在萬峰之中，礪山帶河，為西方極勝之區。環山拱合，百源積流成江。自墨竹工卡而下，繞召之南西瀉，頗得天地之靈脈。西有布達拉之飛閣層樓，麗色奪目。別蚌、色拉、甘丹、桑鳶四大寺，拱朝於四方。東與川滇聯界，西與湟中接壤，通西洋之國達噶斯之地。天文井鬼分野，時歲稍寒，物產有限。地多水泉，人皆以為海眼。春則凍醒而開，夏秋陰雨覺盛。土人分為三部：曰康、曰衛、曰藏。康者，即今之察木多一帶；衛者，即西藏拉撒召一帶；藏者，乃後藏札什隆布一帶。此三部，皆為番僧之藪、黃教之總匯。——《歷代事實》 | 西藏一隅，諸鑒多未詳載。考其地，即西吐蕃也。唐曰烏斯國，明曰烏斯藏，今曰圖伯特，又曰唐古忒。居在萬峰之中，為西方極勝之區。環山拱合，百源匯流。自墨竹工卡而下，繞召之南西瀉，頗得天地之靈脈。布達拉之閣層樓，麗色奪目。哲蚌、色拉、甘丹、桑鳶四大寺，拱朝於四方。東與川滇聯界，西與青海接壤，其直抵河湟，通西洋達噶斯。天文井鬼分野，時歲稍寒，物產無幾。地多水泉，土人以為海眼。春則凍醒，夏秋陰雨覺盛。土人分為三部：曰康、曰衛、曰藏。康者，即今之察木多一路；衛者，即西藏拉薩召一帶；藏者，乃後藏札什隆布一帶。此三部，皆為番僧之淵藪、黃教之總匯。——《事蹟》 |

〔註8〕劉鳳強：《〈西域全書〉考——兼論〈西藏志考〉、〈西藏志〉的編纂問題》，《史學史研究》2014年第4期。

| 2 | 其木碗有二種：一曰札不札呀，木色微黃，堅綿有細文，云能避諸毒，每一個價有值十數金，以至數十金者，一曰拉姑，木色微黃，花紋略大，亦能避惡，其價亦有數兩者，不能枚舉。——《表章貢賦》 | 其木碗有二種：一曰札木札牙，木色微黃，堅潤有細文，云能避諸毒，每一個價值十數金，以至數十金者，一曰拉庫爾，木色微黃，花紋略大，云亦能避毒，價亦須數金。——《朝貢》 |
|---|---|---|
| 3 | 西藏拉撒召到後藏塞爾地方緊走十天，係白木戎交界。由塞爾向西南緊走十八天，到宗里口子，有一崖高約十五丈，以木搭梯，人往來行走，馬不能通，此外再無別徑。由宗里緊走八天，到白木戎住地。——《略筆雜敘・附錄》 | 西藏拉撒召到後藏塞爾地方緊走十日，係白木戎交界。由塞爾向西南緊走十八日，到宗里口子，有一崖高約十五丈，以木搭梯，人往來行走，馬不能通，此外再無別徑。由宗里緊走八天，到白木戎住地。——《附錄》 |

如此表所示，《西藏志》僅是對《西域全書》增補本的個別字詞予以微調，如將「別蚌」改作「哲蚌」、將「札不札呀」改作「札木札牙」等，最明顯的是將「十天」改作「十日」、「十八天」改作「十八日」，但將「由宗里緊走八天」疏忽遺漏，仍作《西域全書》增補本之「由宗里緊走八天。」而改動字數較多者，當屬《西藏志》對《西域全書》增補本「道途全載」篇的刪改。「道途全載」篇是作者子銘自雍正十年（1732）七月十六日至十一月二日，由成都入藏的行軍程途日記，開篇為「七月十六日，自成都省起程至雙流縣，四十里。」對此，《西藏志》「程站」篇將其改作「成都府四十里，至雙流縣。」之後程站內容均將子銘所寫日期、天氣等文字刪除。因此，從總體上看，《西藏志》的文字內容乃大面積抄錄自《西域全書》增補本。

## 三、《西藏志》之版本梗概

《西藏志》自乾隆七年（1742）成書之後，一直以抄本形式流傳。乾隆五十三年（1788）和寧在成都得到抄本，後於乾隆五十七年（1792）刊行。因《西藏志》之通志類題名與官修性質，引起了後世高度重視與廣泛傳播，致使其祖本《西域全書》湮沒煙海並且鮮為人知。在《西藏志》播布過程中，除了乾隆五十七年（1792）和寧刻本之外，亦產生了許多抄本。據筆者粗略統計，僅通過檢索目前國內外各大圖書館等公藏機構的藏書目錄，即可知至少有 18 種清抄本《西藏志》存世，它們分別庋藏於：中國國家圖書館（2 種）、首都圖書館（1 種）、中國科學院圖書館（1 種）、北京大學圖書館（2 種）、北京師範大學圖書館（2 種）、中國人民大學圖書館（1 種）、天津圖書館（1 種）、南開大學圖書館（2 種）、上海圖書館（1 種）、南京圖書館（1 種）、中山大學圖書館（1 種）、內蒙古自治區圖書館（1 種）、內蒙古大學圖書館（1 種）、美國哈佛大學哈佛燕京圖書館（1 種）等。

因筆者精力有限，在此僅詳細介紹中國國家圖書館藏《西藏志》的版本情況。該館藏《西藏志》有兩種抄本、一種刻本，具體情況如下：1. 龔自珍跋清抄本，行款為十行二十二字無格；2. 清抄本，行款為十行二十二字無格；3. 徐乃昌、繆荃孫藏清乾隆五十七年（1792）和寧刻本，行款為八行二十字白口四周單邊單魚尾。

其中，龔自珍跋清抄本《西藏志》最引人注目，其曾為吳興劉氏嘉業堂所藏，故可知其版本價值受到諸多學者與藏書家珍視，因此，後世對其開展的版本揭示與學術研究相對較多。該抄本卷端鈐印「張叔平」、「吳興劉氏嘉業堂藏」，版心記卷之序次，卷末有龔自珍墨筆題跋。龔自珍兩段跋語如下：1. 「道光壬午（筆者注：道光二年，1822）春日，從春廬先生廷尉家借錄一通。取布顏罕、庫庫木罕、葉楞罕三奏與彥諾林親、噶畢兩奏，選入續文斷中，以備盟府副藏。仁和龔自珍記之。」2. 「此書無作者名氏，取和泰庵、松湘浦兩尚書之書合觀之，百餘年來西事備矣。珍又識。」龔自珍跋指出了其摘抄此種《西藏志》的時間與緣由，並重點提及了該書的一些文獻價值，同時也指明該書「不著撰人」的版本特徵。

跋中所言「春廬先生廷尉」即指程同文（？～1823），字拱宇，號春廬，晚號密齋，浙江桐鄉人。乾隆五十五年（1790）中舉，嘉慶四年（1799）進士，授兵部主事、軍機處行走，後遷大理寺少卿。嘉慶十年（1805）補授會典館總纂修官，承修《大清會典》八十卷。道光二年（1822），升奉天府丞兼學政。長於輿地之學，著《密齋文集》等。在程同文纂修《大清會典》時，尚為舉人的龔自珍協助其校理《理藩院》一門，由此對西北輿地及邊疆少數民族史地興趣倍增。據（清）吳昌綬《定庵先生年譜》載：「道光元年辛巳三十歲。……在內閣充國史館校對官，時館中方重修《一統志》，先生上書總裁，論西北塞外諸部落沿革，訂舊志之疏漏，凡一十八條。先是桐鄉程春廬大理（同文）修《會典》，其《理藩院》一門及青海、西藏各圖，皆開斜方而得之，屬先生校理，是為天地東西南北之學之始，而於西北兩塞外部落、世系、風俗、山川形勢、原流合分，尤役心力，洞明邊事，雅稱絕詣。自撰《蒙古圖志》，訂定義例，為圖二十有八，為表十有八，為志十有二，凡三十篇。」〔註 9〕由此，道光二年（1822），龔自珍對邊疆民族輿地興趣未減，故而借錄了程同文藏抄本《西藏志》部分內容。對此，吳昌綬寫道：「道光二年壬午三十一歲。是歲成廟登極恩科，應會試未第。先生自辛巳年後，與程大理及甘泉欽敦夫編修（恩復）友善相約，得一異書，則互相借錄無虛旬。……（豐順丁氏《持靜齋書目》『《西藏志》四卷』，有先生是歲手跋）。」〔註 10〕這一描述恰與中國國家圖書館藏龔自珍跋清抄本《西藏志》相互印證，可見此版本之珍貴。此外，鄧銳齡先生亦以此龔自珍跋清抄本為中心撰文《讀〈西藏志〉劄記》〔註 11〕，詳細論述了《西藏志》的成書時間和文獻價值，其通過比勘認為此抄本比清刻本差錯率小，版本價值與文獻價值更勝一籌。

另外，館藏乾隆五十七年（1792）和寧刻本《西藏志》，其卷端鈐「積學齋徐乃昌藏書」、「荃孫」、「雲輪閣」等三方朱印，可知此本曾經藏書大家徐乃昌、繆荃孫遞藏。

值得一提的是，乾隆五十七年（1792）和寧刻本《西藏志》卷末附有（清）焦應旂撰《藏程紀略》一文，亦有學人錯誤地據此推論《西藏志》作者即為焦應旂。例如，臺灣成文出版社組織影印出版的《中國方志叢書》中有《西藏志》一書，即以乾隆五十七年（1792）和寧刻本為底本，其標注為「《西藏志》四卷，（清）焦應旂著，清康熙六十年刊本。」〔註 12〕其理由應為照錄刻本《西藏志》卷末所附的（清）焦應旂撰《藏程紀略》文末的「康熙辛丑仲夏中浣之吉知涇陽縣事焦應旂識」，為了佐證此觀點，編者還故意將「《藏程紀略》」一文置於《西藏志》之前〔註 13〕。筆者認為，其觀點看似符合「客觀著錄」原則，實則「望文生義」之舉。一方面，由《藏程紀略》

〔註 9〕（清）吳昌綬編：《定庵先生年譜》，沈雲龍主編、夏田藍編：《近代中國史料叢刊》（第 72 輯）《龔定庵（自珍）全集類編》，臺北：文海出版社，1973 年，第 472 頁。

〔註 10〕（清）吳昌綬編：《定庵先生年譜》，沈雲龍主編、夏田藍編：《近代中國史料叢刊》（第 72 輯）《龔定庵（自珍）全集類編》，臺北：文海出版社，1973 年，第 473 頁。

〔註 11〕參見鄧銳齡：《讀〈西藏志〉劄記》，《中國藏學》2005 年第 2 期。

〔註 12〕成文出版社編：《中國方志叢書·西部地方·第卅二號》，臺北：成文出版社，1968 年。

〔註 13〕因其所刊印的《藏程紀略》末頁鈐「中國社會科學院研究生院藏書章」，按藏書鈐印習慣可斷定，該《藏程紀略》一文應與中國國家圖書館藏刻本《西藏志》一致，原位於《西藏志》之後即通篇卷末。

所載可知，焦應旂確有入藏經歷。康熙五十年（1711）之際，焦應旂任涇陽知縣。康熙五十四年（1715），其奉命加入到平定準噶爾叛亂的清中央政府軍隊中，參與轉運糧儲事務。此後四年，其又增援撫遠大將軍胤禵，繼續從事押運糧秣事務，其間抵達拉薩，後取道川藏驛路返回駐地。待其於康熙六十年（1721，辛丑）撰寫《藏程紀略》時已 57 歲，而《西藏志》書中所載史事下至乾隆七年（1742），若《西藏志》果為其所撰，則其時焦應旂已年近八旬，其能否有足夠的精力完成此書令人生疑。同時，焦應旂並無在駐藏大臣衙署內任職的經歷，更不具備接觸到這些第一手官方檔冊資料的條件。另一方面，通過閱讀《西藏志》與《藏程紀略》可知，二者行文風格迥然不同，二者有關其時西藏政治、宗教、軍事等描述亦無語義重合之處，顯然出自二人之手。因此，臺灣成文出版社對《西藏志》版本與作者的著錄是錯誤的。此外，《中國西南文獻叢書》編委會所編叢書《西南稀見方志文獻》〔註 14〕與此如出一轍，也延續了這個錯誤。

## 四、《西藏志》之作者問題

在《西域全書》被劉鳳強先生揭示出來之前，學術界關於《西藏志》的作者問題莫衷一是，但因為成書較晚的《西藏志》係其作者在抄錄《西域全書》基礎上加以刪改而成，所以亦不能將《西藏志》作者等同於《西域全書》作者子銘。由此，筆者認為，《西藏志》作者確切來說是「編者」，應是駐藏大臣衙署內官員。

目前所見《西藏志》各版本均未署名，因此「佚名撰」是一種相對客觀的結論。關於作者問題最早的有效信息來自和寧。乾隆五十七年（1792），時任關中承宣使者的和寧作《西藏志序》稱：「是書傳為國朝果親王所撰，戊申得自成都抄本，爰付剞劂，以共同志云爾。」〔註 15〕由此，此後黃沛翹《西藏圖考》、許光世與蔡晉成《西藏新志》、日本學者山縣初男《西藏通覽》等書均沿用和寧此說，將《西藏志》的作者視為果親王允禮。不過，值得注意的是，在馬揭、盛繩祖合輯《衛藏圖識》的《凡例》及魯華祝序中，均稱《西藏志》作者為「無名氏」。《衛藏圖識》成書於乾隆五十六年（1791）十

〔註 14〕林超民等主編：《中國西南文獻叢書．第四十八卷．西南稀見方志文獻》，蘭州：蘭州大學出版社，2003 年。

〔註 15〕（清）和寧撰：《西藏志序》，（清）佚名纂修：《西藏志》，龔自珍跋清抄本。

二月，作者馬揭、盛繩祖應對《西藏志》作者問題更為關注，但他們卻無法加以定論。

實際上，《西藏志》不可能是果親王允禮所編，因為果親王於雍正十二年（1734）末奉命赴泰寧為七世達賴喇嘛返藏餞行，次年即返京，並於乾隆三年（1738）去世，而《西藏志》卻明確記錄了乾隆六年（1741）六世班禪坐床之事，同時需要指出的是，實際上，果親王本人並未入藏。如前所述，《西藏志》作者更不可能是刻本所附《藏程紀略》的作者焦應旂，也不是涉藏時間較晚的乾隆十年（1745）進士、二十一年（1756）任四川順慶府同知的湖北人徐天球，亦不可能是《西藏見聞錄》著者蕭騰麟。

對此問題，筆者認為此書是駐藏大臣衙署內官員在抄錄《西域全書》基礎上，為了完成向理藩院提交相關西藏資料的政治任務而匆忙編成。最有力的證據即是，《西域全書》成書於乾隆元年（1736），但《西藏志》「附錄」篇載：「乾隆二年造送理藩院，入《一統志》，內開：達賴喇嘛在布達拉、白勒蚌廟內居住，郡王頗羅鼎管轄衛藏、達格布、工布、卡木、阿里、西拉、果爾等處，」〔註 16〕這段相關文字顯然是駐藏大臣衙署內官員應理藩院要求編寫，並呈報的作為正在編纂的《大清一統志》「西藏部分」的基礎資料。同時，《西藏志》編者將《西域全書》的四字式篇目名稱，均修改為符合中原地區方志纂修體例的二字式短語，其中最有代表性改動就是，將「招徠土地」改為「外番」，這也與乾隆八年（1743）成書的《大清一統志》的相關篇目名稱一致，這顯然是駐藏大臣衙署內官員為了完成編纂「省」志《西藏志》的政治任務，並迅速呈報清中央政府用以助力編修《大清一統志》而對篇目名稱所做的相應規範式修改。此外，如前文所言，清中央政府嚴格限制民間私人纂修方志，此種內容涵蓋西藏地情的通志類「省」志，應該只有駐藏大臣衙署才有資格組織進行官修並冠以《西藏志》之官方題名，因此，《西藏志》編者應為駐藏大臣衙署內官員。

## 五、文獻價值述評

《西藏志》是目前所知的第一部官修西藏通志，其文獻價值尤其是史料參考價值是多元的且全方位的。在西藏方志體系內，文獻價值極高的《西藏志》不僅對清代西藏方志編纂，而且對民國西藏方志及 1949 年之後的現

〔註 16〕（清）佚名纂修：《西藏志・附錄》，龔自珍跋清抄本。

代西藏方志編纂均產生了重要影響。在《西藏志》成書並流傳之後，《西藏記》、《西藏見聞錄》、乾隆《西寧府新志・武備志・西藏》、《西域遺聞》、《衛藏圖識》、《西藏賦》、《衛藏通志》、嘉慶《四川通志・西域志》、《西藏圖考》、《西藏新志》等絕大部分清代西藏方志均對其予以大量徵引借鑒。此外，日本學者山縣初男《西藏通覽》，民國間洪滌塵《西藏史地大綱》、陳觀潯《西藏志》等亦廣泛引用《西藏志》。鑒於《西藏志》在藏學研究中的重要地位，且其文獻價值已被諸多學者揭示，在此，筆者再補充兩例以資證明。

第一，因《西藏志》為官修通志，因此，其對駐藏大臣制度給予了高度關注。書中數次出現「駐藏大臣」稱謂，同時，書中「事蹟」、「疆圉」、「邊防」、「外番」等篇目清晰記載了當時駐藏大臣在西藏的政治活動，這為清代駐藏大臣制度研究及清中央政府與西藏地方關係史研究提供了寶貴的參考資料。例如，在「事蹟」篇中有如下記載：「雍正八年，準噶爾侵犯巴爾庫爾卡倫。駐藏大臣奏准，派學士僧格總領遊守各三員，兵一千五百名及唐古忒兵一千，出防騰格里打木，遏其奔藏之路。」〔註17〕此「駐藏大臣」即僧格，此句也表明了當時駐藏大臣在西藏軍事方面的職權及邊防方面的主要任務，即帶領官兵重點防衛準噶爾部對西藏的侵擾。同時，這一記載也可與「邊防」篇的記述相呼應。「邊防」篇對「雍正八年駐藏大臣領兵防衛準噶爾」一事做以下記載：「西藏接壤外蕃，界連蒙古。雍正八年，準噶爾侵犯西北兩路軍營。頗羅鼐奏准，夏初冰雪全消、青草萌時，派駐藏大臣一員、綠營官兵一千五百名、其次子臺吉朱米納木查爾帶拉撒兵一千名，前赴打木騰格那爾地方駐防，派長子輔國公朱爾嗎特策登，夏初帶蒙古番兵二千名赴門裏、噶爾波、魯多克三處駐防，每年派其弟諾彥和碩氣赴哈拉烏素訓練該地兵馬二千餘名即統領駐防，約至九月雪封山徑撤回。」〔註18〕此中所記「頗羅鼐奏准」與「事蹟」篇中所載「駐藏大臣奏准」有所出入，則二者哪個更準確呢？對此，可結合《清世宗實錄》所載予以釐清。雍正八年（1730）七月戊寅，「議政王大臣等議奏：『學士僧格、貝子頗羅鼐所領巡防兵，應令於降雪後撤回，俟明年進兵時，仍往騰格里腦兒駐紮。』得旨：『今年大兵既停進發，著行文與僧格等，令伊等酌量於降雪之前撤回，明年著僧

〔註17〕（清）佚名纂修：《西藏志・事蹟》，龔自珍跋清抄本。
〔註18〕（清）佚名纂修：《西藏志・邊防》，龔自珍跋清抄本。

格仍舊帶往。』」〔註 19〕由此可知，「事蹟」篇中所載「駐藏大臣奏准」更為準確，這進一步證明了當時駐藏大臣在西藏地方的重要地位和軍事及邊防職權。值得一提的是，《西藏志》中兩個篇目對同一事的不同記載，也恰恰佐證了筆者對《西藏志》作者問題的觀點，即該書是駐藏大臣衙署內官員在抄錄《西域全書》基礎上，為了完成向理藩院提交相關西藏資料的政治任務而匆忙編成。

第二，書中「宴會」、「市肆」等篇目所載，不僅有助於認知清前期西藏的風俗習慣，也生動展現了其時西藏與中原及其他周邊地區的經濟文化交流。一方面，作者生動描述了宴會風俗，「隨從人等，各就席後地坐，每人給果食一大盤。食則齊食，先飲油茶，次以土巴湯，再以奶茶。抓飯乃纏頭回民所作，有黃白色二種，用米做飯，水淘過，入沙糖，藏杏、藏棗、葡萄、牛羊肉餅等物，盤盛手抓而食。繼飲蠻酒，遇大節會筵，乃選出色婦女十餘人，戴珠帽，穿彩服，行酒歌唱，近有能唱漢曲者。」〔註 20〕其中較為詳細地描寫了「抓飯」這一穆斯林民眾的傳統飲食在西藏各類宴會中的盛行，同時，此「抓飯」還加入了藏杏、藏棗等西藏地方特色食材，這也恰恰生動展現了不同民族之間的飲食文化交流。此外，還明確提及在宴會中以歌舞助興的藏族婦女表演者已經能演唱漢地歌曲，此即為漢藏文化交流進一步深入的直接體現。另一方面，在「市肆」篇中，則描述了藏、漢、維吾爾等民族群眾在市場貿易領域的經濟交流場景。「至市中貨物商賈，有纏頭回民販賣珠寶，其布疋、綢緞、綾錦等項，皆販自內地。有白布回民販賣氆氌、藏錦、卡其緞、布等類，皆販自布魯克、巴勒布、天竺等處。有歪物子專賣牛黃、阿魏等物。」〔註 21〕其中，「纏頭回民」和「白布回民」，即指來自克什米爾和拉達克地區的穆斯林民眾，而「歪物子」或指維吾爾族民眾。同時，其貨源地又包括中原地區、不丹、尼泊爾、印度等，這正是當時西藏拉薩商業較為繁榮，諸多民族群眾經貿交流不斷深入的又一明證。

〔註 19〕《清世宗實錄》卷九十六，清雍正八年（1730）七月戊寅。
〔註 20〕（清）佚名纂修：《西藏志・宴會》，龔自珍跋清抄本。
〔註 21〕（清）佚名纂修：《西藏志・市肆》，龔自珍跋清抄本。

## 第二節　邊吏張海之準涉藏方志——《西藏記述》

（清）張海撰《西藏記述》是一部成書較早的清代涉藏方志，《中國地方志聯合目錄》〔註22〕、《中國地方志總目提要》〔註23〕已著錄。該書流傳不廣，目前存世版本有二：清乾隆十四年（1749）刻本，清光緒二十年（1894）錢塘汪康年輯《振綺堂叢書（二集）》刻本。乾隆版卷首有乾隆十四年（1749，己巳）天長縣教諭徐侖序，卷末有佚名跋，版心題名「西藏記述」，卷端無題名、無著者，行款為半葉十行二十三字白口左右雙邊單魚尾。而光緒版之題名頁、卷端、版心均題「西藏紀述」，卷端下題「張海撰」，其行款為半葉十行二十一字黑口四周單邊雙魚尾，該版將乾隆版中序跋抽除。值得注意的是，二版本書名存在「記」與「紀」之異，二者均無目錄，正文內容相同。

該書中主要記述了清代康乾年間四川雅州、打箭爐、昌都地區等相關土司地方的基本地情，並附帶介紹了清初西藏史實、四方關隘等西藏簡況。該書成書與張海的任職經歷及個人編纂方志旨趣密切相關。書中未言成書時間，筆者推測其成於應在乾隆六年至十一年（1741～1746）之間。值得注意的是，該書所涉綱目門類較少，並不具備完整的方志體例，而主體內容為川邊土司地方地情摘編，西藏內容則為附屬、篇幅較小，因此，就其性質來講，不應視其為清代西藏方志，而而應是一部具備方志雛形的準涉藏方志。雖然該書在所載史實與編校方面尚存不足，但其仍具有一定的文獻價值。截至目前，學術界尚未對其開展專題研究〔註24〕，由此，筆者以清乾隆十四年（1749）《西藏記述》刻本為中心，針對該書作者生平、成書背景與時間、史料來源、文獻價值、不足之處等展開論述。

### 一、作者生平與成書背景考述

#### （一）作者生平

有關張海生平，學術界尚語焉不詳。筆者根據清代古籍文獻所載理出了

〔註22〕中國科學院北京天文臺主編：《中國地方志聯合目錄》，北京：中華書局，1985年，第849頁。

〔註23〕金恩輝、胡述兆編：《中國地方志總目提要》，臺北：漢美圖書有限公司，1996年，第24-7、8頁。

〔註24〕目前可見，僅何金文、劉鳳強簡略論及該書。參見何金文編著：《西藏志書述略》，長春：吉林省地方志編纂委員會，1985年，第26～27頁；劉鳳強著：《清代藏學歷史文獻研究》，北京：人民出版社，2015年，第167～168頁。

一定輪廓。首先，據（清）阮元輯《兩浙輶軒錄》載：「張海，字巨川，號埉齋，錢唐監生，官潛山知縣。張椿年曰：『埉齋先生，先大父通譜兄弟，系出金華，後遷武林，由國子生援例分發四川滎經縣尉，後以阜陽丞歷署靈壁、蕪湖、天長、丹徒等縣，授霍邱令，調英山、潛山。凡宦跡三十餘年，所到皆有廉名。晚年歸，與馬恬村、吳瑞麓及先君子時有倡和。卒年九十有六。生平慷慨尚義，多周急。著作頗富，惜無定本。』」〔註 25〕這是目前可見張海生平的最詳細記載。其次，至於其為官經歷，可據清代方志得知。據張海《西藏記述》跋云：「海初任四川雅州府滎經縣尉。……辛酉，丁艱。海任川一十三載，」〔註 26〕由此可知，張海自雍正六年（1728）至乾隆六年（1741，辛酉）間，任四川滎經縣尉、泰寧巡檢、敘永照磨〔註 27〕。其間，乾隆二年至四年（1737～1739），其署四川「榮縣貢井縣丞」〔註 28〕。丁憂後，張海的官宦生涯集中於安徽境內。乾隆十年（1745）任安徽天長知縣〔註 29〕，十三年（1748）任安徽阜陽縣丞〔註 30〕，並於同年署安徽靈璧知縣〔註 31〕，十四年（1749）署安徽當塗知縣〔註 32〕。另據張海自言：「余於乾隆辛未冬來尹是邑。……余適以前署靈璧舊案被議去。」〔註 33〕可知，乾隆十六年（1751，辛未）冬，其由阜陽縣丞轉任安徽霍邱知縣，後

〔註 25〕（清）阮元輯：《兩浙輶軒錄》卷三十，清嘉慶間仁和朱氏碧溪草堂、錢塘陳氏種榆仙館刻本。

〔註 26〕（清）張海撰：《西藏記述》，清乾隆十四年（1749）刻本，上海圖書館藏。

〔註 27〕敘永即其時敘永直隸廳，轄境相當於今四川敘永、古藺二縣及興文縣部分地。照磨，乃其時低階官職，「清代提刑按察使司、各府都置照磨，從九品。」參見賀旭志、賀世慶編：《中國歷代職官辭典》，北京：中國社會出版社，2003年，第 534～535 頁。

〔註 28〕（清）丁寶楨等纂：《四川鹽法志》卷三十《職官四》，清光緒間刻本。

〔註 29〕（清）張宗泰纂修：嘉慶《備修天長縣志稿》卷六《職官表二》，清嘉慶十七年（1812）修民國二十三年（1934）增補鉛印本。

〔註 30〕（清）王斂福纂修：乾隆《潁州府志》卷五，清乾隆十七年（1752）刻本。另見（清）周天爵等修，（清）李復慶等纂：道光《阜陽縣志》卷八《秩官．年表》，清道光九年（1829）刻本。

〔註 31〕（清）貢震纂修：乾隆《靈璧縣志略》卷二《經制．職官》，清乾隆二十五年（1760）刻本。

〔註 32〕（清）張海撰：《當塗縣志序》，（清）張海修，（清）萬樲纂：乾隆《當塗縣志》，清乾隆十五（1750）刻本。

〔註 33〕（清）張海撰：《重修霍邱縣志序》，（清）張海等修，（清）薛觀光等纂：乾隆《霍邱縣志》，清乾隆三十九年（1774）刻本。

被參劾。十九年（1754）任安徽英山知縣〔註 34〕，三十年（1765）署安徽舒城知縣〔註 35〕。據乾隆《潛山縣志》載：「張海，浙江錢塘監生，乾隆三十一年任；琨玉，滿洲拔貢，乾隆三十二年署任。」〔註 36〕可見，乾隆三十二年（1767），張海離任安徽潛山知縣。張海著述傳世不多〔註 37〕，除《西藏記述》外，尚有其主持纂修的乾隆《當塗縣志》、乾隆《霍邱縣志》、乾隆《英山縣志》等 3 種方志存世。

## （二）成書背景

一方面，《西藏記述》與《藏紀概》、《西域全書》、《西藏志》、《西藏志考》等清前期西藏方志一樣，其成書均與當時清中央政府對西藏的控制不斷強化的時代背景、為彰顯天下一統而重視並敦促各地纂修方志的政策背景息息相關，對此，筆者前文已論及，在此不再贅述。

另一方面，更為重要的是，該書成書與張海的任職經歷尤其是涉藏經歷密切相關。張海跋語詳述了其在川涉藏經歷。「海初任四川雅州府滎經縣尉。辛亥歲，委赴口外協辦副總理糧務兼運軍餉赴西藏。壬子，復解藏餉。癸丑，奉部行取口外輿圖、戶口、風俗，蒙委清查、繪畫、採訪並剖各土司歷年未結夷案，馳驅十月，始獲告竣。是年，量移泰寧巡檢，其地敕建惠遠廟移駐達賴喇嘛，有欽差護衛，重兵鎮守。斯任則管理漢土民情兼司糧運軍務。甲寅冬，果親王奉命至泰寧撫恤番黎，駐節月餘，一切供支，竭蹶承辦，幸免遺悞。乙卯春，奉果親王委派，護送達賴喇嘛由類五齊、春奔、色擦、哈拉烏蘇等處草地，計行六月，始抵西藏。戊午，升授敘永照磨，復委出口管理里塘糧務。辛酉，丁艱。」〔註 38〕對此，在乾隆《雅州府志》中，對於康熙五十二年（1713）至雍正十三年（1735）「典史」記載為：「羅幹，青陽人，康熙五十二年任；徐振，浙江人；張海，浙江人；徐元憲，江南人，雍

〔註 34〕（清）吳坤修等修，（清）何紹基等纂：光緒《重修安徽通志》卷一百二十八《職官志．表十六．州縣》，清光緒四年（1878）刻本。

〔註 35〕（清）呂林鍾等修，（清）趙鳳詔等纂：光緒《續修舒城縣志》卷二十六《職官志．文職表一》，清光緒三十三年（1907）活字本。

〔註 36〕（清）李載陽等修，（清）游端友等纂：乾隆《潛山縣志》卷六《秩官志》，清乾隆四十六年（1781）刻本。

〔註 37〕截至目前，筆者尚未發現張海有詩文集存世，在《清人別集總目》（李靈年、楊忠主編，合肥：安徽教育出版社，2008 年）、《清人詩文集總目提要》（柯愈春著，北京：北京古籍出版社，2001 年）等書中均無著錄。

〔註 38〕（清）張海撰：《西藏記述》，清乾隆十四年（1749）刻本，上海圖書館藏。

正年中任；傅帝弼，浙江人，乾隆元年任。」〔註 39〕同時，在乾隆《滎經縣志》中「職官．典史」亦載：「羅幹，青陽人，康熙五十二年任；徐振，浙江人；張海，浙江人；徐元憲，江南人，雍正年任；傅帝弼，號宸勱，錢塘人，雍正十三年任。」〔註 40〕對比可知，張海所言可信，再結合上文，推測其始任滎經縣尉（筆者注：即典史）的時間應為雍正六年（1728）。雍正九年（1731，辛亥），張海奉命赴雅州府屬土司地方協辦糧務、兼運軍餉而赴西藏，次年，復解藏餉，這應是張海涉藏之始。雍正十一年（1733，癸丑），張海又赴口外查訪輿圖、戶口、風俗等土司地方的基本情況，同時審理相關土司地方積案。張海正是通過這段近距離清查、採訪各土司地方情況並處理土司案件的工作經歷，掌握了撰寫《西藏記述》主體部分即各土司地方地情的一手資料，而書中關於土司情況的記述也佔了全書五分之四篇幅。之後，張海遷職泰寧巡檢，因在泰寧處理糧務與支應事務得力，雍正十三年（1735，乙卯）春，受果親王允禮委派，參與到護送七世達賴喇嘛返藏的官方隊伍中，並抵達拉薩。這段寶貴經歷結合其此前押解糧餉入藏的經歷，為書中記述西藏內容提供了實踐基礎。

關於撰書目的，應與張海個人熱衷方志編纂有關。第一，張海的方志觀念是：「考周官撢人小史之義，郡縣皆得書其風土人物以備采風，貢之天子，匪獨潤色鴻業用為觀美，蓋一方之文獻繫焉。而為治之因革損益，補偏救弊之術，即於是乎具。故曰國奢示儉，國儉示禮。由此其選也。」〔註 41〕由此可見，張海將方志視為治國安邦的存史資治之本。目前可見由張海主持纂修的方志已有乾隆《當塗縣志》等 3 種，這足以證明其重視並樂於纂修方志。

值得一提的是，時任安徽太平府知府朱肇基對張海主持纂修的乾隆《當塗縣志》讚譽道：「余覽其書，於前志之訛者正之，蕪者芟之，當增入並改定者，無舛無遺，無矯誣無偏徇，義明而詞達，洵有以信。今茲示來者，而仰答憲府惓惓之至意，謂之志可也，謂猶之史亦可也。張君才識敏練，且曩時在蜀督修省志，素有成竹。」〔註 42〕可見，該志在朱知府眼中屬上乘之作，

〔註 39〕（清）曹掄彬纂修：乾隆《雅州府志》卷八《秩官》，清乾隆四年（1739）刻本。
〔註 40〕（清）勞世沅纂修：乾隆《滎經縣志》卷六《職官》，清乾隆十年（1745）刻本。
〔註 41〕（清）張海撰：《英山縣志序》，（清）張海等纂修：乾隆《英山縣志》，清乾隆二十一年（1756）刻本。
〔註 42〕（清）朱肇基撰：《重修當塗縣志序》，（清）張海修，（清）萬檽等纂：乾隆

但其中提及張海「曩時在蜀督修省志」，則屬虛妄之言。遍覽成書於雍正十一年（1733）的雍正《四川通志》中「四川通志修志姓氏」，其中並無張海。同時，在成書於乾隆四年（1739）乾隆《雅州府志》的「修志姓氏」中亦無張海之名，但在「監工」名單中，卻有張海擔任滎經縣典史一職的一位繼任者、亦是其同鄉，即「滎經縣典史，傅帝弼，浙江錢塘人。」〔註 43〕若張海果真「督修省志」，則其必定會在《西藏記述》跋語中重點言及，此外，張海在其纂修的乾隆《當塗縣志》序言中，也未提及在川任職期間曾督修省志一事。但是，這也表明張海或曾為纂修雍正《四川通志》、乾隆《雅州府志》等採集、提供過相關方志地情資料。

第二，張海既有編纂方志的主觀旨趣，加之其對任職地方的地情資料悉心留存，這也使撰寫《西藏記述》成為水到渠成之事。張海跋語言明：「海任川一十三載，奔馳塞外，幾及十年，蠻煙、瘴雨、雪窖、冰山靡不涉歷，風俗、人情、語言、服食頗知大概，繪圖集記，以誌不忘云爾。」〔註 44〕可見，從主觀上看，其著此書乃追憶過往之舉。一方面，與雅州府屬土司地方廣泛接觸的滎經縣典史之職，是張海仕途之起點，必然在其官宦生涯記憶中佔有重要地位，另一方面，涉藏經歷在其任職生涯中具有特殊意義，因涉藏政績出色，乾隆三年（1738）張海升授敘永照磨。可見，這段入藏經歷對其仕途有所裨益，這也是其在書中用一定篇幅敘述西藏簡況的原因。對此，恰如徐掄序云：「乃以公餘之暇，簡從惠臨，出其先任雅川、馳驅王事一十三年中，所著打箭爐口外、西藏等記述，並繪圖於上，匯成一帙以示，更屬為之敘。……而公以一命之秩，報效其間，茹瘴吞煙，多歷年所，備嘗艱苦，數奏有功，復於辛勤劇冗之中潛心採訪，輯成一書。」〔註 45〕

## 二、篇目內容與成書時間述評

### （一）篇目內容

該書並不具備完備的方志纂修體例，並未分卷，無目錄，亦未採用成書

《當塗縣志》，清乾隆十五年（1750）刻本。

〔註 43〕（清）曹掄彬纂修：乾隆《雅州府志》卷首《修志姓氏》，清乾隆四年（1739）刻本。

〔註 44〕（清）張海撰：《西藏記述》，清乾隆十四年（1749）刻本，上海圖書館藏。

〔註 45〕（清）徐掄撰：《西藏記述序》，（清）張海撰：《西藏記述》，清乾隆十四年（1749）刻本，上海圖書館藏。

較早的《藏紀概》、《西域全書》、《西藏志》等清代西藏方志採用的平目體，也並未標明篇目或類目。全書約 15000 字，其中有關西藏內容共 2910 字。另，張海跋云「繪圖集記」、徐偷序曰「並繪圖於上」，但存世二版本中均無圖。經通讀可知，張海以其較為熟悉的雅州府屬土司等土司地方地情為主、以西藏地情為輔，故可將此書分為六個部分。

第一部分為雅州府屬口內土司，分別介紹了董卜韓明宣慰司、守善體梵灌頂大國師樂云程、沈邊長官司、冷邊長官司、黎州土千戶、松坪土千戶的簡況，涉及各自地理位置、獲頒印信號紙時間、承襲、轄界、貢賦、民風、遇差遣效力情況。其中，對董卜韓明宣慰司的敘述尤多。第二部分為雅州府屬打箭爐口外土司，介紹了明正土司、喇滾安撫司丹正邦等六員安撫司、咱哩土千戶、沙卡等四十八員土百戶的獲頒印信時間、管轄戶數、貢賦等情況。其中，對明正土司的敘述尤多。第三部分為雅州府屬打箭爐口外新撫土司，分別介紹了里塘、巴塘的位置，獲頒印信時間、承襲、轄界、貢賦、民風、治安情況，同時介紹了瓦述崇喜長官司杜納臺吉等十一員新撫長官司、瓦述余科安撫司沙加那爾布等九員新撫安撫司、瓦述寫達土千戶余家太等三員新撫土千戶、瓦述毛茂雅土百戶等二十四員新撫土百戶的管轄戶數、貢賦、民風、住牧情況。值得注意的是，作者對其任職時間相對較長且較為熟悉的里塘、巴塘的風土人情及納糧折徵數額等貢賦情況敘述尤細。第四部分為江卡兒、乍丫、察木多、洛隆宗、拉里、工布江達、墨竹工卡等昌都地區所轄城鎮概況，涉及位置、受招撫時間、設官、民風、治安等情形。第五部分為西藏概況，重點記述了清前期西藏歷史、疆域四至及邊防情況，並以隻言片語描述了藏區生活習俗如建築、服飾、飲食、婚喪、土產、貿易等情況。第六部分為張海跋語。

### （二）成書時間

書中並未標記成書時間，筆者推測應在乾隆六年至十一年（1741～1746）之間。首先，書中所載史事的時間下限為乾隆五年（1740）；其次，張海在書中提出清中央政府應針對小金川地區民風強悍而設防，顯然，在張海撰寫此書之際，大、小金川地區尚屬安靜，因大金川土司莎羅奔囚禁小金川土司澤旺之事發生在乾隆十一年（1746），而由此引發的第一次「大小金川之役」發生於乾隆十二年（1747）三月，因此，此書成書時間必定在乾隆十一年（1746）之前；再次，乾隆六年（1741）是張海在跋語中言明其離開四川里塘、結束十三年在川任職生涯的確切時間，加之其「繪圖集記，以誌不忘云爾」之語，由此，筆者推測此書應是張海返回中原地區不久、依照清晰回憶趁熱打鐵而作，即應在乾隆六年至十一年（1741～1746）之間。

## 三、史料來源與文獻價值探析

### （一）史料來源

書中有關雅州府屬土司的記載，應主要來自當時的官方檔冊。因張海任滎經縣典史，負責地方治安、詞訟等事務，雍正十一年（1733，癸丑），其又赴雅州府屬土司地方清查戶口、清理積案，因此，其必然要充分查閱利用相關官方檔冊，並適度參考稍早前成書的雍正《四川通志》、乾隆《雅州府志》等方志，另外也會以少量親身訪得的資料做補充。經筆者比對，因張海任職地點屬雅州府轄，因此，該書中有關雅州府屬土司的記載與乾隆《雅州府志》所載相似度較高，而與雍正《四川通志》的重合度相對較低。因篇幅所限，僅舉其中 3 例。

| 《西藏記述》 | 乾隆《雅州府志》 | 雍正《四川通志》 |
| --- | --- | --- |
| 里塘在打箭爐西南，距爐十一站，於康熙五十八年招撫投誠，雍正七年題准設土官二員，一宣撫司安本，一副土官康卻，俱屬流缺，九年頒給印信號紙。項下夷民五千三百一十二戶，每歲認納青稞五百石，折徵銀四百五十兩。經明正司催徵解赴打箭爐同知衙門交納，兌支兵餉。又，夷民每歲供給土官喇嘛衣單口糧銀六百兩九錢四分，雜糧一千七百五十四石零，大小牛四百七十條，酥油九百五十八觔，統入正項徵收支給。〔註 46〕 | 里塘宣撫司：安本於康熙五十八年投誠，雍正七年授職，頒結宣撫司印信一方，管轄番民五千三百十二戶，每歲認納青稞五百石，每石折徵銀九錢，共折銀四百五十兩。催徵解赴打箭爐同知衙門上納，充撥泰寧協營兵餉。又，每歲供給土官喇嘛衣單口糧銀六百兩九錢四分，雜糧一千七百五十四石，大小牛四百七十頭，酥油九百五十八斤，統入正項徵收支給。〔註 47〕 | 里塘：在打箭爐之西，昔隸青海代慶和碩氣部屬，……百姓五千三百二十戶，大小喇嘛寺院四十五座共喇嘛三千二百七十餘眾，……戶口：共六千五百二十九戶，共喇嘛三千八百四十九眾。貢賦：每歲上納青稞五百石，每石折徵銀九錢，共折徵銀四百五十兩。里塘等處百姓每歲舊例供給喇嘛衣單銀六百兩，雜糧一千七百五十四石一升七合四勺，大小牛隻四百七十條，酥油九百五十八斤，麥子四百刻，糌粑四百二十三刻。該宣撫 |

〔註 46〕（清）張海撰：《西藏記述》，清乾隆十四年（1749）刻本，上海圖書館藏。

〔註 47〕（清）曹掄彬纂修：乾隆《雅州府志》卷十一《土司》，清乾隆四年（1739）刻本。

| | | |
|---|---|---|
| | | 司照數徵收，統交喇嘛頭人散給。雍正九年，奉文統入正項錢糧一體徵收，其喇嘛口糧衣單，分別詳議酌給。〔註 48〕 |
| 格窪卡巴土百戶阿七，項下夷民三百二十七戶，每歲認納草木山租雜糧十八石，折徵銀九兩。〔註 49〕 | 格窪卡巴土百戶桑結林琴之父阿七，於康熙四十年投誠，職頒給土百戶，號紙一張，無印信。管轄番民三百七十戶，每歲認納雜糧十八石，每斗折徵銀五分，共折銀九兩。〔註 50〕 | 格窪卡巴土百戶桑結林琴之父阿七，於康熙四十年歸誠，授職頒給土百戶，號紙一張，無印信。……管轄番民三百七十戶，每歲認納雜糧十八石，每斗折徵銀五分，共折銀九兩。〔註 51〕 |
| 喇滾安撫司副使格松結於雍正元年頒給號紙一張。項下夷民三百戶，額無條糧。民性強悍，罔知禮法。十三年，該土司將安撫司丹正邦仇殺，尚未審結。〔註 52〕 | 喇滾安撫司副司革松結於康熙四十年投誠，授職給安撫司副司號紙一張，無印信。管轄番民與安撫司同，並無認納稅糧貢馬。居住通山附郭，終歲積雪，牧放牛羊資生，性多強悍。雍正十三年，仇殺安撫司丹正邦，按律懲治。〔註 53〕 | 喇滾安撫司副使革松結於康熙四十年歸誠，授職頒給安撫司副使號紙一張，無印信。住牧之地曰喇滾，其地方番民與安撫司同管，並無認納稅銀糧馬。〔註 54〕 |

其中，一方面，該書關於里塘宣撫司的記載，與乾隆《雅州府志》基本一致，尤其有關戶口、貢賦的數字完全相同，二者均與早前成書的雍正《四川通志》有所出入，可見，二者參考了相同版本的官方檔冊，而自乾隆三年（1738）起，張海管理里塘糧務，因此，此記載應具有較高的可信度。另一方面，關於格窪卡巴土百戶，該書載其頭人為阿七，管轄民眾 327 戶，而成書較早的雍正《四川通志》與乾隆《雅州府志》則記為阿七之子桑結林琴，管轄

〔註 48〕（清）黄廷桂等修，（清）張晉生等纂：雍正《四川通志》卷二十一《西域》，清乾隆元年（1736）增刻本。

〔註 49〕（清）張海撰：《西藏記述》，清乾隆十四年（1749）刻本，上海圖書館藏。

〔註 50〕（清）曹掄彬纂修：乾隆《雅州府志》卷十一《土司》，清乾隆四年（1739）刻本。

〔註 51〕（清）黄廷桂等修，（清）張晉生等纂：雍正《四川通志》卷十九《土司》，清乾隆元年（1736）增刻本。

〔註 52〕（清）張海撰：《西藏記述》，清乾隆十四年（1749）刻本，上海圖書館藏。

〔註 53〕（清）曹掄彬纂修：乾隆《雅州府志》卷十一《土司》，清乾隆四年（1739）刻本。

〔註 54〕（清）黄廷桂等修，（清）張晉生等纂：雍正《四川通志》卷十九《土司》，清乾隆元年（1736）增刻本。

民眾 370 戶，顯然，該書所用資料較為陳舊。該書有關格窪卡巴土百戶等四十八土百戶的記載比較簡略，經筆者比對，此乃張海對乾隆《雅州府志》相關記載精簡而成，僅去掉了投誠時間與疆域四至而已。這應是張海公務未涉該地，而未親身踏查所致。

此書有關西藏記載的史料來源分三個部分。第一，書中關於西藏史實內容僅 1094 字，應多參引自《西域全書》、《西藏志》、《西藏志考》等成書較早的西藏方志。例如，該部分開篇寫道：「西藏即唐吐蕃地，土人分為三部，曰康、曰衛、曰藏。康者，即察木多，土名昌都一帶；衛者，西藏，土名拉撒一帶；藏者，即後藏，土名札什隆布一帶。此三部者，皆番僧之聚藪、黃教之總匯。其方番民尊崇親信者，達賴喇嘛、班誠喇嘛、撒家板陳、噶立麻嗎、紗嗎納，其不迷性之呼圖克兔，在在皆有，不能枚舉。凡所為呼圖克兔者，甫生之時，即知前生事，番民奉之頂戴如靈佛，敬愛如父母。西藏土名喇撒者，即佛地二字，舊有城郭，設九門，康熙六十年為定西將軍噶爾弼、護國公策旺諾爾布所毀，東南築石堤，自東北朗路山腳，起至布達納對面小山，招拉筆洞長十三里，稱為神堤。」〔註 55〕這段表述與《西域全書》、《西藏志》、《西藏志考》所載基本相同，僅有隻字差別。因《西域全書》成書於乾隆元年（1736），《西藏志》成書於乾隆七年（1742），但當時《西藏志》應為理藩院為乾隆八年（1743）成書的乾隆《大清一統志》編纂提供的基礎資料，當時應無刻本流傳，而張海已於乾隆六年（1741）離川返鄉丁憂，因此，張海見到並參引《西藏志》抄本的可能性較小。此外，如上文所述，劉鳳強先生已考證出《西藏志》、《西藏志考》均沿襲自《西域全書》，因此，《西藏記述》參引其時在四川開始小範圍流傳的《西域全書》的可能性更大。

第二，張海在書中用了 1254 字的較大篇幅敘述了西藏的邊防隘口，分別就西藏的正東、東北、正北、西北、正西、西南、正南等七個方向的要隘基本情況加以鋪陳，言明旨在防範準噶爾入侵，這些內容顯然源於當時的官方檔冊。

第三，書中對西藏文化風俗等地情介紹十分簡略，僅有「住居碉樓，樑柱多雕刻五彩，塗畫牆之內外，以紅綠顏色，白土粉之，樓平頂，上覆土，屋角插旗，街巷多立桅杆，以布寫經，名曰『搭卜切』。砌土塔於路旁，以鎮鬼

---

〔註 55〕（清）張海撰：《西藏記述》，清乾隆十四年（1749）刻本，上海圖書館藏。

祟，名曰『曲登』。凡寺院牆垣廊下多設經桶，隨手擵轉，男女老少早晚繞大小招數十匝，謂之『葛拉閣』。」〔註 56〕還有另一小部分內容為打箭爐由糧運中路至藏的沿途情況，包括為沿途藏區的建築、服飾、飲食、婚喪、風俗、土產及西藏貿易商品情況，但均為寥寥數語，同時，此書正文以有關打箭爐由草地至藏程途的隻言片語結尾。顯然，這些表述應來自張海解運糧餉入藏和隨軍護送七世達賴喇嘛返藏的程途見聞。

## （二）文獻價值

第一，該書對清代四川雅州府屬土司等川邊土司基本情況的記載較為全面，內容包括各土司的地理位置、投誠與獲頒印信時間、承襲、戶口、轄界、貢賦、民風、治安、遇差遣效力情況等諸多方面，較他書詳實具體，此為清代西藏方志與川邊方志中所少見。因原土司戶口錢糧等檔案存世不多，所以，該書所載可與雍正《四川通志》、乾隆《雅州府志》等官方通志互為補充，具有一定的校勘價值，對後世研究清代四川土司制度亦具有重要的史料價值。對此，「蓋即紀雍正十一年奉部行取所報戶口、錢糧各冊，以為官書之張本，今部中片紙無存，轉賴是書以見一二，深可寶也。」〔註 57〕

值得一提的是，不同於另外兩部官方志書，該書在記錄里塘宣撫司情形時，額外言及「乾隆五年，奉旨以土司養廉不敷，將折徵貢賦加賞四百兩，今只解爐庫銀五十兩。」〔註 58〕對此，乾隆《打箭爐志略》載：「里塘正副土司折色養廉銀兩，每年於應賦項下扣支，乾隆五十年蒙恩蠲免。」〔註 59〕可見，張海所記亦為乾隆《打箭爐志略》所未載。乾隆五年（1740）是《西藏記述》有關土司情況記事的時間下限，當時，張海正在里塘管理糧務，因此，此記載亦可補正史不足。此外，關於喇滾安撫司副使格松結仇殺安撫司丹正邦一案，該書載為「尚未審結」，因張海負責清理土司地方積案，所以該書所載應相對準確，由此可知，截止乾隆五年（1740），該案尚未審結，這可推翻乾隆《雅州府志》中「雍正十三年，仇殺安撫司丹正邦，按律懲治」的模糊結論。此外，法國漢學家石泰安（Rolf Alfred Stein，1911～1999）指出：

〔註 56〕（清）張海撰：《西藏記述》，清乾隆十四年（1749）刻本，上海圖書館藏。

〔註 57〕中國科學院圖書館編：《四庫全書續編書目提要（稿本）》，濟南：齊魯書社，1996 年，第 513 頁。

〔註 58〕（清）張海撰：《西藏記述》，清乾隆十四年（1749）刻本，上海圖書館藏。

〔註 59〕（清）佚名纂修：乾隆《打箭爐志略》，民國十九年（1930）國立北平圖書館抄本，第 55～56 頁。

「纔 17 世紀末之後，我們就僅僅掌握有關嶺地的一些極其罕見的資料了。它們明顯只涉及林蔥的小片領土。《西藏記述》（第 21 頁）向我們指出了一位於 1729 年被封為『林蔥安撫司俄木林琴』的人。」〔註 60〕此人即「林蔥安撫司，其先袞卜林親。雍正六年，歸附，授職。」〔註 61〕可見，此書所載土司情況對開展康區歷史、格薩爾研究亦有所幫助。

第二，因張海以負責地方治安等佐雜官典史開始在川任職生涯，因此，書中對當地治安、軍事等問題多有關切，同時，受當時西藏時局影響，其亦關注西藏的軍事安全問題，這也體現出其撰書背後的經世致用思想。在記述雅州府屬土司情況時，張海特別提及各土司距雅州府程站數。在記錄察木多（筆者注：即昌都）所轄地區時，也標明各自距打箭爐或察木多的程站數。同時，對管轄戶數較多的土司，則均以類似「性多強悍，每滋事端」、「土民安靜，凡遇差遣，頗屬效力」、「地方寧謐」等涉及治安情況的表述結尾。論述西藏時，數次提及防衛「準噶爾」入侵之事，並用較大篇幅敘述了西藏的邊防關隘。例如，「西藏西北要隘，則撒爾貢可拒準噶，然道遠無險，難以設防。」〔註 62〕此方面記載為同時期西藏方志所無，具有一定的史料參考價值。

值得一提的是，張海還極其敏銳地提出了「小金川設防」的軍事建議。對此，其寫道：「又，爐北魯密地方，乃小金川經由門戶，小金川夷民亦屬強悍，魯密隘口似宜設兵以防。」〔註 63〕此後不久，此地便發生了著名的「大、小金川之役」。「平定大、小金川」被乾隆帝視為「十全武功」之首。乾隆十二年（1747）三月至十四年（1749）十二月，三十六年（1771）四月至四十一年（1776）二月，清中央政府兩次用兵大、小金川地區以平定土司之亂，歷時七年，耗帑七千餘萬兩。這一方面證實了張海通過實地調查得知「小金川夷民亦屬強悍」所言不虛，另一方面也反襯出張海此條軍事設防建議的預見性與前瞻性。

第三，雖然書中關於西藏情況的記載較為簡略，但應結合了張海入藏經歷，因此亦有一些不可忽視的重要史料。一方面，張海指出「唐蕃會盟碑」在

〔註 60〕〔法〕石泰安著：《西藏史詩和說唱藝人》，耿昇譯，陳慶英校訂，北京：中國藏學出版社，2012 年，第 247 頁。

〔註 61〕趙爾巽等纂：《清史稿》卷五百一十三《列傳三百・土司二・四川》，民國十六年（1927）鉛印本。

〔註 62〕（清）張海撰：《西藏記述》，清乾隆十四年（1749）刻本，上海圖書館藏。

〔註 63〕（清）張海撰：《西藏記述》，清乾隆十四年（1749）刻本，上海圖書館藏。

乾隆初年的基本情況，即「招前有石碑，字跡模糊，惟存『大唐仁武孝德皇帝甥舅會商』數字，傍有牛僧孺等諱。」〔註 64〕這一記載在同時期文獻中較為少見，對後世開展有關「唐蕃會盟」及相關文物研究具有一定的參考價值。

另一方面，書中有兩處有關「駐藏大臣」的記載，對進一步考證駐藏大臣制度具有一定的參考價值。第一處是在論述青海玉樹「二十九族」與「四十族」等蒙古族、藏族游牧地區劃界問題時，明確提及「駐藏大臣」制度的存在，即「自瓊布巴爾塞剛噶魯克以至霍耳、素永多爾碩噶魯那噶魯至哈拉烏蘇等處，歸入西藏，暫聽欽差駐藏大人管轄，俟駐藏大人撤回之日，仍歸西寧管轄。」〔註 65〕此處敘述的是雍正十年（1732），西藏與青海、四川、雲南等地區的勘界事宜。其中，將駐藏大臣尚稱作「欽差駐藏大人」、「駐藏大人」，由此可知，首先，「駐藏大臣」這一稱謂尚未固定，這說明肇始於雍正五年（1727）的駐藏大臣制度，在雍正十年（1732）時，仍處於初創階段。其次，書中所言「暫聽欽差駐藏大人管轄，俟駐藏大人撤回之日，」值得注意的是「欽差」二字，這證明當時駐藏大臣制度的設置與「駐藏大臣」的職權尚屬「臨時」性質。當然，這也證實當時「駐藏大臣」已擁有針對新劃歸西藏的霍耳及達木蒙古等地的管理權，這更是清中央政府在西藏施政的又一有力證據。

第二處則是張海在敘述西藏地方行政體制時論及：「（筆者注：雍正）五年，有噶隆貝子阿爾布巴、公隆布奈、臺吉札南奈等謀殺貝子庫金奈，背叛國法，其民請援。六年，欽差吏部尚書查（筆者注：查郎阿）統領川、陝、雲南三省滿漢官兵討之，不張弓矢，擒正典刑。仍留欽差大人並鎮將各官統領重兵，鎮撫其地，設委文員管理糧務，一安西域群黎之憂惶，一扼準噶逆賊之遯路。」〔註 66〕對照《清實錄》所載，張海所言是比較準確的。此記載有三點啟示：第一，指出了駐藏大臣制度設立的時間，即在阿爾布巴事件之後，雍正五年（1727）初入藏的學士僧格、副都統馬臘成為首批駐藏大臣，因此，至少在張海看來，駐藏大臣制度始於雍正五年（1727）；第二，指出了駐藏大臣制度設立的背景，即西藏內部發生阿爾布巴武力奪權事件，嚴重破壞了西藏政教社會秩序，由此，清中央政府應西藏之呈請，派兵入藏平亂，

〔註 64〕（清）張海撰：《西藏記述》，清乾隆十四年（1749）刻本，上海圖書館藏。
〔註 65〕（清）張海撰：《西藏記述》，清乾隆十四年（1749）刻本，上海圖書館藏。
〔註 66〕（清）張海撰：《西藏記述》，清乾隆十四年（1749）刻本，上海圖書館藏。

之後，為恢復西藏秩序、保衛邊防，清中央政府順勢將「欽差」性質的「駐藏大人」，確立為常設性的駐藏大臣制度；第三，指出了駐藏大臣的職責所在，即一方面管理糧務等經濟事務，同時，安定經歷戰爭創傷的社會秩序，另一方面則是最重要的，即統領防止準噶爾侵擾等軍事安全事務。

## 四、不足之處舉隅

綜上，《西藏記述》並不具備方志的基本體例，其主體內容為川邊土司地方地情摘編，而西藏內容則為附屬，因此，該書僅是一部初具雛形的準涉藏方志。此外，本書尚有一些不足之處。

第一，本書在布局謀篇方面存在非常明顯的「失重」情況，給人以「文不對題」之感。雖然書名為《西藏記述》，但書中關於雅州府屬土司情況的敘述占篇幅五分之四強，而關於西藏的記載僅有 2910 字，僅占全書中五分之一，其中有關西藏基本情況的敘述如經濟政治、宗教文化、風土民情等均十分簡略。由此，此書中有關西藏地情內容並未為他書所用，並且版本流傳亦不廣泛，較少受人關注。

第二，書中音譯詞彙多有舛誤，多次出現前後不一等情況。其中，「西藏地名人名，《紀述》多以漢語方言譯音，令人頗費猜測，是乃本本書弊病之一。」〔註 67〕例如，對當時西藏地方政府的重要人物「頗羅鼐」的漢譯姓名，多次出現「普納鼐」、「頗羅鼐」、「普羅納」、「普羅鼐」等混用情況。關於張海尤為重視的西藏地方軍事勁敵「準噶爾」，書中則先後出現「準噶爾」、「諄噶爾」、「準噶」等三種稱謂。此外，「哈拉烏蘇」與「哈喇烏蘇」混用，「乍雅」、「乍丫」、「乍了」混用，「布魯克巴」與「布曾克巴」混用。最具代表性的是關於拉薩的表述，前為「衛者，西藏土名，拉撒一帶。」後有「西藏土名喇撒者，即佛地二字。」而二者相距僅四行。此外，書中在敘述西藏地情時，還將西藏貿易情況夾雜在由打箭爐至藏程途部分，這種表述非常隨意混亂，這也反映出該書存在資料來源不一與編校欠缺嚴謹等情況。

第三，書中亦有一些史實表述錯誤。例如，該書將乾隆四年（1739）頗羅鼐晉升郡王一事，記作「封普納鼐為多羅貝勒，乾隆五年加封郡王，總理

〔註 67〕陳家璡著：《重印〈西藏記述〉序》，陳家璡著：《風雨西藏情》，北京：中國藏學出版社，2000 年，第 90 頁。

前後藏番。」同時，還載有：「至蘇隆藏干布，其勢始大，並西番地，內附於唐。尚大唐公主，造二寺，名大招、小招。」〔註 68〕事實上，大昭寺、小昭寺是松贊干布分別為赤尊公主和文成公主建造的。當然，需要注意的是，對這個「錯誤」需要辯證看待。在當時西藏地方，人們歷來對松贊干布與文成公主尊崇有加，加之寺廟年代久遠，因此確有一種民間說法認為大昭寺與小昭寺均是為文成公主專建。同時，初入藏地的中原地區官員從民族情感出發，也樂於接受且更傾向於相信這一「傳聞」。對此，無獨有偶，在與《西藏記述》成書時間相近的《西藏志考》和《西藏志》中也有類似記載。此外，值得注意的是，至少在張海撰寫此書之際即乾隆初年，中原地區對西藏的認識仍不夠清晰準確，書中仍將「西藏」稱為「西域」即是一例。雖然乾隆朝考據學盛行，但對於當時入藏的中原地區官吏來講，這一群體並不具備嚴謹的考證功力，而對於本就十分陌生的藏族歷史與文化，其所書寫的自然多來自前人著述和本人見聞，此中一定會有對民間傳聞的收錄，但從當時的歷史條件和社會環境考慮，我們不應對他們的失誤過分苛責，而更應肯定他們實地探查、親身記錄之功。

## 第三節　武舉事筆硯之作——《西藏見聞錄》

《西藏見聞錄》二卷，（清）蕭騰麟著，（清）蕭錫珀編次。蕭騰麟以其駐藏地槎木多（筆者注：即察木多、昌都）五載的見聞採錄為基礎，並借鑒《西藏志》及官方檔冊所載，於乾隆十一年（1746）著成此書。乾隆二十四年（1759）該書由其子蕭錫珀刊刻問世。該書是成書較早的一部西藏方志，內容涉及西藏史事、疆域、山川、貢賦等諸多方面。該書被《中國地方志聯合目錄》、《中國地方志總目提要》、《中國方志大辭典》、《中國地方志辭典》、《四庫大辭典》等收錄，其中，《中國地方志辭典》還將其列為「著名方志」。〔註 69〕同時，該書全文相繼刊入 1978 年中央民族學院編《中國民族史地資料叢刊》、1995 年中國藏學研究中心編《西藏學文獻叢書別輯》，可見其確有一定的史料參考價值。在此，筆者以中國國家圖書館藏傅增湘贈清抄本《西藏見聞錄》為中心，對該書作者生平、創作動機、版本情況、篇目內容、史

〔註 68〕（清）張海撰：《西藏記述》，清乾隆十四年（1749）刻本，上海圖書館藏。
〔註 69〕該辭典目錄及正文部分均將《西藏見聞錄》書名誤作「西藏聞見錄」。

料來源、文獻價值等加以詳細討論。

## 一、作者生平與創作動機考述

對於蕭騰麟生平，同治《峽江縣志》有詳細記載如下：「蕭騰麟，字繡谷，長田人，移居鳳凰山麓。父朝俊，舉於鄉。騰麟，其長子也。少好學工書，性倜儻，田弟子員。中康熙甲午（筆者注：康熙五十四三年，1714）科武舉，戊戌舉會魁，選侍衛，晉鑾儀衛、整儀尉，隨駕幸熱河。雍正間，授河南開封都司，護理懷慶參將，晉川北鎮保寧游擊，歷任左、右、中營並著勞績。乾隆丁巳（筆者注：乾隆二年，1737），上以西藏重地，非宿將不能綏服，僉推騰麟可，爰移鎮藏三載，以熟悉蠻情，又留鎮二載，邊境晏然。著有《西征錄》，記藏中風土習俗特詳。聞父喪，格於例，不得終制，號泣請假，歸廬墓側。尋赴任，未久，以母老請終養。比喪母，復廬墓。邑令周增瑞贈詩褒之。」〔註 70〕同年刊刻的同治《臨江府志》亦將此全文照錄〔註 71〕。

蕭騰麟生年暫不可知，但其卒年可在其子蕭錫珀為該書所作跋文中推知。「迄丙子秋，珀以苫塊餘生，茹悲忍痛。……去冬，歸葬府君。」〔註 72〕其中「丙子」為乾隆二十一年（1756），而該跋作於乾隆二十四年（1759），恰好符合守孝三年之制，因此可確定，蕭騰麟卒於乾隆二十一年（1756）。再結合書中蕭騰麟自序及蕭錫珀跋文所述可知，蕭騰麟（？～1756），字繡夫〔註 73〕，號十洲，江西峽江人，出身武舉，後賜進士出身，誥授中憲大夫、晉懷遠將軍等。乾隆二年（1737）領兵駐鎮西藏察木多，督理西藏糧臺事務達五年之久。乾隆九年（1744）乞養歸里。由其生平可知，其不僅熟悉康區藏情、曾因公入藏，而且雅好翰墨，遂於乾隆十一年（1746），其於故里就其駐藏見聞著成此書。同時，該書卷端題「峽江蕭騰麟十洲著，男錫珀松浦編次。」可見，蕭錫珀承擔本書編次之責，而「松浦」應是其字或號，惜其生平資料奇缺。袁枚《子不語》曾提及蕭松浦：「此事蕭松浦所言。蕭客珠

〔註 70〕（清）暴大儒等修，（清）廖其觀纂：同治《峽江縣志》卷八，清同治十年（1871）刻本。

〔註 71〕參見（清）德馨、鮑孝光修，（清）朱孫詒、陳錫麟纂：同治《臨江府志》卷二十四，清同治十年（1871）刻本。

〔註 72〕（清）蕭錫珀撰：《西藏見聞錄跋》，（清）蕭騰麟著：《西藏見聞錄》，清抄本。

〔註 73〕《西藏見聞錄・凡例》落款為「繡夫氏識」，下方印章為「繡夫十洲」，故蕭騰麟字為「繡夫」，號為「十洲」。參見（清）蕭騰麟著：《西藏見聞錄・凡例》，清乾隆二十四年（1759）峽江蕭錫珀賜硯堂刻本。

崖時，曾過儋耳，四面迭嶂崒嵂，中通一道，壁上鐫『鬼門關』三字，旁刻唐李德裕詩，貶崖州司戶經此所題。……乾隆戊寅，蕭松浦與沉毅庵同客番禺幕中，分辦刑名。」〔註 74〕可見，蕭錫珀應長期以入幕為業，而至乾隆二十三年（1758，戊寅），即《西藏見聞錄》刊行前一年，其仍在廣東番禺縣衙做幕賓。

關於該書成書的時代背景，與乾隆初期清中央政府對西藏有效治理進一步較深息息相關，與《西藏志》等較為相似，故筆者在此不再贅述。至於個人撰書目的，蕭騰麟是意在令其子孫後代知曉其時清中央政府治下天下一統，昭彰清廷對西藏治理之卓有成效，即蕭騰麟自序所言：「余馳驅周旋，凡目之所睹，耳之所聞，躬之所踐履者，輒筆之於紙，以誌無忘，非敢比擬前喆，亦竊效皇華征夫諮詢諏度，每懷靡及之意耳。繼以老母思鄉致政，歸養菽水。余閒每念藏地宛然如昨，期間煙迷瘴集，風發沙飛，山川之險峻，道路之迂迴，習俗之怪異，言語嗜好迥殊中華，豈非古所謂『修其教不易其俗，齊其政不易其宜者。』與因取而編為一帙，顏曰《西藏見聞錄》。非欲以所見公諸同人，姑藏之家塾，以示吾子孫，俾知夫國家重熙累洽、幅員廣遠，超越千古。」〔註 75〕

蕭騰麟此說較為含蓄委婉，實則歸里著書乃中國古代儒家士人意在留名後世的傳統之一，而對於武舉出身的蕭騰麟與獨纂乾隆《西寧府新志》的楊應琚一樣，均意在通過著書立說來彌補入仕出身之遺憾，並對個人文史水平予以彰顯和證明，這其實仍是一種中國傳統士人文化名利心的直接體現。對此，可在蕭騰麟自序落款題名處得以證實，其自署其名為：「乾隆十有一年歲次丙寅季冬月中浣。賜進士出身，誥授中憲大夫、晉懷遠將軍，予告終養。前任四川川北鎮中營游擊統領官兵鎮守槎木多等處地方，督理西藏臺站，署理河南、河北鎮中營游擊，河南開封城守營都司僉書，乾清門侍衛，鑾儀衛，左所馴馬司管大輅輦漢整儀尉，軍功加二級紀錄五次，峽江蕭騰麟撰。」〔註 76〕同時，落款後方由上至下有印章三枚：「大儀衛」、「蕭騰麟印」、「輦轂侍臣」〔註 77〕。由此可見，蕭騰麟是非常在意仕途出身的，畢竟，在中國古代政治

〔註 74〕（清）袁枚撰：《子不語》卷二十，民國十二年（1923）上海文明書局石印本。

〔註 75〕（清）蕭騰麟著：《西藏見聞錄・自序》，清抄本。

〔註 76〕（清）蕭騰麟著：《西藏見聞錄・自序》，清抄本。

〔註 77〕（清）蕭騰麟著：《西藏見聞錄・自序》，清乾隆二十四年（1759）峽江蕭錫珀賜硯堂刻本。

社會的科舉價值觀中，文舉始終是高於武舉一等的。因此，蕭騰麟並未提及其出身康熙甲午武舉，而是突出其乃賜進士出身。同時，作為中國傳統儒家士人，其很難跳出追求事功的文化價值觀，從而將個人仕途履歷與所受嘉獎和盤托出。此外，蕭騰麟在《凡例》末尾自謙道：「從來著述非臺閣鴻儒，即名山博學，蓋涉獵多而識力專也。余從事戎行，筆墨久荒，何敢搦管著書？第邊備之餘，紀其見聞，竊效采風問俗，以免遺忘云爾。」〔註 78〕這些文字貌似直言其班門弄斧，實則先抑後揚，給讀者以胸有成竹、洋洋自得之觀感。由此，蕭騰麟出於對中國傳統士人著書立說以傳世的文化價值觀的認同，遂結合個人對藏區經歷的回憶而著成《西藏見聞錄》。

## 二、版本情況與篇目內容述評

目前所見的《西藏見聞錄》的版本有：1. 清乾隆二十四年（1759）峽江蕭錫珀賜硯堂刻本，行款為半葉十行二十二字小字雙行同白口左右雙邊單魚尾；2. 清抄本；3.　1978 年中央民族學院圖書館吳豐培校對油印本。

由中國國家圖書館藏清抄本卷末盧文弨跋所題時間可知，《西藏見聞錄》或有乾隆三十九年（1774）刻本，但筆者查詢國內各類古籍書目均未得見，學術界亦未曾提及。此外，中國國家圖書館另藏有兩種清乾隆二十四年（1759）峽江蕭錫珀賜硯堂刻本。一種為著名藏書家倫明舊藏，其卷首有鈐印「信齋」、「倫明」、「寶應喬氏吾園珍藏印」。其卷首序言順序為：岳夢淵序、李天植序、李其昌序、蔣士銓序、蕭騰麟自序、袁枚序，卷末為蕭錫珀乾隆二十四年（1759）跋，相比上述清抄本，此版本缺少乾隆三十九年（1774）盧文弨跋。另一種在袁枚序、目錄、卷下卷端、卷末均有鈐印「會稽金森珍藏」，其卷首序言順序與上述清抄本相同，但亦缺少乾隆三十九年（1774）盧文弨跋。因此，中國國家圖書館藏清抄本《西藏見聞錄》為目前所見是書之最佳版本。

此中國國家圖書館藏清抄本為著名藏書家傅增湘舊藏。其書衣由左至右依次有：佚名墨筆題「西藏聞見錄二卷，二冊」及「蕭騰麟，十洲著」，傅增湘墨筆題「甲戌七月獲於文友書坊」。由此可知，該書乃傅增湘得於民國二十三年（1934，甲戌）七月。但此抄本殘缺，「嗣後得東方圖書館舊鈔本，補鈔卷首袁枚、將世銓、李其昌三序，卷下缺葉五葉，及錫珀後跋，盧文弨

〔註 78〕（清）蕭騰麟著：《西藏見聞錄・凡例》，清抄本。

書後序。」〔註 79〕同時，該抄本袁枚序端鈐印「雙鑒樓藏書記」、李天植序端鈐印「武昌柯逢時收藏圖記」、目錄端鈐印「頤志齋藏書記」，上卷卷端由下至上依次鈐印「蘊生珍賞之章」、「武昌柯逢時收藏圖記」，下卷卷端鈐印「武昌柯逢時收藏圖記」，皆朱文印。由此可知，該抄本歷經著名藏書家丁晏、柯逢時、傅增湘等遞藏。

傅增湘對此抄本十分珍視，並於民國二十六年（1937）作《鈔本西藏見聞錄跋》，在此轉錄如下：

> 《西藏見聞錄》上下卷，峽江蕭騰麟十洲撰，男錫珀松浦編次，舊寫本，十行二十字。前有同邑李天植序，乾隆庚寅岳夢淵序，又騰麟自序。次凡例七則。卷上事蹟、疆域、山川、貢賦、時節、物產、居室、經營、兵戎、刑法，卷下服制、飲食、宴會、嫁娶、醫卜、喪葬、梵剎、喇嘛、方語、程途。有「頤志齋藏書記」、「武昌柯逢時收藏圖記」、「蘊生珍賞之章」，皆朱文印。此帙余得之文友書坊，嗣後得東方圖書館舊鈔本，補鈔卷首袁枚、蔣世銓、李其昌三序，卷下缺葉五葉，及錫珀後跋，盧文弨書後序。
>
> 騰麟生平所歷，已見於其子錫珀跋中。余別考同治《峽江志·武功編》有騰麟傳，略言騰麟字繡谷，長田人，移居鳳皇山麓。父朝俊，舉於鄉。騰麟其長子，少好學，工書，由弟子員中康熙甲午科武舉，戊戌舉會魁，選侍衛，晉鑾儀衛整儀尉，隨駕幸熱河。雍正間授河南開封都司，護懷慶參將，晉川北鎮保寧游擊，歷任左右中營。乾隆丁巳，上以西藏重地，非會將不能綏服，僉推騰麟可，爰移藏三載，以諳悉蠻情，又留鎮二載。著有《西征錄》，紀藏中風土習俗特詳。父喪，格於例不得終制，號泣請假，歸廬墓側。尋赴任，旋以母老請終養。比喪母后，廬墓，邑令周增瑞贈詩褒之。據邑志及序跋所述，騰麟雅好詩書，強記博聞，入都後師事汪退谷、李穆堂諸公，故雖身列右職，遠戍邊荒，而殫見洽聞，勤於撰述。各卷敘列藏中政教、習俗、形勢、風土，視世傳《藏衛紀略》、《西藏志》、《竺國紀聞》等較為賅備，緣其先後留鎮五年，文韜武略，志量閎遠，就身所歷者，舉而筆之於書，視彼文墨之儒，檢圖經，

〔註 79〕傅增湘著：《藏園群書題記》，上海：上海古籍出版社，1989 年，第 232 頁。

> 摹簡冊，足不出戶庭，而侈談籌邊之略，禦戎之機，其得失之數，寧假衡量而始定耶！丁丑七月初九日，藏園雨窗識。〔註 80〕

誠如傅增湘先生所言，此抄本乃經補抄東方圖書館舊抄本方成全秩，但頗為遺憾的是，此東方圖書館抄本已下落不明。經筆者比對，目前可見各版本《西藏見聞錄》的篇目設置與正文內容均相同，僅在序跋數量及順序方面有所差異。因中國國家圖書館藏傅增湘贈清抄本《西藏見聞錄》序跋俱全，且經名家遞藏，故筆者以此版本為例，敘述該書篇目內容。該書分上、下兩卷，共二十目，總計三萬餘字。上卷為：事蹟、疆域、山川、貢賦、時節、物產、居室、經營、兵戎、刑法，下卷為：服制、飲食、宴會、嫁娶、醫卜、喪葬、梵剎、喇嘛、方語、程途。書中記事止於乾隆四年（1739）頗羅鼐晉封郡王之事。是書卷首依次有袁枚序、蔣士銓序、乾隆十七年（1752）李其昌序、李天植序、乾隆三十五年（1770）岳夢淵序、乾隆十一年（1746）蕭騰麟自序。後有凡例七則。之後為目錄、西藏全境《輿圖》一幅，後為正文。其中，卷下開篇為江東後學陳毅題詞。卷末為乾隆二十四年（1759）蕭錫珀跋、乾隆三十九年（1774）盧文弨跋。

## 三、史料來源與文獻價值探析

### （一）史料來源

蕭騰麟並未在書中言及其所參史料。此前，張羽新先生曾論證並得出《西藏志》即蕭騰麟所著《西藏見聞錄》的錯誤結論〔註 81〕。《西藏見聞錄》與《西藏志》確實具有顯著的相似性，《西藏見聞錄》在篇目設置方面脫胎於《西藏志》，在文字內容方面則大面積借鑒自《西藏志》，同時還有部分內容來自其個人實地調查與官方檔冊。二者篇目設置情況如下表：

| 序號 | 《西藏見聞錄》 | 《西藏志》 |
|---|---|---|
| 1 | 事蹟 | 事蹟 |
| 2 | 疆域 | 疆圉 |
| 3 | 山川 | 山川 |
| 4 | 梵剎 | 寺廟 |

〔註 80〕傅增湘著：《藏園群書題記》，上海：上海古籍出版社，1989 年，第 232～233 頁。

〔註 81〕參見張羽新：《〈西藏志〉即蕭騰麟所著〈西藏見聞錄〉考》，《文獻》1986 年第 1 期。需要指出的是，伴隨近年來新史料的不斷揭示，此文結論已被推翻。

| 5 | 喇嘛 | 天時 |
|---|---|---|
| 6 | 物產 | 物產 |
| 7 | 時節 | 歲節 |
| 8 | 服制 | 紀年 |
| 9 | 飲食 | 風俗 |
| 10 | 嫁娶 | 衣冠 |
| 11 | 喪葬 | 飲食 |
| 12 | 醫卜 | 婚嫁 |
| 13 | 宴會 | 夫婦 |
| 14 | 經營 | 生育 |
| 15 | 居室 | 喪葬 |
| 16 | 刑法 | 醫藥 |
| 17 | 兵戎 | 占卜 |
| 18 | 貢賦 | 禮儀 |
| 19 | 程途 | 宴會 |
| 20 | 方語 | 市肆 |
| 21 | | 房舍 |
| 22 | | 刑法 |
| 23 | | 封爵 |
| 24 | | 頭目 |
| 25 | | 兵制 |
| 26 | | 邊防 |
| 27 | | 徵調 |
| 28 | | 賦役 |
| 29 | | 朝貢 |
| 30 | | 外番 |
| 31 | | 碑文 |
| 32 | | 唐碑 |
| 33 | | 臺站 |
| 34 | | 糧臺 |
| 35 | | 附錄 |
| 36 | | 程站 |

由此表可知，在篇目設置方面，《西藏見聞錄》20 個篇目中除了《方語》

外，均借鑒自《西藏志》，僅略加文字改動或將篇名合併而已。如《西藏見聞錄》將《西藏志》之疆圉改作疆域、寺廟改作梵剎、衣冠改作服制、市肆改作經營、房舍改為居室，另將天時、歲節、紀年合併為時節，將婚嫁、夫婦、生育合併為嫁娶，將醫藥和占卜合併為醫卜，將頭目和兵制合併為兵戎，另將朝貢與賦役合併為貢賦。

在文字內容方面，《西藏見聞錄》以借鑒或抄錄《西藏志》為主，但其做了一些明顯的詞語替換或文字增減。其中最明顯的就是，《西藏見聞錄》將《西藏志》中的「察木多」都有意識地改作「槎木多」以示區別。同時，在此以小召寺為例，《西藏志．寺廟》載：「小召，在大召北半里許，名曰『喇木契』，樓高三層，上有金殿一座。寺乃唐公主所建，坐西，因唐公主悲思故鄉，故東向其門。」〔註82〕而《西藏見聞錄．梵剎》載：「小召，在大召北半里許，一名『喇末契』，傑閣凌虛，丹樓層疊，唐金城公主所建，傳因主悲思帝鄉，故東向其門。」〔註83〕實際上，小召寺是為文成公主所建，但《西藏見聞錄》將《西藏志》的「因唐公主悲思故鄉」修改為「傳因主悲思帝鄉」，顯然，蕭騰麟的修改使得文字表述更加嚴謹，這種行文風格也是乾嘉時期考據學風的一個側面反映。

另外，蕭騰麟還加入一些個人藏區見聞與部分官方檔冊內容。《西藏見聞錄》有關西藏氣候與天葬風俗的記載，明顯是來自於蕭騰麟個人經歷。在此，以對西藏「天時」即氣候的描述為例，《西藏見聞錄》載：「人有問，藏地風候者。予應之曰：『大暑無蒙絺，輕寒已御貂。』蓋西藏居西北之極，故天時有嚴寒而少和暖。而槎木多、寧多、濯拉、阿雜一帶為尤最，風高而厲，雪厚而堅，人多皸瘃之苦。立夏后，草木萌動，五月桃始華，至初秋，則山皆積雪而凍冰矣。」〔註84〕而《西藏志》則描述為：「藏地高下不一，寒暄各異，平壤則熱，高平則冷，有『十里不同天』之語。晴雨靡常，風霾無定。就拉撒而論，其地冬雖寒而不凜冽，夏雖暑而不薰蒸。清明立夏之間，草木萌芽，季春夏初之際，麥豆播種，收割則在七八月之交。蓋高下寒暄之各殊，故先後遲早之不同也。」〔註85〕對比二者可知，《西藏見聞錄》並未

〔註82〕（清）佚名纂修：《西藏志．寺廟》，龔自珍跋清抄本。
〔註83〕（清）蕭騰麟著：《西藏見聞錄》卷下《梵剎》，清抄本。
〔註84〕（清）蕭騰麟著：《西藏見聞錄》卷上《貢賦》，清抄本。
〔註85〕（清）佚名纂修：《西藏志．天時》，龔自珍跋清抄本。

抄錄《西藏志》的內容，二者不僅文字表述不同，而且對西藏氣候展開描述的立足點也不同。《西藏志》「就拉撒而論」即以拉薩為中心描述氣候變化，而《西藏見聞錄》則以蕭騰麟常駐的槎木多為中心，其對西藏氣候的描述較為含糊「有嚴寒而少和暖」，因此，蕭騰麟比較嚴謹地貫之以「藏地風候」。同時，蕭騰麟使用「人有問，藏地風候者」開篇是十分巧妙的，不僅防止因個人對拉薩等地氣候實情不甚瞭解而露怯，而且也表明其周遭有人對西藏尤其是其個人藏地經歷頗感興趣，當然，也進一步證實此段文字來源於蕭騰麟在藏區的真實經歷。

《西藏見聞錄》有關西藏貢賦的記載，不同於《藏紀概》、雍正《四川通志．西域》、《西藏志》等之前清代西藏方志相關內容，乃是蕭騰麟利用官方檔冊記錄拉薩、槎木多、乍丫、江卡、巴塘、里塘、瓦述、霍耳、打箭爐等處的貢賦情況。其中涉及朝貢內容的僅在拉薩部分提及：「達賴喇嘛同郡王每二年抒誠進表，遣使入貢方物，宴賚優加，薄來而厚往，所以柔懷荒遠也。」〔註 86〕此即清代西藏朝覲制度之體現。對此，《西藏志》載：「今達賴喇嘛、頗羅鼐為一班，班禪喇嘛為一班，各間年一次遣額爾沁（漢云使臣，喇嘛之使又稱堪布，頗羅鼐之使又稱囊貢）進貢，繕唐古忒字表，恭請聖安，以伸誠敬。」〔註 85〕可見，二者對西藏朝貢的文字表述並不相同。

《西藏見聞錄．貢賦》其他文字皆為槎木多等處賦稅情況，且為《西藏志》所未載。但是，《西藏見聞錄》所載槎木多、乍丫、江卡、巴塘、里塘、瓦述、霍耳、打箭爐等處賦稅情況，雖與雍正《四川通志．西域》不盡相同，卻與《西藏記述》非常接近。例如，對打箭爐賦稅的記載，《西藏見聞錄》為：「打箭爐明正土司，康熙五年，頒給印信，襲其職，轄正、副安撫司，土千百戶五十五員，番民四百六十戶，每年納賦折徵銀一百六十兩零。又三年一次徵貢馬三匹，每匹折銀八兩，共徵銀二十四兩，均兌支泰寧協兵餉。」〔註 88〕而雍正《四川通志．西域》載：「康熙四十年，復設明正司，原額雜糧折徵銀一百六十二兩。雍正三年，招撫口外等處番民認納貢馬、雜糧，每歲折徵銀通共四千零九兩八錢五分。原在化林營徵收，今設同知，各番糧歸該明正土

〔註 86〕（清）蕭騰麟著：《西藏見聞錄》卷上《時節》，清抄本。

〔註 85〕（清）佚名纂修：《西藏志．朝貢》，龔自珍跋清抄本。

〔註 88〕（清）蕭騰麟著：《西藏見聞錄》卷上《事蹟》，清抄本。

司催收匯解，撥充泰寧協營兵餉。」〔註 89〕對此，《西藏記述》載：「轄正、副安撫司，土千百戶五十五員，十三鍋莊，頭目一十三名，冊報夷民四百六十戶，每年認納夷賦折徵銀一百六十兩零。又三年一次徵貢馬三匹，每匹折徵銀八兩，其銀二十四兩，均兌支泰寧協兵餉。」〔註 90〕由此可見，顯然三者均取材於官方檔冊，但雍正《四川通志·西域》成書於雍正十一年（1733），而張海《西藏記述》成書於乾隆六年至十一年（1741～1746）之間，蕭騰麟《西藏見聞錄》成書於乾隆十一年（1746），因此，蕭騰麟與張海參用的應是內容十分相近的官方檔冊，其數據時效性與準確性均值得肯定。

### （二）文獻價值

第一，文中所載進一步彰顯了其時清中央政府治下中國處於大一統政治格局，這為後世認識與探究「康乾盛世」提供了一個側面。蕭騰麟在《凡例》開篇寫道：「惟我朝定亂拓疆之略，與夫歸誠納貢之由，則據所聞見詳紀其事，以昭文德武功從古未有之盛。」〔註 91〕其在《事蹟》結尾論曰：「西藏自古獷悍，最難敷化，以其種類實多，生性狡黠。惟自我崇德歸化以來，應時供順，真歷代所僅見之事，故細考歷來事蹟，載諸卷首，使覽者知王化之隆，懷柔之遠，不獨德逾千古，而治已超三代也已。」〔註 92〕其又在《時節》結尾言及：「凡遇佳節令辰，均歡宴拜賀，以茶酒肉食相饋送酬答，婦女靚妝燕婉，醉歌戲謔，以樂太平洵足，足徵國家熙皞氣象所被者遠矣。」〔註 93〕由其議論可知，中華大一統觀念深受其個人認同。

中華大一統觀念可謂源遠流長，其不僅是中國古代政治思想的核心觀念之一，而且是中華帝國的根本意識形態之一，這種觀念對中央皇權治下疆域擴張與區域穩定抱有執著追求，而其也正是華夏農業文明經濟形態與傳統儒家事功觀念互為表裏之果，因此，長期以來一直受到中國廣大傳統儒士的認同與追捧，該觀念也早已成為中華民族思想文化的一部分而影響至今。同時，夏、商、周三代之治作為王道政治的標杆，始終成為中國古代儒家的根本性政治理想。值得注意的是，明代及之前，歷代中原王朝的中華大一統在地理

〔註 89〕（清）黃廷桂等修，（清）張晉生等纂：雍正《四川通志》卷二十一《西域》，清乾隆元年（1736）增刻本。

〔註 90〕（清）張海撰：《西藏記述》，清乾隆十四年（1749）刻本，上海圖書館藏。

〔註 91〕（清）蕭騰麟著：《西藏見聞錄．凡例》，清抄本。

〔註 92〕（清）蕭騰麟著：《西藏見聞錄》卷上《事蹟》，清抄本。

〔註 93〕（清）蕭騰麟著：《西藏見聞錄》卷上《時節》，清抄本。

疆域與政治空間方面，並未完全將包括西藏在內的邊疆地區計算在內，這是「華夷之辨」傳統思想的延續。但到了清代，滿族政治菁英以邊疆少數民族身份入主中原，為了快速證明並長期保持其政治合法性，其主動承繼儒家傳統政治文化，從順治帝開始，清朝皇帝均以「中國」、「中華」之主的政治與文化身份自居並發號施令。由此，為了進一步鞏固其政治合法性，清朝統治者們主動打破「華夷之辨」這一涉及族群政治爭論的思想藩籬，不斷用兵邊疆少數民族地區，通過一系列軍事征伐，將這些少數民族聚居的邊疆地區逐步納入中華大一統疆域格局之內。時至乾隆朝初期，即蕭騰麟駐留槎木多之際，清中央政府對西藏的有效管轄業已成形。為了推廣並強化這種新式的中華大一統疆域格局與觀念，自康熙朝即已開始纂修的《大清一統志》，終於在乾隆八年（1743）編纂完成。由此，從蕭騰麟以上對清中央政府治理西藏政績的高度認同可知，至乾隆朝之際，原本籠罩在「華夷之辨」族群對立思想下的滿漢族群政治對立已暫時退場，而滿族統治者治下實現的中華大一統政治新格局，也逐漸開始被秉承傳統儒家文化的中原漢地知識分子們接受並認同，而社會上下業已形成身處盛世、共享榮光的政治文化氛圍。因此，蕭騰麟才在《西藏見聞錄》中留下「德逾千古，治超三代」的讚譽之辭。

第二，在總體上看，該書不僅取材較為嚴謹，而且堅持了經世致用的著述原則。恰如卷首《凡例》所言，書中凡作者親歷者，則敘述詳實，而凡有關西藏山川、風俗等未經作者親歷者絕不臆述，因蕭騰麟駐留康區槎木多時間較長，因此其書中對康區的描述較西藏詳細。同時，因蕭騰麟為武將，因此該書在收錄西藏事蹟方面，對清中央政府在西藏用兵平定準噶爾等軍事史實記述較詳，相關內容較《西藏志》更為詳細。此外，書中所載有關西藏貢賦、語言等內容也具有一定的參考價值。其中，《方語》為蕭騰麟在西藏方志編纂方面的一大創新，為此前私纂、官修的各種西藏方志所未載，其篇目開創意義十分重大。蕭騰麟駐留槎木多五載，對於藏語作為語言交流工具的重要性了然於胸，正如其在《凡例》中所言：「天下語言之清濁輕重，係風氣水土不同，中原四方已多互異，況徼外乎？第初至其地，缺舌莫辨，憑通事之傳達，保無舛錯。因即日用常言，細心譯出，便可審而知之矣。」〔註 94〕因此，該書中收錄了藏語日常用詞 454 條，均以漢文譯注藏語讀音以便閱讀與記憶，這正是蕭騰麟堅持經世致用思想的直觀體現，不僅有利於此後入藏者學習藏

〔註 94〕（清）蕭騰麟著：《西藏見聞錄・凡例》，清抄本。

語，對於後世認知當時康區藏語文具有一定的參考價值。此外，據趙學敏編《本草綱目拾遺》載：「蕭騰麟《西藏見聞錄》云：『藏香有紫、黃二色，粗、細二種，各處皆有，惟產於巴塘者為最。』」〔註 95〕可見，《西藏見聞錄》在清中後期即已傳播並產生了一些影響。

對於西藏之名稱，雍正《四川通志・西域》載：「在工布江達之西，為圖伯特國，又稱為康、衛、藏。康即今之乂木多，衛即今之西藏，藏即今之後藏札什隆布。」〔註 96〕對此，《西藏志・事蹟》載：「西藏一隅，諸鑒多未載，考其地即西吐蕃也。唐曰烏斯國，明曰烏斯藏。今曰圖伯特，又曰唐古忒。」〔註 97〕對此，《西藏見聞錄》載：「考西藏之載於方輿，即周之西戎，漢之西羌，唐之吐蕃也。迄我朝始分其地位三部，曰康、曰衛、曰藏，而人因其名之實繁，遂總其名而稱之曰『西藏』（康為前藏槎木多，衛乃中藏拉薩，藏即後藏札什隆布）。」〔註 98〕經對比可知，《西藏見聞錄》對西藏的定義與之前的雍正《四川通志・西域》、《西域全書》、《西藏志》等方志均不一致，這反映出至乾隆初年蕭騰麟駐紮昌都或其回鄉著書之際，部分儒家知識分子對有關「西藏」的概念認知已更為明晰。

第三，蕭騰麟以敘議結合的方式記述了藏區「天葬」風俗，這不僅是蕭騰麟所述來自於一手資料即其親身見聞的明證，而且可由這些議論管窺其個人遭遇的以喪葬風俗為中心的漢藏文化衝突，及其「以夏變夷」的儒家傳統文化觀。在描述了藏區「天葬」風俗的基本情況後，蕭騰麟評論道：「其既碎體礫身，又於期年內常作佛事，云為亡者洗罪。余謂，縱有地獄，想亦不過如此。凌遲舂磨，或閻羅反憐其已受殘酷刑無可加，亦無俟佛法而後解免者。若謂慮三途六道之輪迴，則又何不幸而再轉為人身耶？嗟乎！狉獉成俗，豈真天性使然，由來相沿為固然耳。他日漸仁摩義，久道化成，豈復長此殘忍哉？余嘗巡視郊外，見骷髏滿溝，壑中皆鷹犬之餕餘，目擊心傷，周禮蠟氏掌除骴，有死於道路者埋而置。既官斯土，余之責也。乃捐俸募蕃民往拾之，越三日得二十餘簏，不能備棺窯。擇高阜地，掘二大深池分納其中。取余舊

〔註 95〕（清）趙學敏輯：《本草綱目拾遺》卷二《火部》，清同治十年（1871）吉心堂刻本。

〔註 96〕（清）黃廷桂等修，（清）張晉生等纂：雍正《四川通志》卷二十一《西域》，清乾隆元年（1736）增刻本。

〔註 97〕（清）佚名纂修：《西藏志・事蹟》，龔自珍跋清抄本。

〔註 98〕（清）蕭騰麟著：《西藏見聞錄》卷上《事蹟》，清抄本。

衣各一襲覆而瘞。之後，每月檢埋一次，始行之初，蕃民爭視異事，耳目駭然。朔望日，酋長參謁後，飭通事宣諭我天朝法度，……蕃民漸有不忍睇視狀。迨余奉檄旋師，臨行之日，蕃民咸挈榼提筐，垂泣送曰：『麻本然押暮雀歪湯拉猓雄聳滅些凝工村桑路董諾學（譯：老爺心腸好，撤兵回去，百姓晝夜思想，老爺再來）』。言詞諄懇。余方憶當時感動，在此區區，可見轉移之不難也。」〔註99〕

其中，由「既官斯土，余之責也」可知，這段文字源自蕭騰麟駐留昌都期間，個人親見的康區天葬風俗及個人所感，而其亦將移風易俗、儒化邊人視作為官之責。蕭騰麟秉承文化本位主義，以中原漢地土葬風俗為認知基礎和價值觀歸宿，在觀察藏區天葬風俗時遭遇了強烈的文化衝突。但其處理此次文化衝突的手段，即是採取個人實踐躬行與行政權力推廣相結合的方式來施行「以夏變夷」，力圖在其任內推動藏區喪葬文化方面的移風易俗，並最終實現以傳統儒家的禮樂教化同化藏區傳統文化的中華文化大一統目標。同時，其也在離開藏區之際被藏區民眾送行之善舉所感動，並將此視為其移風易俗之成效。由此，蕭騰麟所追求的建功立業、濟世經邦的儒家事功倫理躍然紙上。

第四，《西藏見聞錄》屬清代西藏方志中序跋數量最多者，由此亦可瞭解蕭騰麟、蕭錫珀的交遊情況，可見該書亦具有一定的文學史價值。如上文所言，該書依次有袁枚序、蔣士銓序、李其昌序、李天植序、岳夢淵序、蕭騰麟自序、陳毅題詞、蕭錫珀跋、盧文弨跋。其中，袁枚、蔣士銓是與趙翼並稱乾隆朝「江右三大家」的著名文人，而「抱經先生」盧文弨精於詩文、校勘，亦乃乾隆朝學者大家。眾所周知，序跋多為文人名士間交遊唱酬之作，其應酬性質十分顯著，不過，此書序跋內容亦顯示這些文人大多翻閱了《西藏見聞錄》，由此可知，該書通過蕭騰麟、蕭錫珀的個人交遊，在江南漢文化圈內亦較低限度地推進了西藏及藏文化的影響與傳播。

其中，李其昌、李天植為蕭騰麟舊交。李其昌，字敬伯，號漣溪，四川成都人。乾隆七年（1742）進士。初授四川保寧府教授，後調江西，歷任峽江知縣、新淦知縣、蓮花廳同知，官至貴州南籠府知府。著《漣溪詩鈔》，纂修乾隆《蓮花廳志》、乾隆《南籠府志》。此序作於乾隆十七年（1752），

〔註99〕（清）蕭騰麟著：《西藏見聞錄》卷下《喪葬》，清抄本。

李其昌時任峽江知縣。該序曰：「甲子歲，予司鐸閬中，適十洲先生西駐歸營之二載也。……辛未，綰符蒞峽時，先生以終養錦旋，公餘造廬話舊，因得讀手著之《西藏見聞錄》。……及讀《西藏見聞錄》中毛髮無遺，今人豈遠遜古人哉？回想巴西時，與先生劇談藏事，自以為詳於舊聞。今讀是編，轉覺向之口、授之畫而以為詳者，仍略而未備。蓋言之所述，筆之所纂，詳略固有如斯者。請授之梓人，以公同好，使嗜博者矜域外奇觀，且使後之西征者，奉作南車云。」〔註 100〕由此可知，二人相識於乾隆九年（1744，甲子），當年，李其昌在保寧府教授任上，而蕭騰麟已從槎木多離任二年，二人曾討論藏事，蕭騰麟於同年歸鄉峽江。乾隆十六年（1751，辛未）李其昌出任峽江知縣，二人再次相會。舊友相見，李其昌對該書讚譽有加便不難理解。

李天植，字培之，號雙溪，江西峽江縣人。乾隆六年（1741）舉人，乾隆十三年（1748）進士。乾隆二十年至三十四年（1755～1769）任廬江知縣。著有《溪山草堂制藝》、《禾田詩稿》。李天植此序未標明時間，但應不晚於乾隆二十一年（1756）蕭騰麟辭世之前。李天植序曰：「一日出示李子，培之受而讀，……吾邑先賢著績絕域者，前明則有金文靖公三從北征，著有《北征錄》。本朝定藏之役，則有吾家恕亭公以輸運勞王事，著有《進藏錄》。今先生又以駐鎮著《西藏見聞錄》，則是編也，並為吾邑文獻之所關，而厥功可與先賢比烈矣。」〔註 101〕蕭騰麟將《西藏見聞錄》示予同鄉李天植，李天植讀後感慨頗多，不僅在序中簡述了由唐至清間西藏與中央政府的關係，而且言及同邑另有明人金幼孜（1368～1432）《北征錄》、清人李師白（1665～1739）《進藏錄》兩種隨軍進入蒙古、西藏的邊疆遊記作品。由此可知，蕭騰麟的故里峽江確有撰寫此類邊疆史志的氛圍與傳統，此亦可視為《西藏見聞錄》成書背景之一。

同時，蕭錫珀對《西藏見聞錄》的推廣與傳播功不可沒。例如，乾隆六十年（1795）進士、官至內閣中書的趙良澍（1743～1817）曾作《中流放棹圖，為峽江蕭松浦題》：「蕭郎示我西藏錄（松浦先將軍出鎮西藏，作《西藏見聞錄》），坐令夢到狼居胥。乃翁起家列霜戟，崑崙月窟窮西極。」〔註 102〕同

〔註 100〕（清）李其昌撰：《西藏見聞錄序》，（清）蕭騰麟著：《西藏見聞錄》，清抄本。
〔註 101〕（清）李天植撰：《西藏見聞錄序》，（清）蕭騰麟著：《西藏見聞錄》，清抄本。
〔註 102〕（清）趙良澍撰：《肖岩詩鈔》卷五，清嘉慶五年（1800）涇城雙桂齋刻本。

時，《西藏見聞錄》中袁枚序、蔣士銓序、岳夢淵序、盧文弨跋均為蕭錫珀所邀，可知其與當時文人名士多有交遊。

袁枚（1716～1798），字子才，號簡齋、隨園老人、隨園主人、倉山居士，浙江錢塘人。清中期著名詩人、文學家、散文家。乾隆元年（1736）薦試博學鴻詞，未能中試。乾隆四年（1739）進士，授翰林院庶吉士，因不習滿文而於乾隆七年（1742）外放，歷任溧水、江浦、沭陽、江寧等知事。乾隆十四年（1749）引疾去官，在南京小倉山建隨園，以詩自娛，廣交名士，終未復仕。生性灑脫，酷愛食色。著有《小倉山房文集》、《隨園詩話》、《隨園詩話補遺》、《子不語》、《隨園食單》、《祭妹文》等。編次者蕭錫珀將袁枚序置於本書開篇位置，證明袁枚當時確實名滿江南。但縱觀袁枚此序，其似乎並未細讀《西藏見聞錄》，故而序文未言書中任何細節，僅是泛泛之論、褒獎溢美之詞。不過，袁枚對蕭錫珀的人生際遇頗有感懷：「乃公竟齎志以卒，不能為帥。帥之長子銘功勒石，唱呼而還，又不獲為鞮鞻、象胥，宴舌人而歌椠木，得毋有未竟其才之憾乎。然吾所悁悁而悲者，猶不止是也。每見世人著書尺許，問其子孫，不知卷若干者多矣。獨公子松浦能抱父書來征吾言，以信之於天下，其孝足稱也。」〔註 103〕可見，袁枚之言佐證了筆者上文所言，即蕭錫珀未能入仕，而以入幕為業。袁枚有惜才之心，因而對蕭錫珀懷才不遇有抱憾之感，遂以蕭錫珀較他人更符合孝道這個儒家倫理的核心價值觀而加以安慰和讚美。

蔣士銓（1725～1785），字心餘、清容、苕生，號藏園、定甫、離垢居士，江西鉛山人。清中期著名詩人、戲曲家。乾隆二十二年（1757）進士，授翰林院編修，歷任武英殿纂修、國史館纂修、順天府同考官、《續文獻通考》纂修等。主講紹興蕺山書院、杭州崇文書院和揚州安定書院。著有《忠雅堂詩集》、《忠雅堂文集》、《藏園九種曲》等。蔣士銓將《西藏見聞錄》與《高麗史》、《日本考》、《臺海使槎錄》等並列，並贊曰：「公子松浦以清門賢裔，文采蔚如，記室翩翩，羈棲蓮幕，梓公此卷，若惟恐先公勞績之弗傳於世者，可云孝矣。夫海宇之寥廓，僻有此地，官此者，其人或不文，則相待而顯其能也。天與人皆不可必得，乃今有西藏，即有十洲，有西藏之山川、人物、風俗之俶詭幽誕，即有十洲文字之渾灝奧衍以副之，使達於天下後世。

〔註 103〕（清）袁枚撰：《西藏見聞錄序》，（清）蕭騰麟著：《西藏見聞錄》，清抄本。

是亦天人之兩幸也。」〔註 104〕由此可見，蕭錫珀與蔣士銓交好，蕭錫珀出於孝心而將《西藏見聞錄》刊行於世。

岳夢淵（1699～？），字嶼亭，號水軒，別號清涼山樵，河南湯陰人。岳飛裔孫。以客幕為生，與袁枚交好。著《海桐書屋詩鈔》等。岳序作於乾隆三十五年（1770），其題署「時年四百三十二甲子」，可知其當年 72 歲，由此可推算出其生於康熙三十八年（1699）。同時，其序中除了讚譽該書外，還言及：「今歲自黃海歸，得交松浦蕭先生，彬雅溫文，風標自遠。一日，出其先大人十洲公《西藏見聞錄》示余予，予喜得其書，用補我闕。時已入澹懷高宮傅幕府，盡可稍閒。」〔註 105〕由此可知，岳夢淵已過古稀，但仍輾轉於官衙以入幕為生，而蕭錫珀亦如此，因此二人意氣相投。

盧文弨（1717～1796），字召弓，號磯漁、檠齋、抱經，清浙江餘姚人。乾隆十七年（1752 年）進士，授翰林院編修，入直南書房。歷任翰林院侍讀學士、廣東鄉試考官、湖南學政等。乾隆三十四年（1769）辭官歸里，歷任浙江崇文、鍾山、龍城等書院講席。嗜藏書，以校勘聞名於世。著有《抱經堂叢書》、《群書拾補》、《抱經堂集》、《儀禮注疏詳校》、《文獻通考．經籍校補》等。盧文弨跋題署「乾隆三十九年嘉平月上旬東里盧文弨書於鍾山書院」，跋中言明蕭錫珀向其出示《西藏見聞錄》，可見二人有一定交情。

盧文弨在跋中重點討論書中所載蕭騰麟力圖改革藏區天葬風俗一事。盧文弨曰：「然余獨於書中見君澤及枯骨一事，為之憮然，慼肅然，頌君之仁焉。其俗，人死剺剔之屑，和之以飼犬，此猶必有財者，方能使人為之，貧者則棄之溝壑。公金募番人拾二十餘簏，瘞之高阜。以後月一行之，在鎮五年，所瘞不知其數。始則土人相駭，以為異事。公導以天性之愛，聳以律法之嚴，久之其人意惻惻，未若有動者。迨公之去，若失慈父母然。於戲公不以異俗難化鄙其民，而欲以王道漸移易之，此其運量為何等也？軍旋之，候之謹不足以盡公，即文墨之兼優者，亦豈足以為君譽哉？嘗思人性不甚相遠，而每囿於其習，苟能動之以天良，示之以禮教，不必聖人而始化也。」〔註 106〕可見，盧文弨對蕭騰麟以儒家禮教引導藏民改變喪葬風俗之舉持有

〔註 104〕（清）蔣士銓撰：《西藏見聞錄序》，（清）蕭騰麟著：《西藏見聞錄》，清抄本。
〔註 105〕（清）岳夢淵撰：《西藏見聞錄序》，（清）蕭騰麟著：《西藏見聞錄》，清抄本。
〔註 106〕（清）盧文弨撰：《西藏見聞錄．書後》，（清）蕭騰麟著：《西藏見聞錄》卷下，清抄本。

讚賞態度，這不僅反映出盧文弨也秉承文化本位主義，對藏區天葬風俗持不解態度，即二者秉承共同的儒家文化價值觀，而且也顯示出身為名滿江南的學者大家，盧文弨亦對西藏及藏文化知之甚少且懷有強烈的文化獵奇心理。這再一次證明，因其經濟與政治處於附屬或弱勢地位，邊疆及其文化始終處於帝國的地理邊緣和文化非主流之地位，這種宿命般的文化格局並不會因為帝國君王的一次親征或對邊疆地區領袖的接見而有任何動搖。因此，雖然蕭騰麟的《西藏見聞錄》被其時一些學者大家翻閱，也會在一定範圍激起部分文人對西藏及藏文化基於文化新鮮感的獵奇性關注，但對藏文化認知與傳播的積極效果應是十分有限的。

## 第四節　封疆大吏獨纂藏志——乾隆《西寧府新志·武備志·西藏》

乾隆《西寧府新志》四十卷，由封疆大吏楊應琚於乾隆十二年（1747）獨立纂修完成。該志包括 10 個專志，105 個子目。該志綱目詳備，考證較為嚴謹，內容比較翔實，尤其是其體例上中的《綱領志》乃一大創新，為清代西北方志上乘之作。其中，卷二十一《武備志·西藏》收錄了西藏地情內容，可視為「西藏簡志」，具體篇目內容為：疆域、形勢、山川、古蹟（碑文）、土則水利、風俗、物產、關隘、戶口、貢賦、人事、天時、兵防、寺廟、剌麻、附國、自西寧至藏路程。其中，在「疆域」之前有「引言」，類似於《西藏志》開篇的「事蹟」，但該設置與文字皆借鑒於雍正《四川通志·西域》。不過，作者在借鑒基礎上，也適時調整並增補了相關史實，例如在「引言」中記載「十一年，封珠彌納木札為長子。」因此，該志有關西藏史實的時間下限為：乾隆十一年（1746），即該書成書前一年。在此，筆者以乾隆二十七年（1762）增刻本乾隆《西寧府新志》為中心，就該書作者生平、成書背景、該書「越境而書」收錄西藏內容的原因、史料來源及不足之處做重點討論。

### 一、作者生平與成書背景考述

#### （一）作者生平

楊應琚三次明確強調《西寧府新志》出自其個人之手。首先，其在《西寧府新志》中寫道：「凡為總志十分，目得百有五，計兩函四十卷，撰次、校對咸出余一人之手。」〔註 107〕其次，其又在《凡例》中言及：「陝甘諸志推『武功』、『秦安』，以其出一人之手，言簡事該，間有論斷，使是非判然，以成一家之言。非若他志，聚東西南北之人，各出己見，如列肆市貨也。今『新志』撰次、校閱，皆余一人，十綱有論，諸目亦間有斷，其體例有不同者，郡邑之大小，邊垂腹裏之互異，勢使然也，其不同者，乃所以為同也。」〔註 108〕再次，其在《凡例》結尾再次表示：「邊地文獻無徵，且屢經兵火，典籍云亡。余撰次此志，矻矻經年，且一官在身，秉筆伸紙，公餘燈下為多。雖悉心考核，稿經再易，然一人之精力有限，恐尚有蒙雜掛漏之譏，續而正之，以俟後之大雅君子。」〔註 109〕

同時，杭世駿《西寧府新志序》亦佐證了此志為楊應琚獨纂，杭世駿曰：「西寧文獻寥略，故不足徵。公以籌邊之暇，提鉛握槧，諏土宜，問風俗，因以周知塞下之險要。發凡起例，勒有成書。遠道郵書，囑予序其簡首。夫公之懋績在邊磧，綿之尸祝，著之旂常，業可恢廓，自信其一編削之任，閭巷之儒所斷斷以為不朽之業者，公猶且專之，而不肯多讓何也？予觀涼州三將，前後皆有平羌之績跡，其見譽於前史者，討伐之力為多，所為善後之策，長治之道，猶為暇以及焉。」〔註 110〕可見，杭世駿對楊應琚獨纂《西寧府新志》之舉讚譽有加。另外，梁啟超認為：「乾隆《西寧府志》、《烏程縣志》、《昌化縣志》、《平陽縣志》。俱杭大宗（世駿）主撰」〔註 111〕，實際上，杭世駿並未參編乾隆《西寧府新志》，僅是受邀作序而已。

值得注意的是，此志本屬府志，但並未開列纂修姓氏，這明顯不符合中國古代方志尤其是官方志書的纂修傳統與基本體例，因此，楊應琚屬於私纂官志，這也反映出此志實乃楊應琚獨纂完成，故而其方有此不列纂修姓氏之舉。

〔註 107〕（清）楊應琚纂修：乾隆《西寧府新志序》，清乾隆二十七年（1762）增刻本。

〔註 108〕（清）楊應琚纂修：乾隆《西寧府新志・凡例》，清乾隆二十七年（1762）增刻本。

〔註 109〕（清）楊應琚纂修：乾隆《西寧府新志・凡例》，清乾隆二十七年（1762）增刻本。

〔註 110〕（清）杭世駿撰：《西寧府新志序》，（清）楊應琚纂修：乾隆《西寧府新志》，清乾隆二十七年（1762）增刻本。

〔註 111〕梁啟超著：《中國近三百年學術史》，北京：東方出版社，2004 年，第 327 頁。

楊應琚（1699～1767），字佩之，號松門，奉天人，隸漢軍正白旗，廕生出身。其生年未有詳細記載，但據乾隆元年（1736）「楊應琚履歷片」稱：「楊應琚，正白旗漢軍人，年三十八歲。」〔註112〕由此可知，楊應琚生年應為康熙三十八年（1699）。其出身於官宦世家，祖父楊宗仁官至湖廣總督，父楊文乾官至廣東巡撫。雍正七年（1729），楊應琚由廕生授戶部員外郎，次年出任山西河東道。雍正十一年（1733）任甘肅西寧道，次年轉任臨鞏道並署理甘肅布政使。乾隆元年（1736）再調西寧道按察使司至乾隆十四年（1749）。此後，其歷任甘肅布政使、甘肅按察使、甘肅巡撫、山東巡撫、兩廣總督、廣東巡撫、閩浙總督、陝甘總督、雲貴總督。其間，乾隆二十三年（1758）加太子太保，乾隆二十五年（1760）任陝甘總督，乾隆二十九年（1764）拜東閣大學士，由此成為聲名顯赫的封疆大吏。乾隆三十一年（1766），緬兵入雲南，其調任雲貴總督指揮軍事。次年，督軍攻緬兵敗，其謊報軍情事發，遂以欺君罪革職解京，途中接令自盡。

任職西北期間，楊應琚廉潔守節，勤慎為民，政績顯著。一方面，他親自調查當地民族狀況和社會風俗，設置較為適當的管理機構以此鞏固邊防；另一方面，他重視發展教育，捐俸辦學，創立貢院、書院和社學，延請江浙儒士前來任教，由其創辦的西寧關東回民社學，成為當地民族教育的先聲。同時，他大力發展地方經濟，組織大規模開展屯墾，施行軍屯、民屯、回屯、流屯並舉，促進了當地經濟發展，從而穩定了邊疆社會秩序。此外，楊應琚除了獨立纂修《西寧府新志》之外，還著有記錄西北史地的遊記《據鞍錄》一卷。

## （二）成書背景

首先，纂修方志是楊應琚的職責所在。楊應琚前後兩任西寧道十三年，其間正值縣、州、府、省等各級政府組織人員纂修地方志書，而為纂修《大清一統志》提交志稿階段。至乾隆八年（1743），《大清一統志》纂修完成，並於次年正式頒行。不過，楊應琚治下的西寧府卻始終沒有方志問世，因此，楊應琚必然不敢怠慢。對此，其在序言中說道：「我朝聖聖相承，平青海，收番族，設郡邑，廣學校，可謂萬世一遇矣。若使暗而不彰，鬱而不發，此

〔註112〕秦國經主編：《清代官員履歷檔案全編》第1冊，上海：華東師範大學出版社，1997年，第362頁。

有司之罪也，余滋懼焉。」〔註 113〕

其次，在當時清中央政府治下中國政治大一統的時代背景下，纂修反映西寧府新形勢的方志，亦屬勢在必行之舉。雍正元年（1723），青海和碩特蒙古首領顧實汗之孫羅布藏丹津入寇西寧，清中央政府任命陝甘總督年羹堯為撫遠大將軍、四川提督岳鍾琪為參贊前往征討，次年平亂成功。之後，清中央政府對青海地區的行政建制作了重大改革，採納了年羹堯上奏的《青海善後事宜》十三條，適時設立「欽差辦理青海蒙古番子事務大臣」，簡稱「青海辦事大臣」，總理青海蒙古諸旗、藏族事務。此「青海辦事大臣」衙門初設於察罕託洛亥，後改駐西寧，因此乾隆朝之後又改稱「西寧辦事大臣」。雍正三年（1725），西寧衛升格為西寧府，歸甘肅省管轄，由此完成了建制變革，卻始終沒有一部反映西寧地區歷史文化尤其是疆域變革後政情的完整方志。西寧從西漢初建西平亭到清初置西寧府，時間長達兩千餘年，不過，保留下來的有關本地區的方志文獻卻寥寥無幾，對此，正如楊應琚所言：「前人云：『文人之才在善用虛，史官之才在善用實。虛者可以意創，實者不得不因。』湟中舊志久失，而見存者荒謬不雅馴，且大通本係新疆，貴德又屬改隸，皆應匯入郡志，而邊垂質野，文獻無徵。是西寧郡志作者尤為難也。」〔註 114〕可見，當時楊應琚所見西寧方志史料是匱乏且零散的。明嘉靖間，西寧人張芝首先草創《西寧衛志》，萬曆間，西寧兵備副使劉敏寬與同知龍膺同修《西寧衛志》，但此二志早已散佚。入清之後，順治間蘇銑所修《西寧志》也僅存殘卷。因此，楊應琚深感纂修一部西寧府志為形勢所趨之事。

再次，楊應琚的個人性格與情感因素，也是成書的重要原因。受傳統儒學薰陶，楊應琚不僅重視經世致用，而且注重事功。值得注意的是，其性格中有好大喜功的一面，其人生結局則是因謊報對緬甸作戰軍功而獲罪自盡，此即其個人性格之真實寫照。更為弔詭的是，乾隆十年（1745），甘肅巡撫黃廷桂為楊應琚進言薦才，「西寧道楊應琚居官端謹，辦事妥協，首倡社倉，殫力經營，實為通省僅見。得旨：楊應琚原係一能員，若能進於誠而擴充之，正未可量也。」〔註 115〕可見，乾隆帝已聞及楊應琚因嗜功而在忠誠與誠信方面

〔註 113〕（清）楊應琚纂修：乾隆《西寧府新志序》，清乾隆二十七年（1762）增刻本。

〔註 114〕（清）楊應琚纂修：乾隆《西寧府新志序》，清乾隆二十七年（1762）增刻本。

〔註 115〕《清高宗實錄》卷二百三十三，清乾隆十年（1745）正月壬寅。

有所欠缺，而其對楊應琚「若能進於誠而擴充之」的評價可謂一語成讖。

在情感因素方面，其家族與西寧頗有交集，楊應琚對西寧擁有代際傳遞般的特殊感情。一方面，西寧曾是楊應琚祖父楊宗仁為官之地，楊宗仁曾於康熙五十二年至五十三年（1713～1714）任西寧道，其間政績顯著，官民稱頌，之後因此升浙江按察使。楊應琚之父楊文乾曾在康熙五十八年（1719）由東昌府押解軍糧至西寧，後直至木魯烏蘇。另一方面，楊應琚在西寧為官亦得心應手、頗有政聲。時任甘肅巡撫黃廷桂即以「才幹」推薦楊應琚繼任，楊應琚也因此深得乾隆帝賞識，進而接任甘肅巡撫。加之其前後兩次任職西寧道長達十三年之久，對西北地區尤其是其治下青海、西寧地區理應充滿感情。乾隆四年（1739），楊應琚奉命赴京覲見乾隆帝，其將途經永登、蘭州、隴西、天水、鳳翔、西安、風陵渡等地共二十六天的經歷逐日記錄，遂成反映沿途西北地區風貌的《據鞍錄》一書，此書文字精練、考證嚴謹，乃後世瞭解研究其時清代甘青地區歷史地理的重要史料。這不僅顯示了楊應琚對其久居之地的熱愛與關切，而且也顯示出未經科舉而由蔭生出身的楊應琚具備一定程度的文學素養。對此，正如著名學者繆荃孫所言：「松門累代封疆，未有科目出身，文筆雅潔可愛，紈絝自安之輩，相對亦應愧死。」〔註116〕這也說明楊應琚具備一定的文學基礎，其有能力獨立纂修完成《西寧府新志》。

值得一提的是，楊應琚獨纂《西寧府新志》乃意在彌補自身無科舉背景的仕途出身之憾。其在自序中對此予以明確強調：「凡為總志十分，目得百有五，計兩函四十卷，撰次、校對咸出余一人之手。嘻！備矣。雖然，余自總角受書，矻矻諸史，纔困場屋，未能登玉堂，秉史筆。今於一郡之志，得以上下數千年討論排纂，上揚國家之休光，下闡忠臣、烈婦之潛德，亦一時之遭，此新志之所為作也。」〔註117〕可見，因久困場屋、未中科舉而依靠祖輩恩蔭步入仕途，始終是楊應琚心中一大憾事，由此，其便欲通過獨纂《西寧府新志》以求證明自己。

## 二、《武備志·西藏》之創作動機

如上所言，楊應琚利用所收集資料順勢而為，「幸歲又連熟，郡以無事，

〔註116〕繆荃孫撰：《據鞍錄跋》，（清）楊應琚撰：《據鞍錄》，清光緒二十二年（1896）刻《藕香零拾叢書》本。

〔註117〕（清）楊應琚纂修：乾隆《西寧府新志序》，清乾隆二十七年（1762）增刻本。

遂忘其固陋，於乾隆丙寅秋七月握管，至丁卯夏五，歷十一月而脫稿。」〔註 118〕不過，西藏並非西寧府所轄，楊應琚卻明顯違反了方志纂修的基本原則而「越境而書」，而在卷二十一《武備志》中收入了西藏內容。其原因在於：

第一，從當時的時代背景來看，清中央政府通過數次對邊疆地區的軍事征伐，再次實現了中國大一統政治格局。至乾隆十二年（1747）之際，清中央政府對西藏的治理已初見成效，但尚處於改革推進階段，發生大規模軍事鬥爭的可能性依然存在。因此，基於地緣政治原因，楊應琚將西藏內容列入《西寧府新志・武備志》之中，一方面可彰顯清中央政府一統天下之功，另一方面也意在強調軍事防禦西藏戰事之重。

第二，楊應琚重視籌邊，強化邊防仍是其分內之事。青海地區毗鄰西藏，是中原地區入藏商道和清軍入藏平叛的必由之路及軍事大本營，而西寧辦事大臣的職責之一即是協助駐藏大臣轉運糧餉、派兵入藏，因此，其地理位置在對藏軍事、邊防方面尤為緊要。在任西寧道期間，楊應琚對西寧府的軍政設置、水利交通、文化教育等方面進行了有效革新，對河湟地區經濟文化發展做出了突出貢獻。乾隆三年（1738），其奏請將原屬臨洮府的歸德改隸西寧府，又相繼在丹噶爾城設縣佐，東巴燕戎城設撫番通判廳，並將大通衛由永安移駐白塔城。乾隆四年（1739），在黑古城、札什巴、康家寨、河拉庫託等處就險建城，形成軍事屏障以增邊防。乾隆二十六年（1761），又改設大通縣、貴德縣丞、循化廳。由此，確定了青海東部行政區劃的基本格局。因此，楊應琚在《凡例》中闡明了其設置包括西藏內容在內的《武備志》的原因：「兵可百年不用，不可一日不備，況西寧為極邊之郡乎？逼介青海，環拱諸番，徑通準夷，南達三藏，自古為用武之地。我朝平海、收番，措置之善，為前代所未有。俾邊民得安耕鑿之樂，故特纂武備一志。凡兵制、戎器、駝馬以及番族無不具載，並青海之始末，防範準夷之要隘，西藏之疆域、山川、風俗、戶口、天時、人事，亦附列焉。使守土握兵者知肯綮云。」〔註 119〕對於基於軍事邊防方面的考慮而收入西藏內容，楊應琚又在卷二十一《武備志・西藏》的開篇與結尾「松門楊氏曰」評論部分進一步闡

〔註 118〕（清）楊應琚纂修：乾隆《西寧府新志序》，清乾隆二十七年（1762）增刻本。

〔註 119〕（清）楊應琚纂修：乾隆《西寧府新志・凡例》，清乾隆二十七年（1762）增刻本。

明，即「西藏，北與青海接壤，有事則用寧兵。故余按款詳識，庶後來者有考焉。……欲蒞茲土者，知地利而為之防範也。」〔註 120〕可見，其目的即為後人尤其是繼任者提供軍事與邊防方面的參考資料。

第三，楊應琚具有維護民族團結、國家統一的民族關係思想，西寧地區自古即為少數民族聚居之地，而且藏族民眾人口眾多，同時藏傳佛教也在該地廣為流傳，因此，楊應琚從實際情況出發，設置了《番族》篇目，其中即已包括藏族和藏傳佛教等相關內容，且在文字表述方面秉筆直書，並未使用貶低、嘲諷等文字。此外，楊應琚亦將這一指導思想因地制宜地付諸行動。對此，可在其大力發展當地少數民族教育事業得以證明。乾隆十一年（1746），楊應琚與署理參將楊垣、知府劉洪緒、知縣陳銛、主簿顧宗預捐出自己俸祿，在丹噶爾（筆者注：今青海省西寧市湟源縣）創辦新社學。更為直接的證據是，楊應琚牽頭創立了回民社學，「郡東關回民甚眾，多習回經而不讀書。乾隆十一年，僉事楊應琚、知府劉洪緒、知縣陳銛創設學舍，延師教讀焉。」〔註 121〕這是清代青海第一所官辦回族學校。由此可見，楊應琚對治下藏族、回族等少數民族民眾一視同仁，並對其文化教育事業等重視有加。因此，藏族民眾乃其治下一個重要族群，其通過編纂《武備志・西藏》來具體介紹藏族歷史、文化、宗教、風俗等情況，亦屬順勢之舉。

當然，楊應琚設置《武備志・西藏》也應是其循例而為。成書於雍正十一年（1733）的雍正《四川通志・西域》即適應其時形勢與地緣政治而「越境而書」地收入了西藏內容，同時，此篇目設置與文字內容均被成書於乾隆四年（1739）的乾隆《雅州府志》全盤借鑒。由此，楊應琚因循此例亦可理解。不過，這也就涉及到乾隆《西寧府新志・武備志・西藏》的史料來源問題。

## 三、版本情況與史料來源辯析

### （一）版本情況

目前可見，乾隆《西寧府新志》的版本有：1. 清乾隆十二年（1747）刻本；2. 清乾隆二十七年（1762）增刻本，二者行款均為九行二十一字小字雙

〔註 120〕（清）楊應琚纂修：乾隆《西寧府新志》卷二十一《武備志・西藏》，清乾隆二十七年（1762）增刻本。

〔註 121〕（清）楊應琚纂修：乾隆《西寧府新志》卷十一《建置・學校》，清乾隆二十七年（1762）增刻本。

行同白口四周雙邊單魚尾。其中，在乾隆十二年（1747）刻本中，前有楊應琚《西寧府新志序》，署時「乾隆十二年丁卯夏五月既望」，並有西寧縣知縣陳銛跋，署時「乾隆十二年丁卯冬十一月」。在乾隆二十七年（1762）增刻本中，卷首有杭世駿《西寧府新志序》，次為楊應琚《西寧府新志序》，又次為乾隆二十七年（1762）夏五月劉洪緒《大通衛改大通縣歸德所改西寧縣縣丞序》，再次為陳銛跋。實際上，乾隆二十七年（1762）增刻本流傳較廣，原因在於：此版本由時任陝西分巡撫治西寧道劉洪緒主持重刊，按照當時西寧地方建置變動情況而如實改訂，不僅增補了有關教育內容，而且按照楊應琚的意見，對《藝文志》加以適當刪改，此外，更將初刻版中未避諱之處嚴加避諱，例如，在卷三十一《綱領志下》末尾楊應琚的評論中有「今邊境晏然，羊牛滿野，絃歌之聲，出於戶外，豈非曠千載而一見哉。」〔註 122〕其中，「絃」字在乾隆十二年（1747）刻本中未避諱，而在乾隆二十七年（1762）增刻本中即已缺筆避諱。此外，劉洪緒專門在其序中詳述了大通、歸德的行政建制改置經過及改置後的衙署、養廉、壇廟、倉廒、監獄、驛遞等變動情況，以避免對初刻本進行大量改動。值得一提的是，楊應琚與劉洪緒、陳銛尤其是劉洪緒的公私交情較深，二人對發展當地教育尤其是少數民族教育志同道合，這也是劉洪緒對楊應琚纂修的《西寧府新志》進行與時俱進增補的一個重要原因。

### （二）史料來源

如前文所述，從中國古代方志纂修傳統上講，方志史料來源有以下三種：1. 前人方志作品；2. 相關官方檔冊；3. 作者實地考察所得一手材料。經筆者認真比對發現：乾隆《西寧府新志・武備志・西藏》對雍正《四川通志・西域》的借鑒最多，其次，也有部分內容借鑒了《西域全書》、《西藏志考》、《西藏志》、《明史》，此外還也有很少一部分內容來自當時的官方檔冊。

第一，乾隆《西寧府新志・武備志・西藏》的主體內容借鑒自雍正《四川通志・西域》。其中，乾隆《西寧府新志・武備志・西藏》中的土則水利、人事、天時、寺廟、附國、自西寧至藏路程，均是在大面積借鑒雍正《四川通志・西域》相關篇目內容的基礎上進行了少許有選擇性的刪改，而二者之

〔註 122〕（清）楊應琚纂修：乾隆《西寧府新志》卷三十一《綱領志下》，清乾隆二十七年（1762）增刻本。

「關隘」、「物產」篇目的文字內容則完全一致。現以二者所載「疆域」、「形勢」、「貢賦」、「戶口」、「風俗」等篇目內容為例以資證明，具體情況如下表：

| 雍正《四川通志・西域》 | | 乾隆《西寧府新志・武備志・西藏》 | |
|---|---|---|---|
| 疆域 | 在布政司西南六千四百七十五里，東至寧靜夕松工二山，交巴塘界，西至阿里，交拉丹界，三千二百里南至奕爾，交洛壩生番界，北至木魯烏蘇噶爾藏胡叉，交青海界。 | 疆域 | 在西寧南三千六百七十里，成都西南六千四百七十五里，東至寧靜夕松工二山，交巴塘界，西至阿里，交拉丹界，三千二百里通準噶爾要隘，南至奕爾，交洛壩生番界，北至木魯烏蘇噶爾藏胡叉，交青海番族界。 |
| 形勢 | 山高水秀，宛然福地洞天。 | 形勢 | 環山拱合為勢，百源積流成江。 |
| 貢賦 | 西藏轄下每年共認納貢馬九十二匹、犛牛一千五百九隻，犏牛七十二隻，羊一千三百七十隻。又賞給達賴喇嘛轄下每年共認納糧銀一千五百二十二兩，米一百刻，青稞九百刻，麥二百五刻，豌豆三百三十刻，馬二十匹，騾三十四匹，犏牛三十五隻，犆牛三百九十隻，羊一千三百四十九隻，鹽五百五十三支，豹皮三張，猞猁猻皮一張，酥油一百八十刻，茶三十五甑。 | 貢賦 | 西藏轄下每年共認納貢馬九十二匹，犛牛一千五百九隻，犏牛七十二隻，羊一千三百七十隻。賞給達賴剌麻轄下每年共認納糧銀一千五百二十二兩，米一百刻，青稞九百刻，麥二百五刻，豌豆三百三十刻，馬二十匹，騾三十四匹，犏牛三十五隻，犆牛三百九十隻，羊一千三百四十九隻，鹽五百五十三支，豹皮三張，猞猁猻皮一張，酥油一百八十刻，茶三十五甑。 |
| 戶口 | 雍正十年，分歸西藏管轄番民共四十族，計四千八百八十五戶一萬七千六百九十八口。又賞給達賴喇嘛自漢人寺起至竭磋止，共二十三處，大小頭人一百七十八名，番民一萬一千八百五十七戶。 | 戶口 | 藏王頗羅鼐所管前藏部落，六十八處，人民計一十二萬一千四百三十八口，寺廟三千一百五十座，剌麻計三十萬二千五百六十眾，後藏部落十三處，人民計六千七百五十二口，寺廟三百二十七座，剌麻計一萬三千六百七十一眾。雍正十年，分歸西藏管轄番民共四十族，計四千八百八十五戶一萬七千六百九十八口。又賞給達賴喇嘛自漢人寺起至竭磋止，共二十三處，大小頭人一百七十八名，番民一萬一千八百五十七戶。 |
| 風俗 | 信佛崇僧，生子半為喇嘛，至於死喪，或付鷹犬，或投水火，其習俗也。 | 風俗 | 信佛崇僧，生子半為剌麻，沉湎於酒，淫瀆於色，婚嫁無禮，至不忍言，死喪或付鷹犬，或投水火，其習俗也。 |

其中，二者最為明顯的差別出現在「形勢」部分均為一句話簡單概括，但文字表述卻不相同。在《西藏志考》開篇「歷代事實」中即有「環山拱合為勢，百源積流成江。」〔註 123〕顯然，相對成書時間較晚的乾隆《西寧府新志·武備志·西藏》即原封不動地借鑒了《西藏志考》。當然，筆者也懷疑乾隆《西寧府新志·武備志·西藏》借鑒了《西域全書》或《西藏志》，但《西域全書》增補本對此寫作「環山拱合，百源積流成江。」〔註 124〕《西藏志》開篇「事蹟」已經將《西藏志考》「環山拱合為勢，百源積流成江」改為「環山拱合，百源匯流。」〔註 125〕

第二，乾隆《西寧府新志·武備志·西藏》中「古蹟」也大部分抄襲自雍正《四川通志·西域》中的「古蹟」部分，但也有一些差別。後者的「古蹟」僅記載了「布達拉寺塔」、「琉璃橋」、「水閣涼亭」、「花園」、「寵斯岡」等五個部分，前者除了僅將布達拉寺塔與琉璃橋中的「西藏」改做「藏」之外，對後者這五部分內容全盤抄襲。以此為基礎，前者增加了「經園」、「海中寺」、「唐公主遺像」、「唐碑」、「古紀功碑」等五部分內容。不過，值得注意的是，乾隆《西寧府新志·武備志·西藏》中的「唐碑」、「古紀功碑」也是全盤抄襲於雍正《四川通志·西域》中「碑文」部分的「附唐德宗御製碑文」和「紀功碑」，僅有一些極其細微的差別：1. 前者缺少後者之「唐文武孝德皇帝撰」；2. 前者為「睿哲鴻被，曉今永之屯，亨矜憫之情，恩覆其無內外」，後者為「睿哲鴻被，曉世運之屯，亨憫生靈之塗炭，其無內外」；3. 前者為「舅甥親近之稷」，後者為「舅甥親近之後」；4. 前者為「古紀功碑」，後者為「紀功碑」；5. 前者為「風樹為旗」，後者為「風樹為旂」。

在「山川」部分，二者關係與「古蹟」相似，即乾隆《西寧府新志·武備志·西藏》在抄襲雍正《四川通志·西域》的文字內容基礎上又適當增加了一些內容。雍正《四川通志·西域》中「山川」僅包括「布達拉山」、「甲里必洞」、「牛魔山」、「浪蕩山」、「甘丹山」、「大河」等六部分內容，而乾隆《西寧府新志·武備志·西藏》中的「山川」在對此完全照搬的基礎上，增加了「祿馬嶺」、「瓦合一柱剌山」、「過腳山」、「阿里山」、「克里野山」、「乳牛山」、「怒江」等七部分內容。經筆者比對，這七部分文字內容均來自《西

〔註 123〕（清）佚名纂修：《西藏志考·歷代事實》，清抄本。

〔註 124〕（清）子銘撰輯：《西域全書·山川形勢》，清抄本，南京圖書館藏。

〔註 125〕（清）佚名纂修：《西藏志·事蹟》，龔自珍跋清抄本。

藏志考》。

第三，乾隆《西寧府新志・武備志・西藏》的「兵防」為《藏紀概》、雍正《四川通志・西域》所未載，那麼這一部分內容史料來源於何處？經筆者比對，此「兵防」大部分內容借鑒自《西藏志考》的「兵防甲胄」，而且只進行了細微刪改。例如，乾隆《西寧府新志・武備志・西藏》有一句「黨子拉藏浪木錯等處地方毳帳蒙古馬兵三千名，阿里並前後藏各處共步兵五萬名，至臨陣，惟蒙古有馬兵八百名頗勇。」成書較早的《西藏志考》對此表述為：「黨子拉藏浪木錯等處黑帳房達子共有馬兵三千名，阿里前後藏各處共步兵五萬名，至上陣斯殺，惟蒙古馬兵八百名頗勇。」〔註 126〕此外，《西藏志》的相關表述為：「黨子拉雜浪木錯等處地方黑帳房蒙古共有馬兵三千名，阿里並前後藏各處共步兵五萬名，至上陣廝殺，惟蒙古馬兵八百名頗勇。」〔註 127〕由此觀之，因乾隆《西寧府新志・武備志・西藏》中的「黨子拉藏浪木錯」與《西藏志考》所載完全一致，所以，乾隆《西寧府新志・武備志・西藏》的「兵防」部分，應借鑒於《西藏志考》而非《西藏志》。

第四，乾隆《西寧府新志・武備志・西藏》的「剌嘛」部分共 2000 餘字，是該志西藏內容中文字最多者。經筆者比對，此部分內容與《藏紀概》、雍正《四川通志・西域》、《西域全書》、《西藏志考》、《西藏志》等此前成書的清代西藏方志所載不同，乃楊應琚主要抄錄自乾隆四年（1739）成書的《明史》。該部分內容僅開篇結尾略有不同，其餘則將《明史・西域三・烏斯藏大寶法王》〔註 128〕所有文字抄錄，其中僅做隻字刪改，以之作為介紹藏傳佛教歷史的主體內容。由此，乾隆《西寧府新志・武備志・西藏》也成為清代西藏方志中最早徵引《明史》者。

此外，乾隆《西寧府新志・武備志・西藏》的「戶口」內容比雍正《四川通志・西域》更豐富，添加了藏王頗羅鼐治下西藏人口情況，此部分內容不見於《藏紀概》、《西藏志考》、《西藏志》，因此，筆者認為此部分內容應是楊應琚取自其時的官方檔冊。

〔註 126〕（清）佚名纂修：《西藏志考・兵防甲胄》，清抄本。
〔註 127〕（清）佚名纂修：《西藏志・兵制》，龔自珍跋清抄本。
〔註 128〕《明史》卷三百三十一《列傳》第二百十七《西域三》。

## 四、不足之處舉隅

由上可知，乾隆《西寧府新志・武備志・西藏》為楊應琚在綜合借鑒雍正《四川通志・西域》、《西藏志考》、《明史》等史籍基礎上，又補充少量官方檔冊而完成的。其中，最具文獻價值的當屬楊應琚補充的藏王頗羅鼐治下西藏人口情況，此部分內容不見於之前藏志，具有一定的史料參考價值。同時，楊應琚綜合參用了私纂與官修兩個纂修體系的資料，遂有研究者將該志影響加以提升，「楊應琚所纂《西寧府新志》之西藏篇目的出現，其篇目設置及內容實際上反映或代表了清代西藏地方志發展中的一種態勢，即兩個體系及其資料開始合一。這種發展趨勢是從楊應琚開始的，與其編纂中的大膽探索分不開。這種趨勢出現後，所纂西藏地方志可更為全面地記載西藏各方面的情況，資料也更顯豐富。」〔註 129〕但縱觀乾隆《西寧府新志・武備志・西藏》，類似新資料則少之又少。因此，在清代西藏方志中，由楊應琚獨纂的官志乾隆《西寧府新志・武備志・西藏》的文獻價值並不顯要。同時，除了在初刻本中未做避諱這一明顯失誤之外，該志的不足之處仍十分明顯。

第一，該志在有關西藏的史料搜集、考證方面存在不足。該志為楊應琚個人獨立完成，這是本志的一大特色，但也是一把「雙刃劍」，即其容易在由眾多門類組成的方志編纂過程中出現嚴謹性缺失、史料運用失序、文字校對不精等情況。誠然，一人纂修並校對確實有利於保持該志整體編纂思想與行文風格的一致性，也能彰顯個人創作能力。但在客觀上看，楊應琚畢竟是地方大員，事簡公暇的時光理應不多，若非其找他人捉刀代筆，則受個人能力與精力的限制，且其僅耗時十一個月即纂修完成，此成書時間也是較為倉促的，因此，該書質量則難以保證。

更為關鍵的是，楊應琚本人並未曾赴西藏實地踏查，因此，其難免會在有關西藏的史料搜集、考證或篇目設置方面出現失誤。同時，因該志大面積借鑒他書，因而難免出現「人云亦云」甚至「以訛傳訛」的情況。例如，該志「剌麻」部分雖主題內容借鑒自《明史》，但仍有少部分內容為楊應琚添加：「其教始有黑帽、紅帽剌麻，能役鬼驅神，吞刀吐火，招水呼風，柔金隱身諸

〔註 129〕趙心愚：《乾隆〈西寧府新志〉之西藏篇目考略兼及清乾隆前期清代西藏地方志的發展》，《上海地方志》編輯部：《2018 年地方志與地方史理論研討會論文匯編》，《上海地方志》編輯部，2018 年，第 278 頁。

法，至今藏內刺麻能之者尚多。」〔註130〕這種獵奇性文字明顯是作者道聽途說、以訛傳訛所得，不僅欠缺事實考證，而且充斥著主觀臆想。

第二，該志的篇目設置存在明顯不足。該書在「形勢」篇目中僅有「環山拱合為勢，百源積流成江」寥寥數字。同時，其將「唐碑」、「古紀功碑」等西藏碑文內容置於「古蹟」之下，將醫藥、衣冠、刑罰等內容置於「人事」之下，這均是不假思索地借鑒前人，而致使篇目設置合理性不足的具體表現。此外，楊應琚收入西藏內容的初衷即為後人資政，但該書缺少「塘鋪」、「驛站」等涉及入藏交通的西藏方志傳統篇目，而這些內容正是籌邊設防、行軍入藏所必須參考的指南性資料。乾隆《西寧府新志・武備志・西藏》中「兵防」部分有關西藏軍兵的數據，亦全盤抄襲自雍正《四川通志・西域》，顯然，此類數據非常陳舊，這也使該書在軍事及邊防方面的參考價值大打折扣。

## 第五節　江南進士康區籌邊之作——《西域遺聞》

（清）陳克繩纂輯《西域遺聞》是乾隆前期成書的一部西藏方志。該志對後世瞭解乾隆時期西藏地情與藏族文化具有重要的史料參考價值。進士出身的陳克繩長期任職川邊，不僅親身接觸了藏族文化，而且參與了第一次金川之役，因此對西藏歷史文化產生了濃厚興趣。同時，纂修方志是邊吏陳克繩立志籌邊的重要體現，其在獨立纂輯乾隆《保縣志》的基礎上，悉心搜訪並結合親身經歷，最終纂輯而成《西域遺聞》一書。

目前可見的《西域遺聞》存世版本僅兩種：一為中國國家圖書館藏清抄本〔註131〕，二為民國二十五年（1936）北平禹貢學會《邊疆叢書甲集》鉛印本〔註132〕。中國國家圖書館藏本卷首下鈐印「江安傅沅叔讀書記」，可知其為民國著名藏書家傅增湘舊藏。《邊疆叢書甲集》鉛印本牌記題「中華民國

〔註130〕（清）楊應琚纂修：乾隆《西寧府新志》卷二十一《武備志・西藏》，清乾隆二十七年（1762）增刻本。

〔註131〕《西域遺聞》抄本藏於中國國家圖書館、西北大學圖書館，參見中國科學院北京天文臺主編：《中國地方志聯合目錄》，北京：中華書局，1985年，第850頁。另經趙心愚先生調查得知，西北大學圖書館已無此書抄本。參見趙心愚：《乾隆〈西域遺聞〉資料的三個主要來源》，《民族研究》2013年第1期。因此，中國國家圖書館藏清抄本應為目前所見該書的最早版本。

〔註132〕此版於次年重印，即民國二十六年（1937）北平禹貢學會《邊疆叢書甲集》鉛印本。

廿五年十月禹貢學會據江安傅氏藏舊鈔本印行」，而二者正文內容包含的民國學者吳燕紹的眉批按語均完全一致，由此可知，前者為後者底本。該書卷首有張之濬序，正文包括事蹟、疆域、佛氏、政教、風俗、物產、屬番、輿國、鄰番、里巴二塘、川邊職官等十一門。書中記事時間下限為乾隆十八年（1753），因此，筆者推測該書成書於乾隆十八年（1753）。鑒於已有學者對《西域遺聞》的史料來源、文獻價值、不足之處等加以討論〔註 133〕，筆者在此以中國國家圖書館藏傅增湘增清抄本《西域遺聞》為中心，重點考證該書作者陳克繩生平，並在此基礎上進一步論述該書的成書背景。

## 一、作者生平詳考

通讀《西域遺聞》可知，陳克繩生平尤其是其川邊為官經歷與該書纂輯息息相關，但是，陳克繩的生平資料十分罕少，且分散於不同古籍文獻之中，而目前所見的研究成果均對其生平一筆帶過或語焉不詳，這不利於理解作者的著書背景。因此，筆者在此對陳克繩生平做詳細考證。

從《西域遺聞》卷端所署「歸安陳克繩衡北氏纂輯」可知，陳克繩籍貫為浙江歸安，而「衡北」應為其字或號。在其好友時任南充知縣劉紹攽的詩集《于邁草》中，收錄有陳克繩詩《讀九畹于邁草書後》，其落款為「陳克繩，衡北。」〔註 134〕這一署名與《西域遺聞》一致。由此可知，陳克繩，字衡北。據雍正《浙江通志》載：「雍正七年己酉科：陳克繩，湖州人。」〔註 135〕可見，陳克繩為雍正七年（1729）舉人。在光緒《歸安縣志》中，對陳克繩的科舉經歷記載為：「陳克繩，府學拔貢，已酉舉人，丁巳（筆者注：乾隆二年，1737）進士。」〔註 136〕在同治《湖州府志》中對陳克繩生平有如下記載：「陳

---

〔註 133〕 吳燕紹先生在此傅增湘藏本中即以按語闡明該書史料來源與文獻價值，參見吳燕紹撰：《西域遺聞跋》，（清）陳克繩纂輯：《西域遺聞》，民國二十五年（1936）禹貢學會鉛印本。趙心愚先生亦對此展開了深入討論，參見趙心愚：《乾隆〈西域遺聞〉資料的三個主要來源》，《民族研究》2013 年第 1 期、《乾隆〈西域遺聞〉的編撰及其缺陷、價值》，《西南民族大學學報（人文社會科學版）》2012 年第 11 期。以上兩文亦見趙心愚著：《清代西藏方志研究》，北京：商務印書館，2016 年，第 124～147 頁、第 232～251 頁。

〔註 134〕 （清）劉紹攽撰：《于邁草》，清乾隆間刻本。

〔註 135〕 （清）嵇曾筠、傅王露纂修：雍正《浙江通志》卷一百四十四《選舉二十二·國朝·舉人》，清乾隆元年（1736）刻本。

〔註 136〕 （清）陸心源等纂修：光緒《歸安縣志》卷三十二，清光緒八年（1882）刻本。

克繩，字希範，號希庵，歸安人。乾隆二年進士。以知縣分發四川，安撫苗夷，馴如赤子。土司屢叛，克繩單騎深入，曉諭利害，皆慴服。時，岳鍾琪征西藏，資運糧餉，以軍功升嘉定知府，告歸，卒。著有《西域遺聞》、《詩經管見》等書。」〔註 137〕同時，據《兩浙輶軒續錄》載：「陳克繩，字衡北，歸安人，乾隆丁巳進士。官四川川東道，著《希庵詩稿》。《縣志》（筆者注：即《歸安縣志》）：『克繩，東山林人，著有《西域遺聞》、《詩經管見》等書。』」〔註 138〕另，陳克繩的齋名亦不見前人提及。其實，在陳克繩纂修的《保縣志》中所載劉紹攽《雪堂記》言及：「雪堂，陳君衡北退息之所也。」〔註 139〕

至於陳克繩在四川的為官經歷，則可從乾隆《保縣志》、道光《茂州志》、同治《嘉定府志》等方志中得以還原。陳克繩任保縣知縣期間親自收集史料，於乾隆十一年（1746，丙寅）纂修了《保縣志》，其自序言：「繩筮仕先得閩之大田令，奉簡命，特調茲邑。閩於浙相近，稱樂土，而保乃極邊煙瘴，樸被行萬里乃克，至人或難之。而繩顧夙夜戰兢，謂天子念切籌邊，以繩膂力方剛，可備任使，故遣之，寄託實重，乃敢以蠻疆厭薄乎？……乾隆丙寅孟冬朔日，賜進士出身知保縣事歸安陳克繩衡北氏書於雪堂東偏。」〔註 140〕由此可知，陳克繩言明其在調任保縣知縣之前，所得員缺應為福建大田知縣，這與《清實錄》所載相符。乾隆二年（1737）六月乙丑，「內閣、翰林院帶領新進士引見，得旨。于敏中、林枝春、任端書，已經授職。……陳克繩，……著以知縣即用。」〔註 141〕同時，據中國第一歷史檔案館藏清代官員履歷摺載：「謹奏，乾隆三年九月初一日，臣陳克繩，係浙江湖州府歸安縣人，年三十四歲，乾隆二年丁巳科進士，引見奉旨以知縣即用，欽此。今掣得福建省永春州大田縣知縣缺，恭繕履歷進呈御覽。」〔註 142〕但查民國

〔註 137〕（清）宗源瀚等纂修：同治《湖州府志》卷六十，清同治十三年（1874）刻本。

〔註 138〕（清）潘衍桐撰：《兩浙輶軒續錄》卷六，清光緒十七年（1891）浙江書局刻本。

〔註 139〕（清）劉紹攽撰：《雪堂記》，（清）陳克繩纂輯：乾隆《保縣志》卷七《藝文志》，故宮博物院編：《故宮珍本叢刊》第 221 冊，海口：海南出版社，2001 年，第 407 頁。

〔註 140〕（清）陳克繩撰：乾隆《保縣志敘》，（清）陳克繩纂輯：乾隆《保縣志》，故宮博物院編：《故宮珍本叢刊》第 221 冊，海口：海南出版社，2001 年，第 303 頁。

〔註 141〕《清高宗實錄》卷四十四，清乾隆二年（1737）六月乙丑。

〔註 142〕秦國經編：《清代官員履歷檔案全編》第 15 冊，上海：華東師範大學出版社，

《大田縣志》所載「清知縣」中並無陳克繩，而是「陳浩，通海人，舉人，乾隆三年任。」〔註 143〕可見，陳克繩所言「繩筮仕先得閩之大田令」中的「得」字十分準確，即陳克繩因進士功名而掣簽得缺福建大田縣知縣一職，但未赴任，而是改任四川保縣知縣。

同時，乾隆《保縣志》卷首載乾隆十三年（1748）時任保縣教諭施義爵序曰：「戊午歲，歸安陳公以名進士來守是邦。……夫公，當代循良也，蒞邑九載，以治行異等，特簡本州牧。」〔註 144〕其中，「戊午歲」指乾隆三年（1738），而陳克繩任保縣知縣九年後，升任茂州知州。據該志中「官師志・職官」載：「陳克繩，浙江進士，乾隆三年任，升茂州知州（入名宦）。曹鑑，河南舉人，乾隆十一年任。」〔註 145〕可見，陳克繩任保縣知縣的時間為乾隆三年至十一年（1738～1746）。

結合之前陳克繩序所題時間為「乾隆丙寅孟冬朔日」（筆者注：乾隆十一年十月初一日）可知，陳克繩於乾隆十一年（1746）十月後、十二月底前離任保縣，而升任茂州知州一職。同時，在成書於乾隆五十九年（1794）的乾隆《茂州志》中，僅在「知州」部分記載「陳克繩，浙江進士；黃廷銑，滿洲監生；九格，正藍旗，乾隆十八年任。」〔註 146〕由此可知，陳克繩於乾隆十八年（1753）之前任茂州知州，但未言明具體時間。另據道光《茂州志》載：「陳克繩，浙江舉人（筆者注：原文誤，應為進士），十二年任。黃廷銑，漢軍鑲紅旗，監生，十五年任。」〔註 147〕而乾隆《茂州志》中錄有繼任者李光墺的《明貞烈（羅太夫人段氏殉節石矼碑銘）》一文，其中言及「乾隆十四年，予從軍大金川凱旋。十一月，會茂州牧陳公克繩，擢雅州司馬，將入覲，委予署州事。」〔註 148〕可見，陳克繩任茂州知州的時間為乾

---

1997 年，第 676 頁。

〔註 143〕陳朝宗纂修：民國《大田縣志》卷四《職官志》，民國二十年（1931）鉛印本。

〔註 144〕（清）施義爵撰：《保縣志序》，（清）陳克繩纂輯：乾隆《保縣志》，故宮博物院編：《故宮珍本叢刊》第 221 冊，海口：海南出版社，2001 年，第 304 頁。

〔註 145〕（清）陳克繩纂輯：乾隆《保縣志》卷三《官師志・職官》，故宮博物院編：《故宮珍本叢刊》第 221 冊，海口：海南出版社，2001 年，第 344 頁。

〔註 146〕（清）丁映奎纂修：乾隆《茂州志》卷三《職官志・知州》，故宮博物院編：《故宮珍本叢刊》第 221 冊，海口：海南出版社，2001 年，第 153 頁。

〔註 147〕（清）楊迦懌等纂修：道光《茂州志》卷三《文秩・知州・乾隆》，清道光十一年（1831）刻本。

〔註 148〕（清）丁映奎纂修：乾隆《茂州志》卷三《職官志・知州》，故宮博物院編：《故宮珍本叢刊》第 221 冊，海口：海南出版社，2001 年，第 247 頁。

隆十二年（1747）至十四年（1749）十一月。

此後，陳克繩出任打箭爐同知。據嘉慶《四川通志》載：「陳克繩，浙江歸安進士，乾隆十四年任。」〔註 149〕此外，據同治《嘉定府志》載：「陳克繩，歸安縣人，丁巳進士，十八年署。周璘，江西新城縣人，舉人，十九年任。」〔註 150〕由此可知，陳克繩於乾隆十四年（1749）十一月至十八年（1753）任打箭爐同知，而其署理嘉定府知府時間為乾隆十八年（1753）且不足一年。陳克繩署理嘉定知府後，據《西域遺聞》卷首張之濬序曰：「嗣後出守嘉定，分巡川東，榷稅夔關。」〔註 151〕

值得注意的是，目前由史志文獻所見陳克繩的生平資料，均在乾隆十八年（1753）其署理嘉定府知府處戛然而止，然而，筆者通過檢索「清內閣大庫檔案」得知，陳克繩於嘉定府知府任內因「在保縣任內虧空民欠穀石一案」而被以「監守自盜」罪名革職。乾隆二十年（1755）九月十四日，署理刑部、戶部尚書阿里袞的一份關於陳克繩案處理結果的奏摺載：

> 該臣等議得，參革嘉定府知府陳克繩在保縣任內虧空民欠穀石一案。據調任川督黃廷桂疏稱，參革嘉定府知府陳克繩，前在保縣任內，將民欠穀一千三百九十九石一斗七升，囑令接任知縣曹鑑作實貯交代，展轉交與仲尚錡代賠買補。經仲尚錡虧空不職案內題參審明，將陳克繩及依樣捏報之接任參員曹鑑、周際昌，俱照虛出通關朱鈔律，計所虛出之數，以「監守自盜」論，依雜犯斬，准徒五年。接準部覆行令，照律發配。查明，陳克繩名下應追仲尚錡代賠穀一千三百九十九石一斗七升，折銀九百三十八兩六錢六分零，已於未準部覆之先限內全完解司兌收，請將陳克繩及連累致罪之曹鑑、周際昌援例免罪等因具題前來。查陳克繩擊擬徒罪，其名下應追銀兩，該督既稱已於一年限內全完，與免罪之例相符，應如該督所題，陳克繩應照侵盜挪移之贓，一年限內全完軍流徒犯免罪例，應免其發配。再查，曹鑑、周際昌均係聽從陳克繩囑令民欠穀石作實貯交代，擬徒係因人連累，陳克繩已於一年限內完贓，例應免罪，

〔註 149〕（清）常明等修，（清）楊芳燦、譚光祜等纂：嘉慶《四川通志》卷一百五《職官・題名・雅州府六・打箭爐同知》，清嘉慶二十一年（1816）刻本。

〔註 150〕（清）文良等纂修：同治《嘉定府志》卷二十三《職官志・文秩三・嘉定府・知府》，清同治三年（1864）刻本。

〔註 151〕（清）張之濬撰：《西域遺聞序》，（清）陳克繩纂輯：《西域遺聞》，清抄本。

曹鑑、周際昌亦應照例一體寬免。其周際昌一犯，係侵扣腳價銀兩，擬斬、完贓減等擬徒發配之犯，應令該督遵照恩詔辦理，臣等未敢擅便，謹題請旨。〔註152〕

可見，乾隆二十年（1755）九月之前，陳克繩即已因罪被革職，但免於發配處罰。不過，關於陳克繩何時還鄉，現無史料可考。在另一份「清內閣大庫檔案」中亦提及陳克繩官銜。乾隆二十一年（1756）閏九月二十五日，巡視兩淮鹽政內務府總管六庫事務郎中普福，在一份「題報交印起程陛見日期」的奏摺中載：「今日謹將兩淮鹽政印信壹顆、聖訓上諭並未用火牌貳張、一應流傳書籍以及書吏文卷等項，於乾隆貳拾壹年閏玖月貳拾伍日，差委候補運判陳克繩，齎交鹽運使盧見曾暫行護理。外臣即於是日自揚州府起程，所有微臣交印起程日期理合恭疏，題報伏乞皇上睿鑒施行，為此謹具題聞。批紅：該部知道。」〔註153〕可見，乾隆二十一年（1756）九月之際，陳克繩身在揚州，而其具體官銜為兩淮候補運判。

此後，《清實錄》亦載有陳克繩受賞一事。乾隆二十二年（1757）七月甲辰，「諭：『今春南巡接駕廢員內，酌量情罪較輕者，加恩分別賞給職銜，用廣行慶施惠之典。……朱叔權、陳克繩、王煩……等五十五員，俱著照伊原銜降一級賞給頂帶。』」〔註154〕乾隆二十二年（1757）正月至四月間，乾隆帝第二次南巡，中途停留江浙地區，陳克繩因此受到照原職銜降一級賞給頂帶的封賞。不過，值得注意的是，從此《清實錄》所載可知，陳克繩屬於「廢員」，即因罪或因過而被革職的官員，這與筆者所引檔案載其因「在保縣任內虧空民欠穀石一案」而被以「監守自盜」罪名革職相吻合，由此，前文所引同治《湖州府志》所載的「告歸」則誤，僅為掩飾之詞。

綜上，可將陳克繩生平概括如下：陳克繩（1705～1784），字衡北、希範，號希庵，父陳維埴，浙江歸安東山林（筆者注：今浙江省湖州市吳興區東林鎮）人。府學拔貢，雍正七年（1729）舉人，乾隆二年（1737）進士，

〔註152〕（臺灣）中央研究院歷史語言研究所藏《清內閣大庫檔案》，登錄號073947-001。http://archive.ihp.sinica.edu.tw/mctkm2c/archive/archivekm?000466CF000F020200000000000300A000000001000000000^

〔註153〕（臺灣）中央研究院歷史語言研究所藏《清內閣大庫檔案》，登錄號050655-001。http://archive.ihp.sinica.edu.tw/mctkm2c/archive/archivekm?00018762000101010000000000000400A000000001000000000^10

〔註154〕《清高宗實錄》卷五百四十二，清乾隆十四年（1749）十二月辛卯。

初選福建大田縣知縣，三年（1738）調任四川保縣知縣，乾隆十一年（1746）底、十二年（1747）初，升任茂州知州，其間，參與金川之役，辦理餉運，軍功顯著，十四年（1749）補打箭爐同知，十八年（1753）署理嘉定知府，分巡川東夔關。後因在保縣任內虧空民欠穀石一案革職，由此離川。二十一年（1756），官兩淮候補運判，二十二年（1757），因乾隆帝南巡受賞。齋名「雪堂」。著有《西域遺聞》、《詩經管見》、《希庵詩稿》等，纂輯乾隆《保縣志》。

## 二、成書背景探析

在乾隆十八年（1753）之前，《藏紀概》、《西域全書》、雍正《四川通志・西域》、乾隆《雅州府志・西域》、《西藏志》、《西藏志考》、乾隆《西寧府新志・武備志・西藏》等清代西藏方志均已開始在一定範圍內流傳，而因地緣因素，這些方志已在與西藏相鄰的四川境內尤其是川邊藏區傳播開來，這為陳克繩纂輯《西域遺聞》提供了堅實的史料基礎。同時，陳克繩大量參考並引用了乾隆四年（1739）成書的《明史》中「西域」部分內容，《西域遺聞》中「輿國」、「鄰番」等篇目內容基本採自《明史》。同時，在「風俗」門中還提及「馬氏通考載」、「通考載」，這表明其還直接參引了馬端臨《文獻通考》等書。此外，陳克繩因職務之便，曾親身探查過藏區相關情況。例如，書中言及「彼地民有到爐中貿易者……余親問其風土，云然。蓋其天竺國也」、「余渡金沙屢矣」等，這表明陳克繩在打箭爐同知任上，對其相關情況進行了親身探查。在此基礎上，《西域遺聞》成書背景與陳克繩參與第一次金川之役、其個人文學素養、其個人致力於籌邊事業等因素息息相關。

第一，陳克繩在四川為官期間，與西藏和藏族民眾交集頗多，這是其纂輯《西域遺聞》的現實背景。一方面，因地緣因素，陳克繩任職的保縣、茂州、打箭爐廳、嘉定府等地均屬川邊藏區。其任職時間最長的保縣即是通往西藏的咽喉要道之一，正如其師吳莘孫曰：「夫保，土官雜處，為松潘之衝，西藏番漢之所往來經由。」〔註 155〕同時，《西域遺聞》記事時間下限為乾隆十八年（1753），所以該書的資料收集也延展至陳克繩任打箭爐同知及署理嘉

〔註 155〕（清）吳莘孫撰：《送陳子衡北之官序》，（清）陳克繩纂輯：乾隆《保縣志》卷七《藝文志》，故宮博物院編：《故宮珍本叢刊》第 221 冊，海口：海南出版社，2001 年，第 403 頁。

定府知府期間，而打箭爐、嘉定均屬通藏要道及漢藏等多民族雜居地區，這也為其纂輯有關西藏地情的方志作品帶來了內在動力激勵與外部環境刺激。另一方面，陳克繩直接參與了第一次金川之役，對藏族文化和西藏均有了深入瞭解，切身體會到藏族文化的獨特性以及西藏對於清中央政府治下中國疆域的重要性，這為其纂輯《西域遺聞》提供了實踐基礎。

乾隆十一年（1746），大金川土司莎羅奔掠奪小金川土司澤旺，經清中央政府干預後雙方和解。次年，莎羅奔又進攻明正土司，清中央政府派兵前往彈壓，卻遭莎羅奔抵抗。清中央政府命川陝總督張廣泗自小金川進兵大金川，正式開始征伐莎羅奔。莎羅奔率眾奮力反抗，清軍屢敗。乾隆十三年（1748）四月，乾隆帝又命訥親督師增援，不料清軍大敗。同年十二月，乾隆帝改以大學士傅恒為統帥，並起用廢籍名將岳鍾琪進兵金川，清軍兩路進剿，連續取勝。由此，莎羅奔主動議降。次年二月，傅恒班師回京。至此，第一次金川之役平息。

第一次金川之役之初，陳克繩任茂州知州，因其在辦理糧餉運輸中表現優異，受到督辦軍餉的內大臣博爾濟吉特·班第褒獎，並為其奏功請賞，陳克繩因此題補打箭爐同知。乾隆十三年（1748）九月己未，「是日，班第奏言：『臣於八月十三日前抵卡撒軍營，沿途查勘糧運事宜，尚能源源輸挽。……再查西南兩路各糧員中，……茂州知州陳克繩，經理夫役，額外加運，調劑得宜，近又於松潘採買羊隻，搭配軍食，可稱竭力辦公。……當即移會，酌與記功，以示鼓勵。今，臣奉命赴省沿途，應行查催之事，即行查催，奏入。』」〔註 156〕

以上有關陳克繩因功升遷的記載與其同年好友張之濬所言一致，張之濬在《西域遺聞序》中說道：「時，金川蠢動，軍事旁午，全蜀騷然。然，川陝總督班公督師閫外，知君有幹濟才，由茂州牧題補打箭爐同知，留軍營任事。陳君膺挽飛重任，出入於羊腸鳥道、叢林密箐中，閒關千餘里，以達軍前，不爽時刻，士飽馬騰，王師奏凱，最為西川第一。嗣後，出守嘉定，分巡川東榷稅夔關，所至皆以能稱，益信聖天子之知人善任也。」〔註 157〕由此可知，陳克繩任打箭爐同知後，仍留岳鍾琪麾下任事。陳克繩《讀九畹于邁草書後》云：「健兒快馬氣如雲，鼓角轅門動夕曛。誰識牙旗千帳裏，秀

〔註 156〕（清）阿桂等撰：《平定金川方略》卷十二，清刻本。
〔註 157〕（清）張之濬撰：《西域遺聞序》，（清）陳克繩纂輯：《西域遺聞》，清抄本。

才今日也從軍。」〔註 158〕即是其時陳克繩從軍經歷的真實寫照。正是其在金川之役統帥岳鍾琪身邊的從軍經歷，成為其《西域遺聞》的重要史料來源。《西域遺聞》中很多有關西藏的記載均來自「岳威信公」，即在康熙末年入藏平定準噶爾策妄阿喇布坦叛亂中屢立戰功的岳鍾琪。此外，該書中「風俗」門提及「羊骨卜」一事：「有羊卜，取羊髆骨如灼龜而占也。羊髆必取宰者，自斃而不靈。數多奇異，要視其術之深淺。余在金川籌運時，一番目為余灼羊髆，問諸事無不巧中。生平問卜，無踰此番目矣。」〔註 159〕其中「余在金川籌運時」表明，陳克繩在打箭爐同知任上仍參與了糧餉籌運之事，這與張之濬所言一致，也表明《西域遺聞》中確有部分內容來自陳克繩的親身經歷。

第二，陳克繩乃進士出身，文學素養較高，因身處川邊藏區，出於文化新鮮感而對有別於中原文化的藏族文化頗感興趣並已有一定程度的瞭解，這是其纂輯《西域遺聞》的認知背景。首先，陳克繩文學水平較高，這是其獨立纂輯《西域遺聞》、乾隆《保縣志》的重要基礎。陳克繩不僅著有《詩經管見》、《希庵詩稿》等，而且乾隆《保縣志》、乾隆《茂州志》的「藝文志」部分，也大量收錄了陳克繩的賦、詩等邊塞文學作品。在乾隆《保縣志》中，陳克繩將個人 19 篇詩作收錄其中，分別是《重建舊保縣城記》、《龍洞泉廢久矣濬工之沙石盡泉出記以詩》、《宿雜谷》、《色蘭達》、《加波又道中》、《抵松崗》、《曉發梭磨》、《賦得繩橋》、《薛城雜詠》、《正月三日同登玉壘山》、《禹廟》、《玉壘山下有王玉壘題詩依韻和之》、《七星關》、《秋日山行》、《宋參軍席上口占》、《松州》、《長寧道中》、《維州懷古》、《登直固雪山頂》。此外，乾隆《保縣志》還收錄了陳克繩所撰 890 字的賦《岷山積雪賦（以日熳如銀、其高無際為韻）》。在雖僅在茂州任職兩年，但乾隆《茂州志》亦收錄了陳克繩《岷山積雪賦（以日熳如銀，其高無際為韻）》，並將此賦置於（晉）郭璞《江賦》之後，即「藝文志」作品第二的位置，可見此賦應為較高水準之作。

其次，陳克繩對西藏與藏族文化頗感興趣且有一定認知，並已有相關涉藏文學作品問世，這為其纂輯《西域遺聞》提供了一定的文學基礎。陳克繩曾作《西藏竹枝詞》：「千僧黃帽出王城，最是呼圖克有名。世界由來如露電，何須辛苦記前生（番僧高行者，名呼圖克，華言轉生不昧也，在察木多者云

〔註 158〕（清）劉紹攽撰：《于邁草》，清乾隆間刻本。
〔註 159〕（清）陳克繩纂輯：《西域遺聞》，清抄本。

已轉十三世)。貝多羅樹葉長鮮，採入沈檀百和研。一氣氤氳流萬里，瓣香祇合拜班禪(藏香以班禪院中製者為上，取諸香屑雜以異樹之皮)。繡衣花帶拜縱橫，唐帽高高朱履輕。別有紫金腰下袋，拉弓一盌價連城(藏番朝賀盛飾，腰懸木盌，盛以錦袋，盌以拉弓為最貴)。鬖雲未挽舞婆娑，斜著楮巴似絳羅。最是層波愁渺渺，美人未醉亦顏酡(番女衣赤罽之服，曰楮巴，皆赬其面)。碧流千里海茫茫，飛閣凌空夜有香。齊向女呼圖克拜，拔魔宮外月如霜(藏西有羊卓白地，海廣千里，上建大寺，名拔魔宮，女呼圖克居之)。故園回首數聲鐘，小詔東開門幾重。帝女不須還遠望，洛陽宮闕久為烽(小詔，乃唐公主所建以望鄉者，門皆東向)。積石城邊野草春，三危嶺上露華新。沉沉黑水南流海，滾滾黃河東抱秦(積石城在黃河沿三危，即今康詔地)。小西天又大西天，佛曰慈雲一色連。莫道西來行路遠，乘槎曾憶到張騫(藏西數十里有小西天，再西有大西天，即天竺國)。」〔註160〕不過，這裡關於大、小西天的路程記載，卻與其《西域遺聞》所載不一致。《西域遺聞》中「輿國」門記載「小西天在後藏之西，程一月。大西天又在小西天之西，程兩月」。由此可見，詩中認為小西天距離西藏僅數十里，而書中載為「程一月」，同時，關於大西天在小西天西邊的記載則相同，由此亦可推定：陳克繩《西藏竹枝詞》應作於《西域遺聞》之前，這也證明在纂輯《西域遺聞》之前，陳克繩對西藏的一些情況已有所瞭解但不甚準確，但也為其纂輯《西域遺聞》提供了認知基礎和資料準備。

第三，作為邊吏的陳克繩十分重視籌邊事業，其個人籌邊思想為其纂修邊疆方志提供了思想基礎，這是其纂輯《西域遺聞》的理念背景。陳克繩雖任職邊地，但卻關心籌邊之事，意在為清中央政府治邊事業出謀劃策，同時，纂修方志正是其致力於當地「文化重建」而開展的籌邊舉措之一，這也是其在任職川邊藏區期間留心收集涉藏資料，而纂輯西藏方志《西域遺聞》的重要原因之一。對此，雖《西域遺聞》中並無陳克繩序跋，其也未在書中言及著書原因，但我們可在其纂輯的乾隆《保縣志》中管窺其關心邊事、立志籌邊的思想觀念，同時，更能看出其努力搜訪史料，潛心纂修邊疆方志的初衷所在。

陳克繩在乾隆《保縣志》自序中寫道：「顧自愧撫綏乏術，綢繆未能，則

〔註160〕(清)陳克繩撰：《西藏竹枝詞》，(清)潘衍桐撰：《兩浙輶軒續錄》卷六，清光緒十七年(1891)浙江書局刻本。

以保自古號重地，名將之所設措，廉能之所附循，度必有記載成書，藏之舊府，傳之故家者，年代雖適，髣畫如昨，可長智慮，而資楷模。採搜不獲，惆悵於懷。既而思之，人之好古，誰不如我，後之異今，亦如今之異古，今而不述，千載籌邊之事，自我間之矣。爰謀薈萃譔著，非才何其難也。夫，邑之必志，猶國之有史，大指要於備經濟、示法戒為上。保自遭兵燹，典籍蕩如，百年以來，故老殆盡，此考古之難也。資給靡因制作，駸失學校尚爾，何況其餘，此述今之難也。余自是因陋就踈，黽勉修舉，存羊繫朔，用綴典文斷碑蠹簡，獲隻字如石鼓也。故戍荒臺、得寸扯，如靈光也，而雕題鳥語，借譯致詢，馬脊輿肩，所在搦管，積之數歲，褎然成帙矣。……而於夷部源委本末，稽右準今，三致意焉。要以保還保寓，吾惻惻於邊之人之斯已矣。嗟乎，藩籬朽而門庭破，口唇亡而齒牙寒。物之成敗，未有不自邊始。余不敏，雖無籌邊善策可補昔賢未備，而合渙固圉之意，竊申申於此編。庶幾傳往事備，因革以無責，當寧任使也。」〔註 161〕

由此序可知，第一，陳克繩修志目的在於籌邊，意在為清中央政府邊疆治理積極籌劃、獻計獻策。第二，陳克繩認為方志如國史一樣重要，對地方發展尤其是經濟、法制等具有重要意義，因此其樹立了個人修志的使命感與緊迫感。第三，陳克繩克服史料奇缺等困難，注意搜訪、記錄、留存相關資料，為其修志工作順利進行而不斷積累。其間，陳克繩因地制宜地收集並翻譯使用了「雕題鳥語」即少數民族語言文字資料，使得參考史料更加全面具體。第四，陳克繩結合當地少數民族尤其是康區藏民聚居的實際情況，特別在此志中設置了專章「邊防」，其內容為「夷族、夷疆、夷里、夷習、夷兵、夷事」，分別介紹了當時各藏族土司的族群歷史、勢力範圍、地理位置、風俗習慣、軍事實力及重大事件等基本情況，這有助於當時清中央政府在邊疆民族地區採用的「羈縻」政策的順利施行，同時也為後人瞭解當時藏族土司的歷史與文化提供了重要參考。

在修志思想、纂修方法、史料收集等方面，陳克繩通過纂輯乾隆《保縣志》，為隨後纂輯《西域遺聞》打下了堅實基礎，而且其創新性地記述了當地藏族土司歷史與軍事情形，這表明其十分關注藏族狀況，同時在方志纂修過

〔註 161〕（清）陳克繩撰：乾隆《保縣志敘》，（清）陳克繩纂輯：乾隆《保縣志》，故宮博物院編：《故宮珍本叢刊》第 221 冊，海口：海南出版社，2001 年，第 303 頁。

程中非常注重突出民族特色。值得注意的是，陳克繩在乾隆《保縣志》卷端題「知縣事歸安陳克繩衡北纂輯」，此責任方式與《西域遺聞》卷端題「歸安陳克繩橫北氏纂輯」基本一致。

## 三、結　語

進士出身的陳克繩身處川邊藏區，遠離清中央政府核心區域中原地區與儒家文化鼎盛的故鄉江浙地區，內心失落之情溢於言表，其自歎曰：「余在保暇，輒與其士子講求藝文，士之有志者亦樂從。余遊學為科舉，然求一騰驤者未能得。豈其尚有待耶？抑教而育之者未善耶？『呦呦鹿鳴，食野之苹。』余蓋深為恨云。」〔註 162〕但作為深受中國傳統儒家文化薰陶的知識分子，邊吏陳克繩並未沉浸在悠悠鄉愁與「冷官情結」中而自怨自艾，而是因地制宜地立志於籌邊事業，積極為清中央政府邊疆治理獻計獻策，這也正是致力於經世致用的儒家傳統文化中事功精神和淑世情懷的重要體現。

由此，陳克繩以自身在川邊藏區的為官經歷為實踐基礎，摈棄華夷之辨與夷夏之防，熱愛邊疆文化，悉心搜求探查，運用自身文學素養，在個人籌邊思想指導下，纂輯了乾隆間著名西藏方志《西域遺聞》。儘管《西域遺聞》在文獻價值方面較《西藏志》、《衛藏通志》稍遜一籌，但仍為後世瞭解西藏與藏族歷史文化提供了重要史料，同時，邊吏陳克繩身處邊疆而關注少數民族歷史文化之舉同樣值得肯定。

〔註 162〕（清）陳克繩纂輯：乾隆《保縣志》卷四《學校》，故宮博物院編：《故宮珍本叢刊》第 221 冊，海口：海南出版社，2001 年，第 366 頁。

# 第四章　清代西藏方志之繁盛

## 第一節　廓爾喀之役行軍指南之志——《衛藏圖識》

（清）馬揭、盛繩祖合輯的《衛藏圖識》是旨在助力清軍平定廓爾喀之役的急就之作，此文獻性質在清代西藏方志中無出其右。作者在該書《例言》中言明：「是書輯自辛亥暮冬，匝月付梓。」〔註 1〕由此可知，作者僅用時一個月，便於乾隆五十六年（1791，辛亥）十二月輯錄成書，同時，由卷首魯華祝序落款時間「乾隆五十七年壬子歲清和月」〔註 2〕可知，該書首刊於乾隆五十七年（1792）四月。可見，由開始編纂到刊刻問世，作者的效率令人驚歎。那麼，何以至此？因其時正值清中央政府出兵平定廓爾喀侵藏之際，而入藏作戰者可資參考的有關程站類的指南性書籍卻不多。正如本書《例言》所述：「山川道里，皆行役者所必經，風土人情，亦省方者所必重。茲於某處至某處止，分繪一圖，隨圖記程。至山川、事蹟，別為識略以詳載之，不敢稍有漏，貽識者譏……是書所集，祗取記載詳明，俾從軍者便於檢閱，故先括總敘於圖前，隨列程站於圖後，凡道里所經，不及詳載。」〔註 3〕可見，以中國儒家傳統的經世致用為指導原則，作者編纂目的在於輔助行軍作

〔註 1〕（清）馬揭、盛繩祖輯：《衛藏圖識・例言》，清乾隆五十七年（1792）刻巾箱本。

〔註 2〕（清）魯華祝撰：《衛藏圖識序》，（清）馬揭、盛繩祖輯：《衛藏圖識》，清乾隆五十七年（1792）刻巾箱本。

〔註 3〕（清）馬揭、盛繩祖輯：《衛藏圖識・例言》，清乾隆五十七年（1792）刻巾箱本。

戰。值得注意的是，中國國家圖書館藏有乾隆五十七年（1792）刻巾箱本《衛藏圖識》，其開本小巧，正是便於當時官兵行軍攜帶的明證。相較之前的西藏方志，《衛藏圖識》傳播速度快、影響範圍廣。目前所見該書的版本有：1. 清乾隆五十七年（1792）刻本；2. 清乾隆五十七年（1792）刻巾箱本；3. 清光緒九年（1883）北平盛時彥刻本；4. 清刻本；5. 清抄本。此外，清光緒十七年（1891）《小方壺齋輿地叢鈔》雖收錄了《衛藏圖識》，但編者故意將原書拆分為《衛藏識略》一卷、《入藏程站》一卷，並將二者責任方式均標注為「清盛繩祖撰」，同時還將原書所載各圖刪除，故屬刪節本。在此，筆者不再分析《衛藏圖識》的成書背景，而以乾隆五十七年（1792）刻巾箱本《衛藏圖識》為中心，對學術界尚未涉及的該書的書名問題與作者爭議問題展開研究，並對其文獻價值與不足之處加以深入討論。筆者認為，《衛藏圖識》亦被稱作《衛藏圖志》，同時，該書應為馬揭、盛繩祖合輯，但其時及之後的學者、藏書家們對其作者問題卻有不同表述與認知，此外，其流傳迅速、播布廣泛，距其成書僅五年，便開始被不同學者徵引並影響海外漢學界對西藏文化的認知，其文獻價值可見一斑，當然，該書因編輯時間過於倉促，也存在一些不足。

## 一、《衛藏圖識》亦被稱作《衛藏圖志》

因「識」與「志」通假，因此，《衛藏圖識》被一些學者稱作《衛藏圖志》。其中，最具代表性的例證來自著名學者姚瑩。姚瑩攜帶《衛藏圖識》入康區，並作《四月十四夜雪讀〈衛藏圖識〉》：「細雪霏霏晚未闌，重裘四月覺深寒。攜來圖志多驚異，薄酒鐙前擁被看（里塘烏鴉大於肥雞，聲如鵂鶹，不巢樹，而棲人樓屋上，甚可憎惡。西俗，人死置諸野，聽烏鳶啄食，謂之『天葬』。莊子在上，為烏鳶食，殆即指此）。跬步岑樓不出門，密雲霏散易黃昏。生憎窗外烏聲惡，莫作長沙鵩鳥魂。」〔註4〕其中，姚瑩將《衛藏圖識》稱為「圖志」。

曾組織刊刻《衛藏通志》的晚清學者袁昶也注意到《衛藏圖識》的史料價值，其在光緒十三年（1887，丁亥）二月的讀書日記中寫道：「《康輶記行》（姚石父），僅由打箭爐、巴里二塘至察木多而止，並未入藏也。《衛藏圖志》五卷（盛繩祖），當訪求之。」〔註5〕可見，袁昶亦將《衛藏圖識》稱為《衛

〔註4〕（清）姚瑩撰：《後湘詩集》續集卷四，清同治間《中復堂全集》刻本。
〔註5〕（清）袁昶撰：《毗邪台山散人日記》，民國間抄本。

藏圖志》，另外，其將該書作者標注為盛繩祖。

同時，袁昶延請龍繼棟校對《衛藏通志》抄本以刊行，龍氏在《校字記》中言及其參考《衛藏圖志》來校訂自打箭爐進藏程站有關內容，「打箭爐由霍耳德爾格草地至察木多地名『格蔥』（案：《衛藏圖志》作『林蔥』，本書部落門亦作『林聰』，翻譯無正字）。打箭爐由草地進藏路『約同定同古』（案：《衛藏圖志》作『納定同古』）。」〔註6〕那麼，龍氏按語所言《衛藏圖志》是否就是《衛藏圖識》呢？在《衛藏圖識．諸路程站附》中載：「自打箭爐由霍爾德革草地至察木多路程：打箭爐五十里至折多山根，……六十里至吉馬塘，五十里至林蔥，……自察木多由類烏齊草地進藏路程：察木多四十里至俄洛橋（此係分路之處），……六十里至仲納三巴，六十里至納定同古」。〔註7〕其中，《衛藏圖識》所載「林蔥」、「納定同古」，正與龍氏所按《衛藏圖志》二詞一致。因《衛藏通志》明確標注徵引了《衛藏圖識》，因此，龍氏按語提及的《衛藏圖志》應是《衛藏圖識》。

此外，姚瑩在論述藏外諸路進藏道里程站時，圍繞雍正間成書的王我師《藏爐總記》所載進藏路程展開，並將《衛藏圖識．諸路程站附》原文幾乎全部抄錄至「瑩按《衛藏圖識》」即其按語部分，以考訂《藏爐總記》所載非常簡略的進藏程途。其中，姚瑩對於龍氏言及二詞，均作《衛藏圖識》所載「林蔥」、「納定同古」。同時，姚瑩敘述西寧進藏路程時寫道：「瑩按《衛藏圖識》：西寧出口一百六十里至阿什漢，……四十五里至前藏。『圖志』詳載西寧進藏之路如此，與王『記』異，似有另有一路也。王『記』在雍正年間，『圖志』乃乾隆末年之書，似中有改易也。」〔註8〕可見，姚瑩所言『圖志』即《衛藏圖識》。再者，姚瑩認為昌都附近嘉玉橋乃其時邊防要地，「嘉玉一橋，最為緊要。瑩按：嘉玉又作『嘉裕』，番名『三壩橋』。《衛藏圖志》：由昌都西行四百餘里，至麻利，過山，三十里至嘉裕橋，兩山環抱，一水中流。」〔註9〕此段按語正出自《衛藏圖識》所載：「麻利至嘉裕橋宿。瓦合寨西南行四十里至麻利，有碉房、柴草，十里過山，山勢高聳，下山繞河而行，

〔註6〕（清）龍繼棟撰：《衛藏通志校字記》，（清）和琳、松筠、和寧等纂修：《衛藏通志》，清光緒二十二年（1896）桐廬袁昶《漸西村舍叢書》刻本。

〔註7〕（清）馬揭、盛繩祖輯：《衛藏圖識》上卷．諸路程站附，清乾隆五十七年（1792）刻巾箱本。

〔註8〕（清）姚瑩撰：《康輶紀行》卷三，清同治間《中復堂全集》刻本。

〔註9〕（清）姚瑩撰：《康輶紀行》卷三，清同治間《中復堂全集》刻本。

偏橋迭見，三十里至嘉裕橋（番名『三壩橋』），有碉房、柴草，兩山環抱，一水中流，天氣暄和，地土饒美，有塘鋪，計程八十里。」〔註10〕由此可見，姚瑩所引用的《衛藏圖志》，其實就是《衛藏圖識》。

將《衛藏圖識》寫作《衛藏圖志》的情況一直延續至今。《清史稿》將《衛藏圖識》置於《地理類・邊防之屬》，著錄為「《衛藏圖志》五十卷，盛繩祖撰。」〔註11〕之後，民國二十三年（1934），商務印書館在《申報》為其《萬有文庫》第一集、第二集投放廣告，在其圖書銷售目錄「地理類」中，均將《衛藏圖識》標注為「《衛藏圖志》，清盛繩祖，清何秋濤撰。」〔註12〕值得注意的是，白壽彝先生總主編的《中國通史》在敘述清人邊疆史地著述時，仍將《衛藏圖識》寫作「盛繩祖《衛藏圖志》五十卷」〔註13〕，經筆者比對，此段羅列的清人邊疆史地書籍名錄乃沿襲自《清史稿》，因而出現了這一有關《衛藏圖識》作者、責任方式、書名、卷數的錯誤著錄。

此後，諸多知名史料著述受到《清史稿》這一著錄影響，而使用《衛藏圖志》之名。例如，傅振倫先生《中國方志學通論》載：「其考邊防者，有盛繩祖之《衛藏圖志》，松筠之《西招圖略》，……。」〔註14〕馮爾康先生《清史史料》述及清代邊疆史地作品時言明：「據《清史稿藝文志及補編》一書史部地理類邊防和雜志兩項所載，下列諸書是邊疆史地中反映清代歷史的一些作品：劉統勳等撰《西域圖志》52卷，……盛繩祖撰《衛藏圖志》50卷」〔註15〕。張秀民先生《中國印刷史》亦載：「記載新疆、西藏、蒙古及邊防之書，有乾隆《西域圖志》，七十一《西域聞見錄》，盛繩祖《衛藏圖志》，……。」〔註16〕不過，由以上有關《衛藏圖識》亦被稱作《衛藏圖志》的徵引史料記載亦可看出，其中多標注盛繩祖撰《衛藏圖識》，這也就引申出不同時代的

---

〔註10〕（清）馬揭、盛繩祖輯：《衛藏圖識》上卷・程站，清乾隆五十七年（1792）刻巾箱本。

〔註11〕趙爾巽等纂：《清史稿》志一百二十八《藝文二》，民國十六年（1927）鉛印本。

〔註12〕參見商務印書館編：《萬有文庫第一集銷售目錄》，《申報》（上海版），民國二十三年（1934）十二月二十八號，第四版；商務印書館編：《萬有文庫第二集銷售目錄》，《申報》（上海版），民國二十三年（1934）十月二號，第二版。

〔註13〕白壽彝總主編，周遠廉、孫文良主編：《中國通史》第十卷《中古時期・清時期》（上），上海：上海人民出版社，2007年，第27頁。

〔註14〕傅振倫著：《中國方志學通論》，上海：商務印書館，1935年，第25頁。

〔註15〕馮爾康著：《清史史料》（上），北京：故宮出版社，2013年，第228～229頁。

〔註16〕張秀民著：《中國印刷史》（下），杭州：浙江古籍出版社，2006年，第477頁。

學者、藏書家對該書作者的不同認知問題。

## 二、學者、藏書家對《衛藏圖識》作者的不同認知

對於《衛藏圖識》的作者，目前可見的該書各版本均未在卷端或題名頁等處予以明確標注，由此，伴隨《衛藏圖識》刻本不斷傳播，針對其作者問題，相關學者、藏書家等表述不一，遂產生了三種不同觀點：1. 馬揭、盛繩祖合輯，2. 馬揭輯，3. 盛繩祖輯。

第一，有關該書為馬揭、盛繩祖合輯之結論，來自於卷首魯華祝、周琦序言。魯華祝言明：「友人少雲馬君，以自打箭爐至唐古忒一隅，向無刻本成書，爰同梅溪盛君，採《四川通志》中《西域》一卷及無名氏《西域紀事》、《西藏志》等書，刪其繁者，聚其散者，整齊其錯雜者，大旨則折衷於《大清會典》，額曰《衛藏圖識》，裒集成若干卷，以圖作識，而所識則不盡於圖，無缺無濫，次第詳明。」〔註 17〕值得注意的是，魯華祝首先言及馬揭，即馬揭出於由打箭爐入藏道路「向無刻本成書」的原因，才會同盛繩祖編纂此書。可見，魯華祝意在突出馬揭在該書編纂過程中的首倡之功。

《衛藏圖識》卷首另有時人周琦序，其也認為該書為馬揭、盛繩祖合輯，但二者分工不同。周琦序曰：「《衛藏圖識》之輯也，始之於馬少雲揭，而盛梅溪繩祖贊其成。揭竊意，大兵聲討逆酋，深入其阻，雖天戈所指，無假問途，而道里、山川，與夫事蹟、風土、人蓄、物產、寓目，斯編胥可得其大凡，且不轉瞬而奏凱，策勳必有揚芳摛藻，垂示無外之鴻歷者，是編異或備一覽焉。至繩祖幼隨祖父之任打箭爐十有一年，見聞較確，相與增刪成帙，並證諸群書，釐為五卷圖列於前，分記道里、山川也。而附以諸路程站及番民各圖，曰圖考，事詳於後，統記風土人情也。而冠以源流考，附以摭記曰識略，別為蠻語一卷，因類及之。」〔註 18〕由此可知，周琦認為《衛藏圖識》是馬揭、盛繩祖合輯完成，但在編纂過程中，馬揭發揮了主導作用，即該書的編纂創意與組織均「始之於」馬揭，盛繩祖則「贊其成」即發揮了「幫助、輔佐」作用，當然，盛繩祖個人的經歷見聞也發揮了重要作用，在很大程度上保證了該書內容的可信度。

---

〔註 17〕（清）魯華祝撰：《衛藏圖識序》，（清）馬揭、盛繩祖輯：《衛藏圖識》，清乾隆五十七年（1792）刻巾箱本。

〔註 18〕（清）周琦撰：《衛藏圖識序》，（清）馬揭、盛繩祖輯：《衛藏圖識》，清乾隆五十七年（1792）刻巾箱本。

清中期藏書家王端履（1776～？）因繼承其父「十萬卷樓」藏書而聞名一時，其亦收藏《衛藏圖識》並在《重論文齋筆錄》中寫道：「《衛藏圖識》，凡《圖考》二卷、《識略》二卷、《蠻語》一卷，馬少雲揭、盛梅溪繩祖同輯，前有魯華祝序，所記道里、程站最為詳悉，此赴藏者必不可少之書也。因與《西域聞見錄》合為一函藏之。」〔註19〕同時，姚瑩在撰寫《康輶紀行》時，對《衛藏圖識》的參考和批評頗多。姚瑩言及：「此書本之《四川通志》及無名氏《西域紀事》、《西藏志》二書皆抄本，其中傳寫之訛在所不免焉。少雲於乾隆末年以幕友刪採成書，為當時行軍之助。盛梅溪從父官於打箭爐，復徵以所聞，固不可以學人考訂諸書論之也。討論之事豈不有待於後人哉。」〔註20〕可見，姚瑩也認為《衛藏圖識》應為馬揭、盛繩祖共同編輯而成，但從編纂中所起作用來看，應將馬揭置於盛繩祖之前。

第二，《衛藏圖識》成書於乾隆五十六年（1791）末並於次年春刊行，而筆者所見距此時間相對較近的徵引者均將該書作者著錄為馬揭。乾嘉時期學者趙學敏（約1719～1805）在其《本草綱目拾遺》中，兩次徵引《衛藏圖識》中《醫藥》部分內容，均標注為馬少雲《衛藏圖識》，例如，趙氏在其書中談及草藥野馬豆時寫道：「馬少雲《衛藏圖識》：藏中有子母藥，大裁可綠豆，以哈達潔裹之，經時小粒漸曾，有子母相生之義。」〔註21〕同時，乾嘉時期輿地學者李榮陛（1727～1800）在其《尚書考》中也曾提及此書：「而何足下又引馬少雲《衛藏圖識》，云烏斯藏蓋古三苗種，與愚所論三危地在崑崙黑水去中州五六千里者合。」〔註22〕

第三，晚清學者、藏書家們則將《衛藏圖識》作者著錄為盛繩祖。著名學者莫有芝（1811～1871）在其《郘亭知見傳本書目》卷五《史部·地理類·外紀之屬》標注有：「《衛藏圖識》五卷，國朝盛繩祖撰，乾隆末年刻本。」〔註23〕在光緒元年（1875）刊行的張之洞《書目答問》中，《衛藏圖識》被

〔註19〕（清）王端履輯：《重論文齋筆錄》卷三，清道光二十六年（1846）受宜堂刻本。

〔註20〕（清）姚瑩撰：《康輶紀行》卷五，清同治間《中復堂全集》刻本。

〔註21〕（清）趙學敏輯：《本草綱目拾遺》卷五《草部·下》，清同治十年（1870）吉心堂刻本。

〔註22〕（清）李榮陛撰：《尚書考》卷二，（清）李榮陛撰：《李厚岡集》，清嘉慶二十年（1815）亙古齋刻本。

〔註23〕（清）莫友芝編：《郘亭知見傳本書目》卷五《史部·地理類·外紀之屬》，清宣統元年（1909）鉛印本。

置於《史部．地理類．邊防之屬》，將其著錄為「《衛藏圖志》五卷，盛繩祖，刻本。」〔註 24〕晚清學人沈惟賢（1866～1940）的《唐書西域傳注》亦參用此書，並標注為「盛繩祖《衛藏圖識》。」〔註 25〕同時，晚清著名藏書世家浙江錢塘丁氏的藏書目錄《八千卷樓書目》也收錄了此書：「乾隆《衛藏圖識》五卷，國朝盛繩祖撰，刊本。」〔註 26〕而清末西藏方志代表作《西藏圖考》亦將該書標注為「盛繩祖《衛藏圖識》。」〔註 27〕

值得一提的是，光緒九年（1883）盛繩祖之孫盛時彥重刻《衛藏圖識》，其在重刻本中故意刪除了魯華祝序文中涉及馬揭的所有文字，同時在卷末作跋稱：「右『圖識』四冊，乃先大父梅溪公手著也。」〔註 28〕由此，其徹底否認了馬揭參與編纂此書的記載。

如上文所言，民國期間，《清史稿》首先開啟了對《衛藏圖識》的錯誤標注並影響至今，其將即該書作者標注為盛繩祖，並將該書卷數著錄為五十卷，這在客觀上影響了白壽彝《中國通史》、馮爾康《清史史料》等知名著述。另，商務印書館《萬有文庫》則將該書作者標作盛繩祖、何秋濤。

一些外國漢學家和圖書收藏機構的編目員也認為《衛藏圖識》的作者是馬揭、盛繩祖。例如，德國漢學家傅海波（Herbert Franke，1914～2011）提及：「我曾試圖瞭解西藏歷史地理的細節，便瀏覽《衛藏圖志》，這是一本由馬揭和盛繩祖撰寫的西藏手冊，1792 年出版，共五章。」〔註 29〕此外，《衛藏圖識》亦被大英博物館收藏，在 1877 年倫敦出版的《大英博物館圖書館藏中文刻本、寫本、繪本目錄》即著錄了《衛藏圖識》的書目信息：「馬少雲 MA SHAOU-YUN，盛梅溪 SHING MEI-KE.衛藏圖識 Wei tsang too shih. 'An Itinerary of Tibet, with an Account of the Inhabitants, their Customs and Institutions. With Maps and Illustrations.' Complied by Ma Shaou-yun and Shing Mei-ke. 4 keuen. 1792.（筆者譯：馬少雲，盛梅溪。衛藏圖識。『西藏旅行指

---

〔註 24〕（清）張之洞撰：《書目答問》，清光緒二年（1876）四川刻本。

〔註 25〕（清）沈惟賢撰：《唐書西域傳注》，清光緒二十四年（1898）刻本。

〔註 26〕（清）丁仁編：《八千卷樓書目》卷六《史部》，民國十二年（1923）錢塘丁氏鉛印本。

〔註 27〕（清）黃沛翹輯：《西藏圖考．例言》，清光緒二十三年（1897）刻本。

〔註 28〕（清）盛時彥撰：《衛藏圖識跋》，（清）馬揭、盛繩祖輯：《衛藏圖識》，清光緒九年（1883）北平盛時彥刻本。

〔註 29〕〔德〕傅海波著：《歐洲漢學史簡評》，胡志宏譯，張西平編：《歐美漢學研究的歷史與現狀》，鄭州：大象出版社，2006 年，第 116 頁。

南，包括當地居民及其風俗與制度。配有輿圖與記述。』馬少雲、盛梅溪著。4卷。1792年)。」〔註30〕

對於《衛藏圖識》作者問題，筆者認為：應該尊重此書乾隆五十七年（1792）刻本中「馬揭與盛繩祖合輯」的既成之說，但在該書編纂過程中，馬揭有首倡與啟動之功，而盛繩祖則以親身經歷發揮了編纂與校正之用。同時，光緒時盛時彥基於情感因素，在該書重刻本中將此書作者改為盛繩祖獨著的做法亦可理解，但此貪功奪利之舉確實大失風雅。

就筆者目力所及，有關馬揭的生平記載十分罕少，僅由魯華祝序得知「馬揭，字少雲」，其他生平資料尚無考。相比之下，此書另一作者盛繩祖的生平資料相對略多。盛繩祖，字梅溪，順天宛平人。其父盛英，官至寧遠知府，乾隆末年隨軍入藏，負責徵集軍餉。盛繩祖因此隨其父來往於川康之間十餘年，將沿途山川、風土、程站等情況悉心記錄。乾隆五十六年（1791）廓爾喀再次侵藏，為了幫助入藏平亂的清軍盡快瞭解西藏民情，熟悉行軍程站路線，盛繩祖遂與馬揭參考雍正《四川通志．西域》、《西藏志》等書，並參用他們此前實地踏查而得的一手資料而輯成此書。

## 三、文獻價值與不足之處舉隅

### （一）文獻價值

《衛藏圖識》的編纂體例為傳統的綱目體，其史料來源主要有：雍正《四川通志．西域》、《西藏志》、《西域紀事》、《大清會典》、《布政全書》、《西藏諸水考注》等。其中，對《西藏志》的徵引最多。《西藏志》原以抄本流傳，和寧於乾隆五十三年（1788）得於成都，並於乾隆五十七年（1792）刊行，而和寧序落款時間為「乾隆五十七年歲次壬子季春吉日」，即當年三月。如上文所述，《衛藏圖識》於清乾隆五十六年（1791）十二月編纂完成，卷首魯華祝序言落款時間是「乾隆五十七年壬子歲清和月」，即當年四月。因此，筆者認為《衛藏圖識》作者參考《西藏志》刻本的可能性極小，其所資者應為抄本《西藏志》。

以清乾隆五十七年（1792）刻本《衛藏圖識》為例，是書共五卷：《圖考》二卷、《識略》二卷、《蠻語》一卷，卷首為魯華祝序、周琦序，全書約4萬

〔註30〕張西平主編：《歐洲藏漢籍目錄叢編》第1冊，廣州：廣東人民出版社，2020年，第160頁。

字。《圖考》主要記述了行軍入藏所經道里、程站及藏民分布情況。「書中以圖導文，按東起成都，西至聶拉木全長 4905 公里的行軍路線，詳細敘述每日行走里程、打尖和宿營的位置。沿途的道路、橋涵、氣候、景物、藏民習俗、柴草供應以及打箭爐（今四川康定縣）、察木多（今西藏昌都縣）、拉里（今西藏嘉黎縣）、拉薩等城鎮的情況。」〔註 31〕《識略》基本輯錄自《西藏志》等已有西藏方志，敘述西藏地方簡況，包括：源流考、疆域考、封爵、朝貢、紀年、歲節、兵制、刑法、賦役、徵調、喪葬、醫藥、卜筮、市肆、工匠、山川、古蹟、寺廟、物產等 20 個門類。雖然在《衛藏圖識》刊刻問世之前，已有《藏紀概》、雍正《四川通志・西域》、《西域全書》、《西藏志》、《西藏志考》、乾隆《雅州府志・西域》、《西藏記述》、《西藏見聞錄》、《西域遺聞》等西藏方志在一定範圍內流傳，但相比之下，《衛藏圖識》刊行之後影響最廣，甚至在十九世紀被譯作外文，並在海外漢學界產生了一定影響。這一方面與該書用於行軍參考，必然在傳播範圍與播布速度方面優於前書有關，另一方面，也與該書文獻價值息息相關。

第一，該書所載其時西藏地情尤其是內外交通情況，對時人與後世瞭解或加深對清軍平定廓爾喀之役的認知具有重要參考價值。魯華祝在其序中對《衛藏圖識》的文獻價值作如下評價：「倘所謂識，其小者非耶。仰惟聖朝一統無外，輿圖遼闊，亙古得未曾有。余於五十一年捧檄赴藏，管理軍臺糧務，自省至藏，幾及萬里，往返於後者四年，於衛藏之情形頗得知其大概，未嘗不欲採訪成帙，顧以夷務方興，軍書旁午有志焉。而未逮今少雲、梅溪以是書商定，批閱之餘，恍如入舊遊之地者。刻下，廓番復肆鴟張，王師進剿，釜底遊魂，詰朝澌滅，直易易事耳。從軍者得是書而讀之，知若者為衛、若者為藏，程站遐邇何若？道路險夷何若？古今興廢分合何若？羌髳好尚強弱何若？按《圖考》識，朗若列星，舉所謂人情、物產、山川、風土，胥於是乎？得之未始非平番之一助也。」〔註 32〕可見，從事軍務的魯華祝認為此書將發揮「平番之一助」的作用，即對於清軍更快地瞭解西藏及周邊地區地情，熟悉行軍路線，進而順利進剿平定廓爾喀侵藏大有裨益。這正是《衛藏圖識》

〔註 31〕陳自仁主編：《珍貴方志提要》，蘭州：甘肅人民美術出版社，2009 年，第 150 頁。

〔註 32〕（清）魯華祝撰：《衛藏圖識序》，（清）馬揭、盛繩祖輯：《衛藏圖識》，清乾隆五十七年（1792）刻巾箱本。

在當時發揮現實功用的文獻價值所在。吳豐培先生也肯定了《衛藏圖識》的重要價值，其對該書的評價是「頗具地志之雛形。在當時西藏缺少文獻之際，亦是借參稽，凡例有云：『將續刊〈平番紀略〉以紀西征之役』，惜未得見，設能與書合刊，自可增其價值。今幸《巴勒布紀略》、《平定廓爾喀紀略》諸書均已出版，自可參閱。」〔註 33〕可見，因該書對後世研究清軍平定廓爾喀之役具有重要的文獻價值，因此該書的清乾隆五十七年（1792）刻本，亦以影印方式被納入西藏自治區社會科學院編輯的《西藏學文獻叢書別輯》之中。

同時，陸鳳藻《小知錄》成書於嘉慶九年（1804），在記述打箭爐概況時，即引用了《衛藏圖識》所載：「打箭爐，相傳漢武侯南征遣將郭達安爐造箭之地。中華極西，西域之極東也。懸崖峭壁，中隔瀘河，勢最險要。昔為南詔地，隸青海部落。明永樂五年，土目阿旺堅參以隨征明玉珍功，授為明正世職。康熙中，歸附。管轄十三鍋莊番民，約束新附土司及土千百戶。地以石為城，漢番雜處。凡駐藏使臣及換藏兵丁，均於此出口。（衛藏圖）」〔註 34〕其中，陸氏在標記徵引出處為「衛藏圖」，經筆者比對，其徵引內容即出自《衛藏圖識．圖考上卷》開篇打箭爐部分，因此，「衛藏圖」即《衛藏圖識》。

第二，該書所載圖像具有重要的史料參考價值。誠如其名，《衛藏圖識》的最大特色即在於「圖」，其形式與體例在清代西藏方志中具有開創作用。書中有《衛藏全圖》1 幅、《程站圖》8 幅、《拉薩佛境圖》1 幅、《番民種類圖》18 幅，其不僅沿襲了中原地區方志的繪圖體例，而且在繪圖數量上較之前的清代西藏方志有較大突破，並為此後松筠編纂《西藏圖說》、黃沛翹輯錄《西藏圖考》提供了重要參考。其中，《拉薩佛境圖》描繪了當時拉薩著名寺廟及其大概位置，同時，雍正《四川通志》中《西藏輿圖》僅標注地點 53 處，而《衛藏圖識》的《衛藏全圖》標注地名 96 處，對於後世開展西藏交通史、漢藏文化交流史研究均有重要的參考價值。

值得一提的是，《番民種類圖》獨具特色，以簡單線條勾勒出不同地區男女藏民的衣飾，並附文字簡述其風俗。其中，《狢貐茹巴番民圖》、《狢貐茹巴番婦圖》，雖然圖畫勾勒簡單，卻是目前所見的中國歷史文獻中最早的狢貐（筆者注：即西藏藏南洛隅地區）民眾畫像。《番民種類圖》包括《打

〔註 33〕吳豐培著：《吳豐培邊事題跋集》，烏魯木齊：新疆人民出版社，1998 年，第 134 頁。

〔註 34〕（清）陸鳳藻輯：《小知錄》卷三《邊陲》，清嘉慶九年（1804）刻本。

箭爐番民圖》、《打箭爐番婦圖》、《里塘番民圖》、《里塘番婦圖》、《巴塘番民圖》、《巴塘番婦圖》、《西藏番民圖》、《西藏番婦圖》、《阿里噶爾渡番民圖》、《阿里噶爾渡番婦圖》、《木魯烏蘇番民圖》、《木魯烏蘇番婦圖》、《布魯克巴番民圖》、《布魯克巴番婦圖》、《狢貐茹巴番民圖》、《狢貐茹巴番婦圖》、《巴勒布番民圖》、《巴勒布番婦圖》等 18 幅。筆者比對發現，《衛藏圖識》中《西藏番民圖》、《西藏番婦圖》，與《皇清職貢圖》所載《西藏番民圖》、《西藏番婦圖》在線條、輪廓、人物及表情方面高度相似，差別僅在於《衛藏圖識》此二圖中人物服飾增添了斑點而已。因此，這些人物圖應是作者參考乾隆間《皇清職貢圖》體例所作。此《番民種類圖》被清人鄭光祖輯《西藏紀聞》直接採用，有利於後世較為形象地瞭解當時藏地民眾的外部特徵與衣飾風俗，是西藏文化史研究的重要資料。

第三，該書所載藏地風俗為時人及後世開展中國古代婦女生活史研究提供了重要史料。王初桐（1729～1821）纂述的《奩史》囊括了自上古至明清時期中國女性生活的諸多細節，堪稱中國古代婦女生活的百科全書。《奩史》數次徵引《衛藏圖識》中其時藏族婦女衣裝、飾品等相關記載。例如，其書中在描寫藏族女性鞋履風俗時，即兩次引用《衛藏圖識》：「西藏婦女腳履康，番稱華鞮曰『康』（衛藏圖識）。日本婦人赤足著缺後朱履，名曰『淺拖長歧』（臺灣府志）。木魯烏素番婦著卷皮履（衛藏圖識）。」〔註 35〕需要指出的是，《奩史》初刊於嘉慶二年（1797），距《衛藏圖識》首刊僅五年時間，由此可知《衛藏圖識》在當時流傳之快、播布之廣、影響之大。

況周頤（1859～1926）在其《眉廬叢話》中談及古代女性纏足時寫道：「西藏燈具，狀如弓鞋，俗傳為唐公主履，見《衛藏圖識》。夫曰俗傳，則其由來亦已久矣。是亦謂唐時已有弓鞋，不自南唐始也。」〔註 36〕民國學者姚靈犀以研究中國女性纏足史聞名，亦引用《衛藏圖說》此段所載：「（乙）有定為隋唐以後者。此說時賢多主張之，其根據如左：子、《衛藏圖識》：『西藏燈具，狀如弓鞋，俗傳為唐公主履。』唐文成公主曾嫁吐蕃贊普棄宗弄贊，是以有此遺品。」〔註 37〕

第四，該書所附《蠻語》，可為藏語方言研究提供有益參考。魯華祝認為：

〔註 35〕（清）王初桐纂述：《奩史》卷六十七，清嘉慶二年（1797）刻本。
〔註 36〕況周頤著：《眉廬叢話》，太原：山西古籍出版社，1995 年，第 270 頁。
〔註 37〕姚靈犀編：《采菲錄》，民國二十五年（1936）鉛印本。

「卷末載《蠻語》一則，則楊升庵《丹鉛錄》之遺忘土音也、方言也，一而已矣。」〔註 38〕此《丹鉛錄》即明代學者楊慎（1488～1559）所撰考辨群書異同之學術筆記彙編，全書二十七卷，分天文、地理、訂訛、禮樂等二十六門。魯華祝稱《衛藏圖識》之《蠻語》可補《丹鉛錄》之缺，未免過譽。但是，這也在一定程度上反映出《蠻語》的重要價值。

實際上，在此《蠻語》之前即已有幾種此類「漢藏對照詞彙資料彙編」問世。伴隨清中央政府對西藏治理的不斷強化，中原地區官商士人入藏頻次增多，對藏語的學習與積累日益推進，由此，官私兩方均編寫了有關藏語詞彙資料。例如，在第一次大、小金川之役（1747～1749）期間，為加強對川西邊番的管理，乾隆帝曾於乾隆十三年（1748）命令傅恒等編纂《西番譯語》。同時，在官修《御製五體清文鑒》中亦收錄了大量藏文詞彙。在私人著述方面，成書於乾隆十一年（1746）的《西藏見聞錄》亦設有《方語》篇目，其中也收錄了藏語詞彙 454 條。不過，此《蠻語》的文獻價值不容小覷，其被此後黃沛翹輯錄《西藏圖考》時直接摘錄。在《西藏圖考》卷六《藏事續考》中附有《蠻語附》一節，載有日、月、星、雲等 71 個藏語詞彙的漢字注音，這些均引自《蠻語》。同時，袁昶亦言及《蠻語》對其刊刻《衛藏通志》的重要性：「松岑為校刻《衛藏通志》竣事，此冊惜未有地圖，又缺『方言』一門，當取《衛藏圖志》『方言』及《康輶記行》中所載『蕃爾雅』補之。」〔註 39〕

第五，自十九世紀開始，《衛藏圖識》即已走出國門，被英法等國博物館、圖書館收藏，除了上文提及的大英博物館之外，《衛藏圖識》亦入藏法國國王圖書館，在 1902 年巴黎出版的《法國國王圖書館中韓日文圖書目錄（第一卷）》即著錄：「衛藏圖識，Oei tsang thou tchi. Cartes et description du TibetSans nom d'auteur, avec préface de Lou Hua-tchou（1792）, comprenant préliminaires, cartes et examen, relation, langue des barbares. 5 livres.（筆者譯：衛藏圖識，西藏輿圖與記述。佚名，有 1792 年魯華祝序，包括序、圖考、識略、蠻語。5 卷）。」〔註 40〕

---

〔註 38〕（清）魯華祝撰：《衛藏圖識序》，（清）馬揭、盛繩祖輯：《衛藏圖識》，清乾隆五十七年（1792）刻巾箱本。

〔註 39〕（清）袁昶撰：《毗邪台山散人日記》，民國間抄本。

〔註 40〕張西平主編：《歐洲藏漢籍目錄叢編》第 3 冊，廣州：廣東人民出版社，2020 年，第 1637 頁。

同時，《衛藏圖識》引起一些西方漢學家的高度重視，其在被譯為俄文、法文、英文等文本後聲名遠播，為海外漢學界瞭解西藏歷史、研究西藏與藏族文化提供了重要參考。例如，上文提及的德國漢學家傅海波說道：「我讀得深入以後，發現這部書已被俄國的比丘林翻譯了一部分。幾年以後，被奉為正確的法文譯本由克拉普洛特（Hernrich Julius Klaproth，1783～1835）出版。」〔註 41〕同時，法國漢學家戴密微（Paul Demieville，1894～1979）在討論佛教在西藏傳播的歷史時曾直接引用了《衛藏圖識》，其在討論唐蕃會盟地點時言及「《衛藏圖志》（1792 年版，第 1 卷，第 5 頁）證實悶懼廬川就是藏河川」。〔註 42〕同時，其又兩處轉引了《衛藏圖識》相關內容。第一處為：「在西藏，人們似乎真正相信——至少在西藏的漢人是這樣認為的——玄奘西天取經時曾路經這一地區（參閱 1792 年出版的《衛藏圖志》一書，刊《史料》第 2 卷，第 24 頁；柔克義於 1891 年《皇家亞洲學會雜誌》上發表了《漢文史料中所記載的西藏》一文，他在第 282 頁注②裏引用了這一文獻，但譯文不太準確）。」〔註 43〕第二處為：「人們傳說大昭寺內著名的釋迦牟尼青銅像是由文成公主帶來的，而且還認為是在唐朝鑄造的(《衛藏圖志》，載《史料》第 2 卷，第 11 頁；柔克義於《皇家亞洲學會雜誌》1891 年第 263 頁發表的文章）。」〔註 44〕戴密微轉引的有關《衛藏圖識》內容均來自美國漢學家柔克義（William Woodville Rockhill，1854～1914），其於 1891 年在英國《皇家亞洲學會雜誌》發表了《西藏：源於漢文資料的地理學、人種學和歷史學的概述》（Tibet, A Geographical, Ethnographical, and Historical Sketch, Derived from Chinese Sources）〔註 45〕。柔克義兼通藏、漢文，因此，其於 1888 年底開始第一次藏區考察，雖未能抵達拉薩，但其注意將考察所得與漢文史料所載結合，在其徵引史料中即有《衛藏圖識》，這也體現出《衛

〔註 41〕〔德〕傅海波著：《歐洲漢學史簡評》，胡志宏譯，張西平編：《歐美漢學研究的歷史與現狀》，鄭州：大象出版社，2006 年，第 116 頁。

〔註 42〕〔法〕戴密微著：《吐蕃僧諍記》，耿昇譯，北京：中國藏學出版社，2013 年，第 259 頁。

〔註 43〕〔法〕戴密微著：《吐蕃僧諍記・導論》，耿昇譯，北京：中國藏學出版社，2013 年，第 18 頁。

〔註 44〕〔法〕戴密微著：《吐蕃僧諍記》，耿昇譯，北京：中國藏學出版社，2013 年，第 240 頁。

〔註 45〕W. Woodville Rockhill. Tibet. A Geographical, Ethnographical, and Historical Sketch, Derived from Chinese Sources. *The Journal of the Royal Asiatic Society of Great Britain and Ireland,* 1891:1-333, 185-291.

藏圖識》在當時藏區傳播與影響之廣。此外，法國漢學家石泰安（Rolf Alfred Stein，1911～1999）也參考了柔克義論文中對《衛藏圖識》的英文譯文，「他那門神的職責卻使人聯想到了關帝（已被比定為格薩爾）的職能。關帝同樣也與其愛妻和兒子（關平）畫在一起，而且始終都被畫成美髯公。同樣的守護神也被比定為尉遲敬德，即後來變成了中原漢地門神的唐將（見《衛藏圖志》，1792 年，柔克義 1891 年譯本第 263 頁）。」〔註 46〕

## （二）不足之處

由上文可知，《衛藏圖識》編輯時間僅一個月左右，雖編纂效率極高，但確實非常倉促，因此其不足之處亦比較明顯。第一，雖然此書題名為《衛藏圖識》，從題名分析，書中所載應以圖和識略為主，而圖應是此書之重點，但作者編纂目的僅為供行軍備戰之需，故而繪圖不夠細緻全面。黃沛翹《西藏圖考》曾評價過《衛藏圖識》的輿圖，即「謹按，《內府西藏全圖》，外間未見臨本。惟松文清公《圖略》與盛氏繩祖《圖識》刊行於蜀，松圖最明確，而方向倒置，盛圖則模糊不可辨識。」〔註 47〕可見，通過與松筠《西藏圖說》相比，《衛藏圖識》中輿圖繪製相對粗劣，因此，黃沛翹書中臨摹了《西藏圖說》的輿圖，而並未選用《衛藏圖識》。同時，《番民種類圖》也稍顯粗陋，給人以其為作者主觀臆想之感。

第二，本書作者並未身入西藏踏查，書中所載內容絕大部分採自他書或傳聞，因此，書中文字難免出現偏差與混亂之處。例如，「圖考」部分的「道里圖」及「程站」多標注「昌都」，而在《察木多至拉里道里之圖》中又出現「昌都」，這與該圖題名「察木多」的表述即不一致。再看「識略」部分的《衛藏全圖》及《疆域》，又將「昌都」寫作「察木多」。此外，書中亦有「察木多（古名康）」之表述。這種對同一地名標注前後不一的情形，一方面原因在於作者參考的史料來源不一，另一方面也顯示出編輯時間過於倉促，而在全書統稿與校對上用力不足，從而影響了該書內容的精準性與可靠性。

同時，書中還有作者傳訛與主觀認知錯誤。姚瑩即已認識到該書學術性欠缺的弊端，「少雲於乾隆末年以幕友刪採成書，為當時行軍之助。盛梅溪

---

〔註 46〕〔法〕石泰安著：《西藏史詩和說唱藝人》，耿昇譯，陳慶英校訂，北京：中國藏學出版社，2012 年，第 118 頁。

〔註 47〕（清）黃沛翹輯：《西藏圖考》卷一《藏圖小引》，清光緒二十三年（1897）刻本。

從父官於打箭爐，復徵以所聞，固不可以學人考訂諸書論之也。」〔註 48〕同時，作者在《猓猔茹巴番民圖》、《猓猔茹巴番婦圖》的識語中寫道：「猓猔，野人國，在藏地之南數千里，其人名『老卡止』，荒野蠢頑，不知佛教。嘴剖數缺，塗以五色，性喜食鹽，不耕不織，穴處巢居，冬衣獸皮，夏衣木葉，獵牲並捕諸毒蟲以食。衛藏凡犯罪至死者，解送赴怒江，群『老卡止』分而啖之。」〔註 49〕這一文字說明應取自《西藏志》所載：「猓猔，乃野人，名『老卡止』，嘴割數缺，塗以五色，性喜鹽，其地產茜草、水竹、紫草茸，不耕不織，穴室巢居，獵牲為食。藏內有犯死罪者，人解送過江，群『老卡止』分而啖之。」〔註 50〕需要指出的是，《衛藏圖識》作者將《西藏志》中的「江」改為「怒江」，這是一個地理常識錯誤，實際上，作者誤將雅魯藏布江當作怒江，這反映出作者對西藏地理情況還不夠熟悉。此外，作者在《西藏志》所載內容基礎上，添加了猓猔民眾「荒野蠢頑，不知佛教」的主觀判讀，這顯然是作者根據《西藏志》所載「野人」、「穴室巢居，獵牲為食」等文字描述而人云亦云，並結合西藏藏傳佛教興盛的實情而主觀想象推演之果。

## 第二節　唯一無二之賦體藏志——《西藏賦》

《西藏賦》是一部兼具史學與文學價值的賦體方志。作者是清代著名的蒙古族文學家和寧，其於嘉慶二年（1797）駐藏大臣任上實地踏查、旁徵博引而撰成此書。該書記載史事時間下限為乾隆六十年（1795）乾隆帝賜號「衛藏永安寺」。和寧在描述拉薩山川地貌「峰擁磨盤，筆洞於前」時，自注曰：「布達拉西南孤峰聳出，名招拉筆洞，上住喇嘛醫生，其西連崗稍低平，名磨盤山，上建關聖帝君廟，山陽建喇嘛寺，乾隆六十年賜號『衛藏永安寺』，為濟嚨胡圖克圖焚修之所。」〔註 51〕同時，陳光貽先生認為賦體方志具有不能保留原始資料出處的弊端，「『地賦』性質是帶有文學色彩的地方志，因其文辭彬彬可誦如歌曲，故便於流傳。其缺點是不能保留記載事物

〔註 48〕（清）姚瑩撰：《康輶紀行》卷五，清同治間《中復堂全集》刻本。
〔註 49〕（清）馬揭、盛繩祖輯：《衛藏圖識・番民種類圖》，清乾隆五十七年（1792）刻巾箱本。
〔註 50〕（清）佚名纂修：《西藏志・疆圉》，龔自珍跋清抄本。
〔註 51〕（清）和寧撰：《西藏賦》，清嘉慶二年（1797）和寧寫刻本。

的原始資料。」〔註 52〕實際上，和寧在《西藏賦》中將大部分徵引出處均在自注開篇即予以標注。值得一提的是，雖然《中國地方志聯合目錄》、《中國地方志總目提要》均未著錄此書，《中國地方志詞典》卻將其收入「著名方志」之中，並稱該書「既訪圖經地志，更徵文獻典籍，注釋其意，參以事實，述明原委，所記往往為他書所未載，且因多為目擊身經歷，故信而有徵，為研究藏事的重要書籍。」〔註 53〕實際上，此書是中國文學史上唯一一部以「賦」這種中國傳統文學形式全面敘述西藏地方地理、歷史、宗教、文化、風俗等基本情況的邊疆輿地文學作品，不僅是賦學名篇，更是方志佳作。由此，筆者以嘉慶二年（1797）和寧寫刻本為中心，對該書的版本播布與文獻價值等展開討論。

## 一、作者生平簡述

和寧（1741～1821），蒙古鑲黃旗人，姓額爾德特氏，字潤平，號太庵、太莽、泰庵。道光元年（1821），因避清宣宗「旻寧」諱而改名「瑛」，故亦名「和瑛」。和寧是乾嘉之際著名的封疆大吏，亦是具有深厚漢文學素養的少數民族學者。其成長於中原地區，自小接受儒家文化教育。乾隆三十六年（1771）進士，授戶部主事，歷員外郎。出為安徽太平知府，調潁州。乾隆五十二年（1787），擢廬鳳道，歷四川按察使及安徽、四川、陝西布政使。乾隆五十八年（1793），以副都統銜赴西藏任駐藏幫辦大臣，輔助駐藏大臣和琳，次年三月抵西藏，尋授內閣學士，仍留西藏辦事。嘉慶五年（1800），和寧在西藏任職八年後，召為理藩院侍郎，旋出任山東巡撫。嘉慶七年（1802）四月，濟南知府德生徇情誤斷金鄉皂役之孫張敬禮冒考，而和寧誤聽之，且並不提鞫，因而為給事中汪鏞所彈劾，被嘉慶帝以「日事文墨，廢弛政務」之名解職。又以隱匿蝗災事發而遣戍烏魯木齊，充任葉爾羌幫辦大臣，後調喀什噶爾參贊大臣。嘉慶九年（1804），授理藩院侍郎，仍留邊任，後於十一年（1806）充烏魯木齊都統。嘉慶十四年（1809），授陝甘總督。嘉慶十六年（1811），遷盛京將軍，後歷熱河都統、刑部侍郎、禮部尚書，調兵部。嘉慶二十一年（1816），又授工部尚書，後加太子少保。嘉慶二十三年（1818），授軍機大臣、領侍衛內大臣，充上書房總諳達、文穎館總裁。道光元年（1821），

〔註52〕陳光貽著：《中國方志學史》，福州：福建人民出版社，1998 年，第 34 頁。
〔註53〕黃葦主編：《中國地方志詞典》，合肥：黃山書社，1986 年，第 149 頁。

卒，贈太子太保，諡「簡勤」。和寧嫻習掌故，優於文學，但著書多不傳。久任邊職，有惠政。〔註54〕和寧筆耕不輟、著述頗豐，有《讀易擬言內外編》、《經史匯參補編》、《讀易匯參》、《易貫近思錄》、《風雅正音》、《回疆通志》、《三州輯略》、《太庵詩稿》、《易簡齋詩鈔》等。值得一提的是，和寧在駐藏大臣任內參與編纂了《衛藏通志》，並於嘉慶二年（1797）撰成賦體方志《西藏賦》。

## 二、版本播布分析

《西藏賦》存世版本有以下7種：1. 清嘉慶二年（1797）和寧寫刻本，行款為半葉八行二十字小字雙行同白口四周雙邊單魚尾；2. 清嘉慶二十一年（1816）《四川通志》刻本，行款為九行二十一字小字雙行同白口四周雙邊單魚尾；3. 清同治間張丙炎《榕園叢書》刻本，行款為十行二十一字小字雙行同黑口左右雙邊；4. 清光緒八至九年（1882～1883）《元尚居匯刻三賦》刻本，行款為十行二十一字小字雙行同黑口四周單邊單魚尾；5. 清光緒十二年（1886）《西藏圖考》刻本，行款為十行二十二字小字雙行同黑口左右雙邊單魚尾；6. 清光緒二十七年（1901）《八旗文經》刻本，行款為十二行二十三字黑口左右雙邊雙魚尾；7. 民國二年（1913）真州張允顗重修《榕園叢書》刻本，行款為十行二十一字小字雙行同黑口左右雙邊。由此，我們也可進一步釐清《西藏賦》版本播布的大致情況。

首先，目前可見該書的單行本僅有一種，即清嘉慶二年（1797）和寧寫刻本，亦為該書版本年代最早者，該版本無序跋，有和寧自注，卷末署名為「時嘉慶二年歲次丁巳五月衛藏使者太庵和寧著」。其他存世版本多為叢書本，即《西藏賦》被一些叢書或總集作為知名文學作品收錄在「詩賦」或「藝文志（考）」部分，由此可見，《西藏賦》在清代文學系統內是受到一定推崇的。

在清嘉慶二年（1797）和寧寫刻本問世之後，嘉慶二十一年（1816）重修的嘉慶《四川通志》即將《西藏賦》收錄在《西域志》中，但卻刪除了注文，這也是目前可見的唯一一種無注版本。因嘉慶《四川通志·西域志》實際上是一部「西藏簡志」，因此，這也證明嘉慶《四川通志》纂修者將《西藏賦》

〔註54〕參見趙爾巽等纂：《清史稿》卷三百五十三《列傳一百四十》，民國十六年（1927）鉛印本。

視為方志類史料作品。

此後，清同治間張丙炎《榕園叢書》刻本收錄了《西藏賦》，並在卷末附同治甲戌（十三年，1874）八月番禺李光廷跋，其中言及「余在都，與公曾孫錫佩韋卿同事吏部者數年，不知公有著作。此本為陳蘭甫買自書肆，舉以寄增者，而韋卿已卒於川東道任矣。因抄叢書，亟以著錄焉。」〔註 55〕由此可知，李光廷曾與和寧曾孫錫佩在京城共事，但尚不知和寧曾著此《西藏賦》。可見，《西藏賦》成書之後的影響力並不大、傳播範圍也不廣，李光廷在得好友贈書後，才將其抄錄並收於其《反約篇》叢書之中。此後，與李光廷私交甚篤的張丙炎又將此李光廷《反約篇》叢書中《西藏賦》抄本收錄於《榕園叢書》的《乙集》部分，並注為「家藏本」予以刻印。

清光緒八至九年（1882～1883），王秉恩匯刻《卜魁城賦》、《新疆賦》、《西藏賦》為一冊，前有牌記「光緒壬午八月元尚居校刊，華陽徐道宗署檢」。版心下署「元尚居校刊」，書中內容、字體均與《榕園叢書》本《西藏賦》相同，同時附有李光廷跋。

清光緒十二年（1886），黃沛翹在其《西藏圖考》中收錄了《西藏賦》，置於《卷八・藝文考下》部分，並對和寧的自注進行了適當的增減修訂。對此，黃沛翹寫道：「公號泰安，改名瑛，乾隆五十九年駐藏。此賦刊於嘉慶二年，川省有賦無注，屢訪不獲，擬注亦不果。適文大臣碩奉命駐藏，道出成都，與談甚洽，出此見示，亟錄以付梓。注內間有增減：一是集已載即不重出；一原注有未詳者，茲引佛經、《字典》增注之，非敢臆斷也。」〔註 56〕由此可見，當時和寧的單行本《西藏賦》的刻印量應不大，流傳範圍很小，因此黃沛翹對此本「屢訪不獲」，且僅能見到嘉慶《四川通志》無注本，後由駐藏大臣文碩處得之。同時也可看出，《西藏賦》已經受到當時駐藏大臣等駐藏官吏的高度重視，被視為入藏必讀書目之一。

之後，清光緒二十七年（1901），清宗室盛昱在武昌刊刻《八旗文經》，亦將《西藏賦》收於卷四《賦》。此後，民國二年（1913），張丙炎之子張允顗重新編輯《榕園叢書》並易名為《守約篇》，其再次將《西藏賦》收錄其中。

〔註 55〕（清）李光廷撰：《西藏賦跋》，（清）和寧撰：《西藏賦》，清同治間張丙炎《榕園叢書》刻本。

〔註 56〕（清）黃沛翹輯：《西藏圖考》卷八《藝文考下》，清光緒二十三年（1897）刻本。

## 三、文獻價值探究

因《西藏賦》不分卷，亦無目錄，故缺少一般方志中必備的篇目名稱。但通讀全書，可知此書內容豐富，應將其視為關於其時西藏地情的「百科全書」。以嘉慶二年（1797）和寧寫刻本《西藏賦》為例，全書正文共 4478 字，自注長達 20475 字，凡西藏歷史、山川、人物、佛教、寺廟、官制、文化、風俗、氣候、物產、地界等均有記錄，而且是採用「賦」這一中國古典文學體裁來對西藏進行了全方位、多層次、多角度的詳細描述。實際上，按其內容可將全書分為三個部分。第一部分介紹西藏地理、歷史及拉薩四周山川；第二部分敘述藏傳佛教概況，如格魯派的發展史、達賴及班禪世系、活佛轉世、金瓶掣簽、佛事等；第三部分描寫西藏的官制、兵制、疆域、風俗、政治、貿易、物產、部落等。可見，《西藏賦》既具有西藏方志的基本特徵，同時又具備「鋪采摛文，體物寫志」的「騁辭大賦」的傳統文學形式。

李光廷在跋中認為《西藏賦》「總賦西藏，凡佛教、寺廟、官制、風俗、物產、地界，無一不詳。」〔註 57〕可見，和寧書中所載無論對學者文人抑或入藏官吏均具有重要的參考價值。姚瑩對《西藏賦》倍加肯定，其認為：「右和泰庵為駐藏大臣，撰《西藏賦》，復自為之注，時在乾隆之、嘉慶初元、廓爾喀平後。其於藏中山川、風俗制度，言之甚詳，而疆域要隘，通諸外藩形勢，尤為講邊務者所當留意，不僅供文人學士之批尋也，故摘錄之於此。」〔註 58〕此外，民國間歷史學家丁實存在其《駐藏大臣考》中也對《西藏賦》予以高度評價，即「《西藏賦》一篇，於西藏之地理、歷史、氣候、物產、風俗等均有敘述，加以豐富之注釋，中具不經見之材料甚多。」〔註 59〕由此，《西藏賦》具有重要的文獻價值。

第一，《西藏賦》因其獨特的邊疆民族特色，而具有重要的邊疆學文獻價值。該書內容以西藏這一遠離中原地區的邊疆民族地區的基本情況為主，這對當時中原地區全面認識西藏頗有益處。有研究者認為：「《西藏賦》使用了漢大賦中最典型的體『騁辭大賦』的形式。騁辭大賦成熟和興盛於漢代不是沒有原因的，它是統一、強盛的大漢帝國積極上進的時代精神的體現。和寧

〔註 57〕（清）李光廷撰：《西藏賦跋》，（清）和寧撰：《西藏賦》，清同治間張丙炎《榕園叢書》刻本。

〔註 58〕（清）姚瑩撰：《康輶紀行》卷九，清同治間《中復堂全集》刻本。

〔註 59〕丁實存著：《駐藏大臣考》，蒙藏委員會，民國三十二年（1943）。

不是一時興來，一般地表現某一景觀或某一場面，或抒發某一個人感懷。從《西藏賦》的內容可以看出作者體現在這一鴻篇巨製中的用心，他要內地的人更多地瞭解西藏、熟悉西藏，為內地人士到西藏提供了一個帶有藝術感染力的『遍覽』材料。」〔註60〕

因地理、交通及信息通訊等客觀因素影響，直到嘉慶年間中原地區朝野上下對西藏的認識仍不全面，加之受到傳統「華夷之辯」觀念的影響，也經常出現偏狹或錯誤的認知，而乾隆朝之際仍有學者將西藏視為「西域」，由前文所述的清代西藏方志《西域遺聞》的書名即可知此特點。和寧在西藏任職八年，遍歷藏區、熟悉藏事，通過個人親身經歷並通過參與《衛藏通志》的編纂工作而獲得了大量官方檔案資料，因此，其《西藏賦》的史料來源與可信度均值得信賴，而此書也逐漸成為入藏人員的重要參考資料，如上文所述，駐藏大臣文碩即攜帶此書入藏赴任。之後，光緒十四年（1888），文碩還參考《西藏賦》所載西藏疆域與邊界內容與英人交涉以處理西藏與哲孟雄的邊界問題，「奴才查藏番所稱乾隆五十九年奏定藏南界址，是在日納宗營官寨，敬稽《欽定廓爾喀紀略》暨和瑛所著《西藏賦》，固皆相符。」〔註61〕此外，曾有資料指出，道光間出任駐藏幫辦大臣的鍾方在其《西竺輯錄》中曾收錄了《西藏賦》，即「《西竺輯錄》清稿本。全書分卷：卷一衛藏碑文，卷二西藏賦，卷三西招圖略，卷四西藏貢品。……西藏賦和西招圖略，即錄和寧、松筠之作，未易一字。」〔註62〕

第二，《西藏賦》對藏傳佛教的記載尤多，和寧為此旁徵博引，因而該書具有重要的宗教學文獻價值。因藏傳佛教在西藏盛行，和寧對此予以高度關注，其在《西藏賦》中用了近一半篇幅來描寫藏傳佛教概況尤其是藏傳佛教發展史。例如，書中對當時藏傳佛教各教派中影響最大的格魯派的發展史進行了精練且準確的敘述，即「《四十二章》，流傳震旦；三十二相，化本修羅。遂有宗喀巴雪竇潛修，金輪懺悔；無上空稱，喇嘛翻改。持團墮之盔，披忍辱

〔註60〕趙逵夫：《〈西藏賦〉校注序》，（清）和寧撰：《〈西藏賦〉校注》，池萬興、嚴寅春校注，濟南：齊魯書社，2013年，第3頁。

〔註61〕《文碩奏陳商上再次申復隆吐山不可撤卡事摺》，清光緒十四年（1888）三月十七日，中國藏學研究中心等編：《元以來西藏地方與中央政府關係檔案史料彙編》第3冊，北京：中國藏學出版社，1994年，第1147頁。

〔註62〕李學勤、呂文郁主編：《四庫大辭典》（上），長春：吉林大學出版社，1996年，第1109頁。

之鎧。紫裓韜光，黃冠耀彩。薩迦開第一義天，拉薩漲其三昧海。龍象遴於沙門，衣鉢傳諸自在。此達賴傳宗，班禪分宰；擬北山之二聖，化西土於千載也。」〔註 63〕這正是關於宗喀巴大師創立格魯派的歷史性描述。宗喀巴針對藏傳佛教「後弘期」以來眾教派如薩迦派、噶舉派、噶當派等互相傾軋、僧人戒律鬆弛的不良狀況，立志進行宗教改革。其著書立說，號召振興戒律，創立了格魯派的理論基礎。1409 年藏曆正月初一至十五，其在拉薩組織了大規模的祈願法會，隨後組織創建甘丹寺，由此，格魯派正式創立，並很快躍升為藏傳佛教第一大教派。其圓寂後，格魯派實行了活佛轉世制度，由此，達賴、班禪兩大活佛系統正式出現並沿襲至今，即賦中所言「此達賴傳宗，班禪分宰」。

同時，該書還詳細介紹了活佛轉世制度和金瓶掣簽制度以及達賴、班禪的譜繫傳承。乾隆五十七年（1792）九月間，清軍平定廓爾喀之役初定，乾隆帝命福康安等籌議衛藏章程以資永遠遵循。乾隆五十八年（1793），《欽定藏內善後章程二十九條》正式頒行，該章程是清中央政府治藏的法典性文書，和寧對此予以較多關注，《西藏賦》中數次出現「欽定章程」字樣即是明證。例如，和寧在自注中寫道：「舊俗駐藏大臣見達賴喇嘛以佛禮瞻拜，乾隆五十八年奉旨，欽差駐藏大臣與達賴喇嘛係屬平等，不必瞻禮，欽此。以後賓主相接也。」〔註 64〕此段關於自乾隆五十八年（1793）起，駐藏大臣在藏政治地位得以顯著提升的記載，正與該章程相關記載互相印證。需要指出的是，該章程第一條即圍繞活佛轉世制度和金瓶掣簽制度展開。

眾所周知，金瓶掣簽制度沿用至今，具有極其深遠的歷史意義。《西藏賦》將此制度描述為「至於牙簡書名，根塵寂靜金瓶，選佛意想空無」，和寧自注曰：「自達賴喇嘛、班禪額爾德尼、大小胡圖克圖、沙布隴等凡轉世，初生幼童皆曰『呼畢勒罕』，神異之稱也。喇嘛舊俗，凡呼畢勒罕出世，悉憑垂仲降神指認，遂致賄弊百出。乾隆五十八年，欽頒金奔巴瓶一具，牙籤六枝，安放大招宗喀巴前供奉，如有呈報呼畢勒罕者，將小兒數名生辰書簽入瓶掣定，永遠遵行。」〔註 65〕《西藏賦》最終成書於嘉慶二年（1797），距該章程頒行僅四年時間，同時，和寧有近水樓臺之優勢，可在駐藏大臣衙署內親見剛剛

〔註 63〕（清）和寧撰：《西藏賦》，清嘉慶二年（1797）和寧寫刻本。
〔註 64〕（清）和寧撰：《西藏賦》，清嘉慶二年（1797）和寧寫刻本。
〔註 65〕（清）和寧撰：《西藏賦》，清嘉慶二年（1797）和寧寫刻本。

頒行不久的這一重要章程的漢文本原文，因此，這段記載的史料真實程度極高。不過，已有學者研究表明該章程的版本情況：「福康安等彙編《章程》全文原件，漢文或藏文本至今不曾見到，西藏和平解放後，先後發現並公布了兩種藏文本，即《水牛年文書》本（以下簡稱《文書本》）和《西藏歷史檔案薈粹》本（以下簡稱《薈粹本》），有三種漢文譯本。」〔註 66〕因此，《西藏賦》的這一重要記載可與現存各版本該章程第一條內容相互比勘。此外，該書對一世至八世達賴、一世至七世班禪的漢譯名、生卒年、出生地及重要史事均予以細緻記述。這對外界瞭解藏傳佛教尤其是格魯派發展史具有重要的參考價值。

同時，為了更加詳實地描述藏傳佛教發展史，和寧在書中大量徵引了清代以前的宗教文獻，如《四十二章經》、《楞嚴經》、《達摩傳》、《傳燈錄》、《釋氏要覽》、《善覺要覽》、《高僧傳》、《禪門規式》、《釋老志》、《法華經》、《涅槃經》、《心經注》、《十道四蕃志》、《樓炭經》、《經簿》、《佛書》、《賢愚經》、《釋典》、《華嚴彌陀經》、《梵書》、《僧圓澤傳》、《佛國記》等。以這些宗教文獻為參考的論述，不僅增加了該書內容的真實性，也客觀上為後人提供了按圖索驥、追本溯源的學術考證的可能性，因而具有重要的宗教學文獻價值。

第三，該書具有重要的史學文獻價值。和寧在《西藏賦》自注中保留了內容非常豐富的歷史文獻資料，對後世學者影響很大。例如，和寧在書中描寫藏曆正月十五西藏的酥油花燈節時，便對中原地區的元宵放燈風俗的來歷進行了詳細考證，其結論是：漢地的元宵放燈風俗起源於西域。和寧的理由是：「是知元宵放燈始於漢，盛於唐宋，其原本於西域。郎仁寶以為起自南朝，始於唐睿宗，成於玄宗，皆非也。予謂本於西域者，何也？今考衛藏，每歲正月十五夜，達賴喇嘛及各胡圖克圖、噶布倫公、臺吉等，於大招四面，各設彩燈，以青稞麵撚成佛仙之像及鳥獸花卉各種供品，燃以酥油，照以松炬，火光燭天，如不夜城。男女數萬，縱遊徹曉。其燈架高至二三丈，番僧團坐，誦經其下。是《僧史略》所言不為無據，仁寶以為不足信，過矣。」〔註 67〕由此，和寧通過在藏親身經歷而確認《僧史略》的觀點有一定道理，進而認為中原地區每年正月十五元宵節的放燈習俗，正是吸收了佛教燃燈禮

〔註 66〕廖祖桂、李永昌、李鵬年：《〈欽定藏內善後章程二十九條〉版本考略（一）》，《中國藏學》2004 年第 2 期。

〔註 67〕（清）和寧撰：《西藏賦》，清嘉慶二年（1797）和寧寫刻本。

佛的習俗，是西域（筆者注：並非僅限於西藏）佛教習俗傳播至中原地區的結果。

此外，和寧還提出為何《僧史》所言雖有一定道理卻非完全準確的原因，和寧通過分析藏族曆法的獨特性提出了個人觀點。和寧在自注中寫道：「惟《僧史》以西域十二月晦為漢之正月望，則失於考證，何也？今考衛藏時憲名『朱爾亥』，與內地正朔不同者，只以置閏不置閏，相差一月，朔望則無不同者，何至以晦為望耶？蓋除夕前一日則止於送祟，名曰『跳布札』，並不燃燈也。至於三日、五日之不同，則唐宋以後事耳。」〔註68〕在此，和寧認為因《僧史》作者不瞭解藏族曆法的獨特性，故而將藏族曆法中十二月晦當做漢地曆法中的正月之望，實際上，藏族曆法中朔望並無區別，所以也就出現了具體日期方面的差異。

第四，該書具有重要的民俗學文獻價值。書中涉及西藏的歲時節日、曆法習俗、人生禮儀、貿易生產、部落組織等民俗學內容，為後世瞭解和研究當時的西藏民俗提供了重要參考。例如，書中述及了「跳布札」這一藏族佛教傳統活動。「跳布札」是一種傳統的藏族舞蹈形式，意在紀念釋迦牟尼降服邪道及僧人拉隆巴勒多爾吉刺殺惡王朗達瑪。每逢釋迦牟尼誕辰、藏曆新年以及藏傳佛教的重要宗教節日，藏傳佛教寺廟都要舉行隆重的「跳布札」活動，通過舞蹈表現佛法神通，意在驅除鬼祟、護祐眾生。早在明代，這種藏傳佛教法舞即已出現在宮廷之中，據（明）劉若愚《酌中志》載：「萬曆時，每遇八月中旬神廟萬壽聖節，番經廠雖在英華殿，然地方狹隘，於隆德殿大門之內跳步叱。而誦梵唄者十餘人，妝韋馱像，合掌捧杵，向北立者一人，御馬監等衙門牽活牛黑犬圍侍者十餘人。而學番經、跳步叱者數十人，各戴方頂笠，穿五色大袖袍，身被纓落。一人在前吹大法螺；一人在後執大鑼，餘皆左持有柄圓鼓，右執彎槌齊擊之，緩急疏密，各有節奏。按五色方位，魚貫而進。視五色傘蓋下誦經者以進退，若舞焉。跳三四個時辰方畢。」〔註69〕

伴隨清中央政府對藏傳佛教這一懷柔蒙藏的政教工具的不斷重視，藏傳佛教寺院在北京地區的數量不斷增長，而隨之而來的「跳布札」這種宗教活動也由宮廷走向民間，為廣大平民熟知。在清代文獻中，更多地將「跳布札」

〔註68〕（清）和寧撰：《西藏賦》，清嘉慶二年（1797）和寧寫刻本。

〔註69〕（明）劉若愚著：《酌中志》卷十六，明末抄本。

活動形象地稱為「打鬼」、「喇嘛打鬼」。據康熙刻本《柯庭餘習》載：「相傳烏斯藏有碉房為邪祟所據，白晝攫人飲食，喇嘛乃扮假鬼飲食於房中，以誘真鬼。因扮諸佛排闥以入而打之，故名之曰『打鬼』。今京師番僧寺，上元、除夕皆為之，或亦《周禮》『率百隸以時儺』之意也。」〔註 70〕而在乾隆刻本《帝京歲時紀勝》中專有「喇嘛打鬼」一條，即：「喇嘛打鬼。初八日，弘仁寺打鬼。其制：以長教喇嘛披黃錦衣，乘車持缽，諸侍從各執儀仗法器擁護，又以小番僧名『班第者』衣彩冑，帶黑白頭盔，手執彩棒，隨意揮灑白沙，前以鼓吹導引，眾番僧執曲錘柄鼓、鳴鑼吹角，演念經文，繞寺周匝，迎祥驅祟，念五日。德勝門外黃寺，行亦如之。」〔註 71〕

不過，和寧在書中為世人描述了原汁原味的西藏拉薩「跳布札」，即「爾其伏臘歲時，演甘露化城之會；普門佛頂，會瞿摩行像之期。天神降而山鬼藏，窮野人之伎倆；岡洞鳴而巴陵送，誇幻術之離奇。此除夕之跳布札也。」〔註 72〕同時，為了讓人更好理解，和寧還做了詳細注釋：「洞噶，海螺也，佐以鐃鼓、長號。岡洞，人脛骨也，吹之以驅鬼祟。巴陵者，以酥油和麵為之，高四尺，如火焰形。除夕前一日，布達拉眾喇嘛妝諸天神、佛及二十八宿像，旋轉誦經。又為人皮形，鋪天井中央，神鹿、五鬼及護法神往捉之。末則排兵甲、幡幢，用火鎗送出布達山下，以除一歲之邪。達賴喇嘛御樓以觀，四面環覩者男女萬人。」〔註 73〕結合和寧的這些文字描述，並與乾隆時期漢地學者的相關記載相比對，即可讓後世更全面、更具體地瞭解當時的「跳布札」活動。

但需要指出的是，和寧的《西藏賦》也有一些不足之處。例如，在記述西藏山川時，和寧寫道：「達木珠而朗卜切兮，象與馬之番語。」〔註 74〕此句指出「達木珠」和「朗卜切」就是藏語「馬王」和「象」的漢語音譯。其中，達木珠河即今馬泉河，而朗卜切即今象泉河，和寧此言正確，隨後其注釋中言及「岡底斯之南有泉流出，名朗卜切喀巴普。」〔註 75〕即和寧記載象泉河在岡底斯山之南。同時，「僧格喀而瑪卜伽兮，獅孔雀其譯言。」〔註 76〕此中

〔註 70〕（清）汪文柏撰：《柯庭餘習》卷九，清康熙間刻本。
〔註 71〕（清）潘榮陛撰：《帝京歲時紀勝》，清乾隆間刻本。
〔註 72〕（清）和寧撰：《西藏賦》，清嘉慶二年（1797）和寧寫刻本。
〔註 73〕（清）和寧撰：《西藏賦》，清嘉慶二年（1797）和寧寫刻本。
〔註 74〕（清）和寧撰：《西藏賦》，清嘉慶二年（1797）和寧寫刻本。
〔註 75〕（清）和寧撰：《西藏賦》，清嘉慶二年（1797）和寧寫刻本。
〔註 76〕（清）和寧撰：《西藏賦》，清嘉慶二年（1797）和寧寫刻本。

「僧格」與「瑪卜伽」分別是藏語「獅子」和「孔雀」的漢譯詞，和寧在自注中解釋「岡底斯之西有泉流出，名瑪卜伽喀巴普。」即和寧認為孔雀河位於岡底斯山以西。需要指出的是，事實上，象泉河在岡底斯山西側，而孔雀河在南側，因此，和寧對二者方位的描寫乃顛倒之誤。此外，和寧的《西藏賦》在清代也曾得到過負面評價。其中，最具代表性的便是清代地理學家俞浩的直接批評。俞浩在其代表作《西域考古錄》中寫道：「和簡勤公《西招記事》及《西藏賦》，敘述大半無稽，所引經薄一書，蓋亦《元秘史》之類，多不可信。」〔註 77〕顯然，俞浩的「大半無稽」及「多不可信」的評語是言過其實的，但也在一定程度上反映出和寧的《西藏賦》在史料選取方面存在失當等情況。

## 第三節　官撰未成之治藏檔案資料彙編——《衛藏通志》

《衛藏通志》十六卷首一卷，是記錄清前期西藏史地沿革相對最為完備的一部官修方志。全書取材廣泛，門類明晰，記載詳實，由於其輯錄了有關清前期西藏歷史的大量官方檔案資料，詳述乾隆朝西藏重大史事，尤其對廓爾喀之役、清中央政府順勢開展西藏地方行政體制改革等均有詳細記載，因此，歷來受到學術界高度重視且被廣泛徵引，亦被學術界公認為西藏地方史的權威著作之一。不過，此志不著作者及編纂年代，學術界遂對此莫衷一是、爭論頗多。筆者考認為，此書成書於嘉慶二年（1797），應為乾隆帝首倡，駐藏大臣和琳、松筠、和寧等集體編纂而成，同時，其原始性質是一部官撰未成的、供官方治藏參考所用的內部檔案資料彙編。在此，筆者以光緒二十二年（1896）桐廬袁昶《漸西村舍叢書》刻本《衛藏通志》為中心，對其成書時間、版本播布、原始性質、文獻價值等予以論述。

### 一、成書時間與版本播布考述

《衛藏通志》並未標明成書年代，但在光緒二十二年（1896）桐廬袁昶《漸西村舍叢書》刻本所附龍繼棟《衛藏通志校字記》中已言及這一問題：「卷十四：辦理撫恤款項諭第二款注『於嘉慶二年春照依第五條』云云，此

〔註 77〕（清）俞浩撰：《西域考古錄》卷十七，清道光間刻本。

書所載駐藏大臣姓氏至乾隆五十九年止，此處更著嘉慶年事，是此書編於嘉慶時。」〔註78〕以此為基礎再結合書中所載史事內容，可推定該書初編於乾隆五十九年（1794）四月十七日至九月十九日之間，而最終成書於嘉慶二年（1797）。首先，書中所載史事的時間下限為乾隆五十九年（1794），其中，卷九「鎮撫」門下所載「駐藏大臣姓氏」截至乾隆五十九年（1794）。同時，「僧俗」門中「喇嘛」目所涉時間截至乾隆五十九年（1794）四月十七日「奉到清字朱批……」，而原編於「藝文」門的兩個附件，被袁昶匯刻《漸西村舍叢書》之際移至「喇嘛」門，附件之二即為乾隆五十九年（1794）九月十九日所譯，「查，西藏原有世襲公爵二人，……丹津班珠爾之舊敕送部更換，俱尚未發還外，其餘敕書謹敬譯漢呈閱。」〔註79〕由此可知，該書初次編纂時間應為乾隆五十九年（1794）四月十七日至九月十九日之間。值得注意的是，書中卷十四「撫恤」門下「辦理撫恤款項」第二款標注：「於嘉慶二年春依照第五條內開」〔註80〕。由此，此志成書時間下限為嘉慶二年（1797）。

因該書大部分內容均圍繞乾隆五十六年至六十年（1791～1795）廓爾喀之役及清中央政府在西藏善後改革過程展開，內容多為諭旨、奏疏等官方檔案，因此，其原始性質為駐藏大臣衙署內部的檔案資料彙編，旨在為其後入藏官員治藏參考所用，由此，其成書後在相當長的時間內僅以抄本檔案形式在駐藏大臣衙署及官員內部小範圍流傳，而並無刻本問世，從而鮮為人知。一個例證是，光緒十四年（1888），英軍發動第一次侵藏戰爭，「迨十四年派升泰為駐藏幫辦大臣，乃於舊檔覓得乾隆給五十九年前大臣工部尚書和琳內閣學士和瑛（按：和瑛即和寧，原名因避宣宗諱改）任內所立奏鄂博原案一卷。……然此舊案於《衛藏通志》卷二《疆域門》詳載藏邊設立鄂博，及與哲孟雄、布魯克巴、廓爾喀各番劃界之事，四至俱明。使此書早有刊本，何致起爭執而釀戰敗之禍哉？且當時駐藏大臣奏疏，往往引用《西招圖略》，而未及此書，是此書初無刊本，且流傳甚少可知。」〔註81〕

〔註78〕（清）龍繼棟撰：《衛藏通志校字記》，（清）和琳、松筠、和寧等纂修：《衛藏通志》，清光緒二十二年（1896）桐廬袁昶《漸西村舍叢書》刻本。

〔註79〕（清）和琳、松筠、和寧等纂修：《衛藏通志》卷五《喇嘛》，清光緒二十二年（1896）桐廬袁昶《漸西村舍叢書》刻本。

〔註80〕（清）和琳、松筠、和寧等纂修：《衛藏通志》卷十四《撫恤》，清光緒二十二年（1896）桐廬袁昶《漸西村舍叢書》刻本。

〔註81〕吳豐培：《衛藏通志著者考》，國立北平研究院史學集刊編輯委員會編輯：《史

但清中後期之際，清中央政府內憂外患加劇，對西藏治理力度下降，駐藏大臣制度亦日漸鬆弛，駐藏大臣衙署內部管理漸成鬆散之勢，因此，筆者推測，恰在此背景下，此抄本檔案形式的《衛藏通志》才從駐藏大臣衙署流出。眾所周知，刻本的播布效應遠勝抄本，當然更需要抄本文獻偶遇慧眼識珠者。因此，真正讓《衛藏通志》走入民間並產生廣泛傳播影響的正是晚清學者袁昶。

袁昶（1846～1900），原名振蟾，字爽秋，號重黎，浙江桐廬人。同治四年（1865）舉人，光緒二年（1876）進士，授戶部主事。光緒九年（1883）任總理各國事務衙門章京。光緒十八年（1892）任徽寧池太廣道。二十四年（1898）擢陝西按察使，改江寧布政使，後調直隸布政使，均未任。後以三品京堂銜在總理各國事務衙門行走。次年，授光祿寺卿，轉太常寺卿。著《漸西村人初集》、《安般簃詩續抄》、《春闈雜詠》、《於湖小集》、《水明樓集》、《參軍蠻語止齋雜著》等。因袁昶歷充會典館、方略館、天文算學館諸差，加之清末政局動盪，儒學之士多已由清前中期的考證之學回歸經世致用之學，因此，袁昶匯輯農、桑、兵、輿地、治術諸書，編為《漸西村舍叢書》。另外，光緒十四年（1888）隆吐山之役以英軍勝利告終，隨後，《中英藏印條約》於光緒十六年（1890）簽訂，此後西藏局勢愈發危急，英人侵藏步伐進一步加快。由此，出於對中國西南邊疆安全與西藏危機的現實關切，光緒二十二年（1896），袁昶將《衛藏通志》收入其《漸西村舍叢書》，並延請龍繼棟校勘匯刻刊行，從此，這部官修志書逐漸流佈於世。

目前可見，《衛藏通志》的版本有：1. 清光緒二十二年（1896）桐廬袁昶《漸西村舍叢書》刻本，十六卷，行款為半葉十行二十一字小字雙行同白口左右雙邊單魚尾；2. 清光緒刻本，十六卷，半葉十行十八字白口左右雙邊單魚尾（中央民族大學圖書館藏）；3. 清抄本，不分卷（北京大學圖書館藏）；4. 民國間石印本，十六卷。其中，清光緒二十二年（1896）桐廬袁昶《漸西村舍叢書》刻本流傳最廣，為此後石印本、影印本、鉛印本之底本。但是，清抄本《衛藏通志》卻引起諸多學者關注。除袁昶提及外，吳豐培先生在推定該志作者為松筠時，也提及其曾於民國期間獲得一部與《衛藏通志》文義一字未易的清咸同年間的抄本《西陲紀事初稿》，「茲見一書，名為西陲紀事初稿，不分卷，署名長白松筠，為咸同時抄本，字體甚工，覈其內容，於衛藏通

學集刊》第 1 期，民國二十五年（1936），第 125 頁。

志除序次不同，略有重複外，其文義則一字未易也。乃復就衛藏通志中細讀一過，當為松筠所撰無疑。」〔註 82〕

值得注意的是，北京大學圖書館藏清抄本《衛藏通志》係著名藏書家李盛鐸舊藏，其纂修體例為綱目體，這與刻本《衛藏通志》所採用的平目體在編纂體例方面明顯不同。李盛鐸在其《木樨軒藏書題記及書錄》中對此清抄本做了詳細敘述，其在「題記部分」言及此書，即：「《衛藏通志》一卷，清抄本。此當是官撰未成之書。所分六門二十五目，按之亦不盡合，第纂輯較他書為詳，考藏事者或有取焉。癸丑（筆者注：民國二年，1913）秋日重裝，因記。」〔註 83〕其又在「書錄部分」撰寫了相關提要，內容為：「《衛藏通志》十六冊，抄本（清抄本）。不著撰人。書分為六門，曰方輿、僧俗、鎮撫、紀略、外部、藝文。方輿門四目，曰考證、疆域、山川、程站；僧俗門六目，曰喇嘛、寺廟、番族、番官、番兵、戶口；鎮撫門五目，曰職掌、錢法、貿易、營伍、章程；紀略門三目，曰康熙、雍正、乾隆；外部門三目，曰達木、蒙古三十九族、四方外番；藝文門三目，曰御製碑記、詩文、賦。前無序文。有提要四十一條，蓋為編輯之始，所擬採用書籍事實而設。中一條云：『一大將軍福口口欽差和口勘定邊界設立鄂博原奏』，中空其名不填，殆當時未成之官書也。」〔註 84〕其中空名未填者應為其時在藏處理廓爾喀之役之後西藏善後事宜的大將軍福康安、駐藏大臣和琳。由此可見，李盛鐸對《衛藏通志》性質的界定十分準確，即「官撰未成之書」。但通讀《衛藏通志》且參閱其時《清實錄》所載，再結合該書卷首《衛藏通志提要》中第七條「自五十六年廓藩不靖，軍興源委，及投城檔案」、第八條「自五十六年大將軍福康安、欽差和琳、大學士孫士毅一切奏章及善後事宜」等記載，可推知編纂此書之際，作者手頭應有全藏檔冊可參，由此即可做出進一步判斷，實際上，該書原始性質為一部官撰未成的、尚未公開刊行的駐藏大臣衙署內部的治藏檔案資料彙編。

---

〔註 82〕吳豐培：《衛藏通志著者考》，國立北平研究院史學集刊編輯委員會編輯：《史學集刊》第 1 期，民國二十五年（1936），第 123 頁。

〔註 83〕李盛鐸著：《木樨軒藏書題記及書錄》，張玉範整理，北京：北京大學出版社，1985 年，第 8 頁。

〔註 84〕李盛鐸著：《木樨軒藏書題記及書錄》，張玉範整理，北京：北京大學出版社，1985 年，第 138 頁。

## 二、作者問題考辯

因該書未著纂修人姓氏，所以對其作者問題歷來眾所紛紜。袁昶在《刻衛藏通志後敘》中寫道：「此書係請前戶部主事桂林龍松岑先生繼棟教刻，伊未署名，詳見先公文集中，附記並云原未著姓氏，疑即為和琳所輯云。」〔註85〕這是有關該書作者的最早結論。由此，此後的一些著作如成書於光緒二十九年（1903）的《天咫偶聞》即稱「衛藏通志，和琳。」〔註86〕（清）雷震《八旗藝文編目》亦將《衛藏通志》作者著錄為和琳所撰。

和琳（1753～1796），字希齋，鈕鈷祿氏，滿洲正紅旗人。父常保、兄和珅。生員出身，補吏部筆帖式。歷任湖廣道御史、兵部侍郎、工部尚書等職。乾隆五十七年（1792），出任駐藏辦事大臣。在任期間，積極協助福康安抗擊廓爾喀入侵，並參與了《欽定藏內善後章程二十九條》的制訂。其於任內積極改革藏政，尤其對當時西藏衛生防疫事業貢獻較大。是時西藏天花病泛濫，死亡者眾。為賑恤災黎，和琳下令捐資專門修建房屋，購買酥油、糌粑、茶葉、柴薪，採用隔離之法，派兵安置出痘的藏族百姓。其還勸令八世達賴喇嘛強白嘉措、七世班禪丹必尼瑪捐糧救助病患。僅半年時間痊癒者數百，全活者十有其九。其於任內還試圖改革藏族喪葬習俗，下令建造義冢公墓，掩埋屍首等。乾隆五十九年（1794），和琳離藏返回中原。另，和琳有《芸香堂詩集》傳世。

在袁昶之後，學術界有關《衛藏通志》作者的觀點也各有不同，主要有和琳、松筠、和寧、佚名諸說。早在二十世紀三十年代，吳豐培先生便已提出《衛藏通志》的作者是松筠。1982年，西藏人民出版社出版了《西藏志》、《衛藏通志》合刊鉛印本，並將吳豐培先生此文附在其中，由此，其作者問題再度引起學術界廣泛關注。此後，張羽新先生對吳觀點予以批駁，最後得出結論是《衛藏通志》的著者是和寧〔註87〕。此後，曹彪林先生則認為《衛藏通志》應為出任過駐藏大臣的和琳、松筠、和寧三者合著，筆者基本贊同這一觀點。筆者認為，《衛藏通志》的首編者應是和琳，此後繼任的駐藏大臣和寧、松筠則是續編者，其中，和寧為實際「操作實施者」，即承擔了絕大部分的編

---

〔註85〕（清）袁昶撰：《刻衛藏通志後敘》，（清）和琳、松筠、和寧等纂修：《衛藏通志》，清光緒二十二年（1896）桐廬袁昶《漸西村舍叢書》刻本。

〔註86〕（清）震鈞撰：《天咫偶聞》卷五，清光緒三十三年（1907）甘棠精舍刻本。

〔註87〕張羽新：《〈衛藏通志〉的著者是和寧》，《西藏研究》1985年第4期。

纂工作。其理由如下：

第一，時間因素。《衛藏通志》卷十二「條例」門按語：「自乾隆五十八年，欽定章程及大臣奏議，均已分載各門，謹遵照原委，纂成條例，匯為一門，以便檢查。」〔註 88〕由此，該書應始編於乾隆五十九年（1794），後又經諸多補充、修訂，至嘉慶二年（1797）最後完成。其編纂耗時三年多，也跨越了乾隆、嘉慶兩朝。在此期間，任駐藏大臣者分別為和琳、和寧、松筠，因此從時間上看，此三人應該都參與了此書的編纂工作。

第二，和琳應是該書的首編者。首先，和琳深度參與了該書的編纂，該書卷十三「紀略」門所載多為和琳奏疏即是明證。其次，由和琳寫給和寧的一首詩《甲寅仲冬余奉詔東旋，留別太庵四律，聊作驪歌一闋耳》即可證明：和琳是《衛藏通志》的首編者，而和寧則是續編者。此詩云：「半載追隨互見招，深談不惜作通宵。燈明客館杯浮蟻，月轉雕樓句如瓢。治藏有經煩手纂，理川無策代梅調。」〔註 89〕詩題中「甲寅」即乾隆五十九年（1794），「仲冬」即農曆十一月，而「太庵」為和寧之號，由此可知，該詩是和琳離開駐藏大臣之任、奉旨返回中原之際，寫給時任駐藏幫辦大臣和寧的。詩中「治藏有經煩手纂，理以無策代梅調」一句表明：和琳已經開啟了一部有關駐藏大臣治藏參考資料彙編工作或者起碼已經確定了基本規劃，因職務調動而無法繼續開展，故而囑咐和寧務必完成此編纂工作。另外，囿於史料與時代侷限，吳豐培先生曾以和琳不擅文筆為由而將和琳排除在作者之外，「雖琳前後駐藏三年，然文筆之事，恐非所長，且未聞有其他著述，則此為琳撰之說，殊覺不甚確實。」〔註 90〕實際上，和琳著有《芸香堂詩集》，此外，廣東省國立中山圖書館藏有一種清抄本《衛藏和聲集》，正是和琳、和寧於乾隆五十九年（1794）唱和之作。「案：衛藏即西藏，表明唱和地點在西藏，甲寅當即乾隆五十九年；希齋、太庵，分別為和琳、和寧的字號，詩人駐藏大臣、幫辦大臣，二人別集中所收唱和之作與《衛藏和聲集》所收作品往往相同，且都繫在甲寅年，故此集為乾隆五十九年和琳、和寧同在西藏任職時

〔註 88〕（清）和琳、松筠、和寧等纂修：《衛藏通志》卷十二《條例》，清光緒二十二年（1896）桐廬袁昶《漸西村舍叢書》刻本。

〔註 89〕（清）和琳撰：《芸香堂詩集》卷二，清嘉慶間刻本。

〔註 90〕吳豐培：《衛藏通志著者考》，國立北平研究院史學集刊編輯委員會編輯：《史學集刊》第 1 期，1936 年，第 123 頁。

期的唱和詩集。集中共收詩 88 題 193 首，其中和琳 30 題 59 首，和寧 56 首 132 首，二人聯句 2 首；二人迭相唱和 22 次，唱和之作有 109 首之多。」〔註 91〕

至於和寧，其本人當然有編纂此書的能力。其於乾隆五十七年（1792）三月刻印《西藏志》，此後駐藏八年之久，親自踏查藏地情形，並於嘉慶二年（1797）著賦體方志《西藏賦》。同時，龍繼棟在《衛藏通志校字記》寫道：「卷二：西界又自定日至薩熱喀山頂，案：山川門作杏薩熱山，此無杏字，與《西藏賦》注同。……南界怒江之水，不知其源，案：山川門已考，此四至八到，多用《西藏賦》注，故失照。」〔註 92〕其中分歧之處均採自和寧《西藏賦》，由此可知《衛藏通志》部分內容應為和寧所撰。此外，張羽新先生指出：「《衛藏通志》卷首『提要』第二條云：『舊藏志，戊申年得自成都抄本，所載程途、風土、山川、頗詳，分類採摘，另擇門以紀。』從語氣看，這是作者自述。按『舊藏志』即是指《西藏志》，為和寧在乾隆五十七年刊刻印行。他在序中說：《西藏志》『戊申年採自成都抄本，爰付剞劂』。《衛藏通志》『提要』所述正與此同。看來，和寧就是這個『提要』作者。」〔註 93〕值得注意的是，和寧在《西藏志》篇末附錄（清）焦應旂撰《藏程紀略》，而《衛藏通志》卷四「程站」篇末亦附錄此《藏程紀略》，由此選材旨趣，即可確認和寧參與了《衛藏通志》的編纂工作。

實際上，從制度層面講，編纂《衛藏通志》的首倡者卻是乾隆帝。乾隆五十九年（1794）七月，清中央政府決定由松筠接替和琳充任駐藏大臣，同時，乾隆帝要求和琳將其悉心整理的治藏條規向松筠詳細交代，即「衛藏地方經和琳悉心整頓，定立章程，一切駕馭各部落、訓練番兵，所辦具有條理。仍著和琳再向松筠將鉅細適事宜面為告知，俾得循照成規經理，倍臻妥協，以副委任也。」〔註 94〕由此可知，駐藏五年有餘的松筠也實際參加了《衛藏通志》的編纂工作。松筠亦熟悉藏情形、文筆非凡，著有《西招圖略》、《西招秋閱記》、《秋閱吟》、《西藏圖說》等涉藏作品，而在《衛藏通志》卷四「程

〔註 91〕嚴寅春：《滿蒙漢藏情誼深，駐邊唱和別樣新——〈衛藏和聲集〉簡論》，《西藏民族學院學報（哲學社會科學版）》2014 年第 6 期。

〔註 92〕（清）龍繼棟撰：《衛藏通志校字記》，（清）和琳、松筠、和寧等纂修：《衛藏通志》，清光緒二十二年（1896）桐廬袁昶《漸西村舍叢書》刻本。

〔註 93〕張羽新：《〈衛藏通志〉的著者是和寧》，《西藏研究》1985 年第 4 期。

〔註 94〕《清高宗實錄》卷一千四百五十七，清乾隆五十九年（1794）七月乙巳。

站」條中，附有駐藏大臣松筠乾隆六十年（1795）的「巡邊記」，卷九「鎮撫」條中所附的乾隆十五年至乾隆五十九年（1750～1794）駐藏大臣名銜恰至松筠而止。因松筠離任後，和寧升任駐藏辦事大臣，因此，若此《衛藏通志》為和寧獨著，則此駐藏大臣名銜必到和寧為止。因此，和琳、和寧、松筠均參與了《衛藏通志》的編纂工作。

此外，值得注意的是，上文中提及的《衛藏通志》卷十二的「條例」門的按語恰恰與乾隆帝旨意相呼應，而「以昭遵守」、「以便檢查」等語，也直接證明了編纂此書的目的是「稗得循照，成規經理」，即供駐藏大臣檢查成例、參照章程辦事，而並非公諸世人。由此可進一步確認，《衛藏通志》是根據乾隆帝諭旨而編纂的官撰未成的、僅供駐藏大臣衙門內部使用的治藏檔案資料彙編，因所涉內容涵蓋西藏地情所有門類，因此可被視為一部清代西藏官修志書。

## 三、文獻價值探析

以光緒二十二年（1896）桐廬袁昶《漸西村舍叢書》刻本為例，《衛藏通志》十六卷首一卷，分類記載衛藏情形，具體包括：考證、疆域、山川、程站、喇嘛、寺廟、番目、兵制、鎮撫、錢法、貿易、條例、紀略、撫恤、部落、經典。卷首有御製詩文碑文，包括：康熙帝《瀘定橋碑記》、《平定西藏碑文》，雍正帝《惠遠廟碑文》，乾隆帝《楞嚴經序》、《清文翻譯大藏經序》、《喇嘛說》、《十全記》，後為光緒二十一年（1895）袁昶《刻衛藏通志後敘》、龍繼棟《衛藏通志校字記》等。

卷一考證，敘述自晉代至明代前各朝的西藏歷史沿革。卷二疆域，內容多與之前官修方志中西藏疆域部分及民間私纂西藏方志相同，但時效性十分明顯，即將後藏邊界、廓爾喀投誠後新定界址予以記錄。卷三山川，內容亦與之前官修方志如《大清一統志》中西藏山川部分及民間私纂西藏方志相同。卷四程站，亦多與此前官私西藏方志相近，但值得注意的是，其中附錄了駐藏大臣松筠「巡邊記」、康熙間陝西涇陽知縣焦應旂《藏程紀略》。卷五喇嘛，載有乾隆帝《御製喇嘛說》，福康安、和琳等遵旨在西藏創設金瓶掣簽等事。卷六寺廟，按布達拉經簿所載記錄藏地名寺，亦涉及關帝廟、武侯祠等中原地區宗教場所。卷七番目，記載衛藏地方營官、職掌事務之第巴等名錄。卷八兵制，記錄福康安等奏定西藏兵額為 3000 名，核定官兵番目等。卷九鎮撫，記載西藏地方事務統歸駐藏大臣管轄等事，並附乾隆間駐藏大臣表。卷十錢法，記錄福康安等奏請在藏設爐監造錢幣等事。卷十一貿易，記載駐藏大臣議定西藏對外相關章程等事；卷十二條例，記載其時制定之鎮撫、職掌、番目、營官、缺分、綠營、番營、馬政、貿易、錢法、租賦、差徭及邊防等各項章程。卷十三紀略，記錄康熙至乾隆間清軍平定西藏亂局等事，尤以清軍擊退廓爾喀侵藏一事為詳。卷十四撫恤，記載其時清中央政府在西藏豁免錢糧、放散籽種、牲畜等事。卷十五部落，記錄西藏所屬各部落名稱與歷史沿革。卷十六經典，羅列西藏佛教經典書名卷數等項。

《衛藏通志》的史料來源幾乎均取材於駐藏大臣衙署內藏官方檔冊，因此史料權威性較高，記載詳實準確，是一部重要的清代西藏方志，其文獻價值不言而喻。與一般西藏方志不同，《衛藏通志》收錄了大量與清代治藏政策措施相關的上諭、聖旨等官方文書，其中收錄了乾隆六十年（1795）之前的上諭、奏章等共計一百四十餘件，還包括當時可見的藏內各種章程、錢糧、兵馬數目，作者將每件檔案文書均按原件照錄，首尾俱全，且駐藏大臣奏章等均有朱批諭旨，其史料參考價值十分重大。

該書對清前中期西藏的政治、軍事等諸多重大歷史事件均有詳細記錄，特別是對廓爾喀入侵略西藏的經過記載尤詳。該書目錄後的「提要」中指出重點收錄：「自五十三年廓藩起釁案；自五十三年廓藩不靖，軍興原委及投誠檔案；自五十六年大將軍福康安、欽差大臣和琳、大學士孫士毅一切奏章及善後事宜；自五十六年欽奉上諭；大將軍福康安、欽差和琳勘定邊界設立鄂博原奏」〔註 95〕等，這些官方檔案均可作信史，可補《清實錄》、《清史稿》諸書之不足，極為珍貴。此外，卷首保存了大量的清代碑刻，因此志屬官修，故碑文史料輯錄更為全面、文字準確率更高，為研究清代治藏歷史提供了較為翔實的史料。

值得一提的是，書中卷十四《撫恤》為作者獨創，所載為乾隆五十六年至五十九年（1791～1794）間，駐藏大臣在西藏豁免牧民欠糧、牛、羊、豬等各項錢糧、西藏地方政府賞前、後藏銀兩等事。當時正值清軍平定廓爾喀之役過後，西藏進入了戰後社會經濟恢復重建期，清中央政府遂以此為契機，對西藏地方行政體制實行因地制宜的改革，並頒行《欽定藏內善後章程二十

〔註 95〕（清）和琳、松筠、和寧等纂修：《衛藏通志·目錄》，清光緒二十二年（1896）桐廬袁昶《漸西村舍叢書》刻本。

九條》，由此確立了此後近百年間西藏政治、軍事、賦稅等基本制度，亦將駐藏大臣職權進一步強化。該書中所載其時駐藏大臣辦理蠲免賦役事宜等原始檔案資料，正是其時歷史與政策背景的最好佐證。這對於研究清代西藏經濟史具有重要的參考價值。同時，書中有關西藏疆域、山川、程站、喇嘛等記載，比《藏紀概》、《西藏志》等更為具體明晰，準確性與數據時效性更高，這也為研究清初西藏歷史、地理、習俗及漢藏關係等提供了珍貴史料。

晚清學者沈惟賢在其《唐書西域傳注》中開篇討論「泥婆羅」（筆者注：即尼泊爾）時即引用了《衛藏通志》：「《衛藏通志》曰：『乾隆五十九年，駐藏大臣新定界址，自宗喀通濟嚨至熱索橋，設立鄂博，此內為西藏境，此外為廓爾喀境；又自定日通聶拉木至鐵鎖橋，設立鄂博，此內為西藏境，此外為廓爾喀境。』」〔註 96〕值得注意的是，此《唐書西域傳注》刊於光緒二十四年（1898），即《衛藏通志》刊刻兩年後，由此可見，《衛藏通志》在當時儒學知識分子範圍內流傳較快且影響較大。

不過，《衛藏通志》所載內容更專注於乾隆朝西藏史地詳情，且內容多圍繞廓爾喀之役展開，因此，其類似於作者為其時方略館編纂《欽定廓爾喀紀略》提供的素材資料彙編。由此，《衛藏通志》所載順治、康熙、雍正朝的西藏史事則過於簡略，同時，最為明顯的缺陷是，書中對於西藏風俗、物產等亦未言明，這便顯示出該書在方志編纂體例要求下，於篇目設置與文字敘述方面出現明顯失衡的情況。當然，因該書原始性質是以一部供官方治藏參考的內部檔案資料彙編，這決定了書中所採多為諭旨、奏章、公文、檔冊等資料，遂與方志編纂體例不必一一相合。總體來說，《衛藏通志》是唯一被冠以「通志」之名的清代西藏方志，其對之後相關涉藏著述影響頗深，是後世研究西藏歷史所必須參考的重要史料之一，也是學術界公認的影響較大的一部清代官修西藏方志。

## 第四節　駐藏大臣松筠之西藏圖志——《西藏圖說》

《西藏圖說》是駐藏大臣松筠在三次巡視西藏邊防過程中實地繪製而成的西藏輿圖集，亦是清代西藏方志中價值較高的一部圖志。該書圖文並茂，作者以中國古法繪製西藏輿圖十六幅，其中，首為西藏總圖一幅，後為以作

〔註 96〕（清）沈惟賢撰：《唐書西域傳注》，清光緒二十四年（1898）刻本。

者巡邊行進路線所涉地域為限的十五幅分圖，每幅輿圖之後均附以文字說明，簡論圖中所涉地域的山川形勢、氣候寒暖、經行要隘、管轄區域、道里路程等情況，其不僅是清代駐藏官兵的重要參考資料，而且是清代邊疆地理學的重要著作之一。

值得一提的是，該書作為松筠《西招圖略》的原始組成部分，實際成書於嘉慶三年（1798）。在該書現存版本中，嘉慶道光間《松筠叢書五種》本與嘉慶道光間《鎮撫事宜》本均將《西藏圖說》列為獨立一種。不過，美國哈佛大學哈佛燕京圖書館藏有道光二十七年（1847）王師道刻本《西招圖略》，其中，《西藏圖說》卻是《西招圖略》的一部分。實際上，嘉慶三年（1797）松筠在《西招圖略序》中寫道：「而圖治者，宜防未然。因書二十有八條以敘其事略，復繪之圖以明其方輿，名之曰『西招圖略』。」〔註97〕同時，道光二十七年（1847）王師道《重刻西招圖略序》曰：「湘圃相國特膺茲任，上體天子之恩，下悉衛藏之情，著有《西招圖略》一書，分為二十八條，繪以『圖說』，於山川、形勢、番漢、兵卡，令人開卷了然。」〔註98〕另，松筠在《綏服紀略》篇末寫道：「余自乾隆五十九年，蒙恩升授工部尚書、駐藏大臣，至嘉慶四年更換回京，在彼五載，所辦事宜略見《紀行詩》、《秋閱吟》暨《西招圖略》。」〔註99〕可見其自述亦並未提及《西藏圖說》。由此可知，松筠《西藏圖說》應是其《西招圖略》的一個原始組成部分，只是書賈等後人在刊印過程中拆分單刻成書而已。不過，因目前所見該書各版本圖文內容相同。在此，筆者以清道光二十七年（1847）王師道刻本《西藏圖說》為中心，對該書的成書背景與文獻價值展開討論。

松筠以廓爾喀之役後的西藏社會重建為時代背景，以其民生建設與邊防安全並舉的個人「籌藏觀」為理論基礎，開始編纂旨在指導駐藏官兵熟悉西藏地理的《西藏圖說》，同時，松筠注重外王事功、勤於述事著述則是成書的主觀原因。同時，該書所載的西藏輿圖基本確定了清中央政府治下中國西藏的地理版圖，如實反映了其時清中央政府對印度、英國、英國東印度公司等南亞次大陸國家與特殊機構的較為模糊的地理認知，對後世研究其時西藏歷

〔註97〕（清）松筠撰：《西招圖略》，清道光二十七年（1847）王師道刻本。

〔註98〕（清）王師道撰：《重刻西招圖略序》，（清）松筠撰：《西招圖略》，清道光二十七年（1847）王師道刻本。

〔註99〕（清）松筠撰：《綏服紀略》，清嘉慶道光間刻《松筠叢書五種》本。

史地理、交通、邊防、鹽業貿易及廓爾喀之役等均有重要的史料參考價值。

## 一、成書背景考述

松筠（1752～1835），字湘浦，瑪拉特氏，蒙古正藍旗人。「乾隆十七年壬申二月二十六日亥時生，布勒噶齊太夫人出。」〔註100〕乾隆三十七年（1772）以翻譯生員考補理藩院筆帖式，四十一年（1776）充軍機章京，四十八年（1783）擢內閣學士兼副都統，五十年（1785）任庫倫辦事大臣，由此開始其疆臣生涯。其累官戶部銀庫員外郎、戶部侍郎、御前侍衛、內務府大臣、軍機大臣、吉林將軍、工部尚書兼都統、駐藏大臣、戶部尚書、陝甘總督、湖廣總督、伊犁將軍、喀什噶爾參贊大臣、兩江總督、兩廣總督、協辦大學士兼內大臣、武英殿大學士、察哈爾都統、綏遠城將軍、正白旗漢軍都統、禮部尚書、盛京將軍、山海關副都統、左都御史、熱河都統、兵部尚書、直隸總督、理藩院侍郎、正藍旗蒙古都統等。晚年，因直言進諫而屢遭貶斥。道光十四年（1834），以都統銜休致。逾年卒。贈太子太保，依尚書例賜恤，謚文清，入祀伊犁名宦祠。松筠雖為蒙古族，卻好程朱理學，以漢文著《品節錄》、《西藏巡邊記》、《西招紀行詩》、《西招圖略》、《丁巳秋閱吟》、《綏服記略》、《新疆識略》、《伊犁總統事略》、《松筠新疆奏稿》等。此外，參編《衛藏通志》。值得一提的是，松筠還以滿文撰寫了旨在規範旗人品行的《百二老人語錄》，此世俗作品在現存清代滿文古籍中彌足珍貴。

松筠任封疆大吏長達四十餘年，其中，乾隆五十九年（1794）至嘉慶四年（1799）任駐藏大臣。松筠在藏期間，正值廓爾喀之役後西藏地方社會重建期，其認真執行清中央政府出臺的《欽定藏內善後二十九條章程》，留心藏政，豁免糧賦，捐銀恤貧，重視邊防，由此形成了個人「籌藏觀」，同時，其躬身巡邊，重視地理，留心記錄，勤於著述，故而撰成《西藏圖說》。松筠在《西藏圖說》開篇「西藏總圖」之後即明確指出：「繪為此圖者，就巡閱之所經，識山川之阨要，特俾駐藏漢番官兵熟其形勢。」〔註101〕可見，《西藏圖說》即松筠三次巡閱邊防的直接產物。因松筠三次巡邊時間為乾隆六十年（1795）春、嘉慶二年（1797）秋、嘉慶三年（1798）春，因此，《西藏圖說》資料收集整理應在乾隆六十年（1795）至嘉慶三年（1798）之

〔註100〕（清）佚名編：《松文清公陞官錄》，清朱格抄本。
〔註101〕（清）松筠撰：《西藏圖說》，清道光二十七年（1847）王師道刻本。

間，而成書時間為嘉慶三年（1798）。以此時間為節點，結合其時西藏地方社會形勢、松筠的「籌藏觀」與著述旨趣，筆者分析其成書背景如下：

## （一）戰後西藏地方社會重建是成書的時代背景

松筠駐藏期間正值廓爾喀之役後西藏社會重建期。當時，適逢廓爾喀戰禍戡平不久，西藏瘡痍遍地，加之此前苛捐雜稅較多，廣大民眾生活極端困苦，並出現土地荒蕪、牲畜死亡、房屋坍塌等不利情況，由此，西藏的戰後善後與社會重建刻不容緩。當然，對外戰爭也是加強參戰國國內政治團結、強化邊疆地區政治內向的有利契機。對此，乾隆帝認為：「此係極好機會，皆賴上天所賜，福康安等當趁此將藏中積習湔除，一切事權俱歸駐藏大臣管理，俾經久無弊，永靖邊隅，方為妥善。」〔註 102〕因此，乾隆五十八年（1793），清中央政府正式頒布了以《欽定藏內善後二十九條章程》為代表的一系列改革計劃，逐步開始在西藏實行政治、宗教、經濟、軍事等一系列改革，內容涉及提高駐藏大臣地位，約束僧俗貴族，管控活佛轉世，同時，體恤百姓生活，建立正規藏軍，維護中國西南邊防安全等，旨在達到既恢復西藏社會生產，又強化清中央政府對西藏有效管轄的治理目標。

松筠入藏的主要任務即推進落實《欽定藏內善後二十九條章程》，以期盡快實現西藏的社會重建與政通人和。值得注意的是，善後章程明確規定在西藏建立駐藏大臣巡邊檢查制度。據《清實錄》載，乾隆五十九年（1794）六月，「駐藏大臣和琳等奏，前經奏准，每年春、秋二季，駐藏大臣分往各邊界巡閱，第衛藏地方較冷，三、四月間播種，八、九月間收穫，凡巡閱之期，正值番民農忙，需用烏拉人夫，殊多不便，請嗣後駐藏大臣每年五、六月農隙時，閱邊看兵一次。得旨：是，知道了。」〔註 103〕由此，既不耽誤西藏農業生產，又保證駐藏大臣巡邊檢查制度的順利施行。同時，駐藏大臣定期巡邊的最終目的，正是為西藏社會重建在軍事安全方面實現保駕護航。在此制度基礎上，松筠在此次西藏社會重建期之內，不僅做好了駐藏大臣在經濟、政治、行政方面的重要工作，而且切實履行了定期巡視西藏邊防的重要任務，為保證西藏邊防安全親力親為，而此巡邊過程正是其《西藏圖說》的資料收集與輿圖初繪過程。

---

〔註 102〕《清高宗實錄》卷一千四百一十七，清乾隆五十七年（1792）十一月辛亥。
〔註 103〕《清高宗實錄》卷一千四百五十四，清乾隆五十九年（1794）六月庚午。

### （二）松筠之「籌藏觀」是成書的理論基礎

在中國政治制度史與邊疆發展史上，邊臣疆吏是一個特殊群體，其個人政治素養與籌邊觀念往往對其所在邊疆地區社會發展產生深刻影響。莊吉發先生認為：「處於同一個時代及社會關係中，邊臣疆吏有大致相同的經歷，但同時也不能忽視邊臣疆吏的個性傾向。有的邊臣疆吏憂患意識濃厚，而獻身於遐方絕域；有的邊臣疆吏任性乖張，而縱酒於朔漠異域；有的邊臣疆吏粉飾太平，而苟安於崇嶺秘境。」〔註 104〕顯然，松筠屬於其中第一種，其在駐藏大臣任內不僅恪盡職守，而且銳意進取，為西藏社會重建獻計獻策，對西藏邊防安全亦憂患有加。由此，松筠在治藏過程中形成了以社會民生建設與鞏固邊防安全並舉為核心的「籌藏觀」，而實地探察西藏邊防並繪製詳細輿圖，正是其「籌藏觀」的實踐成果之一。松筠注重邊防的籌藏觀念，完整地體現在其《駐藏大臣工部尚書都統松筠巡邊記》與《西招圖略》中。對此，松筠自言：「是武備不可不修，操防不可不講，爰繪散總之圖，俾知輿地之險，固我疆隅，化彼覬覦，其率服即敘，莫不畏懷，而樂享升平矣。」〔註 105〕可見，松筠將鞏固邊防安全視為社會民生建設的重要外部保障。

一方面，松筠十分注重恢復西藏民生。為了恢復和發展生產，松筠針對當時西藏的差役與賦稅制度等進行了必要調整，舉措涉及減免賦稅債務與差役負擔，休養生息；賑濟百姓，幫扶民眾恢復生產；限制使用烏拉，有償支付雇費；嚴禁霸佔水渠農田和乘機敲詐勒索等。通過其不懈努力，在一定程度上，西藏民眾負擔得以減輕，生活逐步改善，同時，西藏社會秩序愈發安定，農牧業生產亦開始步入正軌。

另一方面，松筠重視守邊，其《西招圖略》開篇即《守邊》，同時，其認為「圖為備邊而設」，即其非常重視輿圖在西藏邊防事務中的重要作用，這是《西藏圖說》成書的直接原因。松筠第一次巡閱西藏邊防，主要是為了撫恤西藏邊遠地區的藏民以安定民生，第二次則是檢查賑災效果，第三次乃巡視後藏邊防並操演兵丁。對此，松筠在《丁巳秋閱吟序》中寫道：「乾隆乙卯歲，高宗純皇帝發帑金四萬兩賑恤衛藏番民，恩至渥也。余照例巡閱，周覽邊城，敬布皇仁。凡所經行，既著篇什。洎丁巳之秋，又因稽核賑務，

---

〔註 104〕莊吉發：《天高皇帝遠——清朝西陲的邊臣疆吏》，《法國漢學》叢書編輯委員會編：《邊臣與疆吏》，北京：中華書局，2007 年，第 62 頁。

〔註 105〕（清）松筠撰：《西招圖略》，清道光二十七年（1847）王師道刻本。

重閱招西，見民氣之已蘇，欽聖慈之廣被。」〔註 106〕由此，松筠在視察邊地、檢閱軍隊過程中，十分注意調查西藏邊境地區的山川險勝，隨時記錄，最終繪成輿圖。

在第一次巡邊過程中，松筠即已認識到地理與輿圖對西藏邊防的重要性。據《駐藏大臣工部尚書都統松筠巡邊記》載：「至協噶爾、定日左首之絨轄、喀達，定結西路之宗喀、瓊噶爾、鞏塘拉大山，皆為天然門戶，曲水、巴則、江孜又為前藏之要隘，而江孜迤南之帕克哩、甘壩等處，界連藏曲大河，尤為前後藏第一險要，所有漢番官兵及噶布等，均宜熟悉。因於前後藏、江孜教場泐石，咸使對圖講求，人各胸中有主，方於汛防有益。」〔註 107〕可見，松筠下令將西藏地形圖刻石為碑，以使江孜等地駐防官兵對西藏地形做到心中有數，從而利於鞏固邊防。在第二次巡邊過程中，松筠作詩《過洋阿拉山》云：「惜未塞歸路，網疏逸野豻（彼時，官兵初至，未諳輿圖，如果預由甲錯山陽分兵，經波絨巴游牧繞至羊阿拉及莽噶布堆登處，邀擊之，可使片甲不歸，並免辛亥之大役也）。巡邊知扼要，特筆未容刪。」〔註 108〕可見，松筠十分重視輿圖在邊防事務中的重要作用。同時，其認為廓爾喀商人到西藏邊境地區進行貿易活動，均比較熟悉西藏道里遠近情況，而如果西藏官兵對西藏地理交通的基本情況不甚瞭解，則不免會重蹈廓爾喀之役覆轍。對此，其在《西招圖略・審隘》中總結道：「守邊之術，宜乎審隘繪圖，使各汛官兵熟悉道里厄塞，方於緩急有益。……此衛藏圍圓大概，僅述要隘，繪圖以示汛官，以重操防也。」〔註 109〕

### （三）松筠勤於著述是成書的主觀原因

由松筠生平可知，其深受中原儒家文化影響，不僅注重修身存養，而且重視現世事功，因此，其不斷強化自身文學修養，在所任之處儘量留存文史作品，其目的在於實現治國平天下的外王事功。松筠在《西招圖略・述事》中寫道：「夫處一方，宜悉一方故事，述而書之，便覽焉。……欽差善言，提撕警省也。」〔註 110〕可見，松筠將用心記錄任內所處西藏情形，為繼任者及相

〔註 106〕（清）松筠撰：《丁巳秋閱吟》，清嘉慶道光間刻《松筠叢書五種》本。

〔註 107〕（清）和琳、松筠、和寧等纂修：《衛藏通志》卷四，清光緒二十一年（1895）桐廬袁昶刻《漸西村舍匯刻》本。

〔註 108〕（清）松筠撰：《丁巳秋閱吟》，清嘉慶道光間刻《松筠叢書五種》本。

〔註 109〕（清）松筠撰：《西招圖略》，清道光二十七年（1847）王師道刻本。

〔註 110〕（清）松筠撰：《西招圖略》，清道光二十七年（1847）王師道刻本。

關人士提供參考和警示，視為駐藏大臣的重要職責。由此，《西藏圖說》即松筠重視「述事」、勤於著述的重要成果。

據《駐藏大臣工部尚書都統松筠巡邊記》載：「乾隆六十年乙卯夏四月，巡邊自前藏經曲水，過巴則、江孜，其十日行抵後藏，由札什倫布走岡堅寺、彭錯嶺、拉孜、羅羅脅噶爾，過定日、通拉大山，共計十一日，至聶拉木，又由達爾結嶺西轉，經過白孜草地、犛塘拉大山、瓊噶爾寺南轉，出宗喀，共行六日，至濟嚨，仍旋宗喀，東北行十日，還至拉孜，入東山一日，至薩迦溝廟，自廟北行二日，出山仍走岡堅，還至札什倫布，往復略地，隨在繪圖，知其概焉。」〔註 111〕此中「往復略地，隨在繪圖」即指明了松筠《西藏圖說》的成書過程。此外，嘉慶三年（1798）六月底，松筠將本年四月十九日起赴後藏西南邊界巡邊練兵情形奏報：「所有近年查看之所有關隘，奴才已分晰繪圖，分發衛藏官兵，使之熟悉各地形式，悟其攻守之道，方可謂武備精強。並將此與相繼遵旨辦理事件一同列入交代事項，務使後任謹守勿怠。」〔註 112〕

值得一提的是，《西藏圖說》是駐藏大臣松筠親身經歷並獨立撰寫之作，這在清代西藏方志中並不多見。不同於《藏紀概》、《西藏記述》、《西域全書》、《西藏志》、《西域遺聞》、《西藏見聞錄》等之前成書的清代西藏方志，同時也有別於其後成書的《西藏圖考》、《西藏新志》等，以上作品多為作者參考官方檔冊、前人作品、間接轉述而成，均屬依靠二手材料纂修而成，即使在同為駐藏大臣和寧所作《西藏賦》中，源自親身採訪所得資料也不多，而松筠《西藏圖說》的參考史料大多源於其個人巡閱西藏邊防的實踐經歷，對於一名封疆大吏來講，這是十分難能可貴的。

## 二、文獻價值探究

《西藏圖說》開篇為一幅西藏總圖，標明西藏四至、主要程站及布魯克巴、哲孟雄、噶哩噶達、陽布等相鄰地區。十五幅分圖是：1. 東起聶拉木西起濟嚨南抵陽布止；2. 西藏極邊之界（西南起濟嚨東北行由邦馨衮達宗喀至

〔註 111〕（清）和琳、松筠、和寧等纂修：《衛藏通志》卷四，清光緒二十一年（1895）桐盧袁昶刻《漸西村舍匯刻》本。

〔註 112〕《松筠奏報巡查後藏定結喀達邊隘重修鄂博操練兵丁等情形摺》，中國藏學研究中心等合編：《元以來西藏地方與中央政府關係檔案史料彙編》第 5 冊，北京：中國藏學出版社，1994 年，第 2233 頁。

鞏塘拉山瓊噶爾寺）；3. 定日至喀達、窩朗卡桑木寺至絨轄、篤舉山口至疊古蘆；4. 宗喀經薩喀至阿里；5. 定日四至；6. 喀達至陽布；7. 拉孜至札什倫布；8. 江孜以南邊界；9. 後藏至前藏；10. 布達拉以北；11. 前藏至拉里；12. 拉里至昌都；13. 察木多至巴塘；14. 巴塘至里塘；15. 里塘至打箭爐。

同時，在文字說明中，松筠提綱挈領地指出該書側重點在於：西藏的西、南、北三個方位的輿圖，即「駐藏漢番官兵熟其形勢，故分圖於西、南、北三面為稍詳。至於東抵魚通，此六千餘里中，向化者百數十餘年，與隸版圖供賦役者，毫無以異，則但記其道里程站，而餘悉在所略焉。」〔註 113〕因此，十五幅分圖以西、南、北三面重點，而因東面川邊藏區早已向化中原，內地官員尤其是川邊藏區官員較為熟悉，因此，書中僅略述其道里、程站情況。最後，在分圖之後附錄兩篇「程站」，分別是：自成都至後藏路程、前藏至西寧路程。詳覽該書，可知其文獻價值如下：

（一）該書所載西藏輿圖基本確定了清中央政府治下中國西藏的版圖，對於維護中國主權與領土完整具有不可替代的重要意義。在廓爾喀之役之前，因對準噶爾勢力的忌憚，清中央政府對西藏北部防務重視有加，卻對西藏後藏及西南邊界知之甚少。有學者指出：「因此，在清前期藏學文獻中，記西藏北方各地關隘、邊界，以及從拉薩到北方邊界的路程，成為大多數文獻的關注點，但對後藏的情況幾乎很少涉及。」〔註 114〕但是，《西藏圖說》則以輿圖形式將西藏西南部及南部等邊界情況如實記錄。民國初年，非法的「麥克馬洪線」將中國西藏的達旺地區劃入英屬印度勢力範圍，事實上，松筠在《西藏圖說》「圖九（後藏至前藏圖）」中明確標明：達旺位於西藏與布魯克巴界北部的西藏版圖範圍內，同時在文字說明部分明確指出：「由布達拉東渡江至東德慶，轉而南至乃東，又分為二：一稍西行，有瓊結、質谷、多宗等處，一稍東行，有雅堆、至結綸孜、錯納、達旺抵布魯克巴界，皆藏中所謂山南處所也。」〔註 115〕由松筠記載可知，達旺地區自古即屬西藏，就是中國領土不可分割的一部分。對此，著名學者馮明珠評價松筠著述《西招五種》的意義之一為：「勾勒出清朝的西藏範圍，確定了西藏的版圖，成

〔註 113〕（清）松筠撰：《西藏圖說》，清道光二十七年（1847）王師道刻本。

〔註 114〕劉鳳強著：《清代藏學歷史文獻研究》，北京：人民出版社，2015 年，第 207 頁。

〔註 115〕（清）松筠撰：《西藏圖說》，清道光二十七年（1847）王師道刻本。

為清末民初中國政府力爭藏域的依據。」〔註 116〕顯然，這一評價是符合史實的。

（二）該書所載西藏輿圖將其時清中央政府尤其是滿蒙貴族與封疆大吏，對南亞次大陸國家及英國東印度公司勢力所轄區域的位置認知以圖像形式固定下來。廓爾喀之役改變了喜馬拉雅山地區諸國的政治格局，而中國西南邊疆安全也由此暫時性地上升到國家安全戰略層面。其中，印度、英國、英國東印度公司等地理信息，開始在清中央政府的官方輿地認知中逐漸浮現。

松筠在《西藏圖說》之「西藏總圖」中西南部邊界部分，清晰標注了「噶哩噶達」、「東甲噶爾（即阿咱喇）」，並在圖八（江孜以南邊界）中亦明確標注了「噶哩噶達（西洋部落）」、「東甲噶爾（即阿咱喇）」。其中，「噶哩噶達」即其時英國東印度公司駐印度總督官邸所在地加爾各答，「甲噶爾」則係藏文 rgya-gar（印度）的漢語音譯，而「東甲噶爾」即指東印度。實際上，以乾隆帝為代表的清中央政府對於英國、英國東印度公司、印度的認知，主要來自福康安、和琳等涉藏及駐藏大臣的相關奏摺，但不得不承認這種不斷變化的認識還是非常模糊蕪雜的。

乾隆五十八年（1793）五月，乾隆帝「諭軍機大臣曰，和琳奏接到拉特納巴都爾稟稱，遵奉來諭，各守境土，和睦鄰封，並以噶哩噶達及拉卡納窩各處部落聽聞廓爾喀投順天朝，俱差人至陽布賀喜，遞送禮物。……又據奏，噶哩噶達部長係第哩巴所屬部落，巴爾底薩雜哩又係噶哩噶達所屬小頭人，其護送象馬、蒙賞對象，已屬從優，若更頒與勅旨，似覺稍為過分。」〔註 117〕可見，此中所示「噶哩噶達」僅係一個與廓爾喀類似的位於印度次大陸的小部落，而「巴爾底薩雜哩」則是這個小部落的一名小頭人。

同時，福康安在奏摺中則稱：「噶哩噶達即係披楞部落，為第哩巴察所屬，該處自稱為噶哩噶達，其別部落人稱為披楞。……廓爾喀聞知大兵已到前藏，於上年五月間預行差人赴該部落求救，那時我正在官寨值日，聞得該部長果爾那爾向廓爾喀來人告稱，唐古忒服屬天朝，就是天朝的地方，你們不知分量與唐古忒鬧事，就是得罪天朝，我這裡的人常在廣東作買賣，大皇帝待的恩典很重，我再沒有不幫天朝，轉幫你們廓爾喀的道理。……伏查第

〔註 116〕馮明珠：《走過留痕——松筠駐藏的政績與著述》，《法國漢學》叢書編輯委員會編：《邊臣與疆吏》，北京：中華書局，2007 年，第 119 頁。

〔註 117〕《清高宗實錄》卷一千四百二十九，清乾隆五十八年（1793）五月丁巳。

哩巴察在甲噶爾各部落中土宇較廣，所屬最多，噶哩噶達為第哩巴察屬部中之大部落，與廓爾喀南界毗連，為邊外極邊之國。該處番民既在廣東貿易，想來即係西洋相近地方。臣福康安、臣孫士毅在粵時未知有噶哩噶達，或係稱名偶異，亦未可定。」〔註 118〕由此可知，當時福康安等權臣已向乾隆帝初步言明，噶哩噶達即披楞，而其似乎就是長期以來在廣東地區與中國開展貿易的英國東印度公司，但二者真實關係其又無法最終確認。

實際上，福康安所言「該部長果爾那爾」中的「果爾那爾」，即英文 governer（總督）之漢語音譯。同時，和琳所言「巴爾底薩雜哩」與福康安所言「第哩巴察（Delhi Pādishāh）」即指「德里的巴底沙」。在波斯語中「巴底沙（Pādishāh）」指代君主，由此，「德里的巴底沙」即指代印度莫臥兒帝國君主，亦可視為莫臥兒帝國之代稱，對此，藏文作 ti-ling-pa-ca，而駐藏或涉藏官員又將此藏文音譯轉為漢語音譯，寫作「第哩巴察」、「第里巴叉」、「巴爾底薩雜哩」等。可見，這些地理與名稱信息均已指向英國東印度公司，但囿於時代侷限與地理知識匱乏，受中華文化中心論影響，加之中西語言文化隔閡，使得曾任兩廣總督、經略中英廣州貿易的福康安，仍對印度、西洋、英國、英國東印度公司等出現地理認知混亂。

頗為遺憾的是，與福康安相近，三次巡邊的駐藏大臣松筠也對英國、英國東印度公司、印度等地理信息認知含混不清，仍將三者視為一個多重身份重疊的混合體。對於指代印度的「甲噶爾」，松筠認為：「甲噶爾，即大西天。」〔註 119〕同時，松筠在《西招圖略．守正》中寫道：「聞甲噶爾、第里巴叉等部較比廓爾喀勢大，……昨歲丁巳，廓爾喀曾為甲噶爾貿易者不似從前常走陽布，而徑行噶里噶達及布魯克巴等部，以致伊部貿遷缺乏，肯乞飭令噶里噶達頭人勿使甲噶爾商回經行彼部，仍走陽布，貿易方能有益。因諭以甲噶爾及噶里噶達等一如爾部，且爾與彼本各無轄，今為爾部有益，轉飭伊等遵奉，則伊等必以於伊無益，而稟肯轉飭爾部遵奉，是則反與爾等不便，莫若爾部與伊等講和。總之，經過商販果能薄收其稅，則來者必多，可望恒與爾部有益。該使聞之，唯唯而去，旋即奏蒙聖鑒，有案。」〔註 120〕由此可知，松筠

〔註 118〕（清）和琳、松筠、和寧等纂修：《衛藏通志》卷十五，清光緒二十一年（1895）桐廬袁昶刻《漸西村舍匯刻》本。

〔註 119〕（清）松筠撰：《丁巳秋閱吟》，清嘉慶道光間刻《松筠叢書五種》本。

〔註 120〕（清）松筠撰：《西招圖略》，清道光二十七年（1847）王師道刻本。

與福康安等認知基本相同並與乾隆帝保持一致，仍將「甲噶爾」、「噶里噶達」視為與廓爾喀類似的極邊部落。

實際上，直至道光二十六年（1846），駐藏大臣琦善在法國傳教士秦噶畢（Joseph Gabet，1808～1853）、古伯察（Evariste Régis Huc，1813～1860）幫助下翻譯了廓爾喀國王國書，清政府治下中國的上下各界才將「噶里噶達」、「披楞」、「第哩巴察」等詞彙與英國的關係徹底釐清。當時，秦噶畢、古伯察進入拉薩，「他們在甘肅時就遇過一名藏人的轉世化身喇嘛，問了他們是不是來自『噶哩噶答（Galgata）』的『披楞（Peling）』，而許多在拉薩的人也用同樣的話來描述他們。駐藏大臣琦善有了這兩名傳教士在手，在收到廓爾喀君主的國書時便要求兩名傳教士就這主題來說明。秦噶畢作了完整的解釋：『披楞即英咭唎，並非兩處。緣唐古特番語（藏語）呼外國皆為奇楞（藏：phi-gling）；奇（phyi）字為內外之外字，訛寫披楞，並非國名。地名英咭唎國，夷名昂格勒（法：anglais）是實。』」〔註 121〕

不過，松筠將「噶哩噶達」標注為「西洋部落」，這是在對英國、南亞次大陸國家地區認知方面的一大進步。更為難能可貴的是，松筠將當時清中央政府滿蒙高層對印度、英國、英國東印度公司等國家與特殊機構的認知情況，以輿圖形式如實地記錄下來，為後世瞭解其時清廷統治者與滿蒙權臣的天下觀、英國觀、朝貢體系觀念等提供了重要參考。

（三）該書繪圖較為精細，對研究西藏歷史地理沿革和其時西藏交通有重要的參考價值。首先，圖中均用雙框突出標注了當時西藏的塘汛即關卡所在地。在十五幅分圖中共標注了：定日汛、江達汛、拉甲汛、拉里汛、察木多汛、昂地汛、乍丫汛、江卡汛、巴塘汛、里塘汛、中渡汛、打箭爐等 12 個塘汛所在地，這是此前涉藏史志中並未提及的，具有顯著的創新性，由此，後世可直觀地瞭解其時西藏交通的重要節點及清中央政府在西藏的佈防情況。其次，附錄的「前藏至西寧路程」與其他清代西藏方志所載程途不盡相同，對於後世開展漢藏交通路線問題等研究也有一定的參考價值。對此，黃沛翹將這一程途記載全部轉載至其《西藏圖考》中並注釋為：「以上前藏至西寧路程，惟《西招圖略》卷後附錄，與《西域志》《衛藏圖識》《西藏志》

〔註 121〕〔美〕馬世嘉著：《破譯邊疆‧破解帝國：印度問題與清代中國地緣政治的轉型》，羅盛吉譯，新北：臺灣商務印書館股份有限公司，2019 年，第 445～446 頁。

諸書不同，錄此參考。」〔註 122〕

（四）該書中「說」即文字說明內容均突出邊防的重要性，對後世瞭解和研究西藏邊防發展史具有一定參考價值。松筠在「圖五（定日四達圖）」的文字說明中寫道：「而薩迦之西南，踰中烏拉山，西至瑪布嘉，以合於春堆，為巴勒布等貿易經行之路，而其險要，外則羅哩、果瓊拉岩峽聯絡之屏障，內則甲錯大山、拉固隆固阻隘天成，甲錯大山多瘴氣，孰非重關疊塞耶。」〔註 123〕由此可見，松筠經過實地考察，認識到薩迦至春堆一帶邊防地位突出，是防範相鄰地方勢力入侵的天然屏障。同時，在「圖六（喀達至陽布）」中，松筠直接在圖中「霞烏拉山」上方注明「辛亥年（筆者注：乾隆五十六年，1791），廓爾喀遁向經此，凍斃千數百人」、「外通廓爾喀界」，並在文字說明中闡明：「路在喀達東南，繞出走三日乃至鄂博界所，稍西有霞烏拉山及兩海子，並非正路，仲秋則雪，寒氣切膚，而山最險厄。辛亥之役，廓番避正路而經此遁回，凍斃幾盡，其不軌之報歟。」〔註 124〕這不僅直接說明霞烏拉山及周邊湖泊在邊境防禦中的重要屏障作用，而且也指出廓爾喀之役中廓爾喀軍兵敗逃的方向與大致路線。此外，這也體現了松筠對這場戰爭的嚴正立場，即廓爾喀之役完全是廓爾喀蓄意發動的，而其入侵西藏的行為不僅是非法的，更有悖於正義公理，因此，對於廓爾喀軍兵遁逃遇難，松筠認為乃「其不軌之報歟」。這對後世還原廓爾喀之役全程亦具有借鑒意義。

（五）該書的文字說明內容具有一定的經濟學史料價值，對後世瞭解和研究其時西藏鹽業生產及貿易情況具有重要參考作用。在「圖四（宗喀經薩喀至阿里）」文字說明部分，松筠指出：「由宗喀而北，經達朗拉山、賈賈渡、蘇布拉，爰至薩喀。西北行者為鹽池，產鹽最多，不第為衛藏沿邊所資。而南踰濟嚨邊外一帶以及廓爾喀以外等部落無不仰賴，唐古忒販運貿遷為食也。」〔註 125〕這一記載不僅明確了當時西藏最大鹽產地的地理位置，而且也指明了食鹽為當時西藏對外貿易的主要商品之一，而廓爾喀侵藏的藉口之一便是「西藏運往之食鹽摻土」，這表明西藏所產食鹽對廓爾喀等周邊地區十分重要，因此，這也佐證了廓爾喀在食鹽進口方面對西藏的依賴，有利

〔註 122〕（清）黃沛翹輯：《西藏圖考》卷四《諸路程站附考》，清光緒二十三年（1897）刻本。

〔註 123〕（清）松筠撰：《西藏圖說》，清道光二十七年（1847）王師道刻本。

〔註 124〕（清）松筠撰：《西藏圖說》，清道光二十七年（1847）王師道刻本。

〔註 125〕（清）松筠撰：《西藏圖說》，清道光二十七年（1847）王師道刻本。

於後世進一步探究廓爾喀之役的起因。值得一提的是，對此，松筠在《桑薩》一詩中亦提及：「紓力能餘力（能紓民力乃得其力），防微謹細微（薩喀南界落敏湯，外通廓爾喀，其西北界連阿哩境，有鹽池，是為邊外一帶希冀者，此雖細微，不可不謹慎）。」〔註 126〕由此，這兩處記載恰好相互印證。

## 三、結　語

在清代歷任駐藏大臣中，惟有松筠重視輿圖在西藏邊防事務中的重要作用，也只有松筠繪製了如此詳細的西藏輿圖，這些輿圖對強化西藏邊防，保障當時中國西南地區軍事安全發揮了重要的指導作用，同時也為中原地區官員與民眾更加直觀地瞭解西藏地理與交通提供了圖像參考。該書對後世影響較大，刊刻成書後即在駐藏官員及川邊藏區官員中廣為流傳。嘉慶《四川通志・西域志》即參考了松筠《西藏圖說》，實際編纂者汪仲洋在其詩《以所撰西域志六卷呈松相國得長句一首》中寫道：「繼於成都書肆中購得相國所著《西招圖略》，一圖一說，雖萬里之外，番程蠻徼無不瞭如指掌，然後稍知藏衛門徑，參涉他說，遂咸卷帙。」〔註 127〕同時，如前文所言，道光二十七年（1847），時任四川成綿道王師道亦認為松筠作品可供公事所參，其在《重刻西招圖略跋》中言及：「道光二十有七年，歲在丁未，予時攝成綿道篆，公餘之暇，因檢《西招圖略》舊本，命工重刻。」〔註 128〕

清末之際，英帝國主義勢力對西藏步步緊逼，導致西藏危機日益加劇，駐藏大臣必須處理十分棘手的涉英問題，同時也引起中原地區廣大愛國知識菁英對西藏的嚴切關注。光緒十三年（1887），總理衙門轉奏四川總督劉秉璋、駐藏大臣文碩會奏議辦藏印邊界通商事宜，「查該大臣所據《西招圖略》繪述藏邊情形，係故大學士松筠所著。」〔註 129〕可見，松筠所繪西藏輿圖已成為其時駐藏大臣的重要參考資料。由此，以黃沛翹《西藏圖考》為代表的一系列涉藏方志作品相繼問世。值得一提的是，《西藏圖考》所載十二幅《西招原圖》，均轉摹自《西藏圖說》。黃沛翹對松筠《西藏圖說》評價為：「自來西藏

〔註 126〕（清）松筠撰：《丁巳秋閱吟》，清嘉慶道光間刻《松筠叢書五種》本。

〔註 127〕（清）汪仲洋撰：《心知堂詩稿》卷十七，清道光七年（1827）刻本。

〔註 128〕（清）王師道撰：《重刻西招圖略序》，（清）松筠撰：《西招圖略》，清道光二十七年（1847）王師道刻本。

〔註 129〕（清）劉錦藻撰：《清朝續文獻通考》卷三百四十五，上海：商務印書館，1955 年，第 10875 頁。

專圖，無有逾此者。」〔註 130〕如今通過縱向比較可知，黃沛翹如此評價並非溢美之詞，而是切合實際的。

儘管松筠於公暇完成的《西藏圖說》是清代地緣政治學的重要著作，但其畢竟不是專業輿圖測繪人士，因此，該書亦存在一些不足。一方面，囿於時代侷限，乾嘉時期清政府治下中國閉關鎖國日趨嚴重，並未推廣康熙時期已引入清廷的西方地理測繪方法和輿圖繪製技術，因此，松筠在《西藏圖說》中所繪輿圖不僅均未使用經緯度線與比例尺，而且並未採用中國傳統的計里畫方繪法，而仍採用中國傳統的山水寫意式繪圖方法，這與《衛藏圖識》具有相似之處，從而導致書中所載地理位置均失精準。

另一方面，該書中所有輿圖均方向倒置，即左東右西、上南下北，這導致輿圖實用性與觀賞性下降。對此問題，較早注意並明確指出的是黃沛翹，其認為「松圖最明確，而方向倒置。」〔註 131〕對於繪圖方向倒置的原因，松筠在《西藏圖說》中明言：「圖為備邊而設，故分圖從邊疆起，由遠至近，亦懷柔內向，而圖皆繪以北向，緣取拱極之義也。」〔註 132〕黃沛翹也對此加以解釋，即「文清公取懷柔之義，左東右西，取拱極之義，上南下北方向與古法異，人頗惜之。然其形勢之熟悉，險要之詳明，棋布星羅，燦然大備。」〔註 133〕如其所言，雖然松筠在繪製西藏輿圖過程中秉承了中國中心主義的政治文化觀，並展現了其讚譽當時專制帝王豐功偉業的個人政治情結，但在客觀上看，《西藏圖說》所載西藏輿圖的全面性與詳細性是有目共睹的。應該說，《西藏圖說》是致力籌藏的封疆大吏松筠對中國傳統輿地學、清代邊疆學和清代方志學的一大貢獻。

## 第五節　汪仲洋實纂體量最大之藏志——嘉慶《四川通志・西域志》

嘉慶《四川通志》二百零四卷首二十二卷，目前僅見清嘉慶二十一年（1816）刻本。該志凡十二志，六十八門，二百二十六個子目，約三百八十八萬字，內容遠超雍正《四川通志》。其中，卷一百九十一至一百九十六為

〔註 130〕（清）黃沛翹輯：《西藏圖考》卷首，清光緒二十三年（1897）刻本。
〔註 131〕（清）黃沛翹輯：《西藏圖考》卷首，清光緒二十三年（1897）刻本。
〔註 132〕（清）松筠撰：《西藏圖說》，清道光二十七年（1847）王師道刻本。
〔註 133〕（清）黃沛翹輯：《西藏圖考》卷首，清光緒二十三年（1897）刻本。

《西域志》，約十一萬字，記事止於嘉慶十九年（1814）珂寶克出任駐藏大臣一事。其中，先分地域、再分篇目，地域分別為：江卡、乍丫、察木多、類伍齊、洛隆宗、碩般多、達隆宗、拉里、江達、前藏、江孜、後藏、定日、阿里、廓爾喀、布魯克巴、纏頭、卡契、庫呢、白木戎、披楞、第里巴囌、巴爾底薩雜爾。其中，前藏內容最為詳細、篇目最為齊全，約四萬字，其篇目有：歷史沿革、星野、疆域、形勢、風俗、城池、戶口、津梁、關隘、貢賦、塘鋪、山川、公署、寺廟、古蹟、物產、管轄地方頭人、賞給達賴喇嘛各地方戶口錢糧、西藏管轄三十九族等十九個篇目，其中又以沿革和山川所載內容為多。之後為國朝駐藏大臣題名、西域職官政績、西域蕃酋、西域喇嘛等特色內容，最後為西域志餘並附錄成都入藏路程等程站情況。相比成書較早的《藏紀概》、雍正《四川通志・西域》、乾隆《雅州府志・西域》、《西域全書》、《西藏志》、《西藏記述》、《衛藏圖識》、《西藏賦》、《衛藏通志》等清代西藏志書，嘉慶《四川通志・西域志》收錄了更多西藏史地內容，同時，更令在其後成書的《西藏紀聞》、《西藏圖考》、《巴塘鹽井鄉土志》、《西藏新志》等清代西藏方志在內容體量方面望塵莫及，因此，其史料之豐富堪稱清代西藏方志之最，即嘉慶《四川通志・西域志》是清代西藏方志中所載西藏地情內容最多者。經筆者考證，該志實際編纂者為汪仲洋，其廣泛參考官修通史通志類著作，大量引用松筠《西招圖略》等私人涉藏詩文作品，並在編纂門類方面有所創新。雖存在信息滯後、內容錯漏及引用不當等問題，但該志較為全面地記錄了雍正末期至嘉慶初期西藏的歷史發展與地情變化，對之後西藏方志編纂具有重要的借鑒作用。鑒於此前學術界對其關注較少，筆者在此以嘉慶二十一年（1816）刻本嘉慶《四川通志・西域志》為中心，對其實際編纂者、成書背景、史料來源、文獻價值與不足之處進行深入探討。

## 一、實際編纂者為汪仲洋

嘉慶《四川通志》作為官修省志，按慣例自然不會詳細記載各門類的實際編纂者，而僅在「四川通志修輯職名」羅列參修人員銜名。其中，「總裁」為時任四川總督常明，「編輯」為戶部員外郎、會典館總編纂楊芳燦，以及候補同知譚光祜。按照方志編纂責任者著錄慣例，後世多將嘉慶《四川通志》責任者著錄為：「（清）常明等修，楊芳燦、譚光祜等纂。」〔註134〕嘉慶十七

〔註134〕中國科學院北京天文臺主編：《中國地方志聯合目錄》，北京：中華書局，1985

年（1812），常明開始監修《四川通志》，並聘楊芳燦入蜀為主纂，十九年（1814）冬完成初稿，繼而增刪歷約二年有餘，至二十一年（1816）刊刻成書。

但眾所周知，諸如嘉慶《四川通志》這類官修職務作品，領銜者均為一省大吏，而位列纂修銜名前列者均是省內各道府州縣的高級長官，但因政務繁忙、能力所限，他們參與實際纂修工作的可能性很小。因此，我們不能將嘉慶《四川通志》主要責任者等同為該志的實際編纂者。學術界之前已有成果均未揭示嘉慶《四川通志・西域志》出於何人之手，經筆者考證，其實際編纂者為汪仲洋。

汪仲洋（1777～？），字少海，號海門，四川成都人，嘉慶六年（1801，辛酉）舉人，二十二年（1817）以舉人大挑一等，分發浙江監辦河工。先後署理桐廬、山陰縣事，二十三至二十五年（1818～1820）任錢塘知縣。〔註 135〕道光元年（1821）任海鹽知縣，「仲洋悉心經畫，不辭勞瘁，在任四年，築塘八十餘丈，視舊塘尤堅固，歷久屹若金城，人稱為『汪公塘』。刻有《塘工成案》，築法甚詳。工吟詠，公餘賦詩紀事，和者甚眾，有《海壖唱和詩》六卷。」〔註 136〕其中，《塘工成案》即《海鹽縣新辦塘工成案》一卷。五年（1825）八月，錢塘知縣汪仲洋因治下發生要犯獄中自縊事件被革。後任海鹽縣教諭、錢塘縣丞，署理餘姚知縣。二十年（1840）八月，適值鴉片戰爭爆發，「再本月二十等日，有大小夷船數隻，駛入慈谿、餘姚境內，直逼海岸。經寧波府知府鄧廷彩、署理餘姚縣知縣汪仲洋會督文武及兵勇人等，先後將夷舟擊沉，拿獲夷匪二十餘名，」〔註 137〕對此，林則徐作《題汪少海》云：「漩渦妙策沉番舶（庚子夏，逆夷擾浙，君用奇計誘夷舶陷軟沙，俘獲甚眾），烈焰神機轉炮車（鎮海鑄大炮百餘，分運各臺，君領其事。《漢書》注『霹車』，即今炮車）。東望蛟門抒高詠，詩題崖岫合籠紗。」〔註 138〕二十一年（1841）四月，任餘姚知縣。其留心西學，關心洋務，與

年，第 737 頁。

〔註 135〕李榕纂修：民國《杭州府志》卷一百二《職官四》，民國十一年（1922）刻本。

〔註 136〕（清）王彬纂修：光緒《海鹽縣志》卷十四《名宦錄二》，清光緒二年（1876）刻本。

〔註 137〕齊思和等整理：《籌辦夷務始末：道光朝》第 1 冊，北京：中華書局，1964 年，第 490 頁。

〔註 138〕（清）林則徐撰：《雲左山房詩鈔》卷五，清光緒十二年（1886）刻本。

林則徐、嘉興縣丞龔振麟研製新型火炮與戰船，著《鑄炮說》、《安南戰船說》等。其工於詩文，著《心知堂詩稿》十八卷。值得一提的是，汪仲洋有關英人的扭曲認知「英夷之腿極長，青布裹纏，直立，不能超越騰跑，睛色碧，畏日光，卓午不敢睜視，」〔註139〕對時人及後世有較大負面影響。

汪仲洋在為明嘉靖間四川按察使金應奎所作緬懷詩中注曰:「嘉慶癸酉，重修《四川通志》，仲洋與楊蓉裳、譚鐵簫兩丈，譚靜山、張漁璜、嚴麗生在局，《職官》、《人物》兩門比舊志約增十之六七，」〔註140〕同時，汪仲洋《校試訖率成長句六首》曰:「雪棧巉天一線開，籌邊人記入川來。曾從幕府參書局（甲戌，監臨中丞以方伯總裁《四川通志》，洋時分修在局），更作銜官試吏才。」〔註141〕由此可知，當時入幕的汪仲洋於嘉慶十八年（1813，癸酉）、十九年（1814，甲戌）之際，正參與纂修嘉慶《四川通志》之《職官》、《人物》。同時，在嘉慶《四川通志》「修輯職名・分輯」中，確有「成都府成都縣辛酉科舉人汪仲洋」。可見，汪仲洋所言不虛。值得一提的是，汪仲洋呈詩曾任駐藏大臣的松筠，在兩首長詩中均強調其獨自編纂嘉慶《四川通志・西域志》一事。汪仲洋《以所撰西域志六卷呈松相國得長句一首》曰:「往於《四川通志》局分修《職官》、《人物》兩志後，又獨編《西域》。」〔註142〕同時，其又在《寄呈相國松湘浦夫子即壽八秩之慶》寫道:「憶昔纂蜀志，萬卷搜縹緗。獨辨康藏衛，搦筆心徜徉。西招未閱歷，臆度無琳琅。幸得新鴻寶，萬里如門牆（洋修《四川通志・西域》一門，考核多本《西招圖略》）。」〔註143〕由此可見，嘉慶《四川通志・西域志》的實際編纂者應是汪仲洋。

## 二、成書背景分析

首先，嘉慶《四川通志》是《嘉慶重修一統志》的政令產物。此前已有兩部《大清一統志》問世，其一為乾隆八年（1743）成書的三百四十二卷本《大清一統志》，因記事下限至康熙時止，因此，該志被後世稱為康熙《大清一統

〔註139〕（清）汪仲洋撰:《庚子六月聞舟山警》，阿英編:《鴉片戰爭文學集》，北京:古籍出版社，1957年，第191頁。

〔註140〕（清）金應麟撰:《金氏世德紀》卷下，清道光間刻本。

〔註141〕（清）汪仲洋撰:《心知堂詩稿》卷十六，清道光七年（1827）刻本。

〔註142〕（清）汪仲洋撰:《心知堂詩稿》卷十七，清道光七年（1827）刻本。

〔註143〕（清）汪仲洋撰:《心知堂詩稿》卷十七，清道光七年（1827）刻本。

志》；其二為乾隆四十九年（1784）成書的五百卷本乾隆《欽定大清一統志》。時至嘉慶十七年（1812），國內情況已較前朝發生較大變化，具體表現為：戶口日盛、田賦日增、區劃變遷、邊疆穩定，為了及時記載乾隆四十九年至嘉慶間的國家總體發展情況，當年四月，嘉慶帝詔令天下重修《大清一統志》。由此，嘉慶十七年（1812）四川總督常明開始監修《四川通志》，為《嘉慶重修一統志》提供資料儲備與纂修參考。

眾所周知，四川為多民族聚居地區，因此，雍正《四川通志》即已因地制宜地專門設立《西域》一門，而嘉慶《四川通志》中沿襲這一體例設置並增刪相關內容應屬必然之舉。同時，編纂者在嘉慶《四川通志》中繼續收錄西藏內容的原因，與雍正《四川通志》、乾隆《雅州府志》等如出一轍，即四川毗鄰西藏，兩地經濟貿易往來十分頻繁，而西藏也曾是四川邊防的重點對象之一。因此，嘉慶《四川通志．西域志》主要內容即描述西藏地情。

其次，嘉慶《四川通志．西域志》增補西藏內容的另一原因是西藏形勢發生了顯著變化。乾隆末年，西藏發生了兩次廓爾喀入侵事件，其嚴重損害了清中央政府對西藏的主權與行政管理秩序，由此，清中央政府最終以武力擊退廓爾喀侵略勢力，恢復了西藏社會秩序，同時還以此為契機，進行了一系列旨在強化中央政府對藏實施主權管理的體制改革，而西藏社會重建業已初見成效。其時之形勢，恰如時任雲南巡撫陳若霖為該志作序曰：「聖天子重熙累洽，聲教暨訖，遐邇同風，北連青海土戶賦馬矣，西懾山番屯練從軍矣，小大金川設官，前後衛藏置吏，而又巴勒布輸誠，廓爾喀向化，揆文奮武，干羽兩階，普天率土，為盛世獻咸登之瑞，夫豈觸蠻爭角狐兔，跳樑之庶頑小丑所能戴光化之天勤，宵旰之聽，而傳信家足以鋪張者哉？」〔註 144〕有鑑於此，尚處於經濟社會重建階段的西藏，依然能夠引起嘉慶帝的高度重視，而四川督撫大員更不敢怠慢。由此，汪仲洋在嘉慶《四川通志．西域志》中增補了西藏內容，如將天文、輿地、人物等皆納入，對前後藏史料及邊防土司記載詳覈，同時，還創新性地增加了國朝駐藏大臣題名、西域職官政績、西域蕃酋等之前清代西藏方志欠缺的篇目內容。

再次，雍正五年（1727）清中央政府主持完成了四川與西藏劃界，遺憾的是，成書於雍正十一年（1733）的雍正《四川通志》並未如實反映這種變

〔註 144〕（清）陳若霖撰：嘉慶《四川通志序》，（清）常明等修，（清）楊芳燦、譚光祐等纂：嘉慶《四川通志》，清嘉慶二十一年（1816）刻本。

化，仍將本屬四川的打箭爐、里塘、巴塘納入雍正《四川通志・西域》，可見，其對當時西藏區劃範圍的記述是欠缺嚴謹的。至嘉慶十七年（1812），距完成川藏劃界一事已八十五年，朝野上下對於川藏分界尤其是西藏區劃範圍已形成基本認知。在此認知背景下，嘉慶《四川通志・凡例》明言：「西域自巴塘以東已入雅州疆域矣，其乍丫、察木多以西，前藏、後藏去京師將二萬里，地處絕徼，天文、輿地、食貨、人事皆與內地懸殊，列聖德威西被，無遠弗屆，前後藏及廓爾喀均隸職方，咸遵正朔，今別立西域一志，凡天文、輿地諸門分晰紀載，附以重臣政績名流藝文，以見四夷守道之義，昭一統無外之模焉。」〔註 145〕由此可知，因地域範圍更加明確，相比之下，嘉慶《四川通志・西域志》更能如實反映其時西藏地情。

## 三、史料來源詳考

汪仲洋在編纂嘉慶《四川通志・西域志》過程中，力求使該志內容更加詳實具體而參引了大量前人作品。值得一提的是，按照嘉慶《四川通志》編纂體例要求，汪仲洋將其中絕大部分參引內容如實標明了出處，這種實事求是的編纂觀念值得肯定。據筆者統計，嘉慶《四川通志・西域志》所參引史料及次數如下表：

嘉慶《四川通志・西域志》史料來源表

| 序號 | 所引書名 | 引用次數 | 備　　註 |
|---|---|---|---|
| 1 | 乾隆《欽定大清一統志》 | 256 | |
| 2 | 雍正《四川通志》 | 69 | |
| 3 | 《衛藏圖識》 | 31 | |
| 4 | 《舊唐書》 | 24 | |
| 5 | 《明史》 | 13 | |
| 6 | 《水道提綱》 | 9 | |
| 7 | 《西藏志》 | 4 | |
| 8 | 《宋史》 | 3 | |
| 9 | 《後漢書》 | 2 | |

〔註 145〕（清）常明等修，（清）楊芳燦、譚光祜等纂：嘉慶《四川通志・凡例》，清嘉慶二十一年（1816）刻本。

| 10 | 《新唐書》 | 1 | |
|---|---|---|---|
| 11 | 《元史》 | 1 | |
| 12 | 《大明一統志》 | 1 | |
| 13 | 《雲南通志》 | 1 | |
| 14 | 松筠作品 | 21 | 《曲水塘》、《白地塘》、《春堆》、《江孜》、《巡邊記》、《彭措嶺》、《定日閱操》、《莽噶布蔑》、《宗喀》、《濟嚨》、《羅羅塘》、《協噶爾》、《密瑪塘》、《丁巳秋閱吟》、《過洋河阿拉山》、《拉錯海子》，另引《西招圖略》5次 |
| 15 | 王我師作品 | 18 | 《馬上吟》、《南墩》、《穀黍》、《普納》、《江卡》、《阿布拉》、《石板溝》、《阿足》、《洛家宗》、《雨撒》、《昂地》、《包墩塘》、《蒙堡塘》、《察木多》、《藏爐總記》、《藏爐述異記》、《墨諸工卡記》、《得慶記》 |
| 16 | 楊揆作品 | 18 | 《皮船》、《瓦合山》、《黎樹山》、《嘉玉橋》、《邊壩》、《魯工達》、《丹達山》、《祿馬嶺》、《甲錯白》、《札什倫布》、《熱索橋》、《自宗喀赴察木即事》、《又過察木卡》、《廓爾喀紀功碑》、《紀功碑後詩》、《東覺山》、《螞蟥山》、《布魯山》 |
| 17 | 馬若虛作品 | 9 | 《工布觀菜花詞》、《西藏雜詩四首》、《西招春夜二首》、《西招雜詠》、《登龍岡雪後觀獵》、《唐柳詞》、《西招白牡丹》、《西招虞美人詞》、《後藏》 |
| 18 | 吳省欽作品 | 3 | 《藏棗》、《藏香》、《藏氆氌》 |
| 19 | 查禮作品 | 3 | 《西域行序》、《藏紙》、《西域弓矢歌》 |
| 20 | 尤桐作品 | 2 | 《頌佛曲》、《烏斯藏竹枝詞》 |
| 21 | 白居易作品 | 1 | 《新樂府・縛戎人》 |
| 22 | 唐儀鳳作品 | 1 | 《西域志》 |
| 23 | 岳鍾琪作品 | 1 | 《西藏口占》 |
| 24 | 顏檢作品 | 1 | 《衛藏》 |
| 25 | 毛振翧作品 | 1 | 《西藏折梅記》 |
| 26 | 方積魚作品 | 1 | 《通塞外雜詩》 |
| 27 | 李菊圃作品 | 1 | 《西域述記序》 |
| 28 | 和寧作品 | 1 | 《西藏賦》 |
| 29 | 福康安作品 | 1 | 《重修雙忠祠碑記》 |

由上表可知，嘉慶《四川通志・西域志》史料來源由兩部分組成：第一，廣泛參考官修通史、通志類著作。首先，汪仲洋引用頻次最高者為乾隆《欽定大清一統志》。汪仲洋在書中僅標明「一統志」，但並未明確是康熙《大清一統志》還是乾隆《欽定大清一統志》。不過，書中所引「一統志」的記事時間下限是乾隆四十八年（1783）御賜札什倫布寺匾額一事，同時，據乾隆《欽定大清一統志》載：「乾隆四十五年，御賜匾額曰『福緣恒護』，乾隆四十六年，御賜匾額曰『壽相禪宗』、曰『寶地祥輪』，四十八年，額爾德尼於寺內新蓋寺一所，御賜名曰『壽寧』，四體書額，佛殿匾額曰『祥輪普護』。其餘境內有名之廟共十九處，皆有喇嘛數百人。」〔註 146〕再看嘉慶《四川通志・西域志》此段記述，與其別無二致，由此可確定，汪仲洋所引「一統志」即成書於乾隆四十九年（1784）的乾隆《欽定大清一統志》。

其次，汪仲洋引用次數最多的私纂方志作品是《衛藏圖識》。在其編纂嘉慶《四川通志・西域志》之前，已成書的清代私纂方志作品有《藏紀概》、《西域全書》、《西藏志》、《西藏志考》、《西藏考》、《西藏記》、《西藏紀述》、《西藏見聞錄》、《西域遺聞》、《衛藏圖識》、《三藏志略》、《西藏賦》、《衛藏通志》、《西招圖略》等。乾隆五十七年（1792），正值清中央政府出兵平定廓爾喀侵藏之際，馬揭、盛繩祖合輯的《衛藏圖識》在四川尤其是川邊涉藏地區廣泛刊行，成為入藏官兵行軍的重要指南。正如《衛藏圖識・例言》所云：「山川道里，皆行役者所必經，風土人情，亦省方者所必重。茲於某處至某處止，分繪一圖，隨圖記程。至山川、事蹟，別為識略以詳載之，不敢稍有漏，貽識者譏……是書所集，祇取記載詳明，俾從軍者便於檢閱，故先括總敘於圖前，隨列程站於圖後，凡道里所經，不及詳載。」〔註 147〕由此，因地域因素，汪仲洋就近選擇大量參引已被入藏官兵實踐檢驗過的《衛藏圖識》。

值得一提的是，對於嘉慶《四川通志》卷一百九十六《西域志餘》所載內容，除了在開篇「西藏曆算」處以小字標明「見舊藏志」外，汪仲洋並未對餘下內容標明出處，但據筆者比對，此卷內容均出自《衛藏圖識》。此卷

〔註 146〕（清）和珅等纂修：乾隆《欽定大清一統志》卷四百一十三《西藏》，清光緒二十三年（1897）杭州竹簡齋石印本。

〔註 147〕（清）馬揭、盛繩祖輯：《衛藏圖識・例言》，清乾隆五十七年（1792）刻巾箱本。

所載分兩部分，前一部分為西藏曆算、節令、軍隊、刑罰、賦稅、服飾、飲食、禮節、婚姻、喪葬、建築、占卜、貿易、糧臺、宗教、物產等。其中，曆算內容並未見於汪仲洋所言「舊藏志」即《西藏志》，事實上，包括「見舊藏志」之注在內，此段內容均抄錄自《衛藏圖識・圖考》，同時，此部分其他西藏簡況內容，亦均抄錄自《衛藏圖識・圖考》。此卷所載後一部分內容是自成都入藏程站，包括「自打箭爐至里塘」、「自里塘至巴塘」、「自巴塘至察木多」等，均完全抄錄自《衛藏圖識・程站》。同時，書中「諸路程站附」所含「自打箭爐由霍爾德革草地至察木多路程」、「自察木多由類烏齊草地進藏路程」、「前藏由撻魯分路至後藏路程」等，亦完全抄錄自《衛藏圖識・諸路程站附》。值得一提的是，汪仲洋在此卷中對所參引內容做了兩處適時性調整。其一，《衛藏圖識・程站》載：「巴里郎進溝三十里，上賽瓦合山（『通志』作『朔馬喇山』），」〔註 148〕對此，嘉慶《四川通志・西域志》則將「通志」改做「舊志」。其二，《衛藏圖識・諸路程站附》載：「五十里至洛巴兔兒（係川甘交界處，現今大兵進藏，甘省安設臺站應付止此），」〔註 149〕嘉慶《四川通志・西域志》則刪去了「現今」二字。

第二，大量引用私人涉藏詩文作品。入清以來，伴隨中央政府對西藏的治理力度不斷深化，中原地區入藏官兵、商旅、文人日漸增多，正如吳豐培先生所言：「迨乎清初，疊加封號於達賴喇嘛、班禪額爾德尼及各呼圖克圖，尋將地方行政直隸中樞。後駐藏官員之瓜代，軍旅人士之往返，所以記程之作，漸有流傳。」〔註 150〕尤其是在康熙朝平定準噶爾叛亂、乾隆朝平定廓爾喀入侵期間，大量官兵與幕僚經由西寧、四川、雲南入藏，由此留下諸多涉藏詩文作品，這為汪仲洋提供了大量可參引的文獻資源。

其中，汪仲洋參引數量相對較多的是松筠詩文作品《西招圖略》、《西招紀行詩》、《丁巳秋閱吟》。其原因有二，一方面，與嘉慶《四川通志・西域志》相同，馬揭與盛繩祖《衛藏圖識》、駐藏大臣和寧《西藏賦》，駐藏大臣和琳、松筠、和寧等編纂的《衛藏通志》以及駐藏大臣松筠《西招圖略》、《西招紀行詩》、《丁巳秋閱吟》等涉藏作品，均是在清中央政府平定廓爾喀侵藏、積極

〔註 148〕（清）馬揭、盛繩祖輯：《衛藏圖識・程站》，清乾隆五十七年（1792）刻巾箱本。

〔註 149〕（清）馬揭、盛繩祖輯：《衛藏圖識・諸路程站附》，清乾隆五十七年（1792）刻巾箱本。

〔註 150〕吳豐培編：《川藏遊蹤彙編》，成都：四川民族出版社，1985 年，第 1 頁。

改革藏政這一歷史背景下產生的，而汪仲洋選擇了較多地參引其中成書年代相對最晚的松筠詩文作品，亦是其當時可見的最新涉藏作品，這反映出汪仲洋在史料甄選方面具有較強的敏感性與前瞻性。

另一方面，松筠涉藏詩文作品的可信度相對較高。松筠任封疆大吏長達四十餘年，其中，乾隆五十九年至嘉慶四年（1794～1799）任駐藏大臣。松筠在藏期間躬身巡邊，重視地理，分別於乾隆六十年（1795）春、嘉慶二年（1797）秋、嘉慶三年（1798）春三次巡閱西藏邊防，其留心記錄，勤於著述，先後纂成《西招紀行詩》、《丁巳秋閱吟》、《西招圖略》，由此可見，其作品多為親身實地踏查所得的一手資料，真實性與可信度均有保證，而汪仲洋選擇較多地參引松筠詩文作品亦屬順理成章。對於松筠《西招圖略》等作品，汪仲洋在《以所撰西域志六卷呈松相國得長句一首》中給予高度讚譽：「繼於成都書肆中購得相國所著《西招圖略》，一圖一說，雖萬里之外番程蠻徼，無不瞭如指掌，然後稍知藏衛門徑，參涉他說，遂咸卷帙。其時省志之例，巴塘以東劃為內地，故自察木多敘起，由近而遠迄於外番者，所為體聖朝懷柔無外之意。相國之書自廓爾喀敘起，由遠而近達於內地者，所為寓萬國梯航、恐後之誠，體制雖殊，其旨一也。顧相國之書，皆身親閱歷，較諸仲洋之臆度鑿空者天淵迥別。」〔註 151〕

此外，汪仲洋選擇較多地參引位高權重的松筠的詩文作品，也有其個人政治投機目的。嘉慶二十二年（1817，丁丑），即嘉慶《四川通志》刊行次年，汪仲洋赴京參加吏部舉行的「舉班大挑」，得益於松筠慧眼識珠，汪仲洋得授浙江錢塘河工之缺，由此踏上宦途。對於松筠的知遇之恩，汪仲洋在詩中三次提及。道光元年（1821），時任吏部尚書松筠來浙江審案，時任海鹽知縣汪仲洋遂將所編嘉慶《四川通志·西域志》呈遞松筠，並做詩《以所撰西域志六卷呈松相國得長句一首》，表達對松筠的敬仰與感激之情：「茲幸相國奉命而來，而仲洋適得以負弩之迎，效橫經之問，此書之幸，不第此生之幸也。敬賦長句。……記從束髮到壯歲，今之韓富聞我公。德望崇高位尊重，不敢為文求自通。青羊市上得圖略，指畫西招山萬重。足跡所到手親錄，不似書生言鑿空。……熟讀頗識剌薩路，志局編纂充書傭。……書成無處質舛繆，吾斯未信心如舂。當時內閣與挑發，幸從清秘瞻儀容。二十人中荷賞拔（大挑日，成邸尚未屬目，相國曰某人好，遂入選云），釋褐初邀一命榮。糊名中式唱名

〔註 151〕（清）汪仲洋撰：《心知堂詩稿》卷十七，清道光七年（1827）刻本。

選，其事雖殊感則同。」〔註 152〕同時，汪仲洋《憶夢》云：「既經入選復出選，此人太好邀改更（挑河工日，成邸業已入選，蔗林相國、松圃尚書云此人太好，遂復邀免）。」〔註 153〕此外，其《寄呈相國松湘浦夫子即壽八秩之慶》亦言：「又憶赴挑選，內閣初趨蹌。覲面報名後，彷彿識容光。相馬不以瘦，竟許儕騰驤。感激思於謁，投刺羞傍徨（丁丑大挑，為公賞拔入選）。」〔註 154〕

## 四、文獻價值與不足之處舉隅

常明指出嘉慶《四川通志》較雍正《四川通志》內容上豐富許多，「視舊志撰次較為得體，而卷帙之增不啻十倍過之。夫江水出於巴薩，過拉木山，黑水實為喀喇烏蘇河，此桑經酈注未悉之山川也。職貢極於廓爾喀，郡縣列於大小金川，此堯封禹甸未闢之疆域也。糧站抵於唐古特，屯戍接於巴勒布，此漢主唐宗未立之邊防也。……江源繪於蕃部，天文畫於鶉首，此唐求未緝之圖經也。茶綱通乎藏衛，鹽井濟於滇黔，此班固未書之食貨也。」〔註 155〕方志的基本任務即如實且及時地記載一方地域變遷，而常明倡修嘉慶《四川通志》的主要目的即如實記錄雍正《四川通志》面世後數十年間，四川及周邊地區的發展與變化實情。值得注意的是，常明所列舉之山川、疆域、糧站、圖經、食貨等增修之例，均與西藏的發展變化有關，而這也正是嘉慶《四川通志・西域志》的主要內容，由此可見，汪仲洋所編《西域志》在嘉慶《四川通志》中的重要價值。

第一，該志雖沿襲了雍正《四川通志・西域》的編纂體例，但在篇目設置方面有所創新，所載內容更加豐富。首先，嘉慶《四川通志・西域志》的《國朝駐藏大臣題名》、《西域職官政績》、《西域蕃酋》等三個篇目獨具特色，為之前清代西藏方志所未見，屬於編纂門類創新，也為之後西藏方志編纂提供了有益參考。其次，在內容體量方面，雍正《四川通志・西域》僅一卷，而該志共六卷、約十一萬字，同時，其所載內容相比之前的《藏紀概》、《西域全書》、《西藏志》、《衛藏圖識》等清代西藏方志更加豐富全面、可信度更高。

第二，該志在史料參引方面大量引用時人涉藏詩文，這是嘉慶《四川通

〔註 152〕（清）汪仲洋撰：《心知堂詩稿》卷十七，清道光七年（1827）刻本。
〔註 153〕（清）汪仲洋撰：《心知堂詩稿》卷十七，清道光七年（1827）刻本。
〔註 154〕（清）汪仲洋撰：《心知堂詩稿》卷十七，清道光七年（1827）刻本。
〔註 155〕（清）常明等修，（清）楊芳燦、譚光祜等纂：嘉慶《四川通志・凡例》，清嘉慶二十一年（1816）刻本。

志．西域志》的一大編纂特色。這些詩文的作者均為因公親身入藏或任職於川邊藏區的具備一定文學素養的官員或幕僚，其詩文作品多為各自實踐所得的一手資料，而汪仲洋參引此類詩文作品，使志書更具可讀性。值得一提的是，光緒間成書的《西藏圖考》即大量借鑒了該志所載內容，尤其是將該志所載松筠、王我師、楊揆等當朝官吏所作涉藏詩文、遊記等作品全盤抄錄。

但需要指出的是，對比道光二十二年（1842）成書的《嘉慶重修一統志．西藏》與嘉慶《四川通志．西域志》可知，前者並未參引後者所載內容，原因在於：《嘉慶重修一統志．西藏》依然延續乾隆《欽定大清一統志．西藏》框架，僅包括西藏建制沿革、風俗、山川、古蹟、津梁、祠廟、土產等七部分，而反觀嘉慶《四川通志．西域志》所載這七部分內容皆抄錄自雍正《四川通志．西域》。因此，這也反映出嘉慶《四川通志．西域志》存在一些不足。

第一，所載部分地情信息嚴重滯後。例如，關於察木多、西藏等地的戶口記載，仍抄錄八十餘年前成書的雍正《四川通志．西域》所載的雍正十年（1732）的戶口數據，而前藏物產內容則引自《舊唐書．吐蕃列傳》。眾所周知，方志的「資治」價值有賴於志書所載信息的時效性與準確性，由此，嘉慶《四川通志．西域志》此類過時數據，對全書的客觀性與準確性必然產生不利影響。

第二，所載內容有誤或缺漏。《西域全書》、《西藏志》、《西藏記述》等清代西藏方志均載駐藏大臣制度始於雍正五年（1727）駐藏的僧格、馬臘，但值得注意的是，嘉慶《四川通志．西域志》中《國朝駐藏大臣題名》則起自乾隆十五年（1750）駐藏的那木札爾，這一偏離史實的描述無疑會給後世帶來誤導。同時，在該志《國朝達賴喇嘛》所載八世達賴喇嘛羅布藏丹碑旺楚克江巴爾嘉木磋的生平中未載卒年。實際上，八世達賴喇嘛圓寂於該志編纂之前的嘉慶九年（1804），該志在「嘉慶年」與「示寂」之間卻出現兩處留白。此外，該志將前藏與西藏混用，這也不利於後世的閱讀與認知。

第三，標引失當。首先，引用標準不一。例如，有關前藏物產內容引自《舊唐書．吐蕃列傳》，而阿里物產內容則引自乾隆《欽定大清一統志》。其次，引用有誤。例如，該志有關乍丫城池的記載為：「城池：乍丫土城周圍約百餘丈（舊通志）」〔註156〕，這一描述十分籠統模糊，實際上，雍正《四川通

〔註156〕（清）常明等修，（清）楊芳燦、譚光祜等纂：嘉慶《四川通志》卷一百九十一《西域志一》，清嘉慶二十一年（1816）刻本。

志》並未載此內容。再次，引而未注。除了前文所述卷一百九十六全文出自《衛藏圖識》卻未標注外，該志所述察木多之「投誠番地」及類伍齊之「形勢」、「風俗」、「城池」等內容，均抄錄自雍正《四川通志．西域》，但汪仲洋卻未如實注明出處。最後，引用過度。汪仲洋參引了眾多時人涉藏詩文，但也存在多處過度引用問題。最具代表性的是，卷一百九十二《西域志二．前藏上》在敘述西藏基本史實時，汪仲洋不僅引用了《後漢書．西南夷傳》、白居易《新樂府．縛戎人》，而且連續大幅引用福康安奏摺、尤桐《頒佛曲》、王我師《藏爐總記》與《藏爐述異記》、李菊圃《西域述記序》、和寧《西藏賦》、岳鍾琪《西藏口占》、松筠《西招紀行詩》、顏檢《衛藏詩》、馬若虛《西藏雜詩四首》、《西招春夜二首》等諸多詩文，如此行文明顯過於繁冗，不僅給人以編者故意堆砌史料、賣弄文辭之感，而且過多的文學詩詞描述也削弱了志書語言的客觀性與嚴肅性。

綜上所述，嘉慶《四川通志．西域志》是汪仲洋彙集多種史料而編纂的書齋作品，其既未曾深入藏地考察，此前又對西藏一無所知，因此，志中所載難免錯漏。但在總體上看，該志體例得當，質量上乘，門類有所創新，所載西藏地情內容亦為清代西藏方志中最多者，對之後西藏方志編纂具有重要的借鑒作用，更為後世研究者提供了豐富的參考資料。

# 第五章　清代西藏方志之尾聲

## 第一節　識藏務之急者——《西藏圖考》

《西藏圖考》八卷首一卷，（清）黃沛翹輯。該書始編於光緒十一年（1885）八月，成書於次年五月，是清咸豐至光緒間唯一一部西藏方志，其具備集諸藏志於大成的特點，可被視為清末西藏方志的代表作。黃沛翹旁搜博採，如書中《例言》所說：「匯群書而互證，集眾說以認同」〔註1〕，最後編成這部其以輿圖為主，卻不限於輿圖，而涉及西藏歷史、地理、政治、宗教、經濟、文化、風俗、語言等諸多方面內容的綜合性方志。實際上，「盛世修志」尤其是官方修志，意在記錄、讚美和昭示聖君治下中華大一統政治格局，而「衰世修志」尤其是私纂方志，更能彰顯出儒家士人見危授命、「雖千萬人，吾往矣」的憂患意識與救世精神。黃沛翹雖未曾身入藏地，但從西藏周邊地區深受英人蠶食影響而對英人覬覦西藏有所預警，因此冀望此書可資政清廷，發揮安藏禦英之用。在此，筆者以光緒二十三年（1897）刻本《西藏圖考》為中心，就其作者生平、成書背景、篇目內容、版本源流、文獻價值、不足之處等進行討論。

### 一、作者生平與成書背景詳考

#### （一）黃沛翹生平

此前，學術界關於黃沛翹生平均語焉不詳，筆者檢閱民國十年（1921）

〔註1〕（清）黃沛翹輯：《西藏圖考·例言》，清光緒二十三年（1897）刻本。

《寧鄉雙觀黃氏五修族譜》發現了其詳細生平。黃沛翹（1839～1887），湖南寧鄉人，榜名沛翹，派名懋諴，「字綬芙，號壽菩，晚號澹園。行二。清縣學廩生，同治丁卯（筆者注：同治六年，1867）科鄉試中式舉人，揀選知縣。應前貴州提督周達武檄，佐戎川黔，勞績保舉四川即補知縣加同知銜，奉解黔餉檄，辦理貴州全省營務，統領兵勇，保至花翎布政使銜、四川即補道，督辦四川通省釐金總局事務。光緒乙酉（筆者注：光緒十一年，1885）科四川鄉試文闈點名，光緒十三年奏署四川成綿龍茂松理懋地方等處兵備道，兼營水利，總理屯政事務，覃恩誥授榮祿大夫。著有《西藏圖考》八卷、《四川峨山圖志》若干卷，及《澹園文集》、《澹園詩集》、《金剛經集注》梓行於世。道光己亥十九年（筆者注：1839）十二月十一日亥時生，光緒丁亥十三年（筆者注：1887）閏四月二十九日亥時卒。」〔註2〕

另外，光緒十一年（1885）正月二十五日，四川總督丁寶楨為黃沛翹繼續在川做候補道員上奏摺，其中亦詳細敘述了黃沛翹生平，可與《寧鄉雙觀黃氏五修族譜》所載相互印證並做有益補充。該奏摺載：「茲查有布政使銜候補班遇缺盡先前補用道黃沛翹年三十七歲，湖南寧鄉縣人，由稟生中式同治丁卯科本省鄉試舉人，由四川候補知縣勞績，遞保同知直隸州，仍留原省歸候補班前先補用。遵籌餉例，報捐道員，不論雙單月，仍指四川試用。剿平貴州古州、丹江等處股匪，全黔肅清，出力保奏。同治十三年三月十九日奉上諭，著以本班仍留原省歸候補班，遇缺盡先前補用，賞加按察使銜，欽此。又，剿平下江生苗，殲除首逆，克復蕨蔡平等處堅巢，出力保奏。光緒元年正月十六日奉上諭，著賞加布政使銜，欽此。請諮赴部，三年六月初十日，經王大臣驗放，領照起程。四年三月初八日到省，丁母艱，服滿。十年正月二十日回省，計自到省之日起試看，早經期滿，由藩臬兩司詳請甄別。臣查該員黃沛翹，才具明爽，人甚安詳，應請留川以本班補用。」〔註3〕

由其生平可知，光緒十一年（1885）《西藏圖考》編輯前後，黃沛翹督辦四川通省釐金總局事務，實屬富足之差，但身為候補道又相對清閒，因此，其應具備時間和精力來從事編輯工作。當然，也存在黃沛翹請人捉刀代筆的

〔註2〕黃懋典等修：《寧鄉雙觀黃氏五修族譜》卷十八，民國十年（1921）寧鄉黃氏敦倫堂活字本。

〔註3〕《申報》第四千二百八十六號，清光緒十一年二月初七日（1885年3月23日），第十版。

可能，但筆者在該書內外未發現相關證據，因此，不能妄下斷言。

### （二）成書背景

鴉片戰爭之後，清中央政府逐漸陷入內外交困之境地。對於邊疆地區尤其是距離中央較遠的西藏，清中央政府更是無暇西顧，從而對西藏的實際控制明顯減弱。與此同時，英國侵略者對西藏的窺視卻不斷強化，趁機派遣印度僧人非法入藏測繪西藏地圖，「十九世紀中葉，西藏嚴禁西方人進藏，而英國和印度測量局則培養了一批印度班智達（pandit，意為學者），並從 1865 年起，派了數批班智達入藏，因為怕因帶測繪儀器而暴露身份，所以入藏後採取步測里數。他們回到印度後，與測繪師配合編製了許多地圖，目前已見的有幾十幅，覆蓋面幾乎遍及整個西藏。這些地圖有經緯度方格，衛藏及阿里地區較詳，昌都及其他邊緣地區較略。」〔註 4〕在光緒二年（1876）即《西藏圖考》刊行十年前，清中央政府與英國簽訂了《煙臺條約》，其附件條款允許英人入藏。英人隨即開始尋求能盡快從總理衙門處獲頒護照，從而正式派人入藏遊歷考察，為接觸西藏政府開展通商事宜做相關準備。中法戰爭（1883～1885）結束後，英人已將鐵路修至西藏邊界之大吉嶺，並欲延伸至西藏的帕克里一帶，這引起西藏民眾的極大恐慌與強烈不滿。光緒十二年（1886），英人吞併了緬甸，由此，包括西藏、雲南、四川在內的中國西南邊防安全受到直接威脅。但英人並未停止迂迴入藏的嘗試，光緒三年至四年（1877～1878），英人派員入川繞道抵達打箭爐，並由巴塘進入雲南，搜集了一些有關四川輸入西藏磚茶數額的情報。此後，光緒五年（1879）、八年（1882），英人派達斯（Sarat Chandra Das）偽裝潛入日喀則、拉薩非法勘察測繪，此事在西藏僧俗中引起軒然大波。

同時，光緒三年至十二年（1877～1886），洋務派重臣丁寶楨任四川總督，其高度重視西南邊防安全問題，對西藏周邊國家地區局勢發展持續關注，並對英人企圖侵略西藏的圖謀早有洞察。光緒十一年（1885）四月初三日，丁寶楨奏曰：「今英夷久踞印度，印度全境歸附日久，其根深蒂固幾與該夷內地無異，稍有不測，印度至藏瞬息可到，而西藏一經有事，勢萬不敵，必將求援於蜀，蜀中亦萬不能坐視，且該國即不幸滋事，則與川境固屬毗連。即以各省而論，彼由印度行駛輪船已在南洋之內，與粵東、江蘇、閩浙豫皖楚等省

〔註 4〕徐正餘主編：《西藏科技志》，拉薩：西藏人民出版社，1995 年，第 152 頁。

處處順便，如履戶庭，固不若法夷之有事，定須向該國往返商辦，緩不濟急也。臣謂英夷之禍幸而不發則已，不幸妄動，其害更甚於法夷，而滇蜀必首當其衝。」〔註5〕此奏摺恰在黃沛翹開始編輯《西藏圖考》之前四個月發出。由此，以上所言即是黃沛翹編輯《西藏圖考》的時代背景。

在著書的主觀動機方面，在頂頭上司丁寶楨留心藏務、關注西南邊防的積極影響下，黃沛翹已充分認識到經略西藏尤其是保衛西藏乃鞏固四川安全之要務，因此其編輯《西藏圖考》的出發點即為資政之用，這種憂患意識和關注邊疆安全的責任意識實屬難能可貴。對此，黃沛翹寫道：「蓋昔之衛藏，只滇蜀之藩籬，今則西南攘印緬，西北禦俄羅斯，正北又為新疆之後障，坤維大局，斯其咽喉，未雨之謀，履霜之戒，其可忽耶？」〔註6〕同時，顧復初序曰：「壽菩觀察久綰軍事，留心邊務，乃博採眾說，規方計里，繪為諸圖，又搜羅藝文，土風謠俗，莫不畢載。謂予曰：『雖未能準望鉤弦，分寸密切，然推詳頗竭心力，當亦考疆索者之一助也。』」〔註7〕可見，西南邊疆安全問題已引起黃沛翹等一部分川省儒家士人的特別關注，而當時鄰邦印度已淪為英國殖民地的遭遇，更是給關心國家邊疆安全的士人們帶來警醒。正如黃錫燾序中所言：「夫印度地在海內，水土肥美，人之所爭，其意有在。故規印度所以衛西藏，衛西藏所以固蜀都。設西藏有警，蜀能安枕乎？履霜之思，又豈僅在蜀。今印度既淪海外，則經營西藏尤為急務。然必竭全蜀之力經之營之，安內攘外，庶幾固此藩籬，輔車相依，有備無患，斯不易之言也。」〔註8〕

同時，清中央政府可資參考的治藏典籍仍不豐富。其時中原地區儒家士人對西藏的瞭解仍然不多，直接表現為相關涉藏典籍數量稀少且粗略不一。對此，顧復初直言：「命駐藏大臣護視其眾二百餘年，朝貢不絕，雖未嘗隸版圖郡縣治，儼然食毛踐土之民焉。顧其地絕險遠，惟商販茶市之徒歲一往

〔註5〕（清）丁寶楨撰：《英人窺伺後藏豫為籌備片》，清光緒十一年（1885）四月初三日，（清）丁寶楨撰，（清）陳夔龍編輯：《丁文誠公奏稿》卷二十五，清光緒十九年（1893）京師平遠丁體常刻本。

〔註6〕（清）黃沛翹輯：《西藏圖考》卷一《西藏全圖說》，清光緒二十三年（1897）刻本。

〔註7〕（清）顧復初撰：《西藏圖考序》，（清）黃沛翹輯：《西藏圖考》卷首，清光緒二十三年（1897）刻本。

〔註8〕（清）黃錫燾撰：《西藏圖考序》，（清）黃沛翹輯：《西藏圖考》卷首，清光緒二十三年（1897）刻本。

來，其里塘、巴塘、察木多等處雖設糧臺、置驛傳類，皆視為畏途，未有能詳紀其山川阨塞、四至八到者也。惟《四川通志》及果親王《西藏志》、松相國筠《西招圖略》粗具綱要，合之古書時有同異，視遠者不詳其貌，聽遠者不聞其聲，不其然歟。」〔註9〕值得注意的是，廓爾喀之役過後，清中央政府對西藏的治理進入了短暫的平穩期，但伴隨康乾盛世完結、社會階層矛盾不斷激化，其時的中國遂出現國力衰微之勢，在此大環境下，駐藏大臣們對西藏的具體管理也趨於平庸懶政之勢。「乾隆末年駐藏大臣松筠、和琳、和瑛等還寫過關於西藏境內外的歷史地理著作，後來的大臣們多數似乎失去對一切新鮮事物的興趣；他們只知道參稽成書，奉行舊章，對於西藏境內外的事情很難說有系統的調查。以他們這種敷衍保守的從政態度同英印政府官員冒著危險沿喜馬拉雅山周邊深入調查相比，中國在十九世紀下半葉同英國在西藏問題上的外交鬥爭失去了若干有利的機會，是完全可以理解了。」〔註10〕有鑑於此，曾在四川、貴州從事軍務多年的黃沛翹便開始編輯《西藏圖考》。

值得注意的是，黃沛翹在開始編輯《西藏圖考》的當年，同時還在編纂一種有關峨眉山的山志《峨山圖說》。曾任四川建南道的黃錫燾為《峨山圖說》作序曰：「光緒乙酉，總督丁公疏請春秋致祭，奉旨允。明年，護理總督游公乃遣候補道黃君綬芙有事於峨。至則壇廠寺庵，皆奉佛像，而山神之廟闕然。搜求舊志，則缺略惟多。於是游公籌款建廟於山麓，並製祭器，以供望祀，而黃君毅然以纂修山志為己任。譚君晴峰工繪事，以圖委之。廖君笙堂俾輯說。又明年，而黃君卒，圖未及半，說亦未成，何志事之難耶。……山志始黃君，而游公落其成。圖則譚之勞，說亦廖之績。……余旋省後，同鄉諸君皆謂『說』本黃君綬芙原稿，廖特修飾之耳。序言失實，是則游公之故也。」〔註11〕可見，黃沛翹在辭世之前即已完成《峨山圖說》的文稿纂修。此《峨山圖說》版心題《峨山圖志》，即筆者上文所引《寧鄉雙觀黃氏五修族譜》所言「《四川峨山圖志》」。同時，《峨山圖說》與《西藏圖考》的

〔註9〕（清）顧復初撰：《西藏圖考序》，（清）黃沛翹輯：《西藏圖考》卷首，清光緒二十三年（1897）刻本。

〔註10〕多傑才旦主編：《元以來西藏地方與中央政府關係研究》（下冊），北京：中國藏學出版社，2005年，第641頁。

〔註11〕（清）黃錫燾撰：《峨山圖說序》，（清）譚鍾岳繪圖，（清）廖笙堂輯說，（清）黃綬芙編：《峨山圖說》，清光緒間刻本。

題名頁均由顧復初題署。黃沛翹對方志尤其是圖志的興趣與重視，由此可見一斑。

## 二、篇目內容與版本播布探析

### （一）篇目內容

從纂修體例上看，《西藏圖考》屬傳統平目體。全書八卷首一卷，約十萬餘字。在此，筆者以該書篇目內容最全版本光緒二十三年（1897）刻本為例簡述其篇目內容。卷首分三部分：宸章、序、例言。宸章載碑文、諭旨，按原文順序，分別為：《聖祖仁皇帝御製平定西藏碑文》，康熙五十九年有關命令大學士、學士、九卿等將西藏山川地名詳細考明上奏的諭旨，乾隆五十七年《御製十全記》，嘉慶十三年立《御製普陀宗乘之廟瞻禮記事碑》。序言四則，分別為光緒十二年黃錫燾、崔廷璋、顧復初、丁士彬序。例言五則，分別敘述史料來源、篇目設置、以圖謀篇、編輯過程及編輯體會。正文內容分八卷，卷一：西藏全圖（小引、說）、沿邊圖（說）、西招原圖（說）、乍丫圖（說）；卷二：西藏源流考、續審隘篇、內地程站考；卷三：西藏程站考（詩附）；卷四：諸路程站附考；卷五：城池、津梁、關隘、塘鋪、山川、公署、寺廟、古蹟、土產匯考、名山大川詳考；卷六：藏事續考；卷七：藝文考（上）附奏議；卷八：藝文考（下）、外夷附考。卷末為「沛翹自記」、黃雲鵠跋。

### （二）版本源流

目前可見的《西藏圖考》的版本有以下 6 種：1. 清光緒十二年（1886）滇南李培榮刻本；2. 清光緒十七年（1891）讀我書齋刻本；3. 清光緒二十年（1894）京都申榮堂刻本；4. 清光緒二十三年（1897）刻本；5. 清光緒二十九年（1903）文瑞樓主人輯《皇朝藩屬輿地叢書》金匱浦氏靜寄東軒石印本；6. 清光緒二十年（1894）京都申榮堂刻民國間北平文友堂印本。以上各版本行款均為十行二十二字小字雙行同黑口左右雙邊單魚尾，且各版本正文內容均相同。

該書最早版本清光緒十二年（1886）滇南李培榮刻本即為祖本，而清光緒十七年（1891）讀我書齋刻本與清光緒二十年（1894）京都申榮堂刻本，在篇目方面對清光緒十二年（1886）滇南李培榮刻本做了一些改動，主要體現在序跋方面。在清光緒十七年（1891）讀我書齋刻本與清光緒二十年（1894）京都申榮堂刻本中，序言依次為顧復初、崔廷璋、黃錫燾所作，而缺丁士彬序，但二者卷末有黃雲鵠跋，此跋未標注時間，此跋為清光緒十二年（1886）滇南李培榮刻本所無。黃雲鵠在跋中給予黃沛翹及其《西藏圖考》以客套性溢美之詞：「自來藎臣巨公入藏者類有撰述，而松相國《西招圖略》最著。家壽菩於藏事極留意，雖足跡未越丹達，而旁搜博訪，考訂詳明，所輯《西藏圖考》，閱之若親歷其地，業可謂勤，志可謂遠矣。」〔註 12〕

清光緒二十三年（1897）刻本則以上四序並黃雲鵠跋皆全，屬該書現存版本中內容最全者，不同於其他版本卷端責任者題名為「楚南黃沛翹壽菩甫手輯，滇南李培榮華廷甫付梓，河間李文江蓉舫、楚南陳兼善元卿甫同校」〔註 13〕，其將校勘者改為「蒲圻但祖蔭耔莄重校勘」〔註 14〕，可知該版本為但祖蔭重新校勘〔註 15〕。但祖蔭的生平資料不多，「但祖蔭，清代書畫家。字耔莄，湖北蒲圻人。曾於四川任知縣。擅長書法，宗歐陽詢。尤喜刻書，數量很多。」〔註 16〕光緒十年（1884）四月二十九日，四川總督丁寶楨在上報省內候補知州考語的奏摺中提及：「茲查有候補直隸州知州但祖蔭、候補知州周翌運、銀捐候補班本班盡先補用同知徐培森，均到省一年期滿，應照章甄別，據藩臬兩司造具履歷清冊，會詳請奏前來。臣查該員但祖蔭謹飭有餘，周翌運尚屬穩妥，徐培森才具亦明，均堪照例補用。」〔註 17〕光緒十三年（1887）十一月二十七日，四川總督劉秉璋奏摺曾提及：「又據署敘永直隸廳同知但祖蔭稟，……」〔註 18〕可知其當時署理四川敘永直隸廳，此前應與候補道黃沛翹有所交遊。另，但祖蔭在民國間「曾任湖北省參議會參議員」〔註 19〕。

---

〔註 12〕（清）黃雲鵠撰：《西藏圖考跋》，（清）黃沛翹輯：《西藏圖考》，清光緒二十三年（1897）刻本。

〔註 13〕參見（清）黃沛翹輯：《西藏圖考》，清光緒十二年（1886）滇南李培榮刻本。

〔註 14〕（清）黃沛翹輯：《西藏圖考》卷一《西藏全圖說》，清光緒二十三年（1897）刻本。

〔註 15〕曾有學人將此「但祖蔭」誤作「吳祖蔭」，參見馬天祥：《〈西藏圖考〉版本源流梳理》，《古籍整理研究學刊》2019 年第 3 期。

〔註 16〕趙祿祥主編：《中國美術家大辭典》上冊，北京：北京出版社，2007 年，第 825 頁。

〔註 17〕《申報》第三千九百九十七號，清光緒十年十五月初七日（1884 年 5 月 31 日），第九版。

〔註 18〕《申報》第五千三百十號，清光緒十三年十二月十四日（1888 年 1 月 26 日），第十一版。

〔註 19〕湖北省志地方志編纂委員會編：《湖北省志人物志稿》，北京：光明日報出版同時，清光緒二十九年（1903）《皇朝藩屬輿地叢書》石印本以清光緒十七年（1891）讀我書齋刻本為底本。此外，以節選與更名著稱的清光緒十七年（1891）鉛印本《小方壺齋輿地叢鈔》，則節錄了清光緒十二年（1886）滇南李培榮刻本《西藏圖考》卷二《續審隘篇》部分內容，並更名為《西藏要隘考》而收入《小方壺齋輿地叢鈔》第三帙之中〔註20〕。此外，清光緒二十三年（1897）陳龍昌輯《中西兵略指掌》亦將此《西藏要隘考》收錄其中〔註21〕。由此可見，《西藏圖考》的文獻價值在刊行後不久即被時人予以認同並傳播。

## 三、文獻價值與不足之處舉隅

《西藏圖考》「編輯始於乙酉秋八月，成於丙戌夏五月」〔註22〕，即始編於光緒十一年（1885）八月，於光緒十二年（1886）五月成書，但根據該書序跋中時間最晚者顧復初序款識「光緒十有二年歲在丙戌仲冬之月長洲顧復初序」〔註23〕，可知該書於光緒十二年（1886）十一月方刊行完畢。

對於《西藏圖考》的史料來源，黃雲鵠跋也提供了一個有效信息「雖足跡未越丹達」，即黃沛翹並未曾身入藏地，同時，黃沛翹在書中亦未言及其曾入藏，因此，有學者認為「著者（字壽菩）於清朝光緒十年（1884）入藏」〔註24〕並不足信。實際上，黃沛翹在《例言》開篇詳列了徵引書目：《大清一統志》、《太平寰宇記》、《四夷考》、新舊《唐書・吐蕃傳》、《明史・西域・烏斯藏傳》、嘉慶《四川通志・西域志》、《西藏志》、《西招圖略》、《水經注》、《水道提綱》、《方輿紀要》、《西域聞見錄》、《衛藏圖識》、《藏行紀程》、《維西見聞錄》、《聖武記》、《海國圖志》等當時常見的涉藏典籍。其取材較為嚴謹，「此外，無名氏《西域紀事》、《西涉便覽》諸書，概勿敢錄。」〔註25〕

---

社，1989 年，第 1678 頁。

〔註20〕參見（清）王錫祺輯：《小方壺齋輿地叢鈔》（第三帙），清光緒十七年（1891）上海著易堂鉛印本。

〔註21〕參見（清）陳龍昌輯：《中西兵略指掌》卷二十三《軍防五》，清光緒二十三年（1897）東山草堂石印本。

〔註22〕（清）黃沛翹輯：《西藏圖考・例言》，清光緒二十三年（1897）刻本。

〔註23〕（清）顧復初撰：《西藏圖考序》，（清）黃沛翹輯：《西藏圖考》卷首，清光緒二十三年（1897）刻本。

〔註24〕李德洙、丹珠昂奔主編：《中國民族百科全書（6）》（藏族、門巴族、珞巴族卷），西安：世界圖書出版西安有限公司，2015 年，第 148 頁。

〔註25〕（清）黃沛翹輯：《西藏圖考・例言》，清光緒二十三年（1897）刻本。

但經筆者檢閱，黃沛翹徵引最多者為馬揭與盛繩祖輯《衛藏圖識》、松筠《西招圖略》、嘉慶《四川通志．西域志》，以及其未在《例言》中列出的和寧《西藏賦》。對此，筆者上文討論相關各書文獻價值時曾有涉及，在此不再贅述。

## （一）文獻價值

該書博採之前各志之長，可為時人及後世認識西藏提供綜合性參考。黃錫燾序中有過溢美之評價：「此書於古今沿革，山川險易，道里遠近，條分脈合，瞭如指掌，若有事於西藏，此為南針。可謂識時務之急者矣。」〔註 26〕由於該書引據豐富，影響較廣，故而《中國地方志辭典》將其列為「著名方志」之一，並言及「故前人有將此書推為記載藏事諸書中最佳者」。〔註 27〕其文獻價值主要有以下兩方面：

第一，該書以輿圖為主，為西藏輿圖之集大成之作，此為之前清代西藏方志所不及。黃沛翹早年從戎，對輿圖對軍事之助力作用深有體會。其在《藏圖小引》開篇寫道：「自河圖洛書出，而文字始興，故凡著書者，圖居其首，而山川險易，道里遠近，非圖不明，尤為行軍者所必需。沛翹於同治年間忝綜黔省營務，時提黔者為周渭臣軍門，其選將練兵不過偶參末議，惟當調度之際，恒一一周諮於余。蓋黔省輿圖，余早知其大概，又於各營稟牘內，按其山川道里，與文案周馨之大令悉心考校，胥得其詳。故旌旗所向，靡不克捷。甫三載，而全黔平，乃益知輿圖之關係匪輕也。」〔註 28〕

該書將《西藏全圖》一幅、《西藏沿邊圖》一幅、《西招原圖》十二幅、《乍丫地圖》一幅等十五幅輿圖集中刊於卷一，且先圖後說、圖說結合。該書《例言》載：「修邊徼書，莫要於圖，而莫難於圖。西藏文字不同，非若修省志，有縣府底稿之可採。茲勉強繪成總圖一幅、沿邊圖一幅，皆計里開方，發從前所為備。」〔註 29〕由此可知，黃沛翹十分看重其所原創的《西藏全圖》、《西藏沿邊圖》的文獻價值。

首先，《西藏全圖》在繪法方面有所突破。黃沛翹自言：「右三藏全圖，每方二百里，界限用單線，度數用斜線，河道用雙線，地名用單圈，程站用密

---

〔註 26〕（清）黃錫燾撰：《西藏圖考序》，（清）黃沛翹輯：《西藏圖考》卷首，清光緒二十三年（1897）刻本。

〔註 27〕黃葦主編：《中國地方志辭典》，黃山書社，1986 年，第 170 頁。

〔註 28〕（清）黃沛翹輯：《西藏圖考》卷一《藏圖小引》，清光緒二十三年（1897）刻本。

〔註 29〕（清）黃沛翹輯：《西藏圖考．例言》，清光緒二十三年（1897）刻本。

點，乃韓大令銑謹遵《皇朝中外一統輿圖》臨摹節取，而復證之以各種藏圖暨《水經注》、《水道提綱》，悉心勾稽，按方排比，數易稿而始成者也。……生平所見藏圖，未有以方里計者，此殆其權輿耳。」〔註30〕對比自《藏紀概》起清代西藏方志所載各種西藏輿圖，《西藏圖考》的《西藏全圖》在線條運用、圈點標注、開方計里方面均顯示出突破性進步，這種開創性值得肯定。

其次，《西藏沿邊圖》是清代西藏方志中唯一一幅專門繪製西藏周邊地區概況的輿圖。黃沛翹《西藏沿邊圖》寫道：「右《西藏沿邊圖》，亦韓大令所繪，每方計四百里，名曰『沿邊』，故略於中而詳於外。」〔註31〕如其所言，該圖中對於西藏內部僅標注「前藏」、「後藏」、「底藏」、「阿里」、「雅魯藏布江源」等，而對西藏周邊地區的地名標注則非常豐富。其中，標注了俄羅斯、廓爾喀、印度、哲孟雄、孟加拉、布魯克巴、緬甸、越南等國家和地區名稱，另外所標注者皆為國內西藏周邊地名與山川名稱。值得一提的是，此圖中對西藏北部即新疆及其與俄羅斯接壤地區的標注佔了較大篇幅，這應與光緒十年（1884）清中央政府建立新疆行省有關。同治十年（1871），沙皇俄國出兵侵佔伊犁，公然支持阿古柏分裂勢力，對此，清中央政府派左宗棠成功克復新疆並在新疆置省。由此，俄羅斯對新疆的侵略，必然會觸及曾從事軍務的黃沛翹的職業敏感神經，而其身在與西藏毗鄰的四川，亦對西藏邊防尤其是警惕和防禦英人侵藏給予戰略前瞻性關注。因此，此《西藏沿邊圖》重點標注了新疆各大城鎮尤其是與俄羅斯交界地區的地名。此外，因中法戰爭於光緒十一年（1885）初結束，此後不久，法國通過《中法新約》取得對越南的控制權，而中國西南門戶洞開，由此，《西藏沿邊圖》即特別標注了越南，此舉既是存史，又意在警示。

再次，黃沛翹命人臨摹了松筠《西藏圖說》所載十五幅輿圖中的十二幅作為《西招原圖》，即其只選擇臨摹其中涉及西藏內部地理的十二幅輿圖。黃沛翹解釋說：「右松文清公《西招原圖》，吾楚李大令宏年所臨摹也。……初欲翻正摹繪，因恐貽誤，未敢妄更。謹照原撫刊，俾我公當日巡歷之勳勤昭昭若揭云。」〔註32〕此中「貽誤」二字用得十分巧妙，名為尊重原作而

〔註30〕（清）黃沛翹輯：《西藏圖考》卷一《西藏全圖》，清光緒二十三年（1897）刻本。

〔註31〕（清）黃沛翹輯：《西藏圖考》卷一《西藏沿邊圖》，清光緒二十三年（1897）刻本。

〔註32〕（清）黃沛翹輯：《西藏圖考》卷一《西招原圖》，清光緒二十三年（1897）

客觀照錄，實則此乃該書編輯時間過於緊張的表徵與結果。最後一幅輿圖為姚瑩繪製的《乍丫地圖》，圖側說明為「道光二十七年攝成錦道篆王師道記」〔註 33〕，實際上，此圖亦臨摹自道光二十七年（1847）王師道刻本松筠《西招圖略》所附之《乍丫地圖》。

《西藏圖考》刊行不久，即引起廣大關心邊務與時政的儒家士人的高度重視。清末民初著名學者葉昌熾就曾肯定過《西藏圖考》尤其是其所載西藏輿圖的文獻價值。其在光緒二十五年（1899）正月的日記中兩次提及該書，其一為：「初五日，閱舊典《前後藏圖》及黃壽菩《西藏圖考》，舊典圖詳說略，黃書可資訂正。」〔註 34〕同月二十八日，又寫道：「得龐劬庵（筆者注：即龐鴻書）書，以《新繪西藏圖》與《西藏圖考》對校，譯音不同，細心鉤考，十得七八。」〔註 35〕另外，光緒二十八年至三十二年（1902～1906）有泰任駐藏大臣，其亦曾購藏《西藏圖考》。光緒二十九年（1903），「七月初二日，找委員閒談，湘梅薦一湖南人，買書案一分，書架一分，製造甚精巧。此人並帶到《西藏圖考》、《峨山圖說》各一部，均留用。賣木器人忽賣書，亦可怪也。」〔註 36〕《西藏圖考》、《峨山圖說》均為黃沛翹所編方志，而圖文並茂的《西藏圖考》為當時可見的有關西藏歷史、地理、文化的最新方志作品，入藏僅一年有餘的有泰恰可以之作為治藏參考。

第二，該書可為之後清中央政府治理西藏提供一定的資政性參考，也體現了一定的時效性，同時，黃沛翹有關邊疆經略尤其對西藏事務頗具前瞻性的戰略預警，對時人關注西藏邊防安全具有較大的警示與借鑒作用。黃沛翹在《續審隘篇》按語中寫道：「今英吉利佔據五印度，兼併廓爾喀、哲孟雄諸部，鐵路已開至獨吉嶺，其言重在通商，而唐古特部眾又復迭次阻撓，難保不激生變故，且邊界野番雜處，萬一乘機竊發，處處堪虞，是則南界之防，尤今日之急務也。……今哲孟雄（一名西金）、布魯巴克（其會城名札什曲宗）諸部落將盡歸於英吉利。疆埸交錯，玉帛兵戎，何常之有。藏南沿邊一

刻本。

〔註 33〕（清）黃沛翹輯：《西藏圖考》卷一《乍丫地圖》，清光緒二十三年（1897）刻本。

〔註 34〕（清）葉昌熾撰：《緣督廬日記抄》卷八，民國間上海蟫隱廬石印本。

〔註 35〕（清）葉昌熾撰：《緣督廬日記抄》卷八，民國間上海蟫隱廬石印本。

〔註 36〕（清）有泰撰，俞冰、楊光輝編輯：《稿本有泰文集》（第 7 冊），北京：全國圖書館文獻縮微複製中心，2005 年，第 451 頁。

帶數千里地，能不為未雨綢繆之計，詳審要隘，而多設卡防也耶？故曰：察地輿者貴原委之周知，談軍務者貴險要之備悉。謹贅鄙言，為籌邊者一之助云爾。」〔註 37〕同時，丁立彬序曰：「今日之藏衛，其關係中外利害數倍於昔。考其山川險要，與其道路出入，關隘分歧，尤今日之急務也。」〔註 38〕可見，在其時四川省內高層，在總督丁寶楨的引領下，對西藏邊務及西南邊疆安全的高度關注已達成共識，而黃沛翹早年曾於貴州剿匪、辦理軍務，因此其結合自身對軍戎事務的高度敏感性，而對英人對藏南地區的威脅尤為關注。

正如黃沛翹所預警的那樣，在《西藏圖考》刊行兩年後，即光緒十四年（1888），英人侵略者發動了侵略中國西藏的武裝戰爭。在《西藏圖考》刊行當年即光緒十二年（1886），英國即派人從哲孟雄修築道路至西藏境內。光緒十四年（1888）正月，英人藉口哲孟雄問題，悍然攻毀隆吐山藏兵營房。當時已經日薄西山的清中央政府一意妥協，不僅命令藏兵撤出隆吐山邊卡，且將積極支持抗英鬥爭的駐藏大臣文碩革職，又命駐藏幫辦大臣升泰及海關稅務司英人赫政同英國議和。光緒十六年（1890）、十九年（1893），清廷與英國先後簽訂了《中英會議藏印條約》和《藏印續約》，由此，英人通過武力正式打開了中國西藏的門戶。此次事件也正式引起了廣大中原地區學者對西藏的高度關注，這也正是黃沛翹的《西藏圖考》在此事件之後數次再版印刷的主要原因，而這也恰恰與上文言及的葉昌熾、龐鴻書等人研讀《西藏圖考》一事相印證。值得注意的是，其時，葉昌熾供職於京師會典館，而龐鴻書任直隸大順廣道道員，這足以證明《西藏圖考》的流傳已達京師。此後，在民國間西藏問題成為時政熱點之際，《西藏圖考》仍有廣泛影響。

### （二）不足之處

一方面，囿於時代發展與傳統文化侷限，直至光緒初年，中國古代地圖繪製水平仍停留在百年前的康乾時代，幾乎毫無進步。在這一背景下，西藏輿圖的繪製仍未吸收西方先進測繪技術，在經緯度運用方面依舊十分欠缺，仍然是以繪圖者親歷目測為主。對此，有學者總結為：「清代西藏的唐卡也有

〔註 37〕（清）黃沛翹輯：《西藏圖考》卷二《續審隘篇》，清光緒二十三年（1897）刻本。

〔註 38〕（清）丁立彬撰：《西藏圖考序》，（清）黃沛翹輯：《西藏圖考》卷首，清光緒二十三年（1897）刻本。

類似的地理圖說，但嚴格的說那只是繪畫地圖。清代的藏文地圖與松筠的地圖風格較為接近，為立體，標有山川河流及房屋建築，顯然是受了內地的影響。清代西藏地圖多出自入藏者之手。康熙年間就已開始利用西方先進的測量技術來繪製地圖了，但爾後又退步到傳統的目測及路線圖水平，直至光緒年間才有受過近代西方測繪技術訓練的測繪官員入藏測繪。雍正以後的西藏地圖史實際上是英印方面的入藏者占主要內容，這是不容否認的歷史事實。」〔註 39〕《西藏圖考》的不足即主要體現在其輿圖準確度欠佳方面。書中《西藏全圖》與《西藏沿邊圖》雖以採用開方計里形式繪成，具有一定的開創性，但仍以毛筆勾繪，寫意十足，但不繪經緯，欠缺精準，誤差極大。同時，該書所載十五幅輿圖中有十三幅並非新繪原創，十二幅《西招原圖》均臨摹自松筠《西藏圖說》，《乍丫地圖》臨摹自姚瑩原圖，且因編輯時間倉促而均未作完善，因此其所呈現出來的仍然是缺少比例尺的以線條勾勒的寫意山水畫式輿圖，其精準度依然無從談起，這必將導致此部分輿圖的實際指導作用大打折扣，更在整體上削弱了《西藏圖考》的文獻價值。

另一方面，因該書為黃沛翹博採前書而成的書齋作品，其本身並未涉足西藏進行實地考察，即該書並無內容源自一手資料，且黃沛翹也在《例言》中明確了「述而不作」的編纂原則，因此，書中內容難免會存在人云亦云、以訛傳訛的錯誤之處。例如，清末學者程鳳翔曾身入藏地，而且其入藏前閱讀過《西藏圖考》，但其經過實地探查發現了該書的錯誤之處。對此，程鳳翔在其《喀木西南紀程》言及：「黃氏沛翹又匯群書而為《西藏圖考》亦云美善兼收矣。獨於喀木西南，怒江內外諸藏地，略而不詳，或記之而顛倒錯亂，蓋怒江為黑水外，一此則王化所不及，古人以其荒遠難稽，付之不議。後人或採異說以成書，憑耳食以為記，遂使怒江以西水道，若龍川，若檳榔，若雅魯藏布諸巨川，源委淆亂，莫可究詰。」〔註 40〕此外，袁昶對《西藏圖考》評價亦不高。光緒十三年（1887）七月，袁昶在日記中即已言及此前刊行不久的《西藏圖考》：「新得董方立序內有《水經注箋》殘稿，『岡底斯山』一條可以正《海國圖志》蔥嶺出四大水之非。又得新出《西藏圖考》，書不佳而可資考

〔註 39〕房建昌：《清代西藏歷史地圖的編纂、史料及方法》，中國地理學會歷史地理專業委員會《歷史地理》編輯委員會編：《歷史地理》（第 24 輯），上海：上海人民出版社，2010 年，第 354 頁。

〔註 40〕程鳳翔撰：《喀木西南紀程》，吳豐培編：《川藏遊蹤彙編》（三），成都：四川民族出版社，1985 年，第 457 頁。

訂，為之一快。」〔註 41〕畢竟黃沛翹並非從事史地考證的學者大家，且該書卷端已言明「楚南黃沛翹壽菩甫手輯」，此輯錄之性質也決定了該書內容未經作者詳加考證。

黃沛翹曾有意編輯《西藏圖考》續集，其在《例言》篇末寫道：「海內君子有見聞較確，考核較詳者，尚希郵寄教言，借匡不逮，當謹刊續集，統俟異日修藏志者之採擇焉，感甚盼甚。」〔註 42〕由此頗具現代出版業氣息的言辭，可見其在清末西方先進技術文化不斷衝擊中國傳統儒家文化之際所秉承的包容與開放心態，也顯示出其對編纂西藏方志的熱情絲毫未減。頗為可惜的是，黃沛翹於光緒十一年（1887）即《西藏圖考》刊行次年辭世。但是，黃沛翹在該書中所表達的對英人侵藏的預警意識，不僅彰顯了準確無誤的戰略前瞻性，而且體現出包括黃沛翹在內的部分儒學士人在國家深陷危機之際所堅守的憂患意識與救世精神。

## 第二節　唯一獨具近現代氣息之鄉土藏志——《巴塘鹽井鄉土志》

段鵬瑞編纂的《巴塘鹽井鄉土志》成書於宣統元年（1909），刊行於宣統三年（1911），不僅是鹽井地區最早的地方志，也是清代西藏唯一一部鄉土志。目前可見，該志有三個版本：1. 清宣統三年（1911）鉛印本，行款為半葉十行二十五字白口四周雙邊單魚尾；2. 民國間抄本；3. 1979 年中央民族學院圖書館油印本。

該志是清末中國處於內憂外患之際，清中央政府施行一系列改革新政，尤其是教育改革倡導編纂鄉土志與鄉土教材的政策產物。由序可知，該志本名《巴塘鹽井鄉土地理志》，但縱觀該志內容，其並非地理志，而是記載鹽井地區綜合地情的鄉土志，因此在刊行過程中被出版者易名為《巴塘鹽井鄉土志》。關於該志史料來源，段鵬瑞在《自序》言及其參考了（明）楊慎《南詔野史》、（清）餘慶遠《維西見聞錄》、《嘉慶重修一統志》等，除此之外，該志史料為其實地採訪收集、參考官方檔冊所得。該志編纂體例為門目體。全志二卷，即上下兩編、四十一目，卷首有趙藩序及段鵬瑞自序，後

〔註 41〕（清）袁昶撰：《毗邪台山散人日記》，民國間抄本。
〔註 42〕（清）黃沛翹輯：《西藏圖考·例言》，清光緒二十三年（1897）刻本。

為《鹽井全圖》一幅。上編為地圖、位置、沿革、疆界、形勢、山脈、水道、氣候、種族、風俗、里甲（村寨附）、姓氏、戶口、地畝、歲時、差徭、物產、樹藝、牧畜、倉儲、稅課等二十一目，下編為鹽井源流、鹽田（鹵池附）、礦產、墾荒、學堂、防營、戎事、蠻塘馬糧、津渡（皮船溜繩附）、商業（街市附）、圜法、量衡、醫藥、交涉、廟祀、喇嘛寺、佛教、神會、音樂、勝概等二十目。值得注意的是，雖從文字表述上看，該志《稅課》有「宣統二年」字樣，但為宣統元年（1909）川滇邊務大臣趙爾豐擬定的次年稅收方案內容，因此，該志記事時間下限為宣統元年（1909）。

此前學術界對其關注極少，僅有趙心愚先生就該志有關西藏麼些人記載的史料價值、卷首「鹽井全圖」的繪製特點與價值展開了論述。鑒此，筆者以宣統三年（1911）鉛印本《巴塘鹽井鄉土志》為中心，對該志作者段鵬瑞生平予以詳細考證，並對該志成書背景、文獻價值與不足等予以全面揭示。需要指出的是，筆者認為「鹽井全圖」繪製者並非段鵬瑞，而是時任鹽井知縣王會同，同時，該志所體現的近現代化氣息及其未涉及民族主義情緒等問題亦值得關注。

## 一、作者生平詳考

段鵬瑞（1862～1921），字雲逵，一字夢徵，白族，雲南劍川人，光緒十七年（1891）辛卯科舉人。在鄉期間，「主講『金華書院』，餘暇飲酒鼓琴賦詩，有漢魏遺風氣度。」〔註43〕此後經歷，據其同里姻兄趙藩言及：「署藏邊寧靜縣事。有《謚喜齋詩文鈔》。雲逵能書畫，亦擅醫術。仕路迍邅，憂憤隕年，可悲也。」〔註44〕

對段鵬瑞流寓鹽井前後的經歷，學術界尚語焉不詳。實際上，時任川滇邊務大臣趙爾豐在奏摺中對此有詳細描述。宣統三年（1911），趙爾豐奏明：「已革直隸州州判段鵬瑞，係光緒三十二年八月到差，隨趙道淵辦理關外善後，酌委文案委員，於三十三年改委幫辦鹽井鹽釐局委員，宣統二年改委查地委員，現供是差，理合登明。」〔註45〕

〔註43〕楊鏡編著：《大理古今詩人要事錄》下卷，昆明：雲南民族出版社，2007年，第709頁。

〔註44〕（清）趙藩輯：《麗郡詩徵》卷十二，（清）趙藩、陳榮昌等輯：《雲南叢書》集部之八十一，民國間雲南圖書館刻本。

〔註45〕（清）趙爾豐撰：《調用人員銜名清冊》，吳豐培輯：《趙爾豐川邊奏牘》，成

此後，趙爾豐在為屬下請獎奏摺中再次述及段鵬瑞有關經歷：「再，臣於宣統三年七月片奏，邊務調用人員，三年差滿，擬請從優獎勵。……又有雲南已革舉人段鵬瑞，原係捐指四川試用直隸州州判，因在籍辦公，與地方官意見不合，稟由前任雲貴督臣丁振鐸於光緒三十一年以籍阻牲畜稅等情，片奏將該舉人褫革。光緒三十二年赴川投效，經調四川督臣錫良委隨趙道淵出關襄辦善後，迄今數年。該兩員實心任事，不辭勞瘁，經臣委辦徵收鹽稅，清查地畝丁糧，均能悉心籌劃，克盡厥職。且在邊地方供差，已逾三年，不無微勞足錄。……已革舉人指分四川試用直隸判段鵬瑞開復原官，免繳捐復銀兩，仍歸四川補用，以昭激勸而示鼓勵之處，出自逾格鴻慈，理合附片具陳，伏乞聖鑒。訓示。謹奏。」〔註 46〕由此可知，段鵬瑞曾捐官四川試用直隸州州判，後因公事被參。對此，《清德宗實錄》載，光緒三十一年（1905）五月，「以侵挪款項、恃符妄為，褫革雲南劍川州舉人段鵬瑞、五品封職何立言。」〔註 47〕可見，趙爾豐所言段鵬瑞被革之事並不虛妄。此外，趙藩序曰：「雲逵以吾鄉名孝廉將試吏於蜀，以與吾族叔石渠先生力衛桑梓，故大為貪暴吏李盛卿、饒能弼所齮齕，構成冤獄被黜。余薦之趙大臣，俾從趙觀察淵出關于役，馳驅於衛藏冰雪中凡歷數載，得湔雪獎敘。」〔註 48〕由此可知，段鵬瑞遭貪吏構陷被革為實，後經趙藩引薦，其隨趙爾豐入川邊並受褒獎，這段經歷也與趙爾豐所言基本吻合。

此後，光緒三十二年（1906）八月，段鵬瑞隨川滇邊務大臣趙爾豐經營川邊，次年十二月出任鹽井鹽釐局委員兼學堂總理。宣統元年（1909）十二月，「川軍進藏，江卡營官達拉戴琫聚兵於此抗拒，旋經邊務大臣趙爾豐令新軍左營管帶張其昌、西軍中營幫帶顧復慶率兵驅除，遂將所轄之地改為寧靜縣，隸屬於巴安府。」〔註 49〕江卡宗擬改置為寧靜縣之初，因設治委官尚需清廷批准，因此先設委員一名，次年方改委員為知縣，均由段鵬瑞出任。對此，清末民初之際亦在趙爾豐處任職的劉贊廷在其《寧靜縣志．墾

---

都：四川民族出版社，1984 年，第 125 頁。

〔註 46〕（清）趙爾豐撰：《調用人員王會同、段鵬瑞三年任滿請獎片》，吳豐培輯：《趙爾豐川邊奏牘》，成都：四川民族出版社，1984 年，第 127～128 頁。

〔註 47〕《清德宗實錄》卷五百四十五，清光緒三十一年（1905）五月庚辰。

〔註 48〕（清）趙藩撰：《巴塘鹽井鄉土志序》，（清）段鵬瑞編纂：《巴塘鹽井鄉土志》，清宣統三年（1911）鉛印本。

〔註 49〕劉贊廷編纂：《寧靜縣志．沿革》，《中國地方志集成》編委會編：《中國地方志集成．西藏府縣志輯》，南京：江蘇古籍出版社，1995 年，第 601 頁。

殖》亦言及：「本縣初始縣令為段鵬瑞」。〔註 50〕宣統二年（1910）三月，段鵬瑞任查地委員，奉命與程鳳翔一道赴桑昂曲宗勘測地形，繪成《悶空全境輿圖》、《雜瑜全境輿圖》、《桑昂曲宗大江西面輿圖》，同時，在《稟報查勘上下雜隅情形》中，段鵬瑞自稱「同知銜調查委員、前四川補用直隸州州判」〔註 51〕，此與趙爾豐所言亦相符。之後，因勘察有功，趙爾豐再次為其請賞曰：「……前四川補用直隸州州判段鵬瑞擬請免補州判，以知縣分省補用。……奉朱批：『鳳山等著照所請，該部知道。欽此。』」〔註 52〕據四川檔案館藏《江卡委員段鵬瑞為江卡汛裁兵請將各廟附近菜園地段及龍燈會房租賞作武廟城隍廟香火之資致趙爾豐詳》〔註 53〕，其落款時間為宣統三年（1911）四月初三日，由此可知，直至宣統三年（1911）四月，段鵬瑞仍任江卡委員即寧靜知縣。

民國元年（1912），其仍擔任江卡委員並實際管理地方事務，不過，「六月，定鄉蠻攻江卡、乍丫，陷之。江卡防兵四棚均陣亡，餘八人降。委員段鵬瑞逃入滇界阿墩。」〔註 54〕民國二年（1913）1 月 21 日，段鵬瑞當選雲南省議會議員〔註 55〕，此後活躍於雲南政界。段鵬瑞公暇喜書畫、工詩文，著《巴塘鹽井鄉土志》、《門空圖說》、《段氏族譜》、《藕心集》、《遄喜齋詩文鈔》等。

此外，該志目錄與卷端責任者中均題「井研吳嘉謨蜀尤鑒定」，且位置在「劍川段鵬瑞雲逵編纂」之上，由此可見，段鵬瑞對吳嘉謨尊敬有加。同時，段鵬瑞自序言及：「予時忝司鹽榷，又兼學堂總理。各校苦乏課本，因商之吳蜀尤主政，除算學一門外，所有修身、國文、地理、歷史、官話，均令各教員就其地之風土、沿革編輯，俾知所考，」〔註 56〕此中「吳蜀尤主政」

〔註 50〕劉贊廷編纂：《寧靜縣志・墾殖》，《中國地方志集成》編委會編：《中國地方志集成・西藏府縣志輯》，南京：江蘇古籍出版社，1995 年，第 618 頁。

〔註 51〕劉贊廷編纂：《察隅縣志略》，西藏學漢文文獻編輯室編輯：《西藏地方志資料集成第二集》，北京：中國藏學出版社，1997 年，第 144～145 頁。

〔註 52〕（清）趙爾豐撰：《收復桑昂曲宗雜瑜等地設官分治請獎出力人員摺》，吳豐培輯：《趙爾豐川邊奏牘》，成都：成都：四川民族出版社，1984 年，第 237 頁。

〔註 53〕四川省檔案館、中國藏學研究中心合編：《四川省所存西藏和藏事檔案史料目錄（1388～1949）》，北京：中國藏學出版社，2000 年，第 69 頁。

〔註 54〕尚秉和撰：《辛壬春秋》第二十二冊・西康，民國十三年（1924）辛壬歷史編輯社刻本。

〔註 55〕蔡鍔撰：《復籌備國會事務局電》，鄧江祁編：《蔡鍔集外集》，長沙：嶽麓書社，2015 年，第 247 頁。

〔註 56〕（清）段鵬瑞撰：《巴塘鹽井鄉土地理志自序》，（清）段鵬瑞編纂：《巴塘鹽即曾任度支部主事的吳嘉謨，可見其時吳嘉謨對川邊教育具有話語權。

吳嘉謨（？～1931），字蜀尤、蜀輶，四川井研人，光緒十九年（1893）由廖平薦舉，與龔煦春合纂《光緒井研志》。光緒二十九年（1903）中進士，授度支部主事。此後，受聘總辦四川省學務調查所，參與籌建川鄂鐵路。民國肇始，任爐邊宣慰使。民國二年（1913）4月，當選為中華民國第一屆國會後藏地區眾議院候補議員。民國十五年（1926），四川軍閥劉統勳試圖在四川恢復科舉，任命吳嘉謨為仕學館館長。值得一提的是，光緒三十一年（1905），趙爾豐出任川滇邊務大臣，於改土歸流中尤重興學，光緒三十三年（1907）聘吳嘉謨充任川邊（關外）學務總局總辦。「吳嘉謨認為邊境辦學，重點應在關外，學務局設在爐城，實難遙控。遂於光緒三十四年將學務局移設巴塘。」〔註 57〕其發展新式教育，倡導設立白話學堂，「光緒三十四年（1908 年，藏曆第十五繞迥土陽猴年）六月，吳嘉謨在西學區的鹽井縣開辦官話學堂 10 所，共有男女學生 354 名；在江卡開辦官話學堂 1 所，共有男女學生 30 多名。宣統元年（1909 年，藏曆第十五繞迥土陰雞年），在寧靜縣開辦官話學堂 3 所，共有男女學生 100 餘名。入學學生按年齡編為甲、乙、丙三個班。甲、乙兩班開設修身、讀經、國文、歷史、地理、算術、圖畫、手工、唱歌、體操等課程；丙班學生學習單字、背誦『九九表』。」〔註 58〕此外，由廖平年譜證實，光緒十七年（1891，辛卯），「鄉人吳嘉謨、賀龍驤辛卯鄉試中舉。」〔註 59〕可知其與段鵬瑞有同年之誼。因此，段鵬瑞就作為鄉土教材的《巴塘鹽井鄉土志》的相關編纂問題請示吳嘉謨，繼而將吳嘉謨名諱以「鑒定」為名置於卷首即在情理之中。

## 二、成書背景探析

第一，清末時期，中國面臨內憂外患的政治危局，西藏及鹽井地區均遭受英帝國主義勢力侵擾，這種外部環境刺激進一步激發了廣大愛國人士保衛家鄉的強烈願望，這是《巴塘鹽井鄉土志》成書的時代背景。光緒二十七年

井鄉土志》，清宣統三年（1911）鉛印本。

〔註 57〕馮有志著：《西康史拾遺》，成都：巴蜀書社，2015 年，第 54 頁。

〔註 58〕芒康縣地方志編纂委員會編：《芒康縣志》，成都：巴蜀書社，2008 年，第 292 頁。

〔註 59〕張遠東、熊澤文編著：《廖平先生年譜長編》，上海：上海書店出版社，2016 年，第 108 頁。

（1901）《辛丑條約》簽訂後，帝國主義列強掀起了瓜分中國的狂潮，英帝國主義勢力加快了對西藏和川邊藏區的侵略步伐。在此背景下，一些當地有識之士的愛國愛鄉思想便應運而生，進而成為段鵬瑞編纂《巴塘鹽井鄉土志》的指導思想，其在《自序》結尾即表明了愛國愛鄉的纂修理念，即「歲月屢易，序而次之，得上下兩編，名曰《巴塘鹽井鄉土地理志》。蓋將有來者焉，愛國愛鄉之觀念，或賴以不熄乎。」〔註 60〕

第二，趙爾豐在川邊地區推行以改土歸流為核心的政務改革，由此制定並施行了一系列改革舉措，這是《巴塘鹽井鄉土志》成書的政策背景。當時，國內反帝救亡、民主維新、振興實業、發展教育等愛國主義思潮洶湧澎湃，全國上下改革呼聲愈發高漲。在此背景下，趙爾豐奉命駐紮巴塘，專辦川邊藏區事務，大刀闊斧地推行改土歸流。在政治、宗教等方面施行新政的同時，趙爾豐還十分重視改革和發展川邊地區文教衛生事業。一方面，設立關外學務局培訓師資，開設官方語言學堂，而人口較多的縣則增設初等、高等小學堂。在巴塘等地設官辦藥局，開展種牛痘等基本醫事活動，另一方面，主張推動移風易俗，改革當地藏族婚姻與喪葬習俗等。以上這些改革措施均在鹽井地區加以推行，而段鵬瑞也參與其中，從而為其編纂該志提供了現實素材。

第三，清末清廷推行了多項「新政」，其中包括停止科舉取士、興辦新學堂、編寫新教材，而旨在倡導愛國愛鄉的鄉土教材及鄉土志的編纂活動逐步在全國興起，這是《巴塘鹽井鄉土志》成書的文化背景。鄉土志又稱「風土志」，是記載某一地方自然、地理、人文、物產等綜合概況的微型方志。鄉土志或為各地修志之備用資料，或為新式普及型教材，其旨在教育學生瞭解並熱愛家鄉，進而達到愛國衛國之用。光緒二十九年（1903），學部頒發《奏定初等小學堂章程》，規定初等小學堂應開設歷史、地理、格致等課程。由此，新式學堂不斷興起，而新式教科書編纂即提上日程。光緒三十一年（1905），京師編書局監督黃紹箕編訂完成《鄉土志例目》，其認為鄉土志在教育啟蒙方面意義重大，「《奏定學堂章程》所列初等小學堂學科，於歷史則講鄉土之大端、故事及本地古先名人之事實，於地理則講鄉土之道里、建置及本地先賢之祠廟、遺跡等類，於格致則講鄉土之動物、植物、礦物。凡關於日用所必需者，使知其作用及名稱。蓋以幼稚之知識，遽求高深之理想，勢必鑿枘難入。

〔註 60〕（清）段鵬瑞撰：《巴塘鹽井鄉土地理志自序》，（清）段鵬瑞編纂：《巴塘鹽井鄉土志》，清宣統三年（1911）鉛印本。

惟鄉土之事，為耳所習聞，目所常見，雖街談巷論，一山一水、一木一石，平時供兒童之嬉戲者，一經指點，皆成學問。其引入之勝之法，無逾此者。」〔註 61〕此《鄉土志例目》於當年獲准頒行全國，成為全國各地編纂鄉土志的指導標準。《鄉土志例目》內容分為歷史、地理、格致三方面，規定門目為：歷史、政績、兵事、耆舊、事業、學問、人類、戶口、氏族、宗教、實業、地理、山、水、道路、物產、商業等十七個門目。這一具體編纂標準即為段鵬瑞編纂《巴塘鹽井鄉土志》提供了指導藍本，但其從鹽井地區實際出發，在此標準基礎上對篇目設置予以微調，因鹽井以產鹽聞名，則在《物產》之外設置了《鹽田》，而該地民眾多信仰藏傳佛教，因此在《佛教》之外設置了《喇嘛寺》。

第四，段鵬瑞重視鄉土教育、關注邊疆事務，這是《巴塘鹽井鄉土志》成書的個人因素。一方面，身為學堂總理的段鵬瑞身處改土歸流運動之中，自然十分重視包括鄉土教育在內的新式教育推廣，由此，其組織當地漢族和藏族相關人士編寫鄉土教材。段鵬瑞在自序中對此過程有大致記載：「光緒間，襄平趙季和尚書以川滇邊務大臣之命經營喀木，凡康以西之被其澤者，除其番籍，隸我編氓。既又為之興學、開墾、勸工、通商、輿夫，定其婚喪之禮，頒之伍符尺籍，正如鴻濛初闢，四荒響風。予時忝司鹽榷，又兼學堂總理。各校苦乏課本，因商之吳蜀尤主政，除算學一門外，所有修身、國文、地理、歷史、官話，均令各教員就其地之風土、沿革編輯，俾知所考，而予則公暇，進蠻人之充本局職務，而年老者與之談往，內有諳漢語者，亦有將藏文之掌故、古本，對通事譯而告予者。予曰，是誠蠻荒文獻之張本也，又烏可忽哉？」〔註 62〕可見，段鵬瑞在組織編寫鄉土教材過程中，收集了許多有關鹽井地區歷史沿革、文化風俗等方面的寶貴資料，為其編纂該志提供了史料基礎。另一方面，段鵬瑞留心邊務，將任內宣統二年（1910）三月至四月間赴邊區上下雜隅（筆者注：今西藏自治區察隅縣）考察所得，於當年撰成《門空圖說》〔註 63〕，該文涉及察隅一帶的歷史、地理、交通、經濟、民俗、宗教等眾多內容，是後世研究西藏東南地區歷史的重要資料。雖然該文

〔註 61〕《部頒鄉土志例目》，劉緯毅等著：《中國方志史》，太原：三晉出版社，2010 年，第 254 頁。

〔註 62〕（清）段鵬瑞撰：《巴塘鹽井鄉土地理志自序》，（清）段鵬瑞編纂：《巴塘鹽井鄉土志》，清宣統三年（1911）鉛印本。

〔註 63〕參見（清）段鵬瑞撰：《門空圖說》，民國十九年（1930）《邊政》第 6 期。

成於《巴塘鹽井鄉土志》之後，但也佐證了段鵬瑞關心邊務，注意將公務所得資料及時編纂成書的寫作習慣。值得注意的是，作為身處清末民初中國思想文化激烈變革時期的舊式知識分子，在當時救亡圖存、革故鼎新思潮在全國上下逐步興起的背景下，舉人段鵬瑞個人所秉承的仍然是以經世致用為代表的中國儒家傳統價值觀。眾所周知，方志具有存史、資政、教育等三大功能，這與段鵬瑞的文化價值觀高度契合，由此，其於公暇編纂完成了《巴塘鹽井鄉土志》。

## 三、文獻價值與不足之處舉隅

在清代西藏方志發展史中，成書時間最晚的是宣統三年（1911）《西藏新志》，但相較於大面積抄錄日本人山縣初男《西藏通覽》而成書的《西藏新志》，《巴塘鹽井鄉土志》在創作獨立性與本土原創性方面更勝一籌，具有重要的文獻價值。

第一，該志有關在鹽井地區定居的麼些人的來源與遷入時間問題的記載，是目前所見的漢文史志中最早記錄者。該志在《自序》、《種族》、《源流》、《勝概》中，均明確記載了麼些人自雲南麗江地區遷入並長期生活在鹽井地區。〔註 64〕這些珍貴的文字記載，對於納西族歷史研究和滇藏毗鄰地區地方史研究具有十分重要的史料參考價值。

第二，該志是鹽井地方史研究的重要參考資料。首先，卷首「鹽井全圖」對於鹽井地方區劃沿革研究具有參考價值。其次，該志有關鹽井地區鹽業生產的記載，對於鹽井鹽業史研究具有重要的史料價值。因段鵬瑞辦理鹽井鹽釐事務，由此，志中詳細記載了當地鹽業生產情況，即「鹽田之式，土人於大江兩岸層層架木，界以町畦。儼若內地水田。又掘鹽池於旁。平時注鹵其中，以備夏秋井口淹沒之傾曬。計東岸產鹽二區，一名蒲丁，一名牙喀，西岸產鹽一區，曰加打。東岸鹽質淨白，西岸鹽質微紅，故滇邊謂之桃花鹽，較白鹽尤易運銷，以助茶色也。通計鹽田二千七百六十有三。鹵池六百八十有九，井五十有二，常年產鹽約一萬八千餘馱，馱重百四十斤。」〔註 65〕再次，該志有關鹽井地區民間文化風俗的記載，如實地展現了當地藏、漢、納西等民

〔註 64〕趙心愚：《宣統〈鹽井鄉土志〉關於西藏麼些人的記載》，《民族研究》2008 年第 2 期。

〔註 65〕（清）段鵬瑞編纂：《巴塘鹽井鄉土志》下編《鹽田》，清宣統三年（1911）鉛印本。

族和諧相處、文化共榮的歷史傳統格局，具有重要的歷史與現實意義。鹽井位於川、滇、藏三省區交界處，歷來為多民族雜居、文化多元交融之地。該志中有很多篇目均記載了當地豐富多彩的民間文化風俗。例如，《津渡》詳述了當地極具地域與民族特色的皮船、溜繩索等交通方式，《歲時》記錄了藏曆與夏曆之異同，《音樂》則描述了當地藏族民眾集體跳「鍋莊」的熱鬧場景。這些土俗與民風正是鹽井地方史的生動橫斷面。

此外，值得注意的是，該志完整地記載了鹽井地區宗教文化多元共存的歷史格局。《交涉》言及天主教在鹽井的獨特存在：「惟法國教堂常駐司鐸一人，又由爐城、巴塘及滇邊白漢洛次宗、小維西等處往來，教士則須派人照章護送並將出入日期分別移報備案，尚屬常例。」〔註66〕此天主教堂由法國教士於咸豐間創建並留存至今，其不僅是西藏唯一一座天主教堂，更是中西文化交流的歷史見證。同時，《廟祀》敘述了當地首次創建關帝廟的情形：「鹽井向無祀典廟宇，……（筆者注：光緒）三十四年五月正殿落成，聖像莊嚴畢具，祭之日眾漢番皆於是乎觀禮，僉謂我朝崇奉關聖，自國初以至今日，……」。〔註67〕而鹽井地區以藏族民眾為居民主體，《喇嘛寺》與《佛教》則重點介紹了藏傳佛教在當地的發展情況。以上這些文字記載，為後世認知川、滇、藏交界地區的民族文化交流和當地民眾精神生活提供了寶貴資料。

第三，趙爾豐改土歸流的改革舉措及初步成效恰好被段鵬瑞編入《巴塘鹽井鄉土志》之中，這也正是方志「存史」功能的集中體現。值得一提的是，該志較為集中地呈現了趙爾豐的「移風易俗」改革思想。一方面，志中《風俗》載有：「惟奉佛教之心尚深，故病不服藥而打卦念經，葬不棺殮而刨屍深水，婚不正名而兄弟同妻之三事者，尤禮儀之大防獨習焉，而不察是在身任教育之責者。亟應修其教而易其俗也。」〔註68〕實際上，所謂「移風易俗」更應在尊重當地民族文化傳統的前提下而循序漸進地開展，不能為了政績而漠視受眾的傳統風俗而強行推廣，或以行政壓迫手段進行疾風暴雨式改革，這正是趙爾豐以「改土歸流」為核心的川邊改革最終失敗的重要原因之一。

〔註66〕（清）段鵬瑞編纂：《巴塘鹽井鄉土志》下編《交涉》，清宣統三年（1911）鉛印本。

〔註67〕（清）段鵬瑞編纂：《巴塘鹽井鄉土志》下編《廟祀》，清宣統三年（1911）鉛印本。

〔註68〕（清）段鵬瑞編纂：《巴塘鹽井鄉土志》上編《風俗》，清宣統三年（1911）鉛印本。

另一方面，趙爾豐旨在提高當地民眾健康水平而進行的醫療衛生改革還是值得肯定的。對此，該志《醫藥》記載：「光緒三十四年，邊務大臣趙尚書因分設官藥局並由內地購運藥材，延醫覓工，厚其薪食，一照藥本運費核計，藥資不許浮索。鹽井醫士一人，藥工二人，即於是年九月開局。時各學堂逐漸成立學務局，復稟請即以官藥局醫士兼充學堂驗病員，每屆星期四到堂視驗一次，並講示衛生之理。兩年以來，成見學生遇病服藥，大有應驗，蠻民亦漸有赴局求醫者矣。風氣之有賴於轉移如此。」〔註 69〕由此可見，趙爾豐將醫療與教育巧妙結合，借助新式學堂教育逐步推廣醫療衛生改革，因其注重了方式方法且選擇了相對適宜的受眾群體，因此，此舉確在「移風易俗」方面收到了顯著成效。由此，該志所載相關內容也為後世全面審視趙爾豐川邊改革提供了另一視角。

當然，該志在編纂風格與史實描述方面也有一些明顯不足。首先，段鵬瑞修志本意乃以該志作為當地學堂的鄉土教材，但該志的傳統方志特徵過於顯著，實際上並不利於教育教學活動的有效開展。因拘泥於《鄉土志例目》規定體例而未採用鄉土教材應採用的課目體，加之傳統方志色彩濃厚，該志存在體例僵化、面貌陳舊、語言嚴肅、內容呆板等傾向，從而未能照顧到初等教育的靈活性與趣味性等基本特徵。同時，受時代背景侷限，志中還存在一些為趙爾豐個人歌功頌德的文字表述，現在看來，這種個人崇拜式的灌輸顯然是脫離教材主旨的。由此可見，當時鄉土志與鄉土教材的界限還是普遍存在的，「所以，從總體上看，鄉土教科書、鄉土教材和鄉土志一開始是並行不悖地存在的，只不過前者多由民間教育界人士所編，基本上都採用課目體，而後者則更帶有官辦的色彩，全部是《例目》規定的十五目體例。伴隨時間的推移，二者的體例、名稱之間的區別才逐步弱化。」〔註 70〕誠然，這也從側面反映了當時中國教育改革尤其是鄉土教育在探索中坎坷前行的發展歷程。其次，志中存在一些史實表述錯誤。例如，段鵬瑞在該志《佛教》中寫道：「宗喀巴以明永樂十五年生於西寧衛，成化十四年示寂，是為黃教之祖。」〔註 71〕事實上，宗喀巴誕生於元至正十七年（1357），圓寂於明永

〔註 69〕（清）段鵬瑞編纂：《巴塘鹽井鄉土志》下編《醫藥》，清宣統三年（1911）鉛印本。

〔註 70〕王興亮：《清末民初鄉土志書的編纂和鄉土教育》，《中國地方志》2004 年第 2 期。

〔註 71〕（清）段鵬瑞編纂：《巴塘鹽井鄉土志》下編《佛教》，清宣統三年（1911）

樂十七年（1419）。當然，這種錯誤顯然是段鵬瑞對藏傳佛教知之甚少所致。

## 四、《鹽井全圖》繪製者為時任鹽井縣令王會同

值得注意的是，卷首《鹽井全圖》引起趙心愚先生注意，其研究認為：「宣統《鹽井鄉土志》本有『鹽井全圖』一幅，目前相關辭典及提要未提及此圖。近十多年出版的《鹽井鄉土志》中無圖，與 20 世紀 70 年代末出現的油印本有關。『鹽井全圖』繪製者為《鹽井鄉土志》著者段鵬瑞，繪製時間、付印時間當在宣統三年（1911 年）夏四月趙藩作序前後。無論對於《鹽井鄉土志》，還是對於鹽井地區在清代西藏方志史上，此圖都有重要的價值。」〔註 72〕筆者對於此圖價值並無異議，但對趙心愚先生的其他觀點不敢苟同。

首先，該志卷首載有《鹽井全圖》是無需引起爭議並展開討論的事實。趙心愚先生通過檢索有關辭典、提要及其所見各版本此志得出結論：「這就證實了在宣統印本之後及油印本之前，《鹽井鄉土志》沒有其他版本出現。」〔註 73〕實際上，中國國家圖書館藏宣統三年（1911）鉛印本卷首即有此圖，同時，在宣統三年（1911）刊本之後及 1979 年中央民族學院圖書館油印本之前，實有該志美國華盛頓大學圖書館藏民國間抄本，該版本卷首亦有此「鹽井全圖」。可見，雖研究者目力未及，但不能由此主觀臆斷該古籍全貌與版本實情。

其次，此圖繪製者並非段鵬瑞，而是時任鹽井縣令王會同。趙心愚先生根據段鵬瑞於宣統二年（1910）奉命繪製了《悶空全境輿圖》且該圖東北部地區即鹽井地區，同時，「將《悶空全境輿圖》與《鹽井全圖》作一比較，可發現不僅繪製方法相同，相關地區地名相同，而且手寫地名的字體及書寫特點也完全相同，這說明兩圖應出自一人之手。因此，可以認定，《鹽井鄉土志》卷首中《鹽井全圖》的繪製者即此志的著者段鵬瑞」。〔註 74〕實際

鉛印本。

〔註 72〕趙心愚：《宣統〈鹽井鄉土志〉的「圖」及其繪製特點與價值》，《民族學刊》2014 年第 1 期。

〔註 73〕趙心愚：《宣統〈鹽井鄉土志〉的「圖」及其繪製特點與價值》，《民族學刊》2014 年第 1 期。

〔註 74〕趙心愚：《宣統〈鹽井鄉土志〉的「圖」及其繪製特點與價值》，《民族學刊》2014 年第 1 期。

上，劉贊廷於民國間編纂的《鹽井縣志》在介紹鹽井縣方位四至後，附了一件宣統元年（1909）「劃界原函」，此即四川省檔案館藏《王會同遵勘鹽井界址山川形勢物產戶口分別列表繪畫帖說致趙爾豐申》（宣統元年七月二十七日）〔註 75〕，此檔案詳述了「鹽井全圖」的緣起與過程，並言明該圖繪製者為時任鹽井知縣王會同。

為會同遵奉憲劄勘明鹽井四至界址，分別列表繪圖貼說事。竊知縣於宣統元年六月二十一日奉憲臺劄開案，查光緒三十一年七月初八日奏會籌開辦邊務章程一摺，除增設官屬原文邀免全錄外，後開各府廳縣疆界亟應早為勘劃，分別管理，以專責成。然區分疆界總以設官之處為適中，其四方之地就近何府、何廳、何縣，即就近劃歸管轄，以便呼應靈通，而交界處所或以山或以河或立石碑為界，務宜履勘逐處詳細訂明，分別東西南北界址造具清冊，繪圖貼說詳報前來，並限半月內上緊趕辦，以便本年租糧各歸各收，免致混淆等因奉此。

奉到憲劄之下，當即遵照辦理。除巴塘、鹽井廳於邦木塘、甲泥頂兩處居中之地劃界，遵憲示於七月十三日會同巴塘糧務張令盛楷勘清外，知縣先於六月二十五日渡江歷勘江西一帶，二十九日回局，七月初二日復南勘滇界，往返七日，始如期與張令盛楷在邦木塘、甲泥頂兩處中間會勘，至七月十四日復由南墩前往茶里，十九日至宗崖並取道昌多勘明江卡界線，至二十二日回局，計此次知縣履勘鹽井四路連界地面往返二十餘日，不無耽延。……現在各處均已次第勘清，所有村寨遠近遵照憲發圖式填注其各處戶口，及氣候、物產、田地、種子另列表格，並詳繪山川形勢總圖一紙貼說並呈，以昭詳慎，理合具文，申請憲臺俯賜查核，伏乞照驗，施行須至申者。……

據申已悉鹽井疆界既經劃定，所有租糧應移巴塘糧元，將糧冊按界分繕一冊移歸該令復行查核，照章繕造一份，送本大臣存案。……事屬創始，此次文及圖表務必將稿存案，以為日後稽查之

〔註 75〕四川省檔案館、中國藏學研究中心合編：《四川省所存西藏和藏事檔案史料目錄（1388～1949）》，北京：中國藏學出版社，2000 年，第 30 頁。

據，又不可以鹽釐卷宗相混，各歸各案。〔註 76〕

由此可知，第一，繪圖者為時任鹽井知縣王會同。宣統元年（1909）六月二十五日至七月二十二日，鹽井知縣親自勘測了鹽井縣四至，其間還與巴塘糧務張盛楷會勘完成了鹽井與巴塘劃界。隨後，鹽井知縣「詳繪山川形勢總圖一紙貼說」並呈報趙爾豐，而由此《鹽井縣志》可知，時任鹽井知縣為王會同。第二，繪圖目的在於保證各地租糧徵收。趙爾豐施行改土歸流已經或將要改置鹽井縣、寧靜縣、貢覺縣、科麥縣、察隅縣等，急需完成各縣劃界設治工作以利於準確完成租糧徵收，因此，與段鵬瑞前往桑昂曲宗勘繪《悶空全境輿圖》等地圖類似，鹽井知縣王會同繪製《鹽井全圖》乃其必須完成之公務，不可由其他同僚代理完成。第三，相關繪圖製表須按「憲發圖式」即規定格式完成，且為了稅賦徵收準確，相關地區地名標記必然相同，因此，恰如趙心愚先生所言，《悶空全境輿圖》與《鹽井全圖》不僅繪製方法與相關地名相同，而且手寫地名字體及書寫特點也類似。此外，《鹽井全圖》應已按規存案，成為公藏官方檔案。同時由上文可知，光緒三十三年（1907）趙爾豐委任段鵬瑞為鹽井鹽釐局幫辦，協同王會同處理鹽釐事務，而由四川省檔案館藏《王會同具陳抽收鹽釐情形暨協同段鵬瑞擬定開商章程致趙爾豐稟》（光緒三十三年九月二十五日）〔註 77〕、《趙爾豐奏為鹽井釐局鹽務較繁令委段鵬瑞前往會辦致邊務大臣諮》（光緒三十三年十二月初六日）〔註 78〕、《王會同段鵬瑞遵造鹽井光緒三十二年八月至宣統元年七月徵收鹽釐數目清冊票根致趙爾豐申》（宣統元年八月二十四日）〔註 79〕可知，王會同與段鵬瑞確曾同辦鹽井鹽釐事務，而寧靜知縣段鵬瑞獲此《鹽井全圖》並用於纂志應屬易事。因此，段鵬瑞將此公務作品《鹽井全圖》置於《巴塘鹽井鄉土志》卷首，但並未署名。

〔註 76〕劉贊廷編纂：《鹽井縣志》，《中國地方志集成》編委會編：《中國地方志集成·西藏府縣志輯》，南京：江蘇古籍出版社，1995 年，第 363～364 頁。

〔註 77〕四川省檔案館、中國藏學研究中心合編：《四川省所存西藏和藏事檔案史料目錄（1388～1949）》，北京：中國藏學出版社，2000 年，第 14 頁。

〔註 78〕四川省檔案館、中國藏學研究中心合編：《四川省所存西藏和藏事檔案史料目錄（1388～1949）》，北京：中國藏學出版社，2000 年，第 15 頁。

〔註 79〕四川省檔案館、中國藏學研究中心合編：《四川省所存西藏和藏事檔案史料目錄（1388～1949）》，北京：中國藏學出版社，2000 年，第 31 頁。

## 五、此志顯露出強烈的近現代化氣息

該志成於清末民初內憂外患迭起、思想文化激蕩的特殊時代，因此，志中具有強烈的近現代化氣息。一方面，該志在纂修方法方面已借鑒西方知識元素，這在西藏方志發展史中具有承前啟後的重要意義。在卷首《鹽井全圖》與《位置》中，作者即已採用「西學」中地理科學的經緯度標記方法來描述鹽井的地理位置。這反映出即便十分偏遠的川、滇、藏交界地區也已傳播並使用「西學」元素，此為當時「西學東漸」思潮在中國確已廣泛傳播的又一明證。同時，這種趨於科學嚴謹的修志方式，也標誌著西藏方志由中國封建文化體制下的傳統纂修方式，正準備朝向民國時期「中體西用」式新型纂修方式轉變，這種方志纂修方式的現代化趨向，正是當時中國社會現代化探索過程在學術創新方面的一種直觀體現與客觀記錄。

另一方面，該志在文字表述方面也多角度地展現出近現代化氣息，這主要體現在以實業救國為核心的重商思想方面。志中不僅出現「天演」、「亞洲」等詞彙，而且在有關鹽井物產方面述及「即如藥材內貝母一宗，自宗崖至鳩隆縣亙九十餘里之間，如能招商開辦，歲可採二三千斤。」〔註 80〕在《樹藝》中言及「麻子菜則尤為關外所乏，如能推廣栽種，則麻布、麻索、清油均可就地成業。又宣統元年，滇邊禁種煙苗，煙油無出，維西所產核桃油一宗現已運往內地，故油價之漲且倍於昔郎、阿墩子，亦難採買，此尤鹽井勸業之所宜先也。」〔註 81〕在《鹽田》中寫道：「如將來講求穿井之法，歲出尚不止此。然只宜傾曬，不宜煎熬，蓋一經煎熬，程本過重，即有礙行銷矣。」〔註 82〕在《牧畜》中有載「甚矣，操業之不同，安知非富庶之道在彼，不在此也。」〔註 83〕此外，在《戶口》中有云：「鹽井不日設治，民戶門牌亦應按發，庶奸宄清而閭閻安矣。」〔註 84〕此中「招商開辦」、「推廣栽

〔註 80〕（清）段鵬瑞編纂：《巴塘鹽井鄉土志》上編《物產》，清宣統三年（1911）鉛印本。

〔註 81〕（清）段鵬瑞編纂：《巴塘鹽井鄉土志》上編《樹藝》，清宣統三年（1911）鉛印本。

〔註 82〕（清）段鵬瑞編纂：《巴塘鹽井鄉土志》下編《鹽田》，清宣統三年（1911）鉛印本。

〔註 83〕（清）段鵬瑞編纂：《巴塘鹽井鄉土志》上編《牧畜》，清宣統三年（1911）鉛印本。

〔註 84〕（清）段鵬瑞編纂：《巴塘鹽井鄉土志》上編《戶口》，清宣統三年（1911）鉛印本。

種」、「程本過重」、「民戶門牌」等現代化詞彙，均是清末民初轉變中的中國由一個躁動的封建帝國，歷經政治菁英們的執著探索，共同尋求富庶之道並力圖走上富強之路的鮮明例證。

值得注意的是，其時由梁啟超等思想家引進的現代意義的「民族」概念已頻見報端，而民族主義作為革命性政治思潮業已在中原地區風起雲湧，但無論民族抑或民族主義的相關詞彙與思想情緒，均在《巴塘鹽井鄉土志》中難覓其跡。由此可知，在當時中國革故鼎新之際，民族主義尚未大規模輻射並影響到中國邊疆民族地區，更不是一種國家高度的意識形態，因此，當時的民族主義僅僅是資產階級革命派增強自身合法性、鼓動革命情緒，進而推翻清政府統治的政治宣傳工具。當然，這也是《巴塘鹽井鄉土志》等鄉土志書給後人留下的有關其時社會思潮與政治發展的一種別樣啟示。

## 第三節　向近現代轉型之抄襲之作——《西藏新志》

《西藏新志》不僅是清代最後一部西藏方志，也是第一部由傳統向近現代轉型的西藏方志。清末民初，英帝國主義侵略者窺伺中國西藏，企圖將西藏從中國分割出去。處於科舉制廢止轉而以實學策論選才轉折期的一部分知識分子，面對以西藏問題為代表的邊疆危機，紛紛利用報章著述等輿論傳播手段為朝廷建言獻策，因此，一股以藏政改革與西藏建省為核心的自下而上型籌藏輿論關切思潮逐漸形成。江蘇武進的許光世、蔡晉成是畢業於清末速成式教育機構且學養基礎淺薄的中下層文人，他們關心時政，在西藏危機加深、國內籌藏思潮興起的時代背景下，仍以著書立說為謀生之道，遂參照日本人山縣初男《西藏通覽》中譯本開始編纂《西藏新志》。該書始編於宣統元年（1909），成書於宣統三年（1911）六月，許光世依靠其與上海自治編輯社負責人的姻親關係，於當年七月即將該書快速公開刊行。

《西藏新志》全書約十萬字，分地理部、政治部、歷史部等三卷，其中，地理部為：總論、位置、境界、幅員及人口、山脈、河流、湖泊、氣候、人種、物產、區劃、都會、驛站、郵電等；政治部為：駐藏大臣、番官、刑法、曆法、兵政、商務、教育、宗教、職業、風俗等；歷史部為：歷代沿革與本朝沿革。該書是清代西藏方志中成書與刊行時間最晚者，因書中採用「郵電」、「商務」、「職業」等與少量時俱進的篇目設置，同時，部分章節採用不同於以往「平目體」的「章節體」編修體例，因此，這部由傳統向近現代轉型的西藏方志對民國期間西藏方志編纂具有一定的示範作用。實際上，《西藏新志》的主要史料來源是日本人山縣初男的《西藏通覽》，前者從體例、篇目、內容等方面對後者的抄錄體量超過 70%，因此，從文獻性質來看，《西藏新志》是對《西藏通覽》的抄襲之作。雖然該書文獻價值不大，但其作者生平、成書背景、史料來源等亟需予以研究揭示。同時，筆者認為，該書的創作過程也突顯了清末民初正處於制度變革與文化撕裂社會轉型期的部分知識分子，出現自我監管缺失、追求急功近利、學術道德失範等不良狀況。

## 一、作者生平詳考

《西藏新志》作者簡略生平由該書題名頁可知：許光世，字劍虹；蔡晉成，字劍修，二者同為江蘇陽湖人，宣統三年（1911）時，同任上海自治編輯社編輯。除此之外，對於二者詳細生平情況學術界尚未揭示。

對於許光世生平，我國著名水利專家姚榜義（1919～2011）曾留下相關口述史料如下：「我的大姐夫許光世（字劍虹，1888～1959），是北夏墅許氏後人，也是父親的學生。他在光緒年間得過『拔貢』的功名，不但學問好，人品也好，在當地頗有名望。他成家後，曾在常州女子師範學校當教員，學生中有後來成為知名人物的『七君子』之一史良。1937 年冬，他剛攜全家從蘇北靖江逃難回來，就有鄉鄰來報信，說是日本人正到處找他，想利用大姐夫的名望，讓他出面維持當地社會。大姐夫得知這一消息後，就離家躲到江陰利港鎮，一直不露面，直到事情過去才回到姚家頭，收了二十多個學生，教他們四書經傳，以維持全家生活。上世紀 50 年代，大姐夫曾當選過常州市人大代表，還是江蘇省文史研究館的館員。」〔註 85〕同時，據《常州書畫家名錄》載：「許劍虹（1888～1959）名光世，武進人。曾任中學歷史教員、上海時事報館編輯、常州市人民代表、省文史館館員。擅行書。」〔註 86〕

〔註 85〕姚榜義口述，承載、姚浦整理：《近代江南小地主的日常生活（一）——武進鄭陸橋姚家頭姚氏家史》，《史林》2007 年第 S1 期。

〔註 86〕李鎮瀛編：《常州書畫家名錄》（內部資料），常州：中國人民政治協商會議江蘇省常州市委員會文史研究委員會，1998 年，第 18 頁。

但是，口述史料還需與相關文獻史料相互印證方可確認其真實性。據宣統元年（1909）六月十五日《申報》之《蘇松常鎮太五屬拔貢榜（蘇州）》載：「常州府學，陽湖，許光世附。」〔註 87〕由此可知，許光世於當年獲拔貢功名。此外，在民國期間許光世將主要精力投入到家鄉公共事業之中。民國十二年（1923）六月二日，常州衛生會成立，許光世被推選為文牘〔註 88〕，七月，當選武進縣教育局董事〔註 89〕。民國十三年（1924）三月，當選武進縣農會評議員〔註 90〕。民國十五年（1926）三月，當選武進水利研究會工程局副主任〔註 91〕。

對於蔡晉成生平，據《後塘橋蔡氏宗譜》載：「武進後塘橋蔡氏尤以第十四世蔡旭，一門精英，近代少見。……其父晉成（一八七九～一九五三），字劍修，號野農，江蘇師範學堂畢業，歷任武進縣勸學所所長（相當教育局局長）、縣議會議長、公款公產管理處主任兼育嬰堂堂董、四鄉公所主任及中央農商部諮議官等職，熱心社會公益事業。」〔註 92〕

蔡晉成育有一子四女，其子蔡旭（1911～1985），字勖敏，著名小麥遺傳育種專家，中國科學院院士、學部委員，曾任北京市第七、八界人大常務委員會副主任等職。「蔡旭的父親是清末秀才，為人厚道。」〔註 93〕離開上海後，蔡晉成回到家鄉武進。民國十年（1921），武進縣議員改選，「縣議事會議員 30 餘人，議長段鴻謨、副議長蔡劍修。」〔註 94〕民國十六年（1927）六月二十八日，武進縣公款公產處委員會成立，「公推蔡晉成為常務委員。」

〔註 87〕《蘇松常鎮太五屬拔貢榜（蘇州）》，《申報》清宣統元年年六月十五日（1909 年 7 月 31 日），第 5 版。

〔註 88〕《常州·常州衛生會成立》，《申報》民國十二年六月四日（1923 年 6 月 4 日），第 10 版。

〔註 89〕《常州·教育局董事會成立》，《申報》民國十二年七月十六日（1923 年 7 月 16 日），第 10 版。

〔註 90〕《常州·縣農會改選職員》，《申報》民國十三年三月三十日（1924 年 3 月 30 日），第 11 版。

〔註 91〕《常州·水利研究會改選職員》，《申報》民國十五年三月二十一日（1926 年 3 月 21 日），第 10 版。

〔註 92〕吳之光著：《後塘橋蔡氏宗譜庚寅續修序》，狄仁安主修：《後塘橋蔡氏宗譜》，常州：敦厚堂，2010 年，第 14 頁。

〔註 93〕何志勇：《蔡旭：守望麥田、把生命交給土地》，《北京教育（高教）》2019 年第 6 期。

〔註 94〕江蘇省武進縣縣志編纂委員會編：《武進縣志》，上海：上海人民出版社，1988 年，第 603 頁。

〔註 95〕次年三月，公款公產處改組為公產管理處，蔡晉成擔任副主任〔註 96〕。民國二十四年（1935）五月二十七日，武進縣繭業公所成立，公推蔡晉成為臨時主席〔註 97〕。此後，蔡晉成投身武進教育事業並有所成就。據《常州教育志》載：「武進縣公署勸學所所長徐化吾（1918.9～1923.1），徐一度因病請假，所長由蔡晉成代理。」〔註 98〕之後，他參與創建了常州歷史上第一所商業職業中學，並兩次出任校長一職。「私立城北商業職業中學創辦於民國 32 年（1943 年），創辦人朱稚竹、奚九如、蔡晉成，學制 3 年，設初級、高級兩部，地址北直街屠氏宗祠。」〔註 99〕同時，「校長蔡晉成。學生多係工商職工子女。……民國 36 年夏，武進縣長以該校未准立案為由，強令『解散』，校舍讓予即將成立的縣參議院。校長蔡晉成為維持學校，徵得校董會的同意，藉口『年老體弱』引退，並建議校董會聘三青團骨幹分子萬懷青任校長。……1949 年 4 月，萬懷青出逃，蔡晉成復任校長。」〔註 100〕

綜上可知，許光世（1888～1959），字劍虹，江蘇陽湖（筆者注：今江蘇省常州市武進區）人，畢業於江蘇師範學堂簡易科，宣統元年（1909）拔貢。民國期間，曾任上海自治編輯社編輯、常州女子師範學校教員、常州衛生會文牘、武進縣教育局董事、縣農會評議員、縣水利研究會工程局副主任等。中華人民共和國成立後，任常州市人民代表、江蘇省文史館館員等。工書畫，與蔡晉成合編《西藏新志》。蔡晉成（1879～1953），字劍修，號野農，江蘇陽湖人，畢業於江蘇師範學堂簡易科。民國期間，曾任上海自治編輯社編輯、武進縣勸學所代理所長、縣議事會副議長、縣公款公產處副主任、縣育嬰堂堂董、縣繭業工會臨時主席、縣四鄉公所主任、中央農商部諮議官等，參與創辦常州歷史上第一所商業職業中學私立城北商業職業中學並兩次出任校

〔註 95〕《常州・款產處委員會成立》，《申報》民國十六年六月三十日（1927 年 6 月 30 日），第 10 版。

〔註 96〕《常州・改組公款公產處》，《申報》民國十七年四月二十九日（1928 年 4 月 29 日），第 10 版。

〔註 97〕《常州・繭業工會會員大會》，《申報》民國二十四年五月二十九日（1935 年 5 月 29 日），第 8 版。

〔註 98〕高天德主編：《常州市教育志》，上海：上海人民出版社，1990 年，第 9 頁。

〔註 99〕中國人民政治協商會議江蘇省常州市委員會文史研究委員會編：《常州文史資料》第十輯（內部資料），常州：中國人民政治協商會議江蘇省常州市委員會文史研究委員會，1992 年，第 260 頁。

〔註 100〕高天德主編：《常州市教育志》，上海：上海人民出版社，1990 年，第 347 頁。

長。與許光世合編《西藏新志》。

## 二、成書背景探析

第一，清末西藏局勢發生激烈變化，國內籌藏之聲紛起，西藏新政亦逐步展開且西藏建省論呼聲愈高，此為《西藏新志》成書的歷史背景。鴉片戰爭爆發後，清政府治下中國的社會形勢發生了重大變化，中國社會性質開始由封建社會轉變為半殖民地半封建社會，國家主權與領土完整因帝國主義侵略而遭到破壞，與此同時，國內經濟形勢急轉直下，加之階級矛盾加劇，而邊疆危機也不斷加深，具體表現為清中央政府對西藏等邊疆地區的控制力呈減弱之勢。

其中，西藏局勢尤其是外部環境急劇惡化。首當其衝的是英國對西藏的侵略不斷加劇。在之前通過派人遊歷、斡旋通商等手段對西藏進行滲透的基礎上，光緒十四年（1888）春，英國悍然發動了第一次侵藏戰爭。光緒十六年（1890），英國通過《中英藏印條約》吞併了中國附屬國哲孟雄等地區。光緒十九年（1893）十月，通過《中英藏印續約》，英國又攫取了在亞東享有自由通商、派駐官員、五年貿易免稅權等特權。此後，光緒二十九年至三十年（1903～1904）間，英國發動了第二次侵藏戰爭，戰後英國迫使西藏政府簽訂了極不平等的《拉薩條約》，按條約規定，未經英國政府允許，西藏不能將土地等租售給任何國家，由此可見，英國此舉旨在否認清中央政府對西藏的合法主權。與此同時，俄國派遣布里亞特蒙古人德爾智作為間諜深入西藏政教高層，蓄意拉攏並培植親俄勢力，公開挑撥西藏與清中央政府的關係。

英、俄兩國對於中國西藏的野蠻侵略行徑，引起國內朝野上下的強烈不滿，以治國平天下為己任的有識之士紛紛獻計獻策，由此，以開墾實邊、興學練兵、設立行省為代表的籌藏思潮逐步興起。同時，伴隨民間出版業的初步繁榮，國內關注並報導西藏事務的報刊逐漸增多，其所刊載的介紹西藏地情與籌藏建議的報導也呈上升趨勢，「對藏事關注較多的報刊有《廣益叢報》、《大同報（上海）》、《東方雜誌》、《外交報》、《萃新報》、《新民叢報》、《益聞錄》、《四川官報》等。」〔註101〕民間言路的逐步開放促使籌藏觀念加速傳播，從而形成一股清中央政府不得不重視的自下而上的輿論壓力，

〔註101〕盧祥亮：《清季報刊中的朝野籌藏觀》，《西藏研究》2012年第4期。

這種民間輿論關切在客觀上推動了清中央政府在西藏推行新政等相關決策的產生。伴隨清末全國新政的施行，光緒三十年（1904）八月，光緒帝諭曰：「西藏為我朝二百餘年藩屬，該處地大物博，久為外人垂涎。近日英兵入藏，迫脅番眾立約，情形叵測。亟應思患預防，補救籌維，端在開墾實邊，練兵講武，期挽利權而資抵禦，方足自固藩籬。」〔註 102〕由此，清中央政府先後派遣聯豫、張蔭棠入藏，實行設官、練兵、屯墾、建學、開礦、通商、整頓吏治等一系列新政。之後，光緒三十二年（1906），清中央政府任命趙爾豐為川滇邊務大臣，由此開始了以改土歸流為主的川邊藏區改革。

遺憾的是，囿於當時中國內憂外患加劇，加之改革資金難以落實、大部分改革措施脫離藏區實際、時間過於倉促、英俄外力阻撓等原因，因此，清末西藏新政以總體失敗告終。不過，其時國內部分知識分子關注西藏事務的愛國思潮業已形成，並一直持續到民國時期。

正是在以上這種社會認知與歷史背景基礎上，身為中下層知識分子的許光世、蔡晉成，也順勢加入到關注西藏事務的行列之中，開始編寫旨在揭示西藏地情、政治、歷史的《西藏新志》。對此，正如姚之鶴《西藏新志緒言》云：「夫西藏非我國家全盛時代出死力以奠定之藩屬耶？忽忽未幾時，英俄外逼，政教內訌，而日蹙百里之機，實隱伏於晏安無事之日，此固不能不為政府咎。岩疆衝要，尾閭於流徒，天府膏腴，棄置為甌脫。尤異者，即吾國績學之士以政府之漠視邊鄙，亦不免隨上者措設之方針為研究學問之目的，則甚矣。吾人心目間之敝屣，西藏也，非一日矣。今者大夢瞿醒，改行省，布新政，知臥榻非他人酣睡之鄉，藉桑榆為挽救東隅之計。而二子於數年前研心索苦，成此偉著，以作後來任者之指南。」〔註 103〕

第二，《西藏新志》能夠最終成書並快速出版發行，也得益於作者同上海自治編輯社負責人之間存在姻親裙帶關係。宣統三年（1911），姚之鶴序曰：「今春二月，同人等組織自治編輯社成，公推之鶴主理筆政。六月間，函邀姊子許光世劍虹、同學蔡晉成劍修來社分任編纂。二子於兩年前編纂之《西藏新志》亦適於是月殺青，從篋中檢稿，問序於余。」〔註 104〕由此可知，上

〔註 102〕《清德宗實錄》卷五百三十四，清光緒三十年（1904）八月庚午。

〔註 103〕姚之鶴撰：《西藏新志緒言》，許光世、蔡晉成編：《西藏新志》，清宣統三年（1911）上海自治編輯社鉛印本，第 1 頁。

〔註 104〕姚之鶴撰：《西藏新志緒言》，許光世、蔡晉成編：《西藏新志》，清宣統三年（1911）上海自治編輯社鉛印本，第 1 頁。

海自治編輯社創辦者兼主筆姚之鶴與《西藏新志》編者之一許光世是舅甥關係。

姚榜義口述史料中曾提及其叔父姚之鶴生平：「姚祖晉（1881～1930），即姚公鶴。小名七寶，初字康錫，改字之鶴（一說雲鶴），再改公鶴，以字行。光緒二十九年（癸卯，1903）舉人。曾協助長兄在鄉興辦鍾英小學，清季到上海謀生。宣統三年（1911）春，與同仁在上海創設自治編輯社，並推為主筆；冬，備員江蘇省提法司署。曾任《歐州事務報》特約記者、《申報》主筆、江蘇交涉員公署顧問等職。1926 年上海『地方自治』期間，充當奉系軍閥張作霖的私人代表，為南北議和事宜與江浙軍閥孫傳芳談判。1930 年春因病去世。撰輯《華洋訴訟例案彙編》、《中國監獄史》、《上海報業小史》等。1915 年起在《時事新報》連載評述近代上海社會的文章，後彙編為《上海閒話》一書，於 1917 年在商務印書館出版。」〔註 105〕

同時，《西藏新志》校定者為姚之鶴胞兄姚祖頤，而姚祖頤為許、蔡二人之師。姚之鶴在序中言及：「仲兄養齋先生長於輿地之學，二子均先生高足。七月，先生以喪明抱戚，鬱鬱居里。二子浼餘函仲兄來滬代為鑒定，又一月而竣事，蓋是書之差無繆紕，率出於仲兄之審是。益以見二子學有師承，而又得就正之益焉。」〔註 106〕其中，姚之鶴所言「仲兄養齋」即姚祖頤（1867～1934），字養齋，又字大中，江蘇陽湖人，光緒二十八年（1902）貢生，主持江蘇武進三河口高山書院二十餘載，著《學聚堂初稿》等。可見，姚之鶴邀仲兄姚祖頤校定《西藏新志》，這與該書封底所示「校對者：陽湖姚大中、無錫秦景阜」相符。正是得益於以上這種姻親裙帶關係，大體量抄錄《西藏通覽》的《西藏新志》才得以快速出版發行。

第三，清末民初的中國正處於制度變革與文化撕裂的社會轉型期，雖然科舉制壽終正寢，但著書立說仍是中國傳統知識分子的謀生之道與成名之路。正如姚之鶴所言，許光世與蔡晉成是同窗。據光緒三十二年（1906）八月十九日《申報》載：「蘇垣師範學堂續招簡易科一則已誌前報，茲悉本月十一日考試各生已於前晚揭曉，照錄如下：正取四十名，……許光世，……

〔註 105〕姚榜義口述，承載、姚浦整理：《近代江南小地主的日常生活（一）——武進鄭陸橋姚家頭姚氏家史》，《史林》2007 年第 S1 期。

〔註 106〕姚之鶴撰：《西藏新志緒言》，許光世、蔡晉成編：《西藏新志》，清宣統三年（1911）上海自治編輯社鉛印本，第 2 頁。

蔡晉城，」〔註 107〕可見，二人同時被錄取至江蘇師範學堂簡易科。「簡易科」則是以培養小學師資為目標的師範速成機構，這種速成式教育機構的出現與運行恰恰反映出當時清廷實施教育改革的倉促性與功利性，而處於新舊學科交替、中西文化雜糅期的近代中國知識分子群體首當其衝，其中一部分人必然面臨著學養淺薄、基礎不牢等先天性理論不足。由此不難想見，許光世、蔡晉成二人的文史輿地學功底應較為一般，值得注意的是，二人在《西藏新志》之後再無任何作品問世便是一個有力證明。

當然，許光世、蔡晉成二人就學於修業年限僅一年的新式學堂簡易科，由此導致其史地知識素養較為欠缺，也與其時社會環境尤其是選才制度出現巨大變革有直接關係。光緒三十一年（1905），清廷下令廢止延續千年的科舉制，興辦新式學堂，開設經濟特科，培養翻譯人才，並廢除八股取士，改試以講究實學實證的策論。對於這一事關千萬中國傳統士人的劃時代轉變，著名思想史學者王汎森認為：「1905 年廢除科舉，千年以來仕、學合一的傳統中斷了，一方面解放了儒家正統文化思想的限制，一方面也迫使八股文化下的舊士人走投無路，一批文化精英由傳統的『士』轉變為現代『知識分子』。」〔註 108〕因策論以當下時務命題，由此，中國社會各層次知識分子紛紛關注政治議題，以為朝廷獻策作為找尋個人職業出路與自身價值的合法路徑。以此為基礎，許光世、蔡晉成二人便將目光投向了當時已成為社會熱點問題之一的西藏問題，以其並不牢固的史地知識功底，開始編纂旨在介紹西藏地情歷史的《西藏新志》。

## 三、史料來源考辯

許光世、蔡晉成在《西藏新志·例言》中列舉了引用書目，包括《大清一統志》、《蒙古源流考》、《西藏圖考》等中文古籍方志，還有迻譯成篇的日本人河口慧海《西藏旅行記》、山縣初男《西藏通覽》、英國《印藏通道圖》等國外涉藏著作，兼及近事紀聞、報紙邸錄等，貌似旁徵博引，但其中最值得關注的便是山縣初男編著的《西藏通覽》。明治四十年（1907），山縣初男

〔註 107〕《續招師範簡易科錄取名單（蘇州）》，《申報》清光緒三十二年八月十九日（1906 年 10 月 6 日），第 9 版。

〔註 108〕王汎森著：《中國近代思想與學術的系譜（增訂版）·自序》，上海：上海三聯書店，2018 年，第 4 頁。

在日本出版了《西藏通覽》，宣統元年（1909），該書即由四川西藏研究會組織翻譯並出版了中譯本。值得一提的是，在所列引用書目方面，《西藏新志》是抄錄自《西藏通覽》。最明顯的例子是，對於光緒十二年（1886）刊行的《西藏圖考》，因該書卷端題「楚南黃沛翹壽菩甫手輯」〔註 109〕，按照中國書目著錄傳統，應稱該書責任者為黃沛翹，但《西藏新志》將其責任者寫作「黃氏壽菩」，而這恰恰與《西藏通覽》一致。實際上，經過仔細比勘可知，《西藏新志》從編纂體例到文字內容均與《西藏通覽》相似度極高。由此可見，宣統元年（1909）《西藏通覽》中譯本在中國面世，當年便被許光世、蔡晉成大量抄錄並最終編成《西藏新志》。

對於《西藏新志》的史料來源，已有兩位學者做了部分比對研究。趙心愚先生認為：「此志『地理部』之『驛站』儘管也有一些新資料，但其主要資料來源是日本人山縣初男所著《西藏通覽》一書。」〔註 110〕楊學東先生的比對研究相對深入，其針對《西藏新志》之「上卷地理部」與「中卷政治部」對《西藏通覽》章節及內容採錄情況以表格形式予以對比揭示，其結論是：「《西藏新志》全書百分之六七十的內容參考了《西藏通覽》，其抄錄特點是在文字上略作改動，力避雷同」〔註 111〕。

但是，占該書三分之一內容的「下卷歷史部」的史料來源至今未被揭示。實際上，經筆者詳細比勘可知，《西藏新志》「歷史部」內容，其主體內容仍抄錄自《西藏通覽》。限於篇幅，在此僅以二書所載宋元時期西藏歷史沿革部分內容為例，說明《西藏新志》對《西藏通覽》的抄錄情況。對此，《西藏通覽》載：「據《四川通志》，吐蕃在宋時朝貢弗絕，其首領唃廝囉始居鄯州（今甘肅省碾伯縣）〔註 112〕，後徙青唐〔註 113〕（今甘肅省西寧府地），神宗、哲宗、高宗之朝皆授以官。元憲宗時，始於河州〔註 114〕（今之

〔註 109〕（清）黃沛翹輯：《西藏圖考》卷一，清光緒二十三年（1897）刻本。

〔註 110〕趙心愚：《宣統〈西藏新志〉『地理部·驛站』的主要資料來源考》，《西藏大學學報（社會科學版）》2015 年第 1 期。

〔註 111〕楊學東：《山縣初男〈西藏通覽〉對近代西藏方志編纂的影響》，《西藏研究》2018 年第 4 期。

〔註 112〕此段引文括號內文字為《西藏通覽》作者注。清雍正三年（1725）置碾伯縣，民國十七年（1928）更名樂都縣，2013 年撤銷樂都縣，設青海省海東市樂都區。

〔註 113〕青唐，唐時為鄯城縣，後沒於吐蕃，稱青唐城，治所在今青海省西寧市。

〔註 114〕河州，十六國時期前涼置，治所在今甘肅省臨夏市。

河州）置吐蕃宣慰司都元帥府，又於四川省徼外碉門〔註 115〕（今四川省天全州）、魚通〔註 116〕（今四川省打箭爐）、黎〔註 117〕（今四川省清溪縣）、雅〔註 118〕（今四川省雅州府）、長河西〔註 119〕（今四川省打箭爐之地）等處置安撫司，皆屬吐蕃安慰使。」〔註 120〕而《西藏新志》則做些許改動為：「《四川通志》，吐蕃於宋時不絕朝貢，其首領唃斯囉始居鄯州（今甘肅碾伯縣），後徙青唐（今甘肅省西寧府地），神宗、哲宗、高宗朝皆授以官。元憲宗時，始於河州置吐蕃宣慰司都元帥府，又於四川徼外碉門、魚通、黎、雅、長河西等處置安撫司，皆屬吐蕃安慰使。」〔註 121〕可見，《西藏新志》僅對《西藏通覽》內容進行了一些詞語刪減和同義替換。

同時，編者還採用題名置換、內容挪移等方式，對《西藏通覽》第二編第一章《史略》加以簡單改造，從而完成《西藏新志》中《歷史部》之「歷代沿革」、「本朝沿革（一）國初至雍乾」。《西藏通覽・史略》第一部分概述西藏源流與歷史沿革，之後「以下就西藏歷史，舉漢籍中所記載者二三，以為研究西藏史者資參考焉。」〔註 122〕即引用《唐書・吐蕃傳》、《五代史・吐蕃傳》、《宋史・吐蕃傳》、《四川通志》、《元史・百官志》、《明外史・西番傳》、《明一統志》、《明史外傳》、魏源《聖武記》中有關西藏內容，以詳述

〔註 115〕碉門，元憲宗三年（1253）於此設宣撫司，明洪武六年（1373）改置天全六番招討司，清雍正六年（1728）改置天全州，治所在今四川省天全縣。

〔註 116〕魚通，元憲宗三年（1253）於此設宣撫司，明洪武三十年（1397）改置長河西魚通寧遠宣慰司，清嘉慶前魚通屬木坪董卜韓胡宣慰司管轄，之後魚通甲氏土司因參與平定大小金川之役有功而單列，治所在今四川省康定市。

〔註 117〕黎，元憲宗三年（1253）於此設宣撫司，明洪武十一年（1378）改置黎州長官司，清雍正七年（1729）改置清溪縣，民國三年（1914）因與貴州省青溪縣同音而改稱漢源縣，治所在今四川省漢源縣。

〔註 118〕雅，元憲宗三年（1253）於此設宣撫司，明洪武四年（1371）改置雅州，清雍正七年（1729）升雅州府，治所在今四川省雅安縣。

〔註 119〕長河西，元憲宗三年（1253）於此設宣撫司，明洪武十六年（1383）改置長河西等處軍民安撫司、三十年（1397）改置長河西魚通寧遠宣慰司，清康熙五年（1666）改置明正宣慰司，治所在今四川省康定市。

〔註 120〕〔日〕山縣初男編著：《西藏通覽》，四川西藏研究會編譯，清宣統元年（1909）鉛印本，第 328 頁。

〔註 121〕許光世、蔡晉成編：《西藏新志》下卷《歷史部・歷代沿革》，清宣統三年（1911）上海自治編輯社鉛印本，第 15 頁。

〔註 122〕〔日〕山縣初男編著：《西藏通覽》，四川西藏研究會編譯，清宣統元年（1909）鉛印本，第 318～319 頁。

唐、宋、元、明朝期間的西藏歷史沿革。對此,《西藏新志》編者將該部分內容全部照錄,分述吐蕃政權建立前後之歷史,並將該節題名改作「歷代沿革」。之後,《西藏通覽・史略》第二部分為「清國與西藏之關係年史」,由崇德二年(1637)蒙古喀爾喀部遣使聯絡後金政權,述至乾隆末期清中央政府平定廓爾喀之亂。對此,《西藏新志》編者則將該部分幾乎全部抄錄,作為其「本朝沿革(一)國初至雍乾」。同時,對於《西藏通覽》所載手寫體八思巴文字母,因不易排印,《西藏新志》則未予引用。此外,占歷史部四分之一內容的「本朝沿革(二)嘉道至同光、(三)宣統朝」,則主要摘錄自當時報刊所載英國涉藏條約章程。

當然,《西藏新志》編者也對《西藏通覽》所載內容做了數量極少的調整或訂誤。最為明顯的是,該志「中國本部之交通路」之《(甲)自四川省成都府經打箭爐至拉薩者》中,正文之前小序提及「宣統三年六月經邊務大臣趙爾豐會同護川督王人文奏准,酌改路線,棄弧就弦,將巴塘至江卡、乍丫各臺站盡行裁去」一事,由此可見,該志記事時間下限為清宣統三年(1911)六月。同時,編者也改正了一些錯誤。例如,《西藏通覽》載:「正德五年(千五百十一年)」〔註123〕,《西藏新志》將其訂正為「正德五年(千五百十年)」。但值得注意的是,編者訂正的僅僅是干支紀年轉換為公元紀年的明顯錯誤,而對《西藏通覽》所載史事並無任何修訂,如將《西藏通覽》中藏族歷史人物的漢文譯名等均直接抄錄。

綜上,《西藏新志》「下卷歷史部」四分之三內容抄錄自《西藏通覽》,加之其「上卷地理部」與「中卷政治部」亦有60~70%內容抄錄自《西藏通覽》,由此可知,《西藏新志》主要史料來源即《西藏通覽》,而其對《西藏通覽》的抄錄體量達70%以上。

## 四、結　語

清末民初時期,中國邊疆危機不斷加深,西藏問題日益引起社會關注。國內部分知識分子憂心國事藏情,為喚起國人重視西藏問題,以藏政改革、西藏建省為核心的籌藏觀漸起,並由民間輿論、督撫朝議自下而上地形成一種強大的輿論關注,倒逼風雨飄搖中的清廷必須採取措施以維護中央對

〔註123〕〔日〕山縣初男編著:《西藏通覽》,四川西藏研究會編譯,清宣統元年(1909)鉛印本,第315頁。

西藏主權。在此背景下，處於舊體儒學呈式微之勢、中體西用思潮逐漸泛起的社會氛圍中的中下層知識分子，紛紛抓住關注邊疆危機之機，積極表達自我觀點，實踐以建言獻策為主的治國平天下的儒學傳統價值觀。以此為背景，來自江蘇武進的中下層知識分子許光世、蔡晉成選擇借鑒國外有關西藏問題的最新成果《西藏通覽》，並摘錄有關英國涉藏條約章程從而編成《西藏新志》。該書採用章節體、編年體、紀事本末體，對於西藏歷史、宗教、政治、風俗、地理、物產、交通、涉外條約等詳細列舉，對瞭解清末民初的西藏地情具有一些參考價值。

需要注意的是，從實事求角度出發審視《西藏新志》，雖其體例與部分內容相比之前國內編纂的西藏方志是新穎的，但其所謂體例創新是借鑒自《西藏通覽》，而從章節題名到文字內容對《西藏通覽》抄錄體量已達 70%以上，因此，以近現代著作權相關通例來看其文獻性質，《西藏新志》屬於對《西藏通覽》的抄襲之作。鑒此，論述《西藏新志》的文獻價值則意義不大。

不同於之前的清代西藏方志，《西藏新志》編者並未採用遍查舊籍成案、赴藏實地踏查而最終積久成冊的傳統編纂方法。此志是編者主動借鑒國外最新研究成果，在輿論表達與著述出版紛亂無序的社會環境下，利用西學東漸之時國內外、國內各地之間信息不對稱，一方面虛列參考文獻，另一方面，採用語序微調、同義替換、位置挪移等方式大面積抄襲日人專著《西藏通覽》，最終利用姻親裙帶關係而快速出版的一部邊疆方志。

由此觀之，雖然《西藏新志》亦可算作清末民初之際西學東漸之產物，但其所反映的正是舊朝滅亡、時代更替的社會轉型期，傳統儒學主體地位漸衰、社會思潮日益多元背景下，其時中國思想文化界出現的認知模糊、思想混亂、規範缺失等不利局面。同時，值得一提的是，清末之際，儒家傳統倫理道德再次出現「禮崩樂壞」局面，且清亡之際殉國者寥寥，這也說明其時中國的社會道德規範尚未完成新舊交替，這對知識分子個人的消極影響顯而易見。此外，作為社會意識形態之一的學術道德，其主要特徵即是知識分子對自身行為的約束與檢討。由此，《西藏新志》編者抄襲之舉更顯現出其時一部分知識分子放鬆自我監管、追求急功近利、學術道德失範等不良言行。因此，我們對於清末民國期間諸多貌似新穎的學術作品不應盲目追捧，而應實事求是地開展批判式研讀，以達去粗取精、去偽存真、正本清源之果。

# 第六章　餘　論

## 《異域紀聞》考——兼論清佚名《西藏紀聞》並非方志

此前，學術界普遍認為有兩種清代《西藏紀聞》傳世，一種是成書於道光年間的鄭光祖輯《西藏紀聞》一卷，鄭氏在卷首便闡明該書輯錄於魏源《聖武記》、馬揭與盛繩祖《衛藏圖識》等書，因此，該書是一部文獻價值較低的摘編型清代西藏方志。另一種則是中國國家圖書館藏清管庭芬輯《花近樓叢書》稿本中的佚名《西藏紀聞》（簡稱管氏本，下同），《中國地方志聯合目錄》將其著錄為「〔道光〕西藏紀聞一卷，（清）管庭芬輯，清道光間《花近樓叢書》稿本，北京。」〔註 1〕同時，《中國地方志總目提要》言及：「清嘉慶、道光年間編著有關西藏紀事之典籍，尚有上海曹樹翹《烏斯藏考》，……管庭芬《西藏紀聞》等，唯各書所記均有側重，不全面，且多與前述各種重複，」〔註 2〕雖未展開論述，但仍將其視為清代西藏方志。此外，《西藏志書述略》、《稀見地方志提要》、《續修四庫全書總目提要》等均未提及此管氏本《西藏紀聞》。

截至目前，學術界尚未有研究涉及管氏本《西藏紀聞》。由此，筆者經考證得知，管氏本《西藏紀聞》乃抄自黃安濤《賢己編》本《西藏紀聞》（簡稱黃氏本，下同）。在此基礎上，筆者根據管氏本跋語提及黃氏本「題曰于檏齋

---

〔註 1〕中國科學院北京天文臺編：《中國地方志聯合目錄》，北京：中華書局，1985 年，第 851 頁。

〔註 2〕金恩輝、胡述兆編：《中國地方志總目提要》，臺北：漢美圖書有限公司，1996 年，第 24～12 頁。

述」，進而考證出此「于樸齋」為于學質，考其生平可知其有一種筆記體志怪文集《退食瑣言》傳世，筆者遂在其中發現了一篇《異域紀聞》，而通過對《異域紀聞》與兩種《西藏紀聞》進行版本比勘可知，黃氏本《西藏紀聞》乃節錄自《異域紀聞》，即《異域紀聞》為此二種《西藏紀聞》之祖本。同時，《異域紀聞》的史料來源為于學質之父于盼嘉慶三年（1798）因公入藏的程途見聞口述，而《異域紀聞》全文僅 1364 字，其文獻性質是一篇帶有主觀誇大情緒的獵奇性涉藏遊記，由此亦可知，清佚名《西藏紀聞》不應被視為一種清代西藏方志。

## 一、管氏本《西藏紀聞》與黃氏本《西藏紀聞》探析

管庭芬（1797～1880），原名懷許，名亦作廷芬，字培蘭、子佩，號芷湘、芷香，晚號芷翁、笠翁、芝翁，別署渟溪病叟、渟溪老漁，浙江海寧人。諸生。能詩文，工丹青。熱衷鄉邦文獻，精校勘、目錄之學，喜抄書。室名「花近樓」、「待清書屋」等。曾館蔣光煦別下齋，為其校勘《別下齋叢書》。撰《芷湘吟稿》、《渟溪日記》、《草兮筆記》、《淳溪老屋自娛集》、《海昌經籍志略》等，輯《芷湘筆乘》、《蘭絮話腴》等，編《一瓻筆存》、《別下齋書畫錄》、《銷夏錄舊》、《待青書屋雜鈔》、《花近樓叢書》等。著述甚多，唯《天竺山志》刊行，餘皆以稿本存世。自咸豐十年（1860），浙省屢陷兵燹，管氏藏書散佚，此後，其抄錄所存者百餘種，署之曰《花近樓叢書》，取杜甫詩「花近高樓傷客心」之意。此《花近樓叢書》稿本共一百零一種一百二十二卷，現存中國國家圖書館。

管庭芬將《西藏紀聞》收錄在《花近樓叢書》第二冊，卷端題「西藏紀聞，缺名。」該冊版心墨筆題「西藏紀聞」，書口下題「別下齋校本」，行款為半葉十一行字數不等左右雙邊。書衣鈐管庭芬藏書印「芷湘書畫之章」。此管氏本《西藏紀聞》篇幅極小，全文共 1081 字，因該叢書尚未公開出版，因此，筆者現將此清佚名《西藏紀聞》全文迻錄如下：

> 先君官蜀時，於嘉慶三年冬于役西藏，管理銀錢局務兼拉里糧務。藏中相傳為即唐僧三藏取經之地，距川省九千七百餘里，前藏至後藏又有四千八百餘里，其間，怪怪奇奇，類多荒渺，方語亦非華言可悉。過青城縣，有火炬山及唐三藏齊天大聖豬八戒廟，因世俗所演西遊記而裝點者。出打箭爐，則兩山聳立，高千餘丈，峰半

有石橋一道，為猿猴下飲之處。由打箭爐渡河，名尖城者，華夷於此分界，其地無屋宇，內地官府至此，與侍從兵役均住蒙古包，撿牛馬矢以為爨。婦女年少者與丁役接，聽其各自選擇，中選者，即交喀一條，入帳偶合。婦女之父母為窄烏拉（牛也）、吽蟲（羊也），用展粑（即青稞）及紅（牛羊奶和餅，紅，酒也）以饗之。如生男，聽所歡攜回，生女，其婦縋負不離，恐所歡東歸時，不留骨血於藏，囊壓以死也。由尖城十餘日至三立國，其人呼天為「亮」，呼地為「渥巴浪送的」，呼官為「破本」、跟役為「本郎」，呼兵為「打本」。人不衣褲，食青稞牛羊，青稞即「展粑」也。由三立國十餘日至光朗，地皆童山，無草木煙火，嘗有夜叉出沒。官兵過此共十餘站，設木城以防露宿，疑即古夜叉國也。由光朗二十餘日至里塘，新添設有文職一員管理糧務，武弁數員，兵三千，地產五穀，田畝膏腴，居民殷富，頗樂土者，惟多夾壩（盜也）為害耳。由里塘半月至丹達山，上有丹達廟，相傳昔時有通判名「丹達」者，解餉至此，踏雪度嶺，騎滑墜鞘，救護落坑死，卹封將軍，此共神也。其地山重嶺複，高插雲霄，十餘站俱雪山，積雪不消，即夏令亦不稍減。山無恒徑，華人到此，每患迷失。若先禱廟神，即有一犬引路，隨之便無歧誤，否則跌入雪溝，或凍餒於道，未有能徑出者矣。生其地者，人及鳥獸皆純白，由其秉雪性所食雪蛆故耳。由丹達山三十日至珍珠國，其地出珍珠，故名。產米，無布帛，多南竹，竹大合抱，居人截以為飦甑，或於藪澤中撲蛇數尾並蒸，俟蛇口開，飦亦即熟，合眾一飽，即十餘日不饑。其人身無衣履，穿珠蔽體，恒棲石洞以避軟（風也）。由珍珠國四十日至察木多，有文職一員，設立糧臺，武弁數人，兵四千，產五穀粿糧，無異內地。出巴巴佛，號稱靈異。由察木多二十餘日至大桃地，土瘠，百物不生，惟產桃，實大如斗，居者食以為活，相傳西王母經此遺實所植，以度一方生靈云。地恒少雨，其人欠線（雨也）即哭，理殊莫解。由大桃地三十五日至拉里，設糧臺，文武各一員，武弁數員，兵三千。地無他植，惟產牛羊，牡者雙腎，牝者重陰，用大火烹煮五日方熟，入一口猶齟齬未爛也。由拉里十八日至蛇人地，無土著，惟產蛇人，人首蛇身，食獸及樹皮以活，性畏硫黃，華人經宿其地，必佩一枚，方保無恙。

由蛇人地二十八站，始達西藏，有城郭，周約四十里，活佛廟殿居中，胡都（佛之丞輔也）居左，僧眾共三十六萬，殿左有金山，右有銀山，殿宇金碧輝煌，鉅麗莫比，大眾亦極富厚。廟左右有駐藏大臣部署其屬，設糧臺官一員，鑄錢官一員，銀一兩，鑄錢十箇。武官十餘員，兵一萬五千名。物產甚饒，如氆氌、藏香、紅花、貓兒眼及各色寶石，以內地大黃、茶葉為至寶。狗大如牛。婦女多隨華人選取，其俗有四五人且七八人共一婦者。當媾合時，男置己物外，餘人輒避去。生育各按序齒分認焉。此羈縻所及，豈復能以倫理繩之者乎？〔註3〕

此篇末有跋語二則。跋語一為：「此篇從黃霽青太守家抄得，題曰于樸齋述，不著其名。然吾里徐筆珊明府，曾官拉里章京，頻往來西藏，以其所著行記校之，無此荒誕，姑存之，以資異聞。時道光乙未新秋，滓南老人葛繼常，識於石菖山館。」

此跋為管庭芬同鄉好友藏書家葛繼常所題，時間為道光十五年（1835，乙未）。葛繼常（？～1849），字奕祺，號滓南，浙江海寧人。諸生。精輿地，嗜金石，好藏書，於鄉邦文獻尤甚，抄前賢未刊之書百餘種，喜題跋其後，室名「石菖山房」。著《石菖山房雜抄》等。與管庭芬、楊文蓀等海寧藏書家交遊甚密。葛跋題於道光十五年（1835），是年即可視作管氏本《西藏紀聞》的版本年代。

跋中「徐筆珊明府」為徐瀛，字洲士，號筆珊，浙江海寧人。嘉慶九年（1804）舉人。道光元年（1821）銓補四川銅梁縣知縣，道光四年（1824）擢西藏拉里糧務，是年秋由成都赴拉里任，將沿途見聞作《西征日記》，後撰《晉藏小錄》、《旃林紀略》、《應差蠻族》、《拉臺四境》，道光七年（1827）任糧臺兼攝夷務章京。據光緒《銅梁縣志》載：「道光八年冬，西藏差竣回任，籌款纂修縣志。」〔註4〕即徐瀛自藏回任後，主修了道光十二年（1832）《銅梁縣志》。

跋語二為：「記衛藏事者，不一家而詳略各異。此篇事多失實，疑皆傳聞異辭。近霽青太守已刊入《賢已編》矣。是日，驚悉張統帥（國梁）大營已

〔註3〕（清）佚名撰：《西藏紀聞》，（清）管庭芬輯：《花近樓叢書》，清稿本。

〔註4〕（清）韓清桂、邵坤修，（清）陳昌纂：光緒《銅梁縣志》卷五《職官志．政績》，清光緒元年（1875）刻本。

失，全家殉節，各郡振旅以守隘口，然當事者以募勇為兵，殊可危也。咸豐庚申四月初二日，芷翁記。」跋尾鈐印:「管庭芬」、「芷湘」。此跋為管庭芬所題，時間為咸豐十年（1860，庚申）。

值得注意的是，葛跋指出了管氏本《西藏紀聞》版本源流的一些初步信息，即此本由管庭芬抄自黃霽青太守處。此「黃霽青太守」與管跋中「霽青太守」為同一人，即黃安濤。黃安濤（1777～1848），字寧輿、凝輿，號霽青，晚號葵衣老人，浙江嘉善人。嘉慶十四年（1809）進士，以傳臚散館授編修。嘉慶二十一年（1816），典貴州試，充文淵閣校理、國史館提調，參修《大清一統志》。歷任江西廣信府知府、廣東高州府知府、廣東潮州府知府，署廣東惠潮嘉道，後被議罷官。歸里後，主鴛湖書院講席。博學工詩，室名「真有益堂」。著《真有益齋文編》、《詩娛室詩集》、《吳諺集》、《慰託集》、《息畊草堂詩集》、《嶺南從政錄》、《賢己編》等，主修道光《高州府志》。

同時，管跋提及「近霽青太守已刊入《賢己編》矣。」由此可知，《西藏紀聞》還存另一版本，即黃氏《賢己編》本。《賢己編》卷首黃安濤自序落款時間為:「道光十有九年，歲在己亥七月既望，葵衣老人黃安濤書於小竹林園之息畊草堂，時年六十有三。」〔註5〕可見，黃氏本《西藏紀聞》的版本時間下限為道光十九年（1839）。不過，目前所見《賢己編》僅存清孫福清望雲仙館刻《檇李遺書》本，行款為半葉九行二十一字黑口左右雙邊單魚尾，《西藏紀聞》收錄在《賢己編》卷五。孫福清跋曰:「兵燹之餘，原板散佚。福與先生曾有杯酒之雅，且先後同官粵中，謹為校訂重刊，以慰九京而公同好。每一展卷，猶如見先生掀髯抵掌時也。是為跋。光緒己卯春三月，稼亭孫福清謹識於望雲仙館。」〔註6〕由此可知，《賢己編》原版已流失不傳，故此《檇李遺書》本應為傳世黃氏《賢己編》的最早版本，而現存黃氏本《西藏紀聞》的版本年代即光緒五年（1879，己卯），同時，其篇幅亦小，全文共1112字。再比對此兩種《西藏紀聞》可知，除個別詞語脫漏或刪改外，管氏本《西藏紀聞》即抄錄自黃氏本《西藏紀聞》。

---

〔註5〕（清）黃安濤撰:《賢己編・自序》，清光緒五年（1879）秀水孫福清望雲仙館刻《檇李遺書》本。

〔註6〕（清）孫福清撰:《賢己編跋》，（清）黃安濤撰:《賢己編》，清光緒五年（1879）秀水孫福清望雲仙館刻《檇李遺書》本。

## 二、《異域紀聞》作者于學質生平詳考

值得一提的是，葛跋指出管氏本《西藏紀聞》「題曰于樸齋述，不著其名。」由此可知，此《西藏紀聞》作者為「于樸齋」。根據「于樸齋」這一重要線索，筆者通過查閱檢索「于姓」且字或號為「樸齋」者，推斷出此「于樸齋」即于學質。以此為基礎，通過揭示于學質生平，發現其曾作筆記體志怪文集《退食瑣言》，並在此書中發現了一篇《異域紀聞》，再經比對，則黃氏本《西藏紀聞》即節錄自于學質《異域紀聞》。

因于學質官職不高且文學作品較少，故相關詩文集、方志文獻中均未詳述其生平。不過，筆者在上海圖書館藏道光五年（1825）《桃源大田石岩堡于氏族譜》中，發現了于學質的生平資料如下：「字淳華，號樸齋，行四。乾隆辛卯年三月十六日生。敕授文林郎，任四川保寧府經歷，廣東清遠、龍門、石城、茂名、徐聞、大埔、靈山、西寧、東安、瓊山、定安、歸善、海陽知縣，雷州海防同知。」〔註7〕

有關于學質的為官履歷，可根據其《退食瑣言》及相關方志所載理出輪廓。首先，于學質曾隨父任入川，因在西充縣剿匪中押解糧餉有功而銓選保寧府經歷，由此起步仕途。對此，王峋序曰：「旋以從軍，勤勞國事，歷險阻，履艱危，而與昔人過九折之坂，既以軍功議敘銓選。綜厥生平，自少而隨任西蜀，以暨筮仕嶺南，足跡幾遍寰區。」〔註8〕同時，郭象升在于學質《天南酬唱》卷首題詩讚曰：「樸齋家學傳青箱，庭趨西蜀名早揚（樸齋少時隨其尊入西蜀任所，著有軍功）。曾因小丑肆獗猖，立功踊躍擊鼓鏜。似此才略宜南行，長驅驥足來粵疆。」〔註9〕此後，于學質的宦宦生涯集中在廣東。

嘉慶十年至十二年（1805～1807），于學質任清遠縣知縣〔註10〕，同時，其自言：「余於嘉慶十三年權篆龍門。」〔註11〕即其是年署理龍門縣知縣〔註12〕。

---

〔註7〕（清）佚名修：《桃源大田石岩堡于氏族譜》，清道光五年（1825）刻本，上海圖書館藏。

〔註8〕（清）王峋撰：《退食瑣言序》，（清）于學質著：《退食瑣言》，清道光二年（1822）刻本。

〔註9〕（清）郭象升撰：《天南酬唱序》，（清）佚名修：《（桃源）于氏續修族譜》，清光緒三十四年（1908）木活字本，上海圖書館藏。

〔註10〕余鳳聲纂修：民國《清遠縣志》卷九《職官》，民國二十六年（1937）鉛印本。

〔註11〕（清）于學質著：《退食瑣言》卷下《紗帽山》，清道光二年（1822）刻本。

〔註12〕（清）戴肇辰纂修：光緒《廣州府志》卷二十七《職官表十一》，清光緒五年

嘉慶十四年（1809），任石城縣知縣〔註13〕，同年，署理茂名縣知縣〔註14〕，同時，其寫道：「余於嘉慶庚午任茂名，」〔註15〕即嘉慶十五年（1810）任茂名知縣。此後，于學質言及：「余於嘉慶癸酉秋九月兼理雷州海安同知事，因查理關務至同知署小住數日。」〔註16〕嘉慶癸酉即嘉慶十八年（1813）。此後，「余於丙子夏奉檄斯邑。二稔收穫後往催，老幼童婦無一存者，丁丑春，余又往催，亦復如是。余憾之，以為大埔人之抗糧者，又以林姓為甚。」〔註17〕可見，自嘉慶二十一年（1816，丙子）起，于學質任大埔縣知縣，另據《（民國）大埔縣志》載，其任期至嘉慶二十五年（1820）〔註18〕。

之後，「道光辛巳歲，余權任東安。」〔註19〕即道光元年（1821，辛巳），于學質署理東安縣知縣。此後，據咸豐《瓊山縣志》中《重修雁峰書院碑記》曰：「道光辛巳，瓊山令于學質議請改為書院名之曰『雁峰』，仍古蹟也。」〔註20〕該志中有關于學質倡修雁峰書院事蹟載：「歲久傾頹，道光三年，署知縣于學質捐廉倡集邑紳，共捐洋銀五千四百七十六員並銅錢三百一十千文。」〔註21〕此外，該志在敘述慈善機構「善濟堂」歷史時提及「至道光四年，署瓊山縣于學質以紳士經理日久，恐滋鮮端，令八家將所領銀二千四百七十兩繳還到縣，歸官辦理。……道光五年，署知縣張德馨奉查普濟堂藥王廟。」〔註22〕由此，儘管目前可見各版本《瓊山縣志・職官・知縣》均未述

（1879）刻本。

〔註13〕（清）楊霽纂修：光緒《高州府志》卷二十三《職官六・國朝》，清光緒十一年（1885）刻本。

〔註14〕（清）鄭業崇纂修：光緒《茂名縣志》卷四《職官》，清光緒十四年（1888）刻本。

〔註15〕（清）于學質著：《退食瑣言》卷下《榕神蛇神》，清道光二年（1822）刻本。

〔註16〕（清）于學質著：《退食瑣言》卷下《蛇蟹異》，清道光二年（1822）刻本。

〔註17〕（清）于學質著：《退食瑣言》卷下《鬼催糧》，清道光二年（1822）刻本。

〔註18〕劉織超纂修：民國《大埔縣志》卷十七《職官志》，民國三十二年（1943）鉛印本。

〔註19〕（清）于學質著：《退食瑣言》卷下《梁國平為城隍》，清道光二年（1822）刻本。

〔註20〕（清）文恒纂修：咸豐《瓊山縣志》卷二十六《藝文・記》，清咸豐七年（1857）刻本。

〔註21〕（清）文恒纂修：咸豐《瓊山縣志》卷四《建置三・書院》，清咸豐七年（1857）刻本。

〔註22〕（清）文恒纂修：咸豐《瓊山縣志》卷六《建置十四・養濟》，清咸豐七年（1857）刻本。

及于學質，但仍可知道光元年至四年（1821～1824），其署瓊山縣知縣。道光四年至八年（1824～1828），任定安縣知縣〔註23〕。道光八年至十一年（1828～1831），任海陽縣知縣〔註24〕。據光緒《定安縣志》載：「于學質，湖南常德，監生，道光四年任，性剛不畏豪右，嚴治賊匪，酷愛士子。歷任瓊山、定安，縣試皆清取案元書院，每逢官課，必命諸生入署作文，親臨給食。時，尚友書院膏火希微，不及今之一半，學質邀捐，置田三莊七所三十丁，始得租息如今額。但疾惡似仇，遷任海陽，以被控革職。」〔註25〕此外，于學質自言：「余宰靈山時，……又任西寧時，」〔註26〕可知其曾署理廣東靈山、西寧二縣。

綜上，于學質生平可簡述為：于學質（1771～？），字淳華，號樸齋，湖南桃源人。監生。曾任四川保寧府經歷，實授或署任廣東清遠、龍門、石城、茂名、徐聞、大埔、靈山、西寧、東安、瓊山、定安、歸善、海陽等知縣，兼理雷州海防同知。清廉重學，頗有政聲，曾捐建瓊山雁峰書院、定安尚友書院，澤被後學。著《退食瑣言》，輯《天南酬唱》。

## 三、《異域紀聞》與兩種《西藏紀聞》之版本比勘

于學質《退食瑣言》二卷，載短文三十篇，刊刻於道光二年（1822），行款為半葉八行二十字白口四周雙邊單魚尾，卷首有張衍基序、王峋序、龔作肅序、于學質自序，《退食瑣言總目》下題「桃源于學質樸齋甫著」。于學質自序曰：「余於公之暇，用甚恧然，因作《退食瑣言》一編，凡得於目睹耳聞，有資於感發懲創者，記若干以梓之。」〔註27〕可見，其著書意在以所見所聞發揮引人向善、感發懲創的教育功用。

其中，《異域紀聞》收錄在《退食瑣言》卷上，全文共1364字，因此，其版本年代亦可視為道光二年（1822）。于學質在《異域紀聞》篇末詳述撰文目的：「思先君單騎往返，雨雪征衣，艱辛萬狀，仰荷聖君鴻福，返命東還，

〔註23〕（清）明誼修，（清）張岳崧纂：道光《瓊州府志》，清道光二十一年（1841）修光緒十六年吉林隆斌（1890）補刻本。

〔註24〕（清）盧蔚猷纂修：光緒《海陽縣志》卷十一《職官三》，清光緒二十六年（1900）刻本。

〔註25〕（清）吳應廉纂修：光緒《定安縣志》卷四《職官·知縣》，清光緒四年（1878）刻本。

〔註26〕（清）于學質著：《退食瑣言》卷下《龍母》，清道光二年（1822）刻本。

〔註27〕（清）于學質著：《退食瑣言》卷首《自序》，清道光二年（1822）刻本。

用敬志之。使我後世子孫咸知先人王事靡盬，不遑啟居，駪駪征夫，每懷靡及，皇華教忠，即以白華教孝云爾。」〔註 28〕可見，其著《異域紀聞》意在紀念先君、教育子孫。

通過對比《異域紀聞》與兩種《西藏紀聞》可知，管氏本《西藏紀聞》抄自黃氏本《西藏紀聞》，黃氏本《西藏紀聞》節錄自《異域紀聞》，但黃安濤因《異域紀聞》描述域外藏區情況，故將其易名為「西藏紀聞」，並收錄在《賢己編》中，即「于樸齋大令著有《西藏紀聞》一則，足資域外之譚，節錄於此。」〔註 29〕由此可知，此二種《西藏紀聞》均屬對《異域紀聞》的節錄本。此三種文獻內容差異如下表：

| 于氏《異域紀聞》（1364 字） | 黃氏本《西藏紀聞》（1112 字） | 管氏本《西藏紀聞》（1081 字） |
|---|---|---|
| 聖不語怪，以其事涉荒渺，恐煽惑人心也。然亦實有其事特，人所不經見，鮮不罕以為怪耳。先君於嘉慶三年冬奉差西藏，管理銀錢局務兼官拉里糧務。藏中即唐僧三藏取經之地，拉里即俗傳豬八戒成親之所。藏距川省九千七百餘里，前藏至後藏又有四千八百餘里，其間怪怪奇奇，多涉荒渺不經之事，其地名亦非華言可悉。云過青神縣，有火焰山及唐三藏齊天大聖豬八戒廟，西遊一記未可遽以為妄言也。 | 于樸齋大令著有《西藏紀聞》一則，足資域外之譚，節錄於此。云先君宦蜀時，於嘉慶三年冬于役西藏，管理銀錢局務並拉里糧務。藏中相傳即唐僧三藏取經之地，距川省九千七百餘里，前藏至後藏又有四千八百餘里，其間怪怪奇奇，類多荒渺，方語亦非華言可悉。過青城縣，有火炬山及唐三藏齊天大聖豬八戒廟，因世俗所演西遊記而裝點者。 | 先君宦蜀時，（余與黃氏本同） |
| 為猿猴飛虎往來之路，又云猿猴拉手飲水之處 | 為猿猴聯臂下飲之處 | 為猿猴下飲之處 |
| 所有侍從兵役均住蒙古包，連營結帳，儼然行伍也。地無柴炭，檢牛馬糞以為爨。婦女年穉者與官府丁役相接，聽其各自選擇，中選者，即交喀達一 | 與侍從兵役均住蒙古包，撿牛馬矢以為爨。婦女年少者與丁役接，聽其各自選擇，中選者，即交喀達一條，入帳偶合。婦女之父母為宰烏拉（牛也）、叫 | 「喀達」脫「達」字，「享」作「饗」，（余與黃氏本同） |

〔註 28〕（清）于學質著：《退食瑣言》卷上《異域紀聞》，清道光二年（1822）刻本。

〔註 29〕（清）黃安濤撰：《賢己編》卷五，清光緒五年（1879）秀水孫福清望雲仙館刻《檇李遺書》本。

| | | |
|---|---|---|
| 條，與婦女帶入帳房，配偶後，婦女之父母為宰烏拉（烏拉，牛也）、吽蟲（吽蟲，羊也），用展粑及紅（展粑即青科，似麥非麥，用牛羊奶和餅，紅，酒也）以享選婦者。如生男，准本夫帶回，生女，婦人即繈負於背，片息不離，意恐本夫東還時， | 蟲（羊也），用展粑（即青稞）及紅（牛羊奶和餅，紅，酒也）以享之。如生男，聽所歡攜回，生女，其婦繈負不離，恐所歡東歸時， | |
| 呼跟役 | 呼跟役 | 跟役 |
| 青科 | 青稞 | 青稞 |
| 地皆石山，無草木，亦無人煙，居所有夜叉，奇形異狀飛撲食人。內地官兵過此共十餘站， | 地皆童山，無草木煙火，嘗有夜叉出沒。官兵過此共十餘站， | 「嘗有」作「有嘗有」，（余與黃氏本同） |
| 文官 | 文職 | 文職 |
| 兵丁 | 兵 | 兵 |
| 無異華地，惟多夾霸為害耳（夾霸，賊也）。 | 類樂土者，惟多夾壩（賊也）為害耳。 | 「賊」作「盜」，（余與黃氏本同） |
| 宋時 | 宋時 | 昔時 |
| 撲救墜雪坑死，奏封將軍，即為此神。 | 救護落坑死，卹封將軍，此其神也。 | 與黃氏本同 |
| 即六月天亦不稍減。山無定路，華人到此，往往迷失。先須往廟謁神，即有一犬引路，隨跡行之略無歧惑。先大夫經此，亦下騎攙扶步行，躡足而進，否則恐跌入雪溝，或凍餒於道，未能逕出矣。有人及鳥獸皆純白，由其生於雪中，食者雪蛆故耳。 | 即夏令亦不稍減。山無恒徑，華人到此，每患迷失。若先禱廟神，即有一犬引路，隨之便無歧誤，否則跌入雪溝，或凍餒於道，未有能徑出者矣。生其地者，人及鳥獸皆純白，由其秉雪性所食雪蛆故耳。 | 與黃氏本同 |
| 其地產米，無布疋，出珍珠，多南竹，竹大合抱，居人饑時，則截竹為鐺以炊飯，或於藪澤中捉蛇數尾並蒸，俟蛇口開，飯亦即熟，合眾一飽，即十餘日不火，饑時仍復如前。其人身無衣履，穿珍珠成衣蔽體，恒棲石洞以避軟（軟，風也）。 | 其地出珍珠，故名。產米，無布帛，多南竹，竹大合抱，居人截以為飯甑，或於藪澤中捉蛇數尾並蒸，俟蛇口開，飯亦即熟，合眾一飽，即十餘日不饑。其人身無衣履，穿珠蔽體，恒棲石洞以避軟（風也）。 | 「飯」作「飦」，「捉」作「捕」，「棲」作「棲」，（余與黃氏本同） |
| 出巴巴佛，最靈異，產五穀雜糧，稱樂土焉。 | 產五穀糧，無異內地。出巴巴佛，號稱靈異。 | 與黃氏本同 |

| | | |
|---|---|---|
| 土瘠而百物不生，惟產桃，桃實如斗，居者食以為活。相傳王母經此，桃係王母所植，遺此以度一方生命。地恒少雨，其人見線（線，雨也）即哭， | 土瘠，百物不生，惟產桃，實大如斗，居者食以為活。相傳西王母經此遺實所植，以度一方生靈云。地恒少雨，其人見線（雨也）即哭， | 與黃氏本同 |
| 文官一員，武官數員，兵三千。地無他植，惟產牛羊，牛羊牡者雙腎，牝者重陰，如初五日請客，初一日即牛羊屠好，用大火烹煆，須五日方熟，食猶尤齟齟未爛云。 | 文官一員，武官數員，兵三千。地無他植，惟產牛羊，牡者雙腎，牝者重陰，用大火烹煮五日方熟，入口猶齟齬未爛也。 | 文武各一員，武弁數員，（余與黃氏本同） |
| 食獸及樹皮以為活，性畏琉黃，華人經宿其地，各佩琉黃一塊，萬無他患。 | 食獸及樹皮為活，性畏硫黃，華人經宿其地，必佩一枚，方保無恙。 | 與黃氏本同 |
| 胡都居左（胡都，佛之丞輔也） | 胡都（佛之丞輔也）居左 | 與黃氏本同 |
| 極其華美，僧眾亦極富厚。 | 鉅麗莫比，大眾亦極富厚。 | 與黃氏本同 |
| 十個 | 拾箇 | 十箇 |
| 產物甚富，出氆氌、藏香、紅花、貓兒眼及各色寶石，狗大如牛。婦女多隨官兵選取，其俗有四五人共一婦者，甚至有七八人共一婦者。其男女交媾時，置己物於外以為記，餘人輒不擅入。生育亦按序齒分認也。得內地大黃、茶葉如至寶。考藏中為我朝福地，是以官兵護衛，亦如明之五當。然此悉得之先君口授，遺忘舛錯，罪所不免。思先君單騎往返，雨雪征衣，艱辛萬狀，仰荷聖君鴻福，返命東還，用敬志之。使我後世子孫咸知先人王事靡盬，不遑啟居，騂騂征夫，每懷靡及，皇華教忠，即以白華教孝云爾。 | 物產甚饒，如氆氌、藏香、紅花、貓兒眼及各色寶石，以內地大黃、茶葉為至寶。狗大如牛。婦女多隨華人選取，其俗有四五人且七八人共一婦者。當媾合時，男置己物於外，餘人輒避去。生育各按序齒分認焉。此則羈縻所及，豈復能可以倫理繩之者乎？ | 「男置己物於外」脫「於」，「可」作「能」，（余與黃氏本同） |

由上可知，黃氏本《西藏紀聞》在節錄于學質《異域紀聞》過程中，不僅修改了文章題名，而且對《異域紀聞》進行了一些頗具主觀性的刪改，而管氏本《西藏紀聞》則基本保留了這些變動。一方面，黃氏本刪改了于氏原文有關西藏與《西遊記》的相關傳說，既刪除了「拉里即俗傳豬八戒成親之

所」，又將「西遊一記未可遽以為妄言也」改為「因世俗所演西遊記而裝點者」。同時，其刪除了于氏原文「為猿猴飛虎往來之路」，又將「居所有夜叉，奇形異狀飛撲食人」改為「嘗有夜叉出沒」。這也表明，對這些民間傳說，黃安濤比于學質稍顯理性客觀。另一方面，黃氏本卻將「火焰山」改作「火炬山」，更將于盼入藏起點「青神縣」改為「青城縣」，這給後世瞭解于盼行程帶來了一些干擾。同時，黃氏本將于氏原文的正確描述「展粑即青科，似麥非麥，用牛羊奶和餅」刪改作「展粑（即青稞）」，而這種主觀臆斷則偏離了糌粑的真實屬性。此外，于氏原文以述其寫作目的為結尾，黃氏本則以其對當時西藏婚姻風俗的評價結尾，並認為「此則羈縻所及，豈復能可以倫理繩之者乎？」這種從傳統治邊政策角度所作的解讀，說明黃安濤在節錄于氏《異域紀聞》這一筆記作品時保持了必要的理性，而其個人政治視野也比于學質更顯寬廣。

## 四、《異域紀聞》之史料來源與文獻性質考辯

### （一）《異域紀聞》之史料來源

于學質在《異域紀聞》開篇言及：「先君於嘉慶三年冬奉差西藏，管理銀錢局務兼管拉里糧務。」其又在篇末言明：「然此悉得之先君口授，遺忘舛錯，罪所不免。」〔註 30〕可見，《異域紀聞》的史料源自于學質之父口述嘉慶三年（1798）因公赴藏的程途見聞。

經查《桃源大田石岩堡于氏族譜》可知，于學質之父為于盼。于盼（1738～1813），「字仲明，號蘭墅，行七。誥授奉直大夫。乾隆戊午年十一月初二日生，嘉慶癸酉年十月十九日卒，享壽七十六。葬武邑陸家店，有碑。十八歲冠府縣多士之首而遊泮，由廩生中式，乾隆乙酉科第二十三名舉人。任茶陵州學正、湘陰縣教諭，四川西充縣知縣，嘉慶（筆者注：此為原文誤，應為乾隆）乙卯科四川文闈同考官，管理拉里糧務、西藏銀錢局，雲南阿迷州知州。」〔註 31〕同時，嘉慶《常德府志》亦載于盼履歷：「于盼，字仲明，桃源人。舉乾隆乙酉鄉試，補茶陵州學正，截取知西充縣，充乙卯川闈同考官。嘉慶元、二、三年，西蜀教匪滋事，捐廉修固城垣、操練鄉勇後，賊匪

〔註 30〕（清）于學質著：《退食瑣言》卷上《異域紀聞》，清道光二年（1822）刻本。

〔註 31〕（清）佚名修：《桃源大田石岩堡于氏族譜》，清道光五年（1825）刻本，上海圖書館藏。

圍城攻擊不破，保全無數。調管西藏錢法及拉里糧務。議敘升知阿迷州，州有靈泉書院，倡捐勸修，延師教課。又州屬有義田、義學數處亦久廢，為請復重設。以老乞休歸。」〔註 32〕此外，篤信佛教的于學質將于盼由西藏攜回的佛像長期供奉，「先君蘭墅公為西藏糧守，迎佛一尊歸里，給余供奉。余宦遊幾二十年，雖舟車郵堠間，靡不虔恭祀奉。」〔註 33〕

由以上官私文獻所載，可確認于盼確曾「調管西藏錢法及拉里糧務。」因此，其確實擁有因公入藏經歷。此外，《異域紀聞》篇幅很小，筆者經比勘發現，該文並未參考《藏紀概》、《西域全書》、《西藏志》、《西藏記述》、《西域遺聞》、《西藏見聞錄》以及與其時間最近的《衛藏通志》等西藏方志，亦未引用《藏程紀略》、《定藏紀程》、《藏行紀程》、《進藏紀程》、《西藏往返日記》、《西藏巡邊記》、《百一山房赴藏詩集》等涉藏遊記或詩集。綜上，《異域紀聞》的史料來源極為單一，僅是于學質據其父于盼有關入藏程途口述而後期撰寫而成。

### （二）《異域紀聞》之文獻性質

于學質將《異域紀聞》收錄在其《退食瑣言》一書中，《退食瑣言》則是一部以載其所知奇聞異事為主的筆記體志怪文集。于學質在該書中共收錄三十篇短文，但除了《瓊南雜見附邊海各國》、《瓊南氣候》、《颶風二則》、《潮汐考五則》、《流水指掌圖說》等五篇紀實性短文外，其餘《關帝靈異》、《行善有難鬼神相救》、《榕神蛇神》等二十四篇短文均為神仙志怪故事，而充滿獵奇性的《異域紀聞》的行文風格即與之相似。其時，瓊山縣舉人王承烈在賦詩讚頌于學質捐修雁峰書院時言及：「治獄無冤承舊德，搜神有記續前賢（公著《退食瑣言》一書，多言異事）。」〔註 34〕可見，其認為《退食瑣言》乃《搜神記》式志怪作品。同時，黃安濤《賢己編》的文獻性質亦是志怪典故彙編，即「此編雖體近稗官，而意存勸世，殆與周公謹《齊東野語》、紀曉嵐《槐西雜志》相伯仲矣。」〔註 35〕而黃安濤將《異域紀聞》收錄其中，也意味著其

〔註 32〕（清）應先烈纂修：嘉慶《常德府志》卷四十《列傳・國朝》，清嘉慶十八年（1813）刻本。

〔註 33〕（清）于學質著：《退食瑣言》卷下《佛靈》，清道光二年（1822）刻本。

〔註 34〕（清）于學質輯：《天南酬唱》，（清）佚名修：《（桃源）于氏續修族譜》，清光緒三十四年（1908）木活字本，上海圖書館藏。

〔註 35〕（清）孫福清撰：《賢己編跋》，（清）黃安濤撰：《賢己編》，清光緒五年（1879）秀水孫福清望雲仙館刻《檇李遺書》本。

視《異域紀聞》為奇聞怪談式文章。在此基礎上，對於《異域紀聞》的文獻性質，可從其內容詳加考察。

1. 入藏程途

由文中所述可知，于盼入藏線路為：青神縣→打箭爐→尖城→三立國→光頭→里塘→丹達山→珍珠國→察木多→大桃地→拉里→蛇人地→西藏。一方面，這一康藏線路仍屬清代傳統的入藏線路，文中對打箭爐、里塘、丹達山、察木多、拉里、拉薩這些重要程途節點的記載是符合史實的，另一方面，文中所載程途出現了三立國、光頭、珍珠國、大桃地、蛇人地等他書所未載的地名，應是于盼或于學質主觀渲染而成。尤其文中有關夜叉出沒的光頭、「惟產桃，桃實如斗，居者食以為活」的大桃地、「無土著，惟產蛇人，人首蛇身，食獸及樹皮為活」的蛇人地等入藏程站的描述均屬虛妄之詞。

2. 藏地物產與風俗

文中有關西藏物產的記載為「產物甚富，出氆氌、藏香、紅花、貓兒眼及各寶石。狗大如牛」、「得內地大黃、茶葉如至寶」，其言辭雖極簡略，但基本符合史實，不過，有關藏獒的體態描述則稍顯誇張。儘管文中述及當時西藏婚姻文化中的「一妻多夫制」，但有關男女關係的描述卻十分荒誕，亦不符合史實。文中關於藏族民眾「食青稞牛羊」的描述，是基本符合藏地飲食風俗史實的。同時，文中關於丹達山神傳說的描述也值得注意，其不僅將丹達山神的產生歸作「相傳宋時有通判名丹達者」，而且還添加了「華人到此，往往迷失。先須往廟謁神，即有一犬引路，隨跡行之略無歧惑」等臆想內容，這在有關丹達山神諸史料中僅此一見〔註 36〕。此外，文中還描寫丹達山地區「有人及鳥獸皆純白，由其生於雪中，食者雪蛆故耳」、拉里地區「牛羊牡者雙腎，牝者重陰」等，均屬荒誕無稽之言。

3. 藏地史實

首先，文中關於拉薩有「駐藏大臣部署其間」的記載是符合史實的，這也彰顯了清中央政府對西藏行使主權的基本史實。其次，文中關於里塘地區的記載亦符合史實。一方面，「地產五穀，田畝膏腴，居民殷富，無異華地」的描述再現了里塘的地理風貌。對此，乾隆五十七年（1792）入藏的四川總

〔註 36〕有關丹達山神信仰的產生與影響問題，參見王川：《清代及民國時期西藏地方的丹達神崇拜》，《中國邊疆史地研究》2003 年第 1 期。

督孫士毅也有同樣觀感，其詩《駐里塘》云：「南斗欲轉北，落日不在西，里塘忽平衍，綠野容耕犁。激激瀨水清，滑滑林禽啼，移營近籬落，午飯聞村鳴。」〔註 37〕另一方面，「惟多夾霸為害耳」的描述也是符合當時實際的。夾壩、夾霸是對藏語強盜（jag-ba）的音譯，清代里塘地區劫掠問題相對多發。對此，早在乾隆十一年（1746）二月，「軍機大臣等議奏：駐藏副都統傅清奏稱，西藏自徹臺站官兵後，搶劫殺傷各案累累，而里塘一帶夾壩更甚於昔。西藏既隸內地，駐有官兵，豈無往來人員？焉能逐起護送？漢夷商販豈可盡使隔絕？數月內往來公文遺誤擦損之事甚多……」〔註 38〕這種情況直至乾隆末年至嘉慶初年亦未改觀，乾隆五十六年（1791）隨福康安入藏的楊揆在其《里塘（其地多夾壩，行旅苦之）》云：「番牲獝不馴，馳騎岸虎賁，終年事剽掠，雄長角以力。」〔註 39〕

此外，文中描述拉薩「殿左右金山、右有銀山」、「僧眾亦極富厚」則屬主觀誇張。同時，值得注意的是，文中所載駐藏兵丁數量嚴重誇大。據成書於嘉慶二年（1797）的《衛藏通志》載：「查前藏駐紮游擊一員，守備一員，千總二員，把總三員，外委五員，兵四百五十五名。後藏駐紮都司一員，外委一員，兵一百五十名。打箭爐以外共設游擊一員，都司一員，守備三員，千總二員，把總七員，外委九員，兵八百三十二名。」〔註 40〕不過，文中卻載里塘「武弁數員，兵三千」、察木多「武弁數人，兵四千」、西藏「武官十餘員，兵一萬五千名」，這些兵丁數字均屬誇大其詞，同時，于盼時署拉里糧務，應對拉里駐軍數量了然於胸，但此文中卻載拉里「武弁數員，兵三千」，顯然，于盼不可能出現如此低級的錯誤，這應是于學質故意誇大之果。

由上可知，正如管庭芬所言「此篇事多失實，疑皆傳聞異辭。」雖然文中有一小部分內容基本符合史實，但從主體內容、行文體例、語言風格來看，《異域紀聞》的文獻性質應是一篇摻雜了大量主觀誇大與離奇傳聞的獵奇性遊記。

〔註 37〕（清）孫士毅撰：《百一山房赴藏詩集》，吳豐培編：《川藏遊蹤彙編》，成都：四川民族出版社，1985 年，第 202 頁。

〔註 38〕《清高宗實錄》卷二百五十九，清乾隆十一年（1746）二月壬子。

〔註 39〕（清）楊揆撰：《桐華吟詩館衛藏詩稿》，吳豐培編：《川藏遊蹤彙編》，成都：四川民族出版社，1985 年，第 179 頁。

〔註 40〕（清）和琳、松筠、和寧等纂修：《衛藏通志》卷八《兵制》，清光緒二十一年（1895）桐廬袁昶刻《漸西村舍匯刻》本。

## 五、結　語

由于學質生平可知，其監生出身並以軍功入仕且傳世作品較少，可見其文學素養並不高深，但這也使其相對更容易跳出其時文人創作的傳統侷限。同時，值得注意的是，其官宦生涯集中於西蜀、南粵等邊疆地區，因地緣因素，在其與邊疆地區異文化的長期接觸、耳濡目染過程中，中原文人好異述奇的傳統旨趣亦在其身上得以體現，其撰寫筆記體志怪文集《退食瑣言》即是最佳例證。其中，于學質並未參考此前已有的西藏方志與涉藏詩文集，而僅僅根據其父于盼嘉慶三年（1798）因公入藏程途口述，即撰寫了這篇夾雜著野史怪談而獵奇性實足的《異域紀聞》。

由此可知，一方面，雖已至嘉慶、道光年間，但身為知縣的于學質對其時西藏歷史文化與基本情況仍知之甚少，其仍將川西藏區及西藏地區視為「異域」，這也反映出其時中原地區官員、士大夫對西藏等邊疆地區的整體認知水平仍處於十分粗淺且模糊的階段。另一方面，《異域紀聞》有關入藏程途中珍珠國、大桃地、蛇人地等地點的離奇杜撰，以及對藏地物產與風俗方面的失實描寫，則反映出于學質的邊疆文學書寫是以「邊荒」與「幻奇」為基調的。其中，于學質並未身臨藏地，更未閱讀輯錄，但卻通過其父口述而經由主觀想像來開拓自身對遐方異域的基本認知。同時，其對異文化的描述仍未出離性別交錯、人獸變幻等《搜神記》式傳統志怪文學書寫模式，這雖然再次體現了其傳統的華夏天下觀，但也展現了清中期之後，中原文人好異述奇的文學想像已突破了原來止步於西南邊疆民族地區的界限，而深入至更為遙遠的中國西藏地區。「在文人的西南敘事中，除了民族習俗，還有異於眼前所習見的山水景物，以及外於中原王朝的歷史傳說，都是『奇』的來源，而且兩者都更容易激起文人個人的情感寄託與知識追求。」〔註 41〕恰與明清文學中的西南敘事類似，《異域紀聞》中的獵奇性文字雖不免會傳播一些文化偏見與信息誤讀，但從積極方面考量，其幻奇文字卻會在一定範圍內激發出更多文人對西藏的認知興趣與實地踏查，這亦可視為《異域紀聞》的一種價值所在。

于學質《退食瑣言》成書後，其中的獵奇性涉藏遊記《異域紀聞》發生了文本傳播與信息流通，被同樣具有志怪文學創作興趣的黃安濤收入《賢已編》並更名為《西藏紀聞》，之後，此《西藏紀聞》便被藏書家管庭芬以清佚

〔註 41〕胡曉真著：《明清文學中的西南敘事》，臺北：臺大出版中心，2019 年，第 60 頁。

名《西藏紀聞》抄入其《花近樓叢書》之中。但是,《異域紀聞》的篇幅尚不可被視為書籍，而其內容、體例、表述等均與方志的基本特徵相距甚遠。同時，長期以來，學術界將管庭芬輯清佚名《西藏紀聞》視為清代西藏方志，這應是相關學者只檢目錄、未閱原文，並受鄭光祖《西藏紀聞》影響而望文生義之果。

# 徵引書目

## 一、古籍文獻

1.（明）劉若愚著：《酌中志》，明末抄本。

2.（清）丁仁編：《八千卷樓書目》，民國十二年（1923）錢塘丁氏鉛印本。

3.（清）丁寶楨等纂：《四川鹽法志》，清光緒間刻本。

4.（清）丁寶楨撰，（清）陳夔龍編輯：《丁文誠公奏稿》，清光緒十九年（1893）京師平遠丁體常刻本。

5.（清）丁映奎纂修：乾隆《茂州志》，故宮博物院編：《故宮珍本叢刊》第221冊，海口：海南出版社，2001年。

6.（清）于學質著：《退食瑣言》，清道光二年（1822）刻本。

7.（清）于學質輯：《天南酬唱》，（清）佚名修：《（桃源）于氏續修族譜》，清光緒三十四年（1908）木活字本。

8.（清）萬斯同編：《明史》，清抄本。

9.（清）子銘撰輯：《西域全書》，清抄本，南京圖書館藏。

10.（清）馬揭、盛繩祖輯：《衛藏圖識》，清光緒九年（1883）北平盛時彥刻本。

11.（清）馬揭、盛繩祖輯：《衛藏圖識》，清乾隆五十七年（1792）刻巾箱本。

12.（清）馬璿圖修，（清）郭祚熾纂：道光《建昌縣志》，清道光元年（1821）刻本。

13. （清）王初桐纂述：《奩史》，清嘉慶二年（1797）刻本。

14. （清）王鳴盛撰：《十七史商榷》，清乾隆五十二年（1787）洞涇草堂刻本。

15. （清）王彬纂修：光緒《海鹽縣志》，清光緒二年（1876）刻本。

16. （清）王斂福纂修：乾隆《潁州府志》，清乾隆十七年（1752）刻本。

17. （清）王錫祺輯：《小方壺齋輿地叢鈔》，清光緒十七年（1891）上海著易堂鉛印本。

18. （清）王端履輯：《重論文齋筆錄》，清道光二十六年（1846）受宜堂刻本。

19. （清）文良等纂修：同治《嘉定府志》，清同治三年（1864）刻本。

20. （清）文恒纂修：咸豐《瓊山縣志》，清咸豐七年（1857）刻本。

21. （清）盧蔚猷纂修：光緒《海陽縣志》，清光緒二十六年（1900）刻本。

22. （清）葉昌熾撰：《緣督廬日記抄》，民國間上海蟫隱廬石印本。

23. （清）田文靜等修，（清）孫灝等纂：雍正《河南通志》，清雍正十三年（1735）刻本。

24. （清）有泰撰，俞冰、楊光輝編輯：《稿本有泰文集》，北京：全國圖書館文獻縮微複製中心，2005 年。

25. （清）呂林鍾等修，（清）趙鳳詔等纂：光緒《續修舒城縣志》，清光緒三十三年（1907）活字本。

26. （清）劉坤一等修，（清）趙之謙纂：光緒《江西通志》，清光緒七年（1881）刻本。

27. （清）劉紹攽撰：《于邁草》，清乾隆間刻本。

28. （清）劉錦藻撰：《清朝續文獻通考》，上海：商務印書館，1955 年。

29. （清）許容等修，（清）李迪等纂：乾隆《甘肅通志》，清乾隆元年（1736）刻本。

30. （清）阮元輯：《兩浙輶軒錄》，清嘉慶間仁和朱氏碧溪草堂、錢塘陳氏種榆仙館刻本。

31. （清）紀昀等纂修：《四庫全書總目提要》，清內府抄本。

32.（清）紀昀等纂修：《欽定四庫全書總目》，清乾隆間武英殿刻本。
33.（清）貢震纂修：乾隆《靈璧縣志略》，清乾隆二十五年（1760）刻本。
34.（清）勞世沅纂修：乾隆《滎經縣志》，清乾隆十年（1745）刻本。
35.（清）李鳳彩纂修：《藏紀概》，中央民族學院圖書館油印本，1978 年。
36.（清）李鳳彩纂修：《藏紀概》，民國二十九年（1940）吳豐培油印本。
37.（清）李鳳彩纂修：《藏紀概》，民國二十六年（1937）國立北平圖書館抄本。
38.（清）李臺修，（清）王孚鏞纂：嘉慶《黃平州志》，1965 年貴州省圖書館據清嘉慶五年（1800）刻道光十三年（1833）增補本複製本。
39.（清）李榮陛撰：《李厚岡集》，清嘉慶二十年（1815）亙古齋刻本。
40.（清）李載陽等修，（清）游端友等纂：乾隆《潛山縣志》，清乾隆四十六年（1781）刻本。
41.（清）楊應琚撰：《據鞍錄》，清光緒二十二年（1896）刻《藕香零拾叢書》本。
42.（清）楊應琚纂修：《西寧府新志》，清乾隆二十七年（1762）增刻本。
43.（清）楊迦懌等纂修：道光《茂州志》，清道光十一年（1831）刻本。
44.（清）楊霽纂修：光緒《高州府志》，清光緒十一年（1885）刻本。
45.（清）吳應廉纂修：光緒《定安縣志》，清光緒四年（1878）刻本。
46.（清）吳坤修等修，（清）何紹基等纂：光緒《重修安徽通志》，清光緒四年（1878）刻本。
47.（清）吳昌綬編：《定庵先生年譜》，沈雲龍主編、夏田藍編：《近代中國史料叢刊》（第 72 輯）《龔定庵（自珍）全集類編》，臺北：文海出版社，1973 年。
48.（清）佚名修：《（桃源）于氏續修族譜》，清光緒三十四年（1908）木活字本。
49.（清）佚名修：《桃源大田石岩堡于氏族譜》，清道光五年（1825）刻本。
50.（清）佚名編：《松文清公陞官錄》，清朱格抄本。
51.（清）佚名編：《皇清奏議》，民國間影印本。

52.（清）佚名撰：《西藏紀聞》，（清）管庭芬輯：《花近樓叢書》，清稿本。
53.（清）佚名纂修：《西藏志》，清抄本（龔自珍跋）。
54.（清）佚名纂修：《西藏志考》，清抄本。
55.（清）佚名纂修：乾隆《打箭爐志略》，民國十九年（1930）國立北平圖書館抄本。
56.（清）應先烈纂修：嘉慶《常德府志》，清嘉慶十八年（1813）刻本。
57.（清）汪文柏撰：《柯庭餘習》，清康熙間刻本。
58.（清）汪仲洋撰：《心知堂詩稿》，清道光七年（1827）刻本。
59.（清）沈惟賢撰：《唐書西域傳注》，清光緒二十四年（1898）刻本。
60.（清）張之洞撰：《書目答問》，清光緒二年（1876）四川刻本。
61.（清）張宗泰纂修：嘉慶《備修天長縣志稿》，清嘉慶十七年（1812）修民國二十三年（1934）增補鉛印本。
62.（清）張海修，（清）萬櫹纂：乾隆《當塗縣志》，清乾隆十五（1750）刻本。
63.（清）張海等修，（清）薛觀光等纂：乾隆《霍邱縣志》，清乾隆三十九年（1774）刻本。
64.（清）張海等纂修：乾隆《英山縣志》，清乾隆二十一年（1756）刻本。
65.（清）張海撰：《西藏記述》，清乾隆十四年（1749）刻本，上海圖書館藏。
66.（清）張海撰：《西藏紀述》，清光緒二十年（1894）錢塘汪康年刻本。
67.（清）陸鳳藻輯：《小知錄》，清嘉慶九年（1804）刻本。
68.（清）陸心源等纂修：光緒《歸安縣志》，清光緒八年（1882）刻本。
69.（清）阿桂等撰：《平定金川方略》，清刻本。
70.（清）陳龍昌輯：《中西兵略指掌》，清光緒二十三年（1897）東山草堂石印本。
71.（清）陳克繩纂輯：《西域遺聞》，民國二十五年（1936）禹貢學會鉛印本。
72.（清）陳克繩纂輯：《西域遺聞》，清抄本。

73. （清）陳克繩纂輯：乾隆《保縣志》，故宮博物院編：《故宮珍本叢刊》第221冊，海口：海南出版社，2001年。

74. （清）林則徐撰：《雲左山房詩鈔》，清光緒十二年（1886）刻本。

75. （清）松筠撰：《丁巳秋閱吟》，清嘉慶道光間刻《松筠叢書五種》本。

76. （清）松筠撰：《西招圖略》，清道光二十七年（1847）王師道刻本。

77. （清）松筠撰：《綏服紀略》，清嘉慶道光間刻《松筠叢書五種》本。

78. （清）明誼修，（清）張岳崧纂：道光《瓊州府志》，清道光二十一年（1841）修光緒十六年吉林隆斌（1890）補刻本。

79. （清）和寧撰：《西藏賦》，清同治間張丙炎《榕園叢書》刻本。

80. （清）和寧撰：《西藏賦》，清嘉慶二年（1797）和寧寫刻本。

81. （清）和珅等纂修：乾隆《欽定大清一統志》，清光緒二十三年（1897）杭州竹簡齋石印本。

82. （清）和琳、松筠、和寧等纂修：《衛藏通志》，清光緒二十二年（1896）桐盧袁昶《漸西村舍叢書》刻本。

83. （清）和琳撰：《芸香堂詩集》，清嘉慶間刻本。

84. （清）金應麟撰：《金氏世德紀》，清道光間刻本。

85. （清）周天爵等修，（清）李復慶等纂：道光《阜陽縣志》，清道光九年（1829）刻本。

86. （清）鄭業崇纂修：光緒《茂名縣志》，清光緒十四年（1888）刻本。

87. （清）法式善撰：《清秘述聞》，清嘉慶四年（1799）刻本。

88. （清）宗源瀚等纂修：同治《湖州府志》，清同治十三年（1874）刻本。

89. （清）趙良澍撰：《肖岩詩鈔》，清嘉慶五年（1800）涇城雙桂齋刻本。

90. （清）趙學敏輯：《本草綱目拾遺》，清同治十年（1871）吉心堂刻本。

91. （清）趙藩輯：《麗郡詩徵》，（清）趙藩、陳榮昌等輯：《雲南叢書》集部之八十一，民國間雲南圖書館刻本。

92. （清）段鵬瑞編纂：《巴塘鹽井鄉土志》，清宣統三年（1911）鉛印本。

93. （清）段鵬瑞撰：《門空圖說》，民國十九年（1930）《邊政》第6期。

94. （清）俞浩撰：《西域考古錄》，清道光間刻本。

95. （清）姚瑩撰：《後湘詩集》，清同治間《中復堂全集》刻本。

96. （清）姚瑩撰：《康輶紀行》，清同治間《中復堂全集》刻本。

97. （清）袁枚撰：《子不語》，民國十二年（1923）上海文明書局石印本。

98. （清）袁昶撰：《毗邪台山散人日記》，民國間抄本。

99. （清）莫友芝編：《郘亭知見傳本書目》，清宣統元年（1909）鉛印本。

100. （清）愛新覺羅·弘曆撰：《御製喇嘛說》，中國國家圖書館藏拓片，SBCNV／北京214。

101. （清）黄廷桂等修，（清）張晉生等纂：雍正《四川通志》，清乾隆元年（1736）增刻本。

102. （清）黄安濤撰：《賢己編》，清光緒五年（1879）秀水孫福清望雲仙館刻《槜李遺書》本。

103. （清）黄沛翹輯：《西藏圖考》，清光緒二十三年（1897）刻本。

104. （清）黄沛翹輯：《西藏圖考》，清光緒十二年（1886）滇南李培榮刻本。

105. （清）蕭騰麟著：《西藏見聞錄》，清抄本。

106. （清）蕭騰麟著：《西藏見聞錄》，清乾隆二十四年（1759）峽江蕭錫珀賜硯堂刻本。

107. （清）曹掄彬修，（清）朱肇濟等纂：雍正《處州府志》，清雍正十一年（1733）刻本。

108. （清）曹掄彬纂修：乾隆《雅州府志》，清乾隆四年（1739）刻本。

109. （清）常明等修，（清）楊芳燦、譚光祜等纂：嘉慶《四川通志》，清嘉慶二十一年（1816）刻本。

110. （清）鄂爾泰、張廣泗修，（清）靖道謨、杜詮纂：乾隆《貴州通志》，清乾隆六年（1741）刻本。

111. （清）章學誠撰：《章氏遺書》，清道光十二至十三年（1832～1833）會稽章華紱刻本。

112. （清）韓清桂、邵坤修，（清）陳昌纂：光緒《銅梁縣志》，清光緒元年（1875）刻本。

113. （清）嵇曾筠、傅王露纂修：雍正《浙江通志》，清乾隆元年（1736）刻本。

114. （清）譚鍾岳繪圖，（清）廖笙堂輯說，（清）黃綬芙編：《峨山圖說》，清光緒間刻本。

115. （清）震鈞撰：《天咫偶聞》，清光緒三十三年（1907）甘棠精舍刻本。

116. （清）暴大儒等修，（清）廖其觀纂：同治《峽江縣志》，清同治十年（1871）刻本。

117. （清）德馨、鮑孝光修，（清）朱孫詒、陳錫麟纂：同治《臨江府志》，清同治十年（1871）刻本。

118. （清）潘榮陛撰：《帝京歲時紀勝》，清乾隆間刻本。

119. （清）潘衍桐撰：《兩浙輶軒續錄》，清光緒十七年（1891）浙江書局刻本。

120. （清）戴肇辰纂修：光緒《廣州府志》，清光緒五年（1879）刻本。

121. 〔日〕山縣初男編著，四川西藏研究會編譯：《西藏通覽》，清宣統元年（1909）鉛印本。

122. 《清世宗實錄》。

123. 《清聖祖實錄》。

124. 《清德宗實錄》。

125. 丁實存著：《駐藏大臣考》，蒙藏委員會，民國三十二年（1943）。

126. 劉織超纂修：民國《大埔縣志》，民國三十二年（1943）鉛印本。

127. 許光世、蔡晉成編：《西藏新志》，清宣統三年（1911）上海自治編輯社鉛印本。

128. 李榕纂修：民國《杭州府志》，民國十一年（1922）刻本。

129. 余鳳聲纂修：民國《清遠縣志》，民國二十六年（1937）鉛印本。

130. 張元濟等輯：《四部叢刊・初編》，民國八年（1919）上海商務印書館影印十八年（1929）重印本。

131. 陳朝宗纂修：民國《大田縣志》，民國二十年（1931）鉛印本。

132. 尚秉和撰：《辛壬春秋》，民國十三年（1924）辛壬歷史編輯社刻本。

133. 趙爾巽等纂：《清史稿》，民國十六年（1927）鉛印本。

134. 姚靈犀編：《采菲錄》，民國二十五年（1936）鉛印本。

135. 黃懋典等修：《寧鄉雙觀黃氏五修族譜》，民國十年（1921）寧鄉黃氏敦倫堂活字本。

## 二、現代書籍

1. 〔美〕馬世嘉著：《破譯邊疆．破解帝國：印度問題與清代中國地緣政治的轉型》，羅盛吉譯，新北：臺灣商務印書館股份有限公司，2019 年。
2. 〔法〕石泰安著：《西藏史詩和說唱藝人》，耿昇譯，陳慶英校訂，北京：中國藏學出版社，2012 年。
3. 〔法〕戴密微著：《吐蕃僧諍記》，耿昇譯，北京：中國藏學出版社，2013 年。
4. 《法國漢學》叢書編輯委員會編：《邊臣與疆吏》，北京：中華書局，2007 年。
5. 王汎森著：《中國近代思想與學術的系譜》（增訂版），上海：上海三聯書店，2018 年。
6. 中國人民政治協商會議江蘇省常州市委員會文史研究委員會編：《常州文史資料》第十輯（內部資料），常州：中國人民政治協商會議江蘇省常州市委員會文史研究委員會，1992 年。
7. 中國科學院北京天文臺主編：《中國地方志聯合目錄》，北京：中華書局，1985 年。
8. 中國科學院圖書館編：《四庫全書續編書目提要（稿本）》，濟南：齊魯書社，1996 年。
9. 中國藏學研究中心等編：《元以來西藏地方與中央政府關係檔案史料彙編》，北京：中國藏學出版社，1994 年。
10. 倉修良著：《方志學通論》（增訂本），上海：華東師範大學出版社，2014 年。
11. 鄧江祁編：《蔡鍔集外集》，長沙：嶽麓書社，2015 年。
12. 北京圖書館金石組編：《北京圖書館藏中國歷代石刻拓本彙編》，鄭州：中州古籍出版社，1997 年。
13. 四川省檔案館、中國藏學研究中心合編：《四川省所存西藏和藏事檔案史料目錄（1388～1949）》，北京：中國藏學出版社，2000 年。

14. 白壽彝總主編，周遠廉、孫文良主編：《中國通史》，上海：上海人民出版社，2007 年。

15. 馮爾康著：《清史史料》，北京：故宮出版社，2013 年。

16. 馮有志著：《西康史拾遺》，成都：巴蜀書社，2015 年。

17. 成文出版社編：《中國方志叢書》，臺北：成文出版社，1968 年。

18. 芒康縣地方志編纂委員會編：《芒康縣志》，成都：巴蜀書社，2008 年。

19. 多傑才旦主編：《元以來西藏地方與中央政府關係研究》，北京：中國藏學出版社，2005 年。

20. 劉鳳強著：《清代藏學歷史文獻研究》，北京：人民出版社，2015 年。

21. 劉緯毅等著：《中國方志史》，太原：三晉出版社，2010 年。

22. 劉贊廷編纂：《寧靜縣志》，《中國地方志集成》編委會編：《中國地方志集成・西藏府縣志輯》，南京：江蘇古籍出版社，1995 年。

23. 劉贊廷編纂：《鹽井縣志》，《中國地方志集成》編委會編：《中國地方志集成・西藏府縣志輯》，南京：江蘇古籍出版社，1995 年。

24. 劉贊廷編纂：《察隅縣志略》，西藏學漢文文獻編輯室編輯：《西藏地方志資料集成第二集》，北京：中國藏學出版社，1997 年。

25. 齊思和等整理：《籌辦夷務始末：道光朝》，北京：中華書局，1964 年。

26. 江蘇省武進縣縣志編纂委員會編：《武進縣志》，上海：上海人民出版社，1988 年。

27. 池萬興、嚴寅春校注：《〈西藏賦〉校注》，濟南：齊魯書社，2013 年。

28. 李靈年、楊忠主編：《清人別集總目》，合肥：安徽教育出版社，2008 年。

29. 李學勤、呂文郁主編：《四庫大辭典》，長春：吉林大學出版社，1996 年。

30. 李泰棻著：《方志學》，上海：商務印書館，民國二十四年（1935）。

31. 李盛鐸著：《木樨軒藏書題記及書錄》，張玉範整理，北京：北京大學出版社，1985 年。

32. 李鎮瀛編：《常州書畫家名錄》（內部資料），常州：中國人民政治協商會議江蘇省常州市委員會文史研究委員會，1998 年。

33. 李德洙、丹珠昂奔主編：《中國民族百科全書（6）》（藏族、門巴族、珞巴族卷），西安：世界圖書出版西安有限公司，2015 年。

34. 楊鏡編著：《大理古今詩人要事錄》，昆明：雲南民族出版社，2007 年。
35. 吳豐培著：《吳豐培邊事題跋集》，烏魯木齊：新疆人民出版社，1998 年。
36. 吳豐培編：《川藏遊蹤彙編》，成都：四川民族出版社，1985 年。
37. 吳豐培輯：《趙爾豐川邊奏牘》，成都：四川民族出版社，1984 年。
38. 何金文編著：《西藏志書述略》，長春：吉林省地方志編纂委員會，1985 年。
39. 狄仁安主修：《後塘橋蔡氏宗譜》，常州：敦厚堂，2010 年。
40. 況周頤著：《眉廬叢話》，太原：山西古籍出版社，1995 年。
41. 張西平主編：《歐洲藏漢籍目錄叢編》，廣州：廣東人民出版社，2020 年。
42. 張西平編：《歐美漢學研究的歷史與現狀》，鄭州：大象出版社，2006 年。
43. 張遠東、熊澤文編著：《廖平先生年譜長編》，上海：上海書店出版社，2016 年。
44. 張秀民著：《中國印刷史》，杭州：浙江古籍出版社，2006 年。
45. 陸振岳著：《方志學研究》，濟南：齊魯書社，2013 年。
46. 阿英編：《鴉片戰爭文學集》，北京：古籍出版社，1957 年。
47. 陳光貽著：《中國方志學史》，福州：福建人民出版社，1998 年。
48. 陳自仁主編：《珍貴方志提要》，蘭州：甘肅人民美術出版社，2009 年。
49. 陳家璡著：《風雨西藏情》，北京：中國藏學出版社，2000 年。
50. 林超民等主編：《中國西南文獻叢書》，蘭州：蘭州大學出版社，2003 年。
51. 金恩輝、胡述兆編：《中國地方志總目提要》，臺北：漢美圖書有限公司，1996 年。
52. 趙心愚著：《清代西藏方志研究》，北京：商務印書館，2016 年。
53. 趙祿祥主編：《中國美術家大辭典》，北京：北京出版社，2007 年。
54. 胡曉真著：《明清文學中的西南敘事》，臺北：臺大出版中心，2019 年。
55. 柯愈春著：《清人詩文集總目提要》，北京：北京古籍出版社，2001 年。
56. 賀旭志、賀世慶編：《中國歷代職官辭典》，北京：中國社會出版社，2003 年。

57. 秦國經主編：《清代官員履歷檔案全編》，上海：華東師範大學出版社，1997 年。

58. 徐正餘主編：《西藏科技志》，拉薩：西藏人民出版社，1995 年。

59. 高天德主編：《常州市教育志》，上海：上海人民出版社，1990 年。

60. 黄葦主編：《中國地方志詞典》，合肥：黄山書社，1986 年。

61. 梁啟超著：《中國近三百年學術史》，北京：東方出版社，2004 年。

62. 傅振倫著：《中國方志學通論》，上海：商務印書館，1935 年。

63. 傅增湘著：《藏園群書題記》，上海：上海古籍出版社，1989 年。

64. 湖北省志地方志編纂委員會編：《湖北省志人物志稿》，北京：光明日報出版社，1989 年。

65. 慕壽祺輯著：《甘寧青史略》，臺北：廣文書局，1972 年。

## 三、報刊論文

1. 申報館編：《申報》（上海版）。

2. W. Woodville Rockhill. Tibet. A Geographical, Ethnographical, and Historical Sketch, Derived from Chinese Sources. *The Journal of the Royal Asiatic Society of Great Britain and Ireland,* 1891.

3. 馬天祥：《〈西藏圖考〉版本源流梳理》，《古籍整理研究學刊》2019 年第 3 期。

4. 王川：《清代及民國時期西藏地方的丹達神崇拜》，《中國邊疆史地研究》2003 年第 1 期。

5. 王興亮：《清末民初鄉土志書的編纂和鄉土教育》，《中國地方志》2004 年第 2 期。

6. 鄧銳齡：《讀〈西藏志〉劄記》，《中國藏學》2005 年第 2 期。

7. 盧祥亮：《清季報刊中的朝野籌藏觀》，《西藏研究》2012 年第 4 期。

8. 劉鳳強：《〈西域全書〉考——兼論〈西藏志考〉、〈西藏志〉的編纂問題》，《史學史研究》2014 年第 4 期。

9. 嚴寅春：《滿蒙漢藏情誼深，駐邊唱和別樣新——〈衛藏和聲集〉簡論》，《西藏民族學院學報（哲學社會科學版）》2014 年第 6 期。

10. 楊學東:《山縣初男〈西藏通覽〉對近代西藏方志編纂的影響》,《西藏研究》2018 年第 4 期。

11. 肖幼林、黃辛建、彭升紅:《我國首批西藏方志產生的原因及其特點》,《中國藏學》2009 年第 4 期。

12. 吳豐培:《衛藏通志著者考》,國立北平研究院史學集刊編輯委員會編輯:《史學集刊》第 1 期,民國二十五年(1936)。

13. 吳豐培:《藏族史料書目舉要(漢文一)》,《西藏研究》1981 年創刊號。

14. 吳玉年:《「西藏圖籍錄」拾遺》,《禹貢》(半月刊)第六卷第十二期,民國二十六年(1937)。

15. 吳玉年:《西藏圖籍錄》,《禹貢》(半月刊)第四卷第二期,民國二十四年(1935)。

16. 何志勇:《蔡旭:守望麥田、把生命交給土地》,《北京教育(高教)》2019 年第 6 期。

17. 張羽新:《〈衛藏通志〉的著者是和寧》,《西藏研究》1985 年第 4 期。

18. 張羽新:《〈西藏志〉即蕭騰麟所著〈西藏見聞錄〉考》,《文獻》1986 年第 1 期。

19. 房建昌:《清代西藏歷史地圖的編纂、史料及方法》,中國地理學會歷史地理專業委員會《歷史地理》編輯委員會編:《歷史地理》(第 24 輯),上海:上海人民出版社,2010 年。

20. 趙心愚:《〈藏紀概〉現流傳版本中的兩個問題》,《中央民族大學學報(哲學社會科學版)》2014 年第 4 期。

21. 趙心愚:《宣統〈西藏新志〉『地理部・驛站』的主要資料來源考》,《西藏大學學報(社會科學版)》2015 年第 1 期。

22. 趙心愚:《宣統〈鹽井鄉土志〉關於西藏麼些人的記載》,《民族研究》2008 年第 2 期。

23. 趙心愚:《宣統〈鹽井鄉土志〉的「圖」及其繪製特點與價值》,《民族學刊》2014 年第 1 期。

24. 趙心愚:《乾隆〈西寧府新志〉之西藏篇目考略兼及清乾隆前期清代西藏地方志的發展》,《上海地方志》編輯部:《2018 年地方志與地方史理論研討會論文匯編》，《上海地方志》編輯部，2018 年。

25. 趙心愚：《乾隆〈西域遺聞〉的編撰及其缺陷、價值》，《西南民族大學學報（人文社會科學版）》2012 年第 11 期。
26. 趙心愚：《乾隆〈西域遺聞〉資料的三個主要來源》，《民族研究》2013 年第 1 期。
27. 趙心愚：《乾隆〈雅州府志〉中的西藏篇目及其資料來源》，《中央民族大學學報》（哲學社會科學版）2006 年第 6 期。
28. 姚榜義口述，承載、姚浦整理：《近代江南小地主的日常生活（一）——武進鄭陸橋姚家頭姚氏家史》，《史林》2007 年第 S1 期。
29. 郭朝輝：《〈明史·西域傳〉編纂考述》，《中國典籍與文化》2016 年第 3 期。
30. 黃愛平：《〈明史〉稿本考略》，北京圖書館《文獻》叢刊編輯部編：《文獻》（第 18 輯），北京：書目文獻出版社，1983 年。
31. 廖祖桂、李永昌、李鵬年：《〈欽定藏內善後章程二十九條〉版本考略（一）》，《中國藏學》2004 年第 2 期。